Personality Development
डाइजेस्ट

Personality Development
डाइजेस्ट

प्रो. पी.के. आर्य

प्रकाशक

प्रभात पेपरबैक्स

4/19 आसफ अली रोड, नई दिल्ली-110002

फोन : 23289555 • 23289666 • 23289777 ❖ फैक्स : 23253233

इ-मेल : prabhatbooks@gmail.com ❖ वेब ठिकाना : www.prabhatbooks.com

संस्करण

2017

मूल्य

दो सौ पचास रुपए

अ.मा.पु.स. 978-93-5048-828-7

मुद्रक

नरुला प्रिंटर्स, दिल्ली

———— ★ ————

PERSONALITY DEVELOPMENT DIGEST

by Prof. P.K. Arya

Published by **PRABHAT PAPERBACKS**

4/19 Asaf Ali Road, New Delhi-110002

ISBN 978-93-5048-828-7

₹ 250.00

भूमिका

अकसर हम बहुत से लोगों से मिलते रहते हैं, इनमें से कुछ लोगों की स्मृतियाँ अमिट रूप से हमारे मन में अंकित हो जाती हैं। क्यों? उनकी पर्सनैलिटी या व्यक्तित्व के कारण। व्यक्तित्व वह आकर्षण है, जो प्रत्येक प्राणी को चुंबक की तरह अपनी ओर आकर्षित करता है। अच्छा व्यक्तित्व चहुँमुखी सफलता लाता है और इसे हम कुछ अच्छे गुण अपनाकर सरलता से हासिल कर सकते हैं।

व्यक्तित्व दो तरह के होते हैं—एक, बाहरी व्यक्तित्व और दूसरा, भीतरी। बाहरी व्यक्तित्व को हम अपने ऊपर अच्छे लगनेवाले कपड़े पहनकर और सलीके से रहकर प्राप्त कर सकते हैं; वहीं भीतरी व्यक्तित्व को सुंदर, कारगर और उत्कृष्ट बनाने के लिए हमें कुछ पायदान तय करने पड़ते हैं, कुछ जीवन-लक्ष्य निर्धारित करने होते हैं और स्वयं को आत्मविश्वास, सकारात्मकता, इच्छाशक्ति, समय-प्रबंधन इत्यादि की कसौटियों पर कसना पड़ता है।

दरअसल, अच्छी पर्सनैलिटी के लिए हमें एक साथ कई बातों का ध्यान रखना पड़ता है। आइए, हम उन कुछ घटकों या बिंदुओं की चर्चा करें, जिनकी व्यक्तित्व निर्माण में विशेष अहमियत है। सबसे पहले हम बात करते हैं—बोलने की कला। हम क्या कहते हैं, यह जरूरी नहीं है, ज्यादा जरूरी है—कैसे कहते हैं। आप जो भी बोलते हैं, उससे भी ज्यादा महत्त्व रखता है कि आप कैसे बोलते हैं। उदाहरणस्वरूप आपसे कोई गलती हुई और आप मुँह बनाकर सॉरी बोलते हैं तो उस सॉरी का कोई मतलब नहीं। हमें न केवल सही शब्द चुनने हैं, बल्कि उन्हें किस तरह से कहा जा रहा है, इस बात का भी ध्यान रखना है। इसलिए अपनी 'टोन' और बॉडी लैंग्वेज पर ध्यान दीजिए और जितना हो सके नम्र तथा सुसभ्य तरीके से लोगों से बात कीजिए। अच्छी व प्रभावी बोलचाल में भाषा कभी आड़े नहीं आती, कुछ लोग सोचते हैं कि वे अंग्रेजी बोलकर किसी पर अच्छा प्रभाव छोड़ सकते हैं, लेकिन यह धारणा गलत है।

'स्वयं' से पहले 'दूसरों' को अहमियत देना सीखिए। आप आमतौर पर ऐसे लोगों को पसंद करते हैं, जो आपके मतलब की, आपकी तारीफवाली बातें करें। दरअसल, यह इनसानी फितरत है कि वह खुद को ही सबसे आगे रखने में लगा रहता है—मैं ऐसा हूँ, मुझे ये अच्छा लगता है, मैं ये करता हूँ...इत्यादि। पर आप इससे अलग करिए—'मैं' से पहले 'आप' को रखिए। जैसे कि आप कैसे हैं, आपको क्या अच्छा लगता है, आप क्या करते हैं? ऐसा करने से लोग आपको पसंद करेंगे। सिर्फ बड़े नामचीन लोग ही नहीं, आम आदमी भी श्रोता चाहता है, जब आप एक आम आदमी के श्रोता बनते हैं तो आप उसके लिए खास हो जाते हैं। और जब आप बहुत से लोगों के साथ ऐसा करते हैं तो आप बहुत से लोगों के लिए खास बन जाते हैं। इस प्रक्रिया में आप 'परसन' से बढ़कर एक पर्सनैलिटी बन जाते हैं, एक ऐसी पर्सनैलिटी, जिसे सभी पसंद करते हैं, जिसका व्यक्तित्व सभी को प्रभावित करता है।

यह भी ध्यान रखें कि आपको सामनेवाले को सिर्फ पहले बोलने का मौका ही नहीं देना है, बल्कि उसकी बात को ध्यान से सुनना भी है और बीच-बीच में उससे जुड़ी हुई बातें कहनी हैं। अच्छे श्रोता की माँग कभी कम नहीं होती। आप एक अच्छे

श्रोता बनिए और देखिए कि किस तरह आपकी माँग बढ़ जाती है।

वक्त-जरूरत दूसरों की मदद का कोई मौका न चूकें। कई बार हम ऐसी स्थिति में होते हैं कि दूसरों की मदद कर सकें, पर सुस्ती के कारण या फिर यह सोचकर कि इसमें हमारा कोई फायदा नहीं है, मदद नहीं करते। पर एक आदर्श पर्सनैलिटी वाला व्यक्ति लोगों की मदद के लिए हमेशा तैयार रहता है। अगर आप थोड़ा वक्त देकर किसी के काम आ सकते हैं तो जरूर आएँ। आपकी एक निस्स्वार्थ मदद आपको दूसरों की ही नहीं, अपनी नजरों में भी उठा देगी; आप अच्छा महसूस करेंगे, जैसे थोड़ी सी महक भी सारे वातावरण को सुगंधित बना देती है।

अपनी बाहरी पर्सनैलिटी निखारने के लिए माहौल और अवसर के अनुसार सजिए-सँवरिए। बालों को सलीके से बनाइए, नाखूनों पर ध्यान दीजिए, जूते साफ व पॉलिश किए हों—ये छोटी-छोटी बातें पर्सनैलिटी को निखारने के सूक्ष्म व कारगर सूत्र हैं।

जब जहाँ जरूरत हो, लोगों की सच्ची व दिल खोलकर तारीफ करें। अगर आपको लोगों का दिल जीतना है तो उनकी खुलकर प्रशंसा करें। हर इनसान में अगर आप खोजेंगे, उसकी तारीफ के लिए कुछ-न-कुछ दिख जाएगा। वो कुछ भी हो सकता है—उसका पेन, उसका लिबास, बगीचा, सिक्कों का संग्रह, उसकी मुसकराहट, उसका नाम; मगर ध्यान रखिए, तारीफ सच्ची और तहेदिल से करें। झूठी तारीफ कभी न करें, वह दिल्लगी भी हो सकती है।

हर आदमी को पॉजिटिव नजरिए से देखिए। अकसर हम लोगों के प्रति एक धारणा बना लेते हैं कि अमुक व्यक्ति पॉजिटिव है, अमुक नेगेटिव। पर अगर हम अपनी पर्सनैलिटी को निखारना चाहते हैं तो हमें अपना दृष्टिकोण सकारात्मक या पॉजिटिव बनाना होगा। हमें अपने दिमाग को प्रशिक्षित करना होगा कि वह लोगों में अच्छाई खोजे, बुराई नहीं। हमें लोगों के साथ धैर्य से पेश आना होगा, उनकी किसी कमी या त्रुटि से नाराज होने की बजाय खुद को उनकी जगह रखकर देखना चाहिए। अगर आप किसी पर आँख मूँदकर विश्वास नहीं कर सकते तो अविश्वास भी मत कीजिए। ज्यादातर लोग अच्छे होते हैं, कम-से-कम उनके साथ तो होते ही हैं, जो उनके साथ अच्छा करते हैं। आप लोगों को पसंद करेंगे तो वे भी आपको पसंद करेंगे।

मुसकराहट बनाए रखिए। जब भी किसी से मिलें, मुसकराहट के साथ मिलें। आपकी मुसकराहट के जवाब में मुसकराहट न मिले, ऐसा कम ही होता है और अगर होता भी है तो उसकी परवाह न करें, आप अपनी भूमिका अच्छे से अदा कीजिए। बस एक हलकी सी मुसकान। बहुत से लोग स्वाभाविक रूप से ऐसा करते भी हैं; पर बहुत से लोग इस छोटी सी बात पर गौर नहीं करते। आप इसे अपने अभ्यास में लाइए। एक मुसकराता चेहरा सपाट चेहरे से कहीं अधिक आकर्षित होता है और आपकी पर्सनैलिटी को आकर्षक बनाने में बहुत मददगार होता है। बाहरी मुसकान का एक सबसे बड़ा फायदा है कि इससे हमारी भीतरी पर्सनैलिटी भी आकर्षक हो जाती है और हमारा मूड तरोताजा रहता है, जो हमारे पूरे शरीर को सकारात्मक रूप से ऊर्जस्वित रखता है।

सामनेवाले के नाम को महत्त्व दीजिए। जब भी किसी से बात करें तो उसका नाम लेते रहें। अगर व्यक्ति आपसे सीनियर है तो साथ में श्री या श्रीमान जोड़ लीजिए। बीच-बीच में नाम लेकर बात करने से सामनेवाला आपसे अच्छी तरह जुड़ जाता है और उसे खुशी का एहसास होता है कि उसके नाम को अहमियत मिल रही है। नाम की महत्ता को रेखांकित करके आप सामनेवाले के मन में अपनी विशेष पर्सनैलिटी बना लेते हैं।

आत्मविश्वास बनाए रखिए। बेहतर पर्सनैलिटी पाने के लिए आपका आत्मविश्वास सबसे महत्त्वपूर्ण उपकरण है। अपने सभी कार्यकलाप पूरे आत्मविश्वास के साथ करिए। आपका आत्मविश्वास यह दरशाता है कि आप अपने काम के बारे में भली-भाँति जानते हैं और अपनी योग्यताओं के बारे में पूरी तरह सचेत हैं। अगर आप लोगों के बीच बोलने में झेंपते हैं तो अपने आत्मविश्वास को मजबूत कीजिए। अपने आप पर भरोसा कीजिए, आपका आत्मविश्वास निर्मित करने में अपनी मदद कीजिए, लोगों की सफलता की कहानियाँ पढ़िए। अपने आत्मविश्वास को उत्प्रेरित करने के लिए प्रेरक नारे और तसवीरें घर-दफ्तर की दीवारों पर लगाइए।

अपने आप को पहचानिए। स्वयं को किसी के सामने प्रभावी ढंग से प्रस्तुत करने के लिए जरूरी है कि पहले आप स्वयं को भली-भाँति समझें। इसके लिए स्वयं को उपर्युक्त कसौटियों पर कसें। अपनी योग्यताओं को पहचानें, ताकि जरूरत पड़ने पर आप उनका प्रयोग कर सकें। स्वयं का विश्लेषण करें और जो कमियाँ पकड़ में आएँ, उन्हें दूर करें। आप तुनकमिजाज हैं, जल्दी घबरा जाते हैं या डर जाते हैं, लोगों के बीच बात करने में हिचकते हैं तो इन कमियों से उबरें।

तुलना करने से बचें। इस बात को खुले दिल से स्वीकारें कि आप हर चीज में अव्वल नहीं हो सकते। हम सभी की कुछ ताकतें हैं, कुछ कमजोरियाँ। आप दूसरों से भिन्न हैं; आपकी अपनी निर्धारित योग्यताएँ और बौद्धिक क्षमताएँ हैं। मगर आपके बीच कोई व्यक्ति एक काम कर सकता है और आप उसे नहीं कर सकते तो इसका यह अर्थ नहीं है कि वह आपसे बेहतर है। कुछ ऐसी चीजें भी होती हैं, जिन्हें आप कर सकते हैं और वह नहीं। दुनिया में कोई भी आदमी पूर्ण नहीं है, इसलिए किसी के साथ किसी की तुलना न करें। ऐसा करने पर हानि अधिक होती है, लाभ कम। स्वयं से प्यार करें, आप निश्चित ही बेहतर पर्सनैलिटी हासिल करेंगे।

शरीर की भाषा का ध्यान रखिए। शरीर पर बस सुंदर कपड़े पहन लेना ही काफी नहीं होता, उसको अपने शब्दों के अनुसार चलाना भी महत्त्वपूर्ण होता है। आप कैसे चलते, बैठते, खाते-पीते और लोगों से व्यवहार करते हैं—इसका भी लोगों पर भारी प्रभाव पड़ता है। इसलिए आपकी शारीरिक भाषा भी आपकी पर्सनैलिटी का एक अहम पहलू है। शरीर की मुद्रा तनावरहित रखिए। सीधे व सामान्य रूप से चलें, तनकर नहीं। समूह में बात करें तो आवाज का स्तर सामान्य रखें। आसपास के वातावरण के बजाय, वक्ता की बात पर ध्यान केंद्रित रखें। यदि वह आपसे संबोधित है तो उसे घूरें नहीं, शांत दृष्टि-केंद्र बनाए रखें। शरीर के संतुलित हाव-भाव आपके आत्मविश्वास को प्रकट करते हैं।

शारीरिक कद-काठी भी पर्सनैलिटी डेवलपमेंट में महत्त्वपूर्ण भूमिका निभाती है। इससे इनकार नहीं किया जा सकता कि अच्छी कद-काठी भी महत्त्वपूर्ण है। यह आपकी पर्सनैलिटी का एक बेहद महत्त्वपूर्ण हिस्सा है। आपकी कद-काठी न केवल अच्छा प्रभाव डालती है, बल्कि आपके व्यक्तित्व के बारे में बहुत कुछ बयाँ करती है। एक अच्छी कद-काठी बताती है कि आप एक सुनियोजित इनसान हैं। आप स्वयं और अपने स्वास्थ्य के बारे में सचेत रहते हैं। इससे एक यह नजरिया भी बनता है कि आप बुरी आदतों और बुरी संगत से दूर हैं। इसलिए कसरत, योग करें और अपनी पर्सनैलिटी को डेवलप करें।

असल में पर्सनैलिटी डेवलपमेंट एक सतत जारी रहनेवाली प्रक्रिया है, इसमें समय-समय पर कुछ चीजें जुड़ती रहती हैं और कुछ चीजें हटती हैं। यह ध्यान रखें कि कभी भी कोई कार्य इतना अच्छा नहीं हो सकता कि उसमें और सुधार की गुंजाइश न हो—सुधार की गुंजाइश सदैव रहती है। हम सब में सुधार की अनंत-अनवरत गुंजाइश है, इसलिए कभी यह मत सोचिए, समझिए कि बस, अब जितना सुधार या डेवलपमेंट होना था, हो गया, बल्कि अपने लिए कुछ समय निकालकर अपनी गतिविधियों, अपने शब्दों को बारीकी से परखिए—आपने क्या किया, आप उसे और अच्छा कैसे कर सकते हैं; कहीं ऐसा तो नहीं है कि अपनी किसी चीज को लेकर आप स्वयं को फन्ने खाँ समझ रहे हैं और हकीकत में लोग आपकी उस बात को पसंद नहीं करते।

ऐसी बहुत सी चीजें हैं, जो आपकी पर्सनैलिटी डेवलपमेंट में मददगार होती हैं। अपने लक्ष्य पर निगाह रखिए। शिष्टाचार, आत्मविश्वास, समय-प्रबंधन, सकारात्मक सोच और दृढ़ इच्छाशक्ति से आप सफलता पाएँगे, आपको खुशियाँ मिलेंगी, आप नेतृत्व करेंगे और आपकी पर्सनैलिटी का लोग अनुसरण करेंगे। प्रस्तुत पुस्तक में आप इन्हीं बिंदुओं पर विस्तार से मार्गदर्शन प्राप्त करेंगे और हमें विश्वास है, आप पर्सनैलिटी डेवलपमेंट के अपने लक्ष्य को अवश्य प्राप्त करेंगे।

शुभकामनाएँ!

अनुक्रम

प्रसन्नता

समय प्रबंधन

लक्ष्य

नेतृत्व

इच्छा शक्ति

आत्मविश्वास

शिष्टाचार

सफलता

> असफलता यह बताती है कि सफलता का प्रयत्न पूरे मन से नहीं किया गया।
>
> —श्रीराम शर्मा आचार्य

1

लक्ष्य साधिए

आरोणमाक्रमणं जीवतो जीवतोऽयनम्।

–अथर्ववेद

उन्नत होना और सफलता के लिए आगे बढ़ना प्रत्येक जीव का लक्ष्य है।

हमारा जीवन एक तीर की तरह है। हमें यह पता होना चाहिए यह तीर कहाँ और किस निशाने पर लगाना है? हमने धनुष चलाया भी और तीर निशाने पर न लगा तो पूरी मेहनत बेकार जाती है। लक्ष्य निश्चित किए बिना तीर छोड़ें तो कहाँ छोड़ें?

धनुष है, बाण हैं, हाथ हैं और परिश्रम करने की शक्ति है; परंतु यदि लक्ष्य निश्चित नहीं है तो बाण चलाना निरा खेल है। लक्ष्य एवं कठोर संकल्प के बिना जीवन खेल से बढ़कर नहीं। नित नए मंतव्य बनाते भी गए, तो भी कुछ सिद्ध नहीं होगा। दो खरगोशों के पीछे दौड़ने से एक भी हाथ नहीं आता। स्मरण रखिए जब हम बहुत सारे मंतव्यों के साथ किसी कार्य को करना शुरू करते हैं तो उसके परिणाम विचलित अवस्था में ही प्राप्त होंगे।

यदि हम उन व्यक्तियों के जीवन पर नजर डालें, जो कामयाबी की एक मिसाल बने हैं, तो यह बात स्वत: ही स्पष्ट हो जाती है कि उन्होंने अपने जीवन का एक लक्ष्य निर्धारित किया और फिर उसके बाद अपना समूचा शारीरिक और मानसिक बल उसी एक लक्ष्य की प्राप्ति के लिए लगा दिया।

वस्तुत: ईश्वर ने जो भी शक्ति और सामर्थ्य हमें प्रदान किए हैं हमें उनका समुचित उपयोग करने की कला को विकसित करना चाहिए। 'परमात्मा' का सूक्ष्म अंश 'आत्मा' है और आत्मा हमारे शरीर में निवास करती है, अत: हम देवत्व के एक अंग हैं। दूसरे शब्दों में यह भी कह सकते हैं कि हम इस विराट संसार में प्रभु के भेजे हुए प्रतिनिधि हैं। अत: हमें अपने मानव जीवन का लक्ष्य निर्धारित करते हुए अपनी देवत्व ऊर्जा का सही दिशा और शक्ति के साथ प्रयोग करना चाहिए। ध्यान रखिए जिसके जीवन का कोई लक्ष्य नहीं, उसकी जीवन यात्रा एक बीहड़ जंगल में भटकाव के समान है।

संसार में उपलब्ध बहुत से उदाहरणों को ध्यान से देखने पर विदित होता है कि एक ही लक्ष्य की ओर अपने मन, वचन और शरीर को समर्पित कर देने से संसार की बड़ी-से-बड़ी सफलताएँ उपलब्ध होती हुई दीख पड़ती हैं। संलग्नता के बिना सफलता नहीं मिलती। हम जो कार्य करना चाहते हैं, उसके लिए निश्चित मार्ग तय करना

आवश्यक है। लक्ष्यहीन ढंग से किए जानेवाले प्रयास बिलकुल बेकार बैठने जैसा है। जो व्यक्ति अपने लक्ष्य पर सावधानी के साथ विचार करता है तथा उसे पूरी तन्मयता के साथ पूरा करने के लिए दिशा में चल पड़ता है। उसे उस मार्ग की दुविधाएँ स्वत: ही रास्ता देने लगती हैं।

जब हम निश्चित और निर्धारित ढंग से किसी कार्य को करने के लिए तत्पर होते हैं तो स्वाभाविक ढंग से हमारी प्रतिभा का विकास होता है। प्रतिभा और एकाग्रता भिन्न नहीं हैं, एक ही हैं। अपने निश्चित लक्ष्य को अपनी प्रियतमा के समान समझना चाहिए। भला प्रेयसी कभी पसंद करेगी कि आप किसी अन्य को अपना प्रेम दें? ऐसा करोगे तो वह ईर्ष्या से सौतिया डाह से मर मिटेगी।

कैप्टन और मल्लाह पूरी तौर-तैयारी के साथ अपने जहाज को बंदरगाह से बाहर लाकर उसे समुद्र में चलाते हैं, लेकिन निश्चित स्थान को लक्ष्य किए बिना वे जाएँगे कहाँ? क्या केवल जहाज को भगाने भर से यात्रा सफल हो जाएगी? यह भी तो देखना पड़ेगा कि नक्शे के अनुसार वे चल भी रहे हैं अथवा नहीं? जो मार्ग में टापू, पहाड़ी आदि चिह्न आएँगे, वे देखते रहेंगे कि यात्रा निर्धारित स्थान के लिए ठीक लक्ष्य के अनुसार हो भी रही है या नहीं! बड़ी यात्रा को छोड़िए बिना लक्ष्य के दो फलाँग जाना भी मुश्किल हो जाएगा। जिन्होंने आगरा जाना है, वे यदि देहरादून की बस में सफर करते हैं तो उनका अंजाम आप खुद सोच सकते हैं। काम भी खराब होगा, पैसे भी खर्च होंगे, समय भी जाया होगा और हाथ आएँगे तो केवल क्रोध व झुँझलाहट।

युद्ध के मैदान में उसी सेनापति की जीत होती है, जो पहले से अपना लक्ष्य निश्चित करके चलता है। फौज चाहे जितनी बड़ी है, उसे इधर-उधर लिए फिरने से और जगह-जगह पर प्रहार करने से शत्रु पर विजय असंभव है। कामयाब युद्धों पर दृष्टि डालें तो पता चलता है कि इतिहास में वही लोग सफल रहे हैं, जिनका लक्ष्य निश्चित और सटीक था। आप इसे ऐसे भी ले सकते हैं कि सेनापति स्वयं युद्ध नहीं करता, उसकी दिव्य शक्ति और उसका निश्चित लक्ष्य उसके निर्धारित उद्देश्य को अर्जित करने में सहायक सिद्ध होते हैं।

> ''जीवन में विशेषकर राजनीति में, कोई चीज इतनी हानिकारक और खतरनाक नहीं है, जितना कि डाँवाडोल स्थिति में रहना।''

—सुभाष चंद्र बोस

प्रत्येक व्यक्ति औसतन 70 वर्ष की उम्र तक जिंदा रहता है। इन 70 वर्षों में 35 वर्ष तक सोकर गुजार देता है। क्योंकि इसमें आधी तो रातें थीं। इन 35 वर्षों में 20 वर्ष की अवस्था तक उसे प्राय: अच्छे-बुरे का ज्ञान नहीं रहता अब बचे शेष 15 वर्ष। इसका मतलब जिंदगी में जो करना है, उसके लिए हमें बहुत कम समय प्राप्त हुआ है। 15 × 365 = 5,475 दिन।

अत: कम समय में निश्चित लक्ष्य के साथ ही सफलता प्राप्त करना संभव है।

नेपोलियन बोनापार्ट ने जीवन में जितनी भी जंग जीतीं, उनके पीछे उसकी 'एकाग्रता' और 'लक्ष्य बुद्धि' का ही खेल रहा है। सफलता अर्जित करने के लिए व्यक्ति को अपनी समस्त शक्तियों को निश्चित संकल्प को पूरा करने के लिए झोंक देना चाहिए। हमारे जीवन में विभिन्न तरह के मनोहारी और ललचानेवाले कार्य और व्यवहार हमें दिखाई देते हैं। बहुत बार हमारा मन उनसे ऐसा डाँवाडोल हो जाता है कि कभी हम एक काम को छोड़ दूसरे को, फिर किसी तीसरे को करने लग जाते हैं। उसका परिणाम यह होता है कि मुख्य लक्ष्य हाथ से निकल जाता है।

किसी कवि ने कहा है—

''मन लोभी, मन लालची, मन चंचल, मन चोर,
मन के मते न चालिए, पलक-पलक मन और।''

एक लक्ष्य को निश्चित कर उसकी पूर्ति के लिए पूरे जी-जान से हम तभी जुट सकते हैं, जब अन्य प्रलोभनों की ओर से ध्यान हटा लें। जो व्यक्ति एक ही कार्य को अपना जीवन संकल्प बनाकर कार्य करता है, उसकी संपूर्ण विजय होती है। किसी उद्देश्य विशेष पर अपनी समस्त शक्तियों को केंद्रित करने से उस कार्य की सिद्धि हेतु किए जानेवाले समस्त साधन ज्ञात हो जाते हैं। जो त्रुटियाँ सिद्धि में बाधा डालती हैं, उनका भी धीरे-धीरे आभास हो जाता है, जिससे उनसे पार पाना आसान होता है। इसके ठीक विपरीत जब हम किसी उद्देश्य पर पूरी तरह केंद्रित न होकर अपनी शक्ति को इधर-उधर विकेंद्रित करते रहते हैं तो हमें उस कार्य की बारीकियों का भान नहीं हो पाता। हम पहले कार्य की गलतियों या त्रुटियों का ठीक से समाधान खोज भी नहीं पाते हैं तथा दूसरा कार्य प्रारंभ कर देते हैं। इसके नतीजे कभी संतोषप्रद अथवा प्रशंसनीय नहीं होते। ध्यान रखिए आधे-अधूरे मन से किए गए कार्यों के परिणाम भी निश्चित ही आधे-अधूरे होते हैं।

संत कबीर जैसे महापुरुषों की मिसालों से हमारा इतिहास भरा पड़ा है। ये उस श्रेणी के लोग थे, जिन्होंने कभी स्कूल-कॉलेज का मुँह तक नहीं देखा, लेकिन उनके व्यक्तित्व एवं कृतित्व पर दुनिया भर के विश्वविद्यालयों में शोध कार्य होते रहे हैं और हो रहे हैं। इन लोगों के कार्यों का यदि बारीकी से विश्लेषण किया जाए तो स्वत: ही यह बात स्पष्ट होती है कि बिना कसी अक्षर-ज्ञान के जीवन के वास्तविक संदर्भों में जिस तरह का जीवन दर्शन इन महापुरुषों ने हमें प्रदान किया, वह आज भी अपने शाश्वत मूल्य रखता है। जाहिर है कि तालाब किनारे बैठकर जब कबीर, सूर, तुलसी जैसे प्रतिभाशाली चिंतकों ने अपनी ऊर्जा को एक ही केंद्र पर निर्धारित किया तो उसके आश्चर्यजनक परिणाम सामने आए। यह इस बात का उदाहरण है कि किस तरह से हम अपने संकल्पों एवं उद्देश्यों के निर्धारण के साथ ही अपने मस्तिष्क एवं जीवन की समस्त सुप्त ऊर्जाओं का समुचित उपयोग कर ले जाते हैं।

हम इस विराट संसार में प्रभु के भेजे हुए प्रतिनिधि हैं। अतः हमें अपने मानव जीवन का लक्ष्य निर्धारित करते हुए अपनी देवत्व ऊर्जा का सही दिशा और शक्ति के साथ प्रयोग करना चाहिए।

दुनिया भर के कई देशों में आजकल सैद्धांतिक पाठ्यक्रमों के स्थान पर व्यावहारिक शिक्षा (प्रैक्टिकल ट्रेनिंग) को महत्त्व दिया जाने लगा है। हमारे अपने देश में भी धीरे-धीरे शिक्षा के ढाँचे में आमूल-चूल बदलाव हो रहे हैं। इन सब बदलावों के पीछे एक ही उद्देश्य है कि किस तरह हम मनुष्य की शक्तियों को विशिष्ट उद्देश्यों के लिए उपयोग में ला सकें। यही नहीं बहुत से प्रशिक्षण पाठ्यक्रमों का भी उद्देश्य सैद्धांतिक एकाग्रता की शक्ति को अर्जित करना ही है। अभी तक स्कूली पढ़ाई में जिस तरह की शिक्षा प्रदान की जाती है। वह इस सिद्धांत के आधार पर होती है कि व्यक्ति शुद्ध लिखना, बोलना, हिसाब करना और विचार करना सीख सके; लेकिन आधुनिक शिक्षा विज्ञानियों ने इस बात के महत्त्व को भली-भाँति भाँप लिया है कि बच्चों को ऐसी शिक्षा दिए जाने की आवश्यकता है, जिससे वे भविष्य में रोजी-रोटी का मार्ग निश्चित कर सकें।

निश्चित उद्देश्य के सिद्धांत पर समस्त शक्तियों को केंद्रित करके अपने लक्ष्य की ओर प्रस्थान करने का प्रतिपादन करते समय दो तरह की बातें सामने आती हैं—एक तो यह कि कोई व्यक्ति एक अरसे तक किसी कार्य को पूरे मनोयोग व परिश्रम से करता हुआ भी यदि कठिनाइयों के घेरे में है तथा दूसरों के मुकाबले वह अपेक्षित सफलता अर्जित नहीं करता तो क्या उसे किसी दूसरे कार्य में हाथ डालना चाहिए या नहीं? या हमेशा उसी काम में उसे लगे रहना चाहिए? यदि उसी कार्य की असफलता का वर्षों के अनुभव के बाद हमें वास्तविक कारण ज्ञात हो जाए और फिर हम इसी परिणाम पर पहुँचे कि यह कारण ऐसा मजबूत है, जिसे हम हटा नहीं सकते तो दूसरा कार्य कर लेना उचित है। परंतु एक मंतव्य को छोड़कर जल्दी-जल्दी दूसरे मंतव्य ग्रहण करते रहने से अपेक्षित परिणाम नहीं मिलते।

स्मरण रखिए जीवन के कठिन मार्गों पर चलते समय हमारी आँखें लक्ष्य पर जमीं रहनी चाहिए। हमारा ध्यान

आम पर होना चाहिए, गुठलियों पर नहीं। डॉ. बशीर बद्र की भाषा में कहें तो—

''जब से चला हूँ, मेरी मंजित पर नजर है,
इन आँखों ने मील का पत्थर नहीं देखा।''

हमें चाहिए कि छोटी योजनाएँ न बनाएँ क्योंकि उनमें हमारे दिलों में जोश भरनेवाला जादू नहीं होता। बड़ी योजनाएँ बनाएँ, पूरी आशा और विश्वास के साथ ऊँचाई की ओर बढ़ें, हम निश्चित रूप से कामयाब होंगे। इसे आप ऐसे भी समझ सकते हैं कि जिन्हें रिवॉल्वर की आवश्यकता है, उन्हें राइफल के लिए आवेदन करना चाहिए। बड़ी चीजों को घटाकर छोटा किया जा सकता है, छोटी को घटाकर आप कहाँ ले जाएँगे।

जमीन से आसमान तक की विकास यात्रा तय करके भारत के राष्ट्रपति पद तक पहुँचनेवाले डॉ. ए.पी.जे. अब्दुल कलाम की सफलता का सूत्र भी यही है—'आपका लक्ष्य कभी छोटा नहीं होना चाहिए।'

मशहूर अभिनेता अमिताभ बच्चन के पिता हरिवंश राय बच्चन जब विदेश में अपनी पी-एच.डी. की पढ़ाई कर रहे थे, उस समय वे स्वयं और उनका परिवार भयंकर आर्थिक, मानसिक और पारिवारिक कठिनाइयों के दौर से गुजर रहा था। अपनी आत्मकथा में उन्होंने लिखा है कि मैंने अपने जीवन का लक्ष्य सदैव निश्चित रखा और इसका परिणाम यह हुआ कि मुझे प्रायः सफलता मिलती भी रही।

आदर्श एवं कामयाब लोगों के जीवन के बारे में अधिकाधिक जानिए, इसका एक माध्यम उनकी जीवनियाँ पढ़ना भी हो सकता है। हमेशा अच्छे लोगों के साथ रहिए एवं जीवन में अच्छी आदतों का विकास कीजिए। कर्म पर अपना ध्यान केंद्रित रखिए, सतत् कर्मशील रहने का संकल्प रखिए। भाग्यवादी रवैया न अपनाकर अपने भीतर योग्यताओं का विकास कीजिए। आपकी स्पष्ट दृष्टि और भरसक परिश्रम से किया गया कार्य निश्चित ही आपके पसीने को स्वर्ण में तब्दील करेगा।

□

2

बाधाओं को समझिए

कठिनाई और अवरोध वह देशी मिट्‍टी है, जिसमें पराक्रम और सफलता का विकास होता है।

—जॉन नेल

हमारे जीवन और कार्य में हमारे सम्मुख आनेवाली बाधाएँ वास्तव में हमें और निखारतीं तथा सँवारती हैं। यह बात सर्वविदित है कि अग्नि की तेज लपटों को सहकर ही सोना कुंदन बनता है। महात्मा गांधी कहा करते थे कि कुछ युद्ध ऐसे भी हैं, जिनमें हारना ही विजय है। एक कहावत यह भी है कि कुछ भी प्रयास न करने के बजाय प्रयास करके असफल हो जाना कहीं बेहतर है। वास्तव में कोई भी हार हमें यह नहीं बताती कि हममें योग्यता की कमी है, वह बताती है कि हमारे प्रयासों में कहीं—
न-कहीं कोई कमी रही है। जिसे हम चाहें तो अपने प्रयासों द्वारा ठीक कर सकते हैं। हमारी सफलता के मार्ग में अवरोध बनकर जो बाधाएँ प्रकट होती हैं, उन्हें अपनी समझ-बूझ द्वारा हटाया जाना संभव है।

थ्योडोर रूजवेल्ट ने अपनी आत्मकथा में लिखा है—"श्रेय उस व्यक्ति को मिलता है, जो वस्तुत: संघर्ष क्षेत्र में कूद पड़ता है। जिसका चेहरा धूल, पसीने तथा रक्त से धूसरित हो जाता है। जो बहादुरी से लड़ता है, जो बार-बार गलतियाँ करता है और बार-बार चूकता है। जो उत्साह का आनंद लेता है और एक उचित ध्येय के लिए प्रयासों में जुटा रहता है। जो इस बात को जानता है कि यदि ठीक रहा तो उसे उपलब्धि का हर्ष होगा और अगर नाकाम रह गया, तो उसकी हार इस बात की सलाह देगी कि उसने हाथ-प-हाथ रखकर बैठने से जूझना मुनासिब समझा। उसका चेहरा उन भीरु और अकर्मण्य व्यक्तियों जैसा भी नहीं होगा, जो न हार जानते हैं और न जीत।"

मनुष्य को बारंबार प्रयास की और धैर्यपूर्वक प्रतीक्षा करने की भी आवश्यकता है। क्योंकि बहुत बार यह भी देखा गया है कि जब हमारे हाथ समुद्र की तलहटी में छिपे बहुमल्य मोतियों तक पहुँचने के समीप होते हैं, तब तक हम थक-हारकर वापस किनारे की ओर प्रस्थान कर जाते हैं। थोड़ी देर यदि है और रुके होते तो निश्चित ही कामयाब हो जाते। एक बात का और ध्यान रखना जरूरी है कि जीवन में मिलनेवाली प्रत्येक कीमती चीज अपनी कीमत अवश्य वसूलती है।

हार और जीत के बीच की रेखा
अकसर होती है, इतनी महीन
लोगों को अकसर पता ही नही चलता
वे कब छू देते हैं वो लीक
ऐन वक्त जब मोती हाथ आनेवाला था
अगर एक गोता और लगा लेते
कितने ही बहादुर गोताखोर
तभी हिम्मत छोड़कर हार मान लेते हैं।

दरअसल बहुत बार हम अपने प्रयासों में इसलिए कामयाब नहीं हो जाते कि हम अपनी मंजिल की रुकावटों के बारे में सटीक अंदाजा नहीं लगा पाते। जीवन के रजत पथ पर बिछी शानदार उपलब्धियाँ तथा श्रेय हमारे प्रयासों तथा असफलता की स्वाभाविक पगडंडियों पर उगे ऐसे छायादार वृक्ष हैं, जिनके नीचे बैठकर हम आगे की यात्रा के लिए शक्ति और सामर्थ्य जुटाते हैं। बहुत बार ऐसा होता है कि हमारी साहसिक गलतियाँ ही हमारी सफलता की सीढ़ियों में परिवर्तित हो जाती हैं। पराजय हमारी असफलता का कारण नहीं है, बल्कि पराजय में जो सीख, शिक्षा और अनुभव छिपा है; उसे न पहचान पाना ही हमें असफल बनाता है। हमें चाहिए कि हम स्वीकारना सीखें और अपनी गलती तथा उपलब्धियों के साथ अपनी कोशिशों को भी ईमानदारी के साथ देखें। अपने प्रयासों में पूर्णता तथा इरादों में पवित्रता लेकर कार्य करनेवाले लोग एक हजार बार हारकर भी अंतत: जीत जाते हैं। अपनी मौलिकता को बचाए रखकर काम करनेवाले व्यक्ति की जीत सुनिश्चित है।

विज्ञान की दुनिया में लुई पाश्चर का नाम अपनी अभूतपूर्व खोजों के लिए जाना जाता है। उन्होंने पागल कुत्ते के काटने का इलाज खोज की ठानी। लुई पाश्चर ने बहुत से पागल कुत्ते अपनी प्रयोगशाला में इकट्ठे किए, दिन-रात उनके कीटाणुओं का गौर से अध्ययन करते और पूरी मेहनत के साथ उन प्रयोगों में जुटे रहते। इन पागल कुत्तों के साथ उनका स्वयं का जीवन भी हर क्षण संकटों से घिरा रहता। एक बार तो कुत्तों की विषैली लार, जिसे वे शीशे की नली द्वारा मुँह से खींच रहे थे, उनके मुँह में चली गई; परंतु उन्होंने परवाह नहीं की और न ही हार मानी। आखिरकार एक दिन वे कामयाब रहे और उन्होंने पागल कुत्ते के काटने पर उसके इलाज का टीका सफलतापूर्वक खोज लिया। यह आधुनिक चिकित्सा विज्ञान की एक अभूतपूर्व खोज थी, जिसने दुनिया के लाखों लोगों को असमय काल के गाल में जाने से रोक लिया।

हमारे कार्य और जीवन की कड़ियाँ एक-दूसरे की परिपूरक हैं। किसी भी चक्र की पूर्णता होने पर ही उसका वर्तुल अपना आयाम तय करता है। जो विघ्न-बाधाएँ हमारी सफलता के मार्ग का रोड़ा सिद्ध होती हैं, वे वास्तव में निर्धारित शृंखला की एक ऐसी कड़ी हैं, जिनको पिरोए बिना वह चक्र पूरा नहीं होता। दूसरे शब्दों में कहें तो अगर न्यूटन पैदा नहीं होते, तो एडीसन के जीवन की खोजें अपनी ऊँचाई नहीं छू पातीं। क्योंकि न्यूटन ने खोजें कीं, वही बाद में चलकर एडीसन के शोध का आधार बनीं। न्यूटन एवं एडीसन ने जो आविष्कार किए उन्हीं के सूत्रों को पकड़कर अल्बर्ट आइंस्टीन ने अपनी वैज्ञानिक यात्रा पूरी की।

हमारे जीवन और कार्य में हमारे सम्मुख आनेवाली बाधाएँ वास्तव में हमें और निखारतीं तथा सँवारती हैं। यह बात सर्वविदित है कि अग्नि की तेज लपटों को सहकर ही सोना कुंदन बनता है।

इतिहास जानता है कि जिन राइट ब्रदर्स ने हवाई जहाज का आविष्कार किया, उनके पिता एक मामूली से साइकिल मैकेनिक थे। हवाई जहाज को बनाने से लेकर उड़ाने तक, बहुत बार राइट ब्रदर्स को असफलता और बाधाओं का सामना करना पड़ा लेकिन अंतत: वे कामयाब रहे।

अगर इच्छाशक्ति मजबूत हो और सपने देखने का हुनर व्यक्ति का शौक बन जाए, तो मंजिलें खुद-ब-खुद रास्ता दे देती हैं। भारत के प्रमुख उद्योगपति धीरूभाई अंबानी ने रास्ते की हर रुकावट को एक चुनौती के रूप में स्वीकार किया। अपनी लगन, मेहनत और परिश्रम के बल पर उन्होंने कामयाबी का जो स्वर्णिम इतिहास रचा, वह आज भी लाखों लोगों का सपना है। दुकानदारों, व्यापारियों का खाता-बही ठीक करके जैसे-तैसे मिडिल तक पढ़ सके धीरूभाई ने सड़क के किनारे फल बेचे तो कभी पेट्रोल पंप पर गाड़ियों में तेल भरा। अनपढ़ माँ और आठ रुपए माहवार तनख्वाह की मामूली सी नौकरी करनेवाले अध्यापक पिता की संतान धीरूभाई के हाथों में एक दिन देश के सबसे बड़े उद्योग समूह की बाग-डोर हो सकती है, यह कोई सपने में भी नहीं सोच सकता था। लेकिन इसे सच करने का सपना धीरूभाई अंबानी ने अवश्य देखा था। अपनी मृत्यु के समय वे अपने पीछे 75 हजार करोड़ रुपए की संपत्ति छोड़ गए।

जब इंगलैंड और अमेरिका के बीच में वाष्प से चलनेवाले जहाजों की शुरुआत हुई तो डॉ. लार्डनर ने रॉयल सोसाइटी के सम्मुख व्याख्यान दिया कि वाष्प से चलनेवाले जहाज अटलांटिक महासागर को पार नहीं कर सकते। क्योंकि उनमें इतने कोयले का बोझ नहीं लादा जा सकता, जितना कोयला उस कुल यात्रा के लिए वाष्प बनाने हेतु पर्याप्त होगा। परंतु सीरियक नामक वाष्प से चलनेवाला जहाज इंगलैंड से अमेरिका 19 दिन में पहुँच गया और यहाँ लार्डनर का सिद्धांत असत्य प्रमाणित हुआ। जब लोहे का जहाज बनाने की बात उठी, तब बहुत से लोगों ने कहा कि लोहा जल में डूब जानेवाली धातु है, पानी पर तो केबल लकड़ी ही तैर सकती है; बाद में अनुभव करने पर यह भली-भाँति प्रमाणित हो गया कि लकड़ी ही नहीं अपितु लोहा भी पानी पर तैर सकता है। जो बात उस समय असंभव और असत्य प्रतीत होती थी, वह बात आज के सभ्य संसार के मध्य विराट् व्यापारिक लेन-देन का एक महत्त्वपूर्ण साधन है।

इंगलैंड के युवक हेनरी फास्ट जब शिकार के लिए जंगल में बंदूक चला रहे थे, तो दुर्भाग्यवश उनकी बंदूक से निकले छर्रों से उनकी दोनों आँखें जाती रहीं। पुत्र की ऐसी दशा देखकर पिता के दु:ख का ठिकाना नहीं रहा। परंतु हेनरी फास्ट ने अपने संतप्त पिता से कहा—''पिताजी आप कुछ भी विचार न करें, मुझे जीवन में जो सफलता प्राप्त करनी है, उसमें मेरे अँधेरे होने से कोई बाधा नहीं पड़ेगी।'' इस घटना के बाद एक हृदय कँपानेवाला दृश्य लंदन की सड़कों पर सामान्यत: देखा जाता रहा, जिसमें वहाँ की प्रतिष्ठित पार्लियामेंट के सदस्य हेनरी फास्ट को उनकी पुत्री उँगली थामे लिए घूमती थी। वे नेत्रहीन होने पर भी अपने कार्यों के लिए पूरे देश में जाने गए।

महाकवि मिल्टन का कथन है—''जितने भी महान् पुरुष हुए हैं, उनकी व्यवस्था प्रारंभ से ही प्रतिकूल रही है और वे घात-प्रतिघात से लड़ते-झगड़ते ही अपनी मंजिल तक पहुँच सके हैं।''

बाधाओं पर विजय प्राप्ति के लिए हमें एक गुरुत्तर व्यवस्था निर्मित करनी होती है। यह नहीं समझना चाहिए कि सिर्फ दृढ़ इच्छाशक्ति के सहारे ही हम सफलता को अर्जित कर लेंगे। दृढ़ इच्छाशक्ति सफलता की कुंजी अवश्य है; परंतु उस कुंजी को साफ करना, उसे ताले में लगाना और घुमाने का हुनर भी हमें आना चाहिए। रास्ते में आनेवाली रुकावटों को दूर करके ही हम अपनी वास्तविक मंजिल तक पहुँच सकते हैं। प्रतिकूल व्यवस्था को अनुकूल बनाने के लिए ज्ञान अरौर विवेक की परम आवश्यकता है। राह में यदि काँटे बिछे हों, तो विवेक यह कहता है कि उनको हटा दो, जला दो या जमीन में गाड़ दो; उन काँटों पर पाँव रखकर व्यर्थ में खून बहाने से क्या लाभ? प्रतिकूलता का अभाव हुए बिना उसका स्थान अनुकूलता ग्रहण नहीं कर सकती। जब तक अनुकूलता उत्पन्न नहीं होगी, तब तक मार्ग में आगे बढ़ना नहीं हो सकता। और प्रतिकूलता अनुकूलता में तभी परिवर्तित हो सकती है, जब हमारे द्वारा किए जानेवाले कार्य, विवेक और ज्ञान से परिपूर्ण हों। आँखों पर पट्टी बाँधकर भागने से मार्ग तय नहीं होता। विवेक और ज्ञान की ज्योति के साथ अंधकारपूर्ण पथ पर भी उपलब्धियों के सुनहरे दीपक जगमगाए जा सकते हैं। विवेक और ज्ञान के साथ उद्यम करने से मार्ग में खड़ा पहाड़ भी हटाया जा सकता है, या उसके ऊपर मार्ग निकाला जा सकता है। लेकिन उस पर्वत से सिर फोड़ने से कोई लाभ नहीं हो सकता, जहाँ मार्ग नहीं बन सकता।

प्रारंभ से ही वकीलों को मुवक्किल और डॉक्टरों को रोगी नहीं मिलते। लंबे समय तक झक मारने से भी कई बार इस

तरह का अनुभव हाथ लगता है, जो जीवन के पेचीदा सवालों को चुटकी बजाते ही हल कर देता है।

लंदन इलस्ट्रेटिड न्यूज नामक अखबार को छापनेवाले मिस्टर इनग्राम 15 किलोमीटर तक सिर्फ इसलिए पैदल चले जाते थे कि उन्हें अपने एक ग्राहक को निश्चित समय पर समाचार-पत्र की प्रति देनी होती थी। उन्होंने अपने वादे को पूरा करने के लिए 15 किलोमीटर पैदल चलने के श्रम को एक खेल समझा। एक ओर रात्रि दो बजे वे चारपाई से उठ बैठे और पैदल लंदन चले गए। क्योंकि वहाँ से छपे हुए समाचार-पत्र की प्रतियाँ उन्हें अपने ग्राहकों के पास यथासंभव पहुँचानी थीं और डाक का कोई प्रबंध न था।

आदमी की असली शिक्षा स्कूल और कॉलेज में नहीं होती, कष्टों और अभावों के बीच होती है। कठिनाइयों पर विजय प्राप्त करने के लिए जो प्रयत्न और दौड़-धूप करता है, उसी को सफलता प्राप्त होती है। यदि कठिनाइयाँ न होतीं तो सफलता भी न होती। संग्राम ही न हो तो जय या विजय कहाँ से प्राप्त हो? सफलता या विजय प्राप्त करने के लिए जो प्रयत्न किया जाता है, उसी से मनुष्य की उन्नति होती है। जितनी अधिक आपत्तियाँ सहकर मनुष्य सफलता प्राप्त करता है, उसकी सफलता उतनी ही अधिक महत्त्वपूर्ण होती है। संसार में एक राज्य या जाति का संग्राम दूसरे राज्य या जाति से कभी-कभी होता है; परंतु जीवन-संग्राम प्रत्येक प्राणी का प्रत्येक दिन होता रहता है। इस संग्राम में प्रतिदिन कष्ट उठाने पड़ते हैं, आपत्तियाँ झेलनी पड़ती हैं, रुकावटें दूर करनी पड़ती हैं। विरोध और अभावों के बीच अपनी प्रतिभा का प्रदर्शन करना पड़ता है। आज क्या, जब से सृष्टि की रचना हुई है, तभी से मनुष्य के साथ यह घोर संग्राम चलता रहा है। सच्चा मनुष्य वही है, जो प्रसन्नता के साथ बाधाओं को सहन करता है और उनके अनुभव से आगे के लिए अपने मार्ग का निर्धारण करता है। दुनिया के किसी भी रास्ते पर मखमल नहीं बिछी है, हर मार्ग में काँटे, पत्थर, गड्ढे, अनेकानेक घात-प्रतिघात हैं। उनसे होकर पार हो जाने का नाम ही सफलता है। याद रखिए, उन्हीं की किस्मत बदलती है, जो इसे बदलना चाहते हैं।

□

3

संदेह से उबरिए

संदेह हमारा शत्रु है, वह हमारे हृदय में भय उत्पन्न करता है, जिससे हमें जिस पर विजय प्राप्त करने का पूरा भरोसा होता है, उसी के सामने नत-मस्तक होना पड़ता है।

–शेक्सपीयर

संदेह और संशय हमारी कामयाबी के मार्ग के अवरोधक हैं। जब हमारा मन दो हिस्सों में बँटा होता है तब हमारी शक्ति भी दो अलग-अलग दिशाओं में विभक्त हो जाती है। इसे इस तरह भी समझ सकते हैं कि हम जितने हिस्सों में बँटकर जो कार्य करते हैं, इसके परिणाम भी उतने ही हिस्सों में विभक्त होकर हम तक पहुँचते हैं।

सामान्यत: संदेह हमारे मन में एक प्रकार की अप्रत्यक्ष चिंता को जन्म देता है। फलस्वरूप हमारा अचेतन मन उस कार्य विशेष को करने के प्रति अपेक्षित आदेश ग्रहण नहीं कर पाता। अनमने मन से जब हम किसी कार्य को करते हैं तो वह कभी भी ठीक नहीं होता। व्यावहारिक रूप से जिस व्यक्ति के सामने हमारा वह कार्य प्रस्तुत होता है, वह हमारी योग्यता को उतनी ही सीमा रेखा के अंतर्गत माप कर देखता है। हमें ध्यान रखना चाहिए कि जीवन और कार्य क्षेत्र की चुनौतियों के बीच बहानेबाजी के लिए कोई गुंजाइश कभी भी नहीं होती।

मनुष्य का यह एक प्राकृतिक गुण है कि उसे जिस भी कार्य के बारे में तनिक भी संदेह उत्पन्न हो जाता है तो साधारण-से-साधारण घटनाएँ भी उस संदेह का समर्थन करने लगती हैं। एक समय वह भी आता है जब संदेह की अधिकता हमारी बुद्धि को नकारात्मक ढंग से प्रभावित करती है। दूसरे शब्दों में कहें तो संदेह नैराश्य का जन्मदाता है। कथाकार अमृतलाल नागर ने संदेह के बारे में लिखा है—''शक व शुबहों के तहखाने में बड़ी सीलन होती है; उसमें रहने से दिल अकड़ जाता है और मनुष्य के जोश का चिराग बुझ जाता है।''

जीवन में बहुत बार ऐसा भी होता है कि किसी एक कार्य को अज्ञात संदेह के चलते हम या तो स्वीकार नहीं करते या उसे करने में दिलचस्पी नहीं दिखाते। कई बार वही कार्य दूसरे लोगों के लिए कामयाबी की एक मिसाल बन जाता है। इस तरह के उदाहरणों से भारतीय सिनेमा का इतिहास भरा पड़ा है। करण जौहर की फिल्म 'कल हो न हो' की हीरोइन के रोल के लिए सबसे पहले मनीषा कोइराला को संपर्क किया गया था। वह फिल्म

की कामयाबी के बारे में संदिग्ध थी, उसके मना करने बाद ही यह रोल प्रीति जिंटा को दिया गया। सभी जानते हैं कि इस फिल्म ने कामयबाी के नए इतिहास रचे।

मशहूर वैज्ञानिक रदरफोर्ड ने एक अनजाने तथा नौसिखिए युवा वैज्ञानिक (शोधार्थी) ई. मार्सडेन से अल्फा कणों की परमाणु पर वर्षा करने को कहा, तो कई लोगों ने सोचा कि आखिर उस प्रयोग को खुद रदरफोर्ड ने या किसी अन्य प्रमुख वैज्ञानिक ने क्यों नहीं किया? जबकि इस प्रयोग के परिणामों पर रदरफोर्ड के परमाणु मॉडल का भविष्य निर्भर था। वास्तव में रदरफोर्ड को यह आशंका थी कि यदि यह प्रयोग विफल हो गया तो इस प्रयोग को करनेवाले वैज्ञानिक पर सदा के लिए असफलता की कालिख पुत जाएगी। इसीलिए यह प्रयोग एक अनजाने से व्यक्ति से कराया गया। प्रयोग कामयाब रहा और इसी के साथ ई. मार्सडेन आविष्कारों की दुनिया में हमेशा के लिए अमर हो गए।

> ''संदेह पानी का बुलबुला नहीं है, जो एक क्षण में भंग हो जाता है। संदेह तो धूमकेतु की रेखा है, जो आकाश में एक छोर से दूसरे छोर तक फैली रहती है और धूमकेतु जानते हो किस बात का प्रतीक है? भय का, आशंका का, अमंगल का।''

—डॉ. रामकुमार वर्मा

जिस समय हमारे मन में संदेह होता है, उस समय हमसे कोई रचनात्मक कार्य प्रभावशाली ढंग से नहीं हो सकता। हमें चाहिए कि हम संदेह को तुरंत त्याग दें, क्योंकि वह हमारे सामने उसी संकट को ला खड़ा करता है, जिससे हम भयभीत रहते हैं। संदेह हमारी संकट-निरोध शक्ति को क्षीण करता है। होता यह है कि संदेह हमारे आत्मविश्वास और कार्य को सफलतापूर्वक करने के लिए हमें जिस चिंतन की आवश्यकता होती है, उसको भी कमजोर करने का कार्य करता है। जब तक मन अशांत है तब तक वह कभी भी प्रभावशाली ढंग से नहीं सोच सकता है। वह किसी भी रचनात्मक विचार या कार्य को जन्म नहीं दे सकता। संदेह स्वाभाविक रूप से हमारे मनन और चिंतन करने की प्रक्रिया को भी निष्क्रिय बनाता है और हमारी शक्ति को भी कम करता है।

संदेह और संशय हमारी कामयाबी के मार्ग के अवरोधक हैं। जब हमारा मन दो हिस्सों में बँटा होता है तब हमारी शक्ति भी दो अलग-अलग दिशाओं में विभक्त हो जाती है।

पारिवारिक, सामाजिक, व्यावहारिक अथवा व्यावसायिक जीवन के जितने भी आयाम हैं सभी में संदेह विष का कार्य करता है। हमें याद रखना चाहिए कि भ्रष्ट-से-भ्रष्ट व्यक्ति भी भरोसेमंद और ईमानदार साथी चाहता है। यदि वहाँ भी संदेह व्याप्त होगा तो एक पल के लिए भी कार्य करना निश्चित ही मुश्किल हो जाएगा। संदेह एक तरह का अविश्वास है जो हमें दूसरे लोगों से तोड़ने का कार्य करता है।

हमारे व्यक्तित्व की जितनी भी खूबियाँ हैं, हमें उनका दिल खोलकर इस्तेमाल करना चाहिए। हम जिस वस्तु को उपयोग में नहीं लाते वह धीरे-धीरे समाप्त हो जाती है। यहाँ डर्विन का वह सिद्धांत व्यावहारिक रूप से मुखर हो उठता है कि मनुष्य ने लाखों साल तक जब पूँछ का प्रयोग नहीं किया तो वह स्वत: ही विलुप्त हो गई। चूँकि जीवविज्ञान के विशेषज्ञों की मान्यता है कि प्रारंभिक काल में मनुष्य के पूँछ हुआ करती थी। यदि हम अच्छे हैं, हमारी सोच अच्छी है तथा हम लोगों की भलाई के बारे में विचार करते हैं तो इसी तरह के और भी विचार हमारे मन-मस्तिष्क में आते रहेंगे। जबकि इसके ठीक विपरीत यदि हम अपने साथियों, सहयोगियों एवं परिजनों पर सदैव संदेह करते रहेंगे तो वे धीरे-धीरे हमसे दूर होते चले जाएँगे।

हमें यह भी याद रखना चाहिए कि जितना अधिक विश्वास, उतना अधिक प्रेम और जितना अधिक प्रेम उतना अधिक विश्वास। प्रेम और विश्वास एक-दूसरे के पूरक हैं। विश्वास के अभाव में किया जानेवाला प्रेम स्वार्थ का मुलम्मा चढ़ा ऐसा कड़वा कैपसूल है, जिसे आप सटक तो लेंगे लेकिन बाद में उसके कड़वे अनुभव आपके पूरे

जीवन को कसैला कर देंगे।

मनोवैज्ञानिकों का कहना है कि हम दिन भर जो सोचते हैं और करते हैं, वही निर्बाध रूप से हमारे भविष्य को शक्ल दे रहा होता है। वास्तव में सच्ची उपलब्धि न तो संग्रह में है, न प्राप्ति में है, अपितु सृजनशीलता में है। सृजनशीलता संदेह के साथ कभी भी नहीं हो सकती। शास्त्रों में कहा गया है—'संशयात्मा विनश्यति।' महाभारत के युद्ध में शक्ति और संख्या में विपुल होते हुए भी कौरव मुट्ठी भर पाँडवों से हार गए। स्पष्ट है कि युद्ध में पांडव संशय हित होकर संग्राम कर रहे थे। श्रीकृष्ण ने अर्जुन को जो गीता का संदेश दिया उसमें अनेक श्लोक संदेह के नकारात्मक पक्ष को अभिव्यक्त करते हैं।

हार्वर्ड मेडिकल मनोरोग विशेषज्ञ प्रोफेसर, डॉ. टॉमस पी. हैकेट ने मासाचुसेट्स जनरल अस्पताल के कोरोनी केयर यूनिट में हृदय रोगियों पर अनेक अध्ययन किए। उनका मानना था कि जो रोगी बिला वजह आशंकाओं व भय से ग्रस्त नहीं थे तथा जिन्होंने रोग की गंभीरता को सहज ढंग से लिया, वे बराबर चिंतित रहनेवाले तथा हर समय संदेह में डूबे रहनेवाले रोगियों के मुकाबले अधिक शीघ्रता से स्वस्थ हुए और लंबे समय तक जीवित रहे। चिकित्सकीय मान्यता है कि भयंकर-से-भयंकर परिस्थितियों में भी जो व्यक्ति आशा और विश्वास का दामन थामे रहता है, उसका बेड़ा पार लग ही जाता है।

'एनाटॅमी ऑफ एन इलनेस' तथा 'हीलिंग हार्ट' के लेखक नार्मन कजिंस ने लिखा है कि—'किसी भी बीमारी की डायग्नोसिस को कभी भी नकारना नहीं चाहिए। हाँ, यह हमारे ऊपर है कि हम उसके फैसले को कितनी गंभीरता से लें।' हमें यह बात साफ तौर पर समझ लेनी चाहिए कि बीमारियों के बारे में जो भयंकर चेतावनियाँ की जाती हैं वे विभिन्न मामलों में औसतन आँकड़ों द्वारा एकत्रित की जाती हैं। कजिंस का मानना है कि जिन रोगियों की सोच संदेहरहित और निश्चय स्पष्ट बना रहता है, वे औसत से ऊपर उठकर शीघ्रतापूर्वक स्वस्थ होते हैं।

संदेह स्वाभाविक रूप से हमारे मनन और चिंतन करने की प्रक्रिया को भी निष्क्रिय बनाता है और हमारी शक्ति को भी कम करता है।

डॉ. हैकेट की मान्यता है कि संदेह से परे रहनेवाले रोगी ऑपरेशन में इस्तेमाल की जानेवाली मशीनों से डरते नहीं। उनकी सोच होती है कि ये मशीनें उनकी सहायता करने के लिए हैं। इस तरह के विश्वास व उम्मीद के साथ अपना इलाज करानेवाले रोगी जल्दी स्वस्थ होते हैं। यहाँ यह बात भी ध्यान रखनी जरूरी है कि प्रत्येक तथ्य को नकारा नहीं जा सकता लेकिन तथ्य के सत्य को वास्तविक संदर्भों में परखना चाहिए। मसलन—डायबिटीज के मरीज को ब्लड शुगर का ध्यान रखना ही पड़ेगा। जबकि गुर्दे के रोगी को डायलेसिस पर रहना अनिवार्य बात है, यही उनके स्वास्थ्य के लिए लाभप्रद भी है।

बहुत बार अनावश्यक सोच-विचार एवं संदेह करते रहने से स्वास्थ्य और भी बिगड़ जाता है। संदेह से भरा व्यक्ति जब कभी बीमारी के क्षणों में होता है तो काल्पनिक संकटों एवं पलायनवादी प्रवृत्ति से केंद्रीय तंत्रिका प्रणाली प्रभावित होती है। चूँकि बीमार व्यक्ति लेटे रहने के अलावा कुछ नहीं कर सकता, अत: इस तरह की सोच से तनाव पैदा होता है, उससे स्वास्थ्य को भयंकर हानि पहुँचती है।

हमारे जीवन में बहुत से कार्य ऐसे हैं जहाँ संदेह की कोई गुंजाइश नहीं है। यदि कोई पायलट संदेह से युक्त है तो उसके द्वारा भरी जानेवाली उड़ाने निश्चित ही प्रभावित होंगी। यही स्थिति युद्ध के मैदान में डटे किसी बिग्रेडियर अथवा अथाह समुद्र तल पर जहाज चलानेवाले कैप्टन पर भी लागू होती है। साक्षात्कार में सम्मिलित होनेवाले युवक-युवतियों से लेकर महत्त्वपूर्ण पदों पर कार्य करनेवाले लोगों तक, जहाँ भी संदेह और अनिश्चितता विद्यमान है, वहाँ के परिणाम स्वाभाविक रूप से सही नहीं होंगे।

इस पृथ्वी पर अभी तक इतना गिरा हुआ व्यक्ति पैदा नहीं हो सका है कि जो आमंत्रित करने पर आपको धोखा दे सके। इसे और स्पष्ट करें तो यदि हम किसी व्यक्ति को यह कहें कि तुम हमें धोखा दो तो सामनेवाला

कभी भी यह कार्य नहीं करेगा। जितनी भी तरह की गड़बड़ियाँ हैं वे प्राय: संदेह और स्वार्थ की मिट्टी में जन्म लेती हैं। जब व्यक्ति स्वयं को बहुत सुरता और होशियार समझने की कोशिश करता है तो मानवीय स्वभाव के चलते उससे संबंधित लोग उसे प्रत्यक्ष या अप्रत्यक्ष रूप से हानि पहुँचाने की फिराक में जुट जाते हैं। यहीं से सामाजिक रिश्तों और संबंधों का ताना-बाना छिन्न-भिन्न होना शुरू होता है।

बहुत सी परिस्थितियों पर हमारा कोई वश नहीं होता, परंतु फिर भी उम्मीद की ज्योति हमारे चुनौती पथ को प्रकाशित करती रहती है। स्थितियाँ कितनी भी नकारात्मक क्यों न हों, हमें उनमें उज्ज्वल पक्ष खोज निकालना ही चाहिए। जीवन-संग्राम के विस्तारित अध्यायों पर गौर करें तो स्पष्ट होता है कि जो लोग किसी भी तरह की आस्था को जिंदा रखते हैं, वे बुरी-से-बुरी परिस्थितियों को हँसते-हँसते झेल जाते हैं।

अज्ञश्चाश्रद्धधानश्च संशयात्मा विनश्यति।
नायं लोकोऽस्ति न परो न सुखं संशयात्मनः॥

—भगवान् श्रीकृष्ण (भगवद्गीता में 4/40)

जो अज्ञानी, श्रद्धारहित और संशयवान् है, उसका नाश होता है। संशयवान् के लिए न यह लोक है, न परलोक है; उसे कहीं सुख नहीं है।

□

4

सकारात्मक बनिए

पाकत्रा स्थन देवा, हृत्सु जानीथ मर्त्यम्।
उप द्वयुं चा द्वयुं च वाचवः॥

—ऋग्वेद

जहाँ शुभ विचार हैं, वहाँ ईश्वर का वास है। ईश्वर क्या है? मानव शरीर में विद्यमान दिव्य शक्तियाँ ही देव हैं। मनुष्य के मन में देवता तथा राक्षस दोनों का वास है। आत्मा इन दोनों तत्त्वों को देखती व जानती है। जैसे हमारे विचार होते हैं, वैसी ही हमारी स्थिति हो जाती है।

सोच को बदलो, सितारे बदल जाएँगे,
नजर को बदलो, नजारे बदल जाएँगे।
किश्तियाँ बदलने की जरूरत नहीं,
दिशाओं को बदलो, किनारे बदल जाएँगे।

अपने विचारों का हमारे जीवन पर अत्यंत सघन प्रभाव होता है। किसी भी कार्य को करने से पहले उसका विचार जन्म लेता है, फिर उस दिशा में हमारे प्रयास प्रारंभ होते हैं। जिस तरह के विचार होते हैं, उसी तरह के प्रयास और फिर उसी से मिलते-जुलते परिणाम हमें प्राप्त होते हैं। सकारात्मक विचार हमारे जीवन की ऊर्जा को कई गुना बढ़ा देते हैं। इस दुनिया में जितने भी लोग सफल रहे हैं, प्रायः वे सभी सकारात्मक सोचवाले व्यक्ति थे। हमारी सोच ही सच्चाई का रूप धारणकर हमारे सम्मुख आ खड़ी होती है। कहा जाता है कि मनुष्य का चेहरा उसके विचारों का दर्पण होता है। हम जो भी और जैसा भी सोचते हैं, वह धीरे-धीरे हमारे मुख-मंडल पर अंकित होता चला जाता है। आप शेर तथा गाय की आँखें देखिए आपको सोच का फर्क वहाँ स्पष्ट रूप से दृष्टिगोचर होगा।

सामान्य जीवन व्यवहार में बहुत बार ऐसा होता है कि हम किसी को कड़वी या चुभती हुई बात कह देते हैं; जब सामनेवाला प्रतिकार करता है तो हम बात को टालने की गरज से कहते हैं—'मैंने तो यों ही कह दिया था अथवा मैं जो मजाक कर रहा था।' ध्यान रखिए हमारे द्वारा कभी भी कोई बात अनायास और असहज ढंग से नहीं कही जाती। बहुत दिनों तक हमारे मन-मस्तिष्क में जो चलता रहता है, वही किसी-न-किसी अवसर पर अनायास हमारी वाणी से प्रकट हो जाता है। जो हम कभी नहीं सोचते, उसे हम कभी कहेंगे भी नहीं। हम जो भी, जैसा भी विचार करते हैं, वही हमारे वार्त्तालाप के माध्यम से दूसरे लोगों के सामने प्रकट होता है।

यह भी सत्य है कि हम जो भी बोलते हैं, उसे सबसे पहले स्वयं ही सुनते हैं। अतः हमारे द्वारा बोले जाने वाले प्रत्येक शब्द सबसे पहले हमें ही प्रभावित करते हैं। एक विचार दूसरे विचार को खींचकर लाता है। हम जिस तरह से विचार बनाते हैं, उसी से मिलते-जुलते और विचार हमारे भीतर जन्म लेते हैं। बुरे हों तो बुरे, और अच्छा सोचें तो अच्छे।

सकारात्मक विचार हमारे जीवन की ऊर्जा को कई गुना बढ़ा देते हैं। इस दुनिया में जितने भी लोग सफल रहे हैं, प्रायः वे सभी सकारात्मक सोचवाले व्यक्ति थे।

किसी भी चीज को जिसे आप पाना चाहते हैं, उसको पाने का एक सरल ढंग है उसके बारे में निरंतर विचार करना। हर एक पदार्थ का प्रतिबिंब उसके निजी बिंब के अनुसार होता है। दूसरे शब्दों में कहें तो वस्तु प्रायः वैसी ही होती है, जैसा हम उसके बारे में सोचते हैं। इसे यूँ भी समझ सकते हैं कि जिसके बारे में हम जैसा सोचते हैं, ज्ञात-अज्ञात कारणों से हमारा वह विचार उस व्यक्ति तक निश्चित ही संप्रेषित हो जाता है। जैसी हमारी भावनाएँ होंगी, हमारी उपलब्धियाँ भी वैसा ही रूप अख्तियार कर लेती हैं। जिस व्यक्ति को चित्रकार अथवा संगीतज्ञ बनना है, उसे चाहिए कि वह उसी क्षेत्र से संबंधित विचारों को तथा बातों को अपने जीवन का हिस्सा बनाए। किसी भी प्रकार की निराशाजनक बातें और किसी का अहित करके अपना हित साधने की प्रवृत्ति कभी स्थाई सफलता नहीं देती।

याद रखिए, धोखा देने से धोखा खाना कहीं ज्यादा बेहतर है।

जिन्हें आनंद से रहना है, उन्हें विषाद का परहेज रखना होगा। जो धनवान् बनना चाहते हैं, दरिद्रता के विचार उनके लिए जहर हैं। जिन बातों से मन में दुःख उत्पन्न होता है, उन्हें त्यागिए। ऐसी बातें आपकी महत्त्वाकांक्षा की पूर्ति के मार्ग की स्थायी समस्याएँ हैं।

निराशा और शॉर्टकट से सफलता पाने की तिकड़में छोड़े बिना आपमें वास्तविक प्रतिभा का विकास नहीं हो सकता। सदैव आशा और विश्वास से परिपूर्ण विचारों का स्वागत कीजिए, थोड़े ही दिनों में आपको आश्चर्य होता कि आप जिन पदों की, जिन कुरसियों पर बैठने की लंबे समय से इच्छा रखते थे, वे सब आपकी ओर खिंचे चले आ रहे हैं।

भरे हुए पात्र में और अधिक नहीं भरा जा सकता। यह भी ध्यान रखने योग्य बात है कि जिन्हें दूसरों के जीवन को उपलब्धियों से भरना है, उन्हें सहानुभूतिपूर्वक झुकने की कला आनी चाहिए—

जो अहले जर्फ हैं, सभी से झुक के मिलते हैं,
सुराही सिर के बल झुकती है, तो भरता है पैमाना।

अब यहाँ यह सवाल पैदा होता है कि हम अपने विचारों को सकारात्मक कैसे बनाएँ? ताकि हमारे मानसिक संवेग सकारात्मकता की तरफ प्रेरित हो सकें। इसके लिए हमें अपने विचारों को शुद्ध रखना होगा।

स्मरण रखिए, हमारी वैचारिक संपदा ही हमारी सबसे बड़ी पूँजी है। इसे सहेजकर रखिए। यह आपको अन्य लोगों से अलग दिखने व बनने में बड़ी भारी भूमिका अदा करेगी। निश्चित ही सकारात्मक मानसिकता हमारे जीवन

के संपूर्ण पथ को आलोकित करती है।

हमारी हरदम यही इच्छा होती है कि आनेवाले दिन सुखों से भरे हों। हम सबसे बेहतर जिंदगी के मालिक बनें। हमारे पास सुख-सुविधाओं के तमाम साधन हों। खूब धन-दौलत हो, हमारी अभी मृत्यु न हो। ये सब हमारे विचार ही तो हैं, हम जो भी नजरिया अख्यितार करते हैं, वास्तव में यह हमारा विचार भी होता है। हमारा अब तक का अतीत हमारे विचार ही तो हैं। इस वर्तमान का निर्वहन भी हमारे विचार ही हैं। समय के टलने के बाद हमारा भविष्य क्या और कैसा होगा? सबके पीछे विचार का प्रकाश छिपा है। समाज में लोगों से हमारे संबंध कैसे हैं? कौन हमारे लिए बुरे हैं, कौन अच्छे हैं? सब विचारों का ही तो खेल है।

लोगों को अपना बना लेते ही लालसा, सफलता प्राप्ति की कामना, सबके पीछे विचार का चक्र निरंतर चलता रहता है। हमारे अच्छे तथा बुरे जीवन का निर्णय यह संसार या समाज नहीं करता, अपितु हमारे विचार करते हैं। हमारी सारी गतिविधियाँ तथा हमारे सपनों की दुनिया, सबकुछ विचारों के इर्द-गिर्द परिक्रमा करती रहती हैं।

वेदों में कहा गया है—

'देवी सम्पत् विमोक्षाय, विद्धायासुरी मताः।'

जिस व्यक्ति को सफलता प्राप्त करनी है और अपने व्यक्तित्व का विकास करना है, उसे चाहिए कि वह शुभ विचारों तथा सात्विकता को अपने जीवन में आश्रय दे। क्योंकि इससे पवित्रता का संचार होता है। पवित्रता में देवों का वास है और जहाँ देवीय आभा विद्यमान है, वहाँ उन्नति एवं विकास के रास्ते स्वत: ही खुलते चले जाते हैं।

जब हम भूमि में अच्छा बीज रोपते हैं, उचित खाद और समय पर पानी देते हैं, तो मौसम के सहयोग से पौधे के अंकुरित होने से लेकर वृक्ष बनने तक समस्त क्रियाएँ भली प्रकार संपन्न होती हैं। जबकि पौधे के सूखने या नष्ट होने की संभावना तभी होती है, जब भूमि की उर्वरता कम होती है, या मौसम एकदम प्रतिकूल हो जाता है या फिर पौधे को धूप या पानी ठीक मात्रा और समय पर प्राप्त नहीं होता। इसी प्रकार जब किसी व्यक्ति के विचार नकारात्मकता से घिरे हैं, तो उसकी सोचने की शक्ति क्षीण हो जाती है, उत्साह और उल्लास मंद पड़ जाते हैं। फलस्वरूप साहस और आत्मविश्वास भी तिरोहित हो जाते हैं। नकारात्मक विचारों के चलते उसका व्यक्तित्व एकदम नकारा तथा प्रभावहीन हो जाता है। जिन लोगों की सोच शुद्ध और सफल है, उनके सामने बुरे विचारवालों की शक्ति और बड़ी-से-बड़ी सामर्थ्य भी कम और हलकी प्रतीत होती है।

क्षणिक लाभ के लिए उलटे-सीधे विचारों पर अमल करना बुद्धिमान व्यक्ति के लिए हितकर नहीं है। गलत मशविरों को माननेवाला व्यक्ति अपनी किस्मत के कपाट को खुद ही बंद करता है।

साधारण रूप से हम सोचते हैं कि विचार हमारे भीतर हैं; परंतु ऐसा नहीं है। विचार सर्वत्र व्याप्त हैं। विचार हमारे भीतर हैं, बाहर हैं, प्रत्येक स्थान पर हैं।

जिस घर में हम जनमे, जहाँ से हमें संस्कार मिले, वास्तव में हमारा जन्म विचारों के एक घेरे के बीच में ही तो हुआ? आज हम जो भी कुछ हैं, अपने विचारों के कारण ही हैं। अर्थात् वे विचार तथा संस्कार भी जिनके कारण हमारा जन्म हुआ। वस्तुत. हम हैं ही क्या? हम और कुछ भी नहीं, अपने और अपने से जुड़े लोगों के विचारों का प्रतिबिंब हैं, प्रतिफल हैं।

रॉल्फ फल्डो इमरसन ने लिखा है—"न कुछ अच्छा होता है और न ही कुछ बुरा, केवल हमारा सोचने का ढंग ही उसे वैसा बना देता है।"

नार्मन विन्सेंट पॉल ने अपनी आत्मकथा में लिखा है—"अपने विचारों को बदलकर हम अपनी दुनिया बदल सकते हैं।"

जिस व्यक्ति को सफलता प्राप्त करनी है और अपने व्यक्तित्व का विकास करना है, उसे चाहिए कि वह शुभ विचारों तथा सात्विकता को अपने जीवन में आश्रय दे।

सकारात्मक विचारवाले लोग समाज के अन्य व्यक्तियों के मुकाबले अधिक सफल, लोकप्रिय व प्रभावशाली होते हैं।

जिन लोगों की यह इच्छा है कि वे अपनी मरजी के मुताबिक सामनेवाले से काम निकलवा लें तो उन्हें चाहिए कि वे सकारात्मक विचारों का ही प्रयोग करें। अब तो मेडिकल अनुसंधानों ने भी इस बात को प्रमाणित कर दिया है कि वे व्यक्ति जिनके विचार सकारात्मक होते हैं, उनके मस्तिष्क में 'इंडोफीन' नामक हार्मोन अधिक पाया जाता है। इसी प्रकार शांत मनवाले व्यक्तियों में 'न्यूरोपेप्टाइड' नामक हार्मोन पैदा होता है। इन हार्मोंस के स्राव से हमें प्राकृतिक एवं मानसिक सुख-शांति का अनुभव होता रहता है। फलस्वरूप हमारे द्वारा किए जानेवाला सकारात्मक व्यवहार, हमें लोगों से जोड़ने का कार्य करता है। स्पष्ट है कि जिन व्यक्तियों से हम अपना जुड़ाव महसूस करते हैं, उनके अहित के बारे में हम कभी सोच ही नहीं सकते। इसे इस तरह की भी समझा जा सकता है कि भावनात्मक जुड़ाव के बाद हमें अपने कामों को निकालने में सहानुभूतिपर्वक सहयोग मिलता है और हम सफलता के पथ पर आगे बढ़ते चले जाते हैं।

शेल्डन कोहेन कारनेगी मेलन विश्वविद्यालय की रिसर्च से यह सिद्ध हो गया है कि नकारात्मक विचारवाले व्यक्तियों में रोग प्रतिरोधक क्षमता क्रमश: कम होती चली जाती है और वे एड्स जैसे जानलेवा रोगों के चंगुल में शीघ्र फँसते हैं, अत: अपनी सोच एवं विचारों को सकारात्मक बनाइए, दुनिया आपकी अपनी होगी।

''याद रखिए जो भी कार्य तुम प्रेम, सहयोग और दूसरे के लिए सकारात्मक भाव से करते हो, वह तुम्हें परमात्मा के निकट ले जाता है, और जिस कार्य में घृणा होती है, वह कार्य तुम्हें परमात्मा से दूर ले जाता है।''

—सत्य साईं बाबा

सकारात्मक विचारवाले लोग समाज के अन्य व्यक्तियों के मुकाबले अधिक सफल, लोकप्रिय व प्रभावशाली होते हैं। लोग उनकी स्वयं ही मदद करने को तत्पर रहते हैं। उनके बड़े-से-बड़े तथा जटिल समझे जानेवाले कार्य भी मामूली से प्रयासों से सिद्ध होते जाते हैं, मैंने स्वयं ऐसा होते देखा है।

□

5

चुनौतियों से खेलिए

ना काले म्रियते जन्तुर्विद्धः शरशतैरपि।
कुशाग्रेणैव संस्पृष्टः प्राप्तकालो न जीवति॥

–हितोपदेश

जब काल न हो तो सैकड़ों बाणों के बिंधने से भी प्राणी नहीं मरता और जब काल आ जाए तो मात्र कुशा की नोक छुआने भर से ही मर जाता है।

हम सबकी कमजोरी यह है कि हम खेलने में कम, उसकी हार-जीत में अधिक दिलचस्पी रखते हैं। हम जमकर खेलना नहीं चाहते और सपने देखते हैं कि सुरक्षित तरीके से कोई व्यक्ति आकर जीत को हमारी गोद में रख जाए। बहुत से लोग हैं, जो अपनी गलतियों को रोमांचक नहीं बना पाते। हमें अपने बारे में, अपने प्रयासों के बारे में विचार करना चाहिए। हमें बिना किसी हील-हुज्जत के अपनी खूबियाँ और खामियाँ कबूल करनी चाहिए।

फ्रांसिस बेकन का अमर कथन है कि ''बुरे लोग अपने दोषों को माफ किए रहते हैं। अच्छे लोग उनको छोड़ बैठते हैं और बहुत से लोग गलती नहीं करने के डर से अपनी प्रतिभा को दफना देते हैं।'' याद रखिए जिस कब्रिस्तान में हमारी गलतियाँ दफन हैं, वहीं पर हमारी कामयाबी के दुश्मन भी दफन हैं। उनकी हमें जरा भी परवाह नहीं करनी चाहिए। परंतु सबसे दर्दनाक कब्रिस्तान वह है, जहाँ उन लोगों की प्रतिभाएँ खामोशी से आराम कर रही हैं, जो गलतियाँ करने से डरते थे।

हम अपने जीवन की अनेक पराजयों को विजय में बदल सकते हैं—

अध्ययन के शस्त्र से, योग्यता के बाण से तथा तैयारी की हुंकार से।

हमें अपने जीवन में खिलाड़ी जैसा व्यवहार अपनाना चाहिए, क्योंकि जिस जीत में जोखिम का मिश्रण नहीं होता उसके स्वाद में भी मजा नहीं आता।

हार कर भी हार मैंने, आज तक मानी नहीं है,
हार तो उसके लिए है, हार को जो हार माने,
जीत है उसके लिए, जो हार को उपहार माने।

कहा गया है—No risk no gain, More risk more gain, जो व्यक्ति खतरे उठाने से बचता है सफलता भी उससे बचकर चलती है। हमारा इतिहास ऐसे अनेक उदाहरणों से भरा पड़ा है, जब व्यक्तियों ने अपनी पूरी शक्ति और सामर्थ्य को झोंककर अपने जीवन का दाँव खेला और वे सफल रहे।

मैं उन लोगों को जीवन में बूढ़ा मानता हूँ, जिनके सपने मर गए। यहाँ उम्र से कोई लेना-देना नहीं है। यदि आप गौर से देखें तो कोई बीस वर्ष का बूढ़ा दिखाई देगा तो कोई साठ साल का जवान भी! हमारे द्वारा देखे गए सपने हमें जीवन में एक नई ऊर्जा से लबरेज रखते हैं। जबकि जिनकी कोई इच्छा ही नहीं, वे कुछ करना भी नहीं चाहते। और ऐसा काम तो बिलकुल भी नहीं, जिसमें मामूली सा भी खतरा हो। याद रखिए जिनके सपने जवान हैं, वे देर-सवेर जीवन में चुनौतियों पर विजय पा ही लेंगे।

अपने सपनों को सलामत रखिए
क्योंकि उन्हीं में वह आनंद है
जो सयाने लोगों को नसीब नहीं होता।
रोज हवा में किले बनाते रहिए
रोज अपने सफेद जहाज पानी में तैराते रहिए
रोज किसी धुन में लगे रहिए।
याद रखिए जिनकी निगाहें आकाश के तारों की तरफ हैं
उनके जीवन में सुनहरा प्रकाश अवश्य बिखरेगा।

विद्या, वीरता, बुद्धि, साहस, शक्ति और धैर्य हमारे ऐसे सच्चे मित्र हैं, जो हमारी मुसीबत के क्षणों में सहायता करते हैं। बुरे वक्त में ये हमारे वास्तविक हितैषी हैं। इन्हें साथ रखनेवाला व्यक्ति निश्चित ही कामयाब होगा। बहुत सी चुनौतियों से आँखें चार करके जिन लोगों ने कामयाबी पाई है, वही इसका सच्चा सुख भी भोग सकते हैं। चुनौतियों से जूझते-जूझते हमारे भीतर एक अकाट्य शक्ति उत्पन्न हो जाती है, जो हमें जीवन मार्ग में आनेवाली समस्त बाधाओं से उबारती है। जीवन में सफल होने के लिए कोई शाही सड़क नहीं है। किसी भी सफल व्यक्ति का जीवन-चरित्र पढ़ें, उसने अनेक कठिनाइयों को पार करके ही अपनी मंजिल पाई है।

बुरा करे जो सहरों की तू तलाश करे,
सुतून बन कि सहारे तुझे तलाश करें।

यदि आपसे पूछा जाए कि आप अपनी पसंद के दुनिया के कुछ खास लोगों के नाम बताइए, तो पूरी संभावना है कि आप महान् वैज्ञानिकों, लेखकों, कवियों, युद्धवीरों एवं आश्चर्यपूर्ण चमत्कार दिखानेवाले महापुरुषों के बारे में सोचेंगे। लेकिन इनसे भी बड़े कुछ महामानव और भी हैं, जिन्होंने शरीर से अपंग होते हुए भी अपनी अयोग्यताओं को दनकिनार करते हुए मुश्किलों के पहाड़ तय किए हैं। इस श्रेणी के लोगों ने उन लोगों के मुकाबले अधिक उपलब्धियाँ अर्जित कीं, जो हर तरह की सुविधा भोग रहे थे। ऐसे अनेक व्यक्ति हैं, जिन्होंने अपनी बैसाखियों को खुले आकाश में परवाज करनेवाले पंखों में तब्दील कर कामयाबी के नए अध्याय रचे हैं। ऐसे ही लोगों की सूची में एक नाम बड़ा खास है—हेलेन केलर का। यह महिला तीन तरह से अपंगता की शिकार थी—अंधी, बहरी और गूँगी; परंतु उसने अत्यंत सराहनीय तरीके से इन मुश्किलों पर विजय हासिल की। अपने जीवन के अनुभवों को समेटते

हुए उसने लिखा है कि व्यक्ति यदि चुनौतियों से जूझने का साहस जुटा ले, तो कुछ भी असंभव नहीं।

शारीरिक रूप से प्रभावित लोगों के लिए केलर के परामर्श भी ध्यान देने योग्य हैं—

1. कुदरत की खूबियों पर अपना ध्यान केंद्रित कीजिए।
2. अपनी आँखों को काम में लाइए। हो सकता है कल आप अंधे हो जाएँ। मुधरिम संगीत का आनंद लीजिए, चिड़ियों की चहचहाहट को अनुभव कीजिए, हो सकता है, कल आप बहरे हो जाएँ। प्रत्येक वस्तु का स्पर्श कीजिए, हो सकता है कल आपकी स्पर्श इंद्रियाँ काम करना बंद कर दें। फूलों की खुशबू का आनंद उठाएँ भोजन के प्रत्येक कौर का रसास्वादन कीजिए, संभव है कल आप पुन: कभी सूँघने एवं स्वाद लेने के अनुभव से वंचित रह जाएँ।

निश्चित रूप से जीवन में करने के लिए अनंत संभावनाएँ हैं। हमें जीवन की विराटता का गहराई से अनुभव करना चाहिए और फिर प्रत्येक चुनौती का अपनी संपूर्ण क्षमता एवं योग्यता के साथ सामना करना चाहिए।

प्राय: सभी लोगों ने बचपन में 'द स्विंग' नामक कविता को खूब रटा है। छोटे नटखट बच्चे झूलों पर पेंगें बढ़ाते समय इस कविता को अकसर गुनगुनाते हैं। झूले का वेग जब आनंद की उड़ान भरते हुए क्षितिज की ओर गमन करता है, तो बच्चों के मन में अमूमन वही भाव होते हैं, जो आकाश पर विजय पानेवाले एक साहसी व्यक्ति के मन में होते हैं।

यह कविता गतिशीलता तथा आनंदपूर्ण ढंग से स्वच्छंद स्वतंत्रता की प्रतीक है। हमें यह जानकर आश्चर्य होगा कि इन कविताओं की रचना करनेवाले व्यक्ति के बचपन का अधिकांश भाग असाध्य लोग से पीड़ित था। कई वर्ष तक राबेर्ड लुईस इस्टवेंशन ब्लडजैक रोग से पीड़ित होकर चारपाई पर चिपका रहा। तकियों के ढेर के बीच उसकी मुरझाई बाल-भावनाओं को खुश करने के लिए अनेक खेल-खिलौने थे, इन खिलौनों में बहुत से सैनिक भी थे। अपने बिस्तर पर उसने लड़ाई का एक छोटा सा मैदान बनाकर अपनी कल्पनाओं को उड़ान दी।

विद्या, वीरता, बुद्धि, साहस, शक्ति और धैर्य हमारे ऐसे सच्चे मित्र हैं, जो हमारी मुसीबत के क्षणों में सहायता करते हैं। बुरे वक्त में ये हमारे वास्तविक हितैषी हैं। इन्हें साथ रखनेवाला व्यक्ति निश्चित ही कामयाब होगा।

'द लैंड ऑफ फाउंटेन पैन' नामक कविता में उसकी इच्छाओं की बानगी देखिए— ''मैंने अपने लोहे के सैनिकों को जाते देखा, विभिन्न वरदियों एवं कवायदों सहित, बिस्तर की चादरों में एवं तकियानुमा पहाड़ियों में।'' राबेर्ड की इस कविता में हर ओर आशा, विश्वास और चुनौतियों पर विजय पा लेने का एक ऐसा दृढ़ संकल्प है, जिसके चलते बड़ी-से-बड़ी बाधा स्वत: ही समाप्त हो जाती है। अपनी शारीरिक दुर्बलताओं के बावजूद राबेर्ड में भरपूर साहस था, यही कारण था कि बड़ा होने पर वह तमाम जोखिमों के बावजूद यात्राओं के लिए निकल पड़ा। राबेर्ड के पिता की इच्छा थी कि उसका पुत्र उसके ही समान इंजीनियर बने, परंतु राबेर्ड को लेखक बनने की धुन सवार थी। एडिंबर्ग विश्वविद्यालय में पढ़ते समय राबेर्ड के अध्यापकों को भी उसमें कोई विशेष प्रतिभा नहीं दिखी। विश्वविद्यालय द्वारा साफ तौर पर अस्वीकार कर देने के बावजूद राबेर्ड हतोत्साहित नहीं हुआ और अंतत: वह एक अंत्यत लोकप्रिय और सफल कथाकार बना।

जॉर्ज फ्रेडरिक हैंडल की कृति 'मसीहा' विश्वविख्यात है। क्रिसमस एवं नए वर्ष दोनों अवसरों पर हैंडल का संगीत सुना जाता है। हैंडल ने बहुत दर्दनाक परिस्थितियों में अपनी जिंदगी का सफर तय किया। उसने बाइबिल को गेय बनाने के लिए संकीर्तन रचा। अंधेपन, पक्षाघात एवं मानसिक बीमारियों के बावजूद उसने इस गीत की रचना की थी।

भारत के प्रमुख उद्योगपति जमशेदजी टाटा का पूरा जीवन ही चुनौतियों एवं विषमताओं की अद्भुत मिसाल है। उन्होंने अपने परिश्रम से सभी चुनौतियों पर विजय प्राप्त की। कई बार ऐसा भी हुआ कि वे पैसे-पैसे के लिए

विवश हो गए। फिर भी उन्होंने हिम्मत नहीं हारी, धुन के पक्के रहे और नित कई कठिनाइयों का सामना करते हुए फिर से अपना व्यापार शुरू किया। थोड़े दिनों बाद व्यापार में उन्हें फिर ऐसा घाटा हुआ कि वे दिवालिया हो गए और उन्हें अपने घर का जरूरी सामान तक बेचना पड़ा। फिर भी उन्होंने अपना साहस नहीं छोड़ा और तमाम घात-प्रतिघात को सहते हुए अपनी मंजित की ओर बढ़ते रहे। अनेक चुनौतियों एवं बाधाओं को सहने के बाद टाटा ने वह प्रसिद्धि पाई जो भारत में सदा अमर रहेगी।

माँगते-खाते अपना सफर शुरू करके किराए के कोट में जिंदगी बसर करनेवाले महान् लेखक गोल्ड स्मिथ, चोरी के आरोप को माथे पर लेकर लंदन भाग जानेवाले विलियम शेक्सपियर, महाकवि मिल्टन, इमरसन, शिलर, ग्रीन, रोजर बेकन, बेन जॉनसन, जॉड ब्रायन, जॉर्ज इलियट, डेविड लिविंग स्टोन आदि जितने भी अच्छे कवि और लेखक हुए हैं, सभी दीन दशा में जनमे और कष्टों में पले बढ़े हैं। इन सबको किसी-न-किसी प्रकार की घोर विपत्ति का लगातार सामना करना पड़ा है, सफलता प्राप्त करने के लिए इन लोगों ने अनेक कष्टों को हँसते-हँसते झेला है।

महान् समाज सुधारक संत कबीर, तुलसी तथा सूरदास का जीवन किसी भी नजरों से छिपा नहीं है। सर आइजेक न्यूटन जिन्होंने आकर्षण शक्ति के सिद्धांत की खोज की, भाप के इंजन के आविष्कारक जेम्स वाट, वस्तुओं की अंतर्गत उष्णता का पता लगानेवाले डॉ. ब्लैक, हंफ्री डेवी और फैराडे, जिन्होंने विद्युत् के सिद्धांत दिए, मार्कविस वोरसेस्टर, जिन्होंने कारावास में वाष्प के सिद्धांत पर अनुभव प्राप्त किया और जेल से बाहर आने के बाद 'आविष्कारों की शताब्दी' नामक पुस्तक लिखी, इलीही वाश वर्न, जो अमेरिका में राज्य कोश के संरक्षक हुए, सभी का जीवन भयंकर अभावों एवं चुनौतियों से जूझते हुए बीता है।

बचपन में फटे पायजामे में पिन लगाकर काम चलानेवाले गारफील्ड, जो बाद में अमेरिका की राज्य परिषद् के प्रेजिडेंट बने, माइकल एंजेलो, जिन्होंने पत्थर की मूर्तियाँ बनाकर अपने आपको अमर किया, आर्कराइट, जो बचपन में हजामत बनाने का काम करते थे और मरते समय करोड़ों की संपत्ति छोड़ गए, विलियम मरडोक, जिन्होंने 18वीं शताब्दी के अंत में कोयले की गैस को नल के द्वारा ले जाकर प्रकाश का आविष्कार किया, गैलीलियो, जिन्होंने आकाश के दूरस्थ तारों की खोज की, अमेरिकी राष्ट्रपति अब्राहम लिंकन, जिन्होंने फटे-पुराने चिथड़े पहनकर इश्तेहारों और साइनबोर्डों के माध्यम से अक्षर-ज्ञान प्राप्त किया, नेत्रहीन हेनरी फास्टर, जिन्हें इंगलैंड के मंत्री ग्लेड स्टन ने पोस्ट मास्टर जनरल नियुक्त किया, विलियम मिल वर्न, जो बाल्यावस्था से अंधे थे और बाद में अमेरिका के धर्मगुरु नियुक्त हुए, चांसी, जिन्होंने अपना बचपन और युवावस्था बढ़ईगिरी के रूप में पूरी की, सभी लोगों का जीवन चुनौतियों के कठिन मार्ग पर उपलब्धियों के नए दिए प्रकाशित करने के साथ ही संपन्न हुआ।

□

6

जमे रहिए

दृढ़तापूर्वक जमे रहने से शक्ति का विकास होता है, दृढ़ता पुरुष के समस्त गुणों की रानी है। दृढ़ता सफलता का एक अभिन्न अंग है। हमारा दृढ़ निश्चय चूने का ऐसा फर्श है, जिस पर आपत्ति की बौछारें उसे और भी अधिक मजबूती प्रदान करती हैं।

—प्रेमचंद

क्या आप एक बार भाषण देते समय बीच में कोई गलती कर बैठे थे, जिससे आपकी बात लोगों ने अनसुनी कर दी थी, उसी डर के चलते आप दोबारा भाषण देने की हिम्मत नहीं जुटा पाते?

क्या आपकी कोई रचना, कार्टून अथवा लेख किसी अखबार के संपादक ने नहीं छापा और धन्यवाद सहित आपको लौटा दिया था, उसी के भय से आप अन्य रचना भेजने में संकोच कर रहे हैं? तो मैं आपसे एक बहुमूल्य बात कहना चाहता हूँ, वह यह कि जो व्यक्ति विपरीत परिस्थितियों में भी अपनी हिम्मत नहीं खोते, उनकी मदद स्वयं ईश्वर करते हैं। तभी तो कहा गया है—

'हिम्मते मर्दा, मददे खुदा।'

जो व्यक्ति कठिन समय में डटे रहने की सामर्थ्य रखता है, उसकी झोली में सफलता डालना ईश्वर का कर्तव्य है।

फिर-फिर उठिए और सफलतापूर्वक असफल रहिए।

महाकवि मिल्टन का यह वाक्य याद रखिए—'जागो, उठो, डटे रहो नहीं तो फिर हमेशा के लिए खत्म!'

वस्तुत: डटे रहना जीवन को जीने की एक ऐसी कला है, जो हमारे लिए कामयाबी के दरवाजे खोलती है। जो डटे रहकर खोजना चाहते हैं, वही कुछ पा भी सकते हैं—

जिन खोजा तिन पाइयाँ, गहरे पानी पैठ
मैं नारी डूबन डरी, रही किनारे बैठ।

नेपोलियन जिस समय विश्व विजय के लिए निकला तो वह निरत युद्ध करता हुआ आल्पस की पहाड़ियों के

पास पहुँचा। वह अपनी सेना समेत पहाड़ियों के उस पार जाना चाहता था। पहाड़ियों की तलहटी में रहने वाली एक बुढ़िया से उसने रास्ते की जानकारी लेनी चाही तथा उसे अपने आने का कारण बताया। उसकी बात सुनकर बुढ़िया हँसने लगी, उसने नोपोलियन से कहा—''तेरे जैसे कई मूर्ख इस दुर्गम पहाड़ पर चढ़ने के प्रयास ने अपना जीवन गवाँ चुके हैं, अच्छा तो यही होगा कि तू जैसे आया है, उसी तरह लौट जा।''

बुढ़िया की बात से नेपोलियन तनिक भी निराश नहीं हुआ, उसकी धारणा थी कि असंभव शब्द मूर्खों के शब्दकोश में पाया जाता है। वह यह भी जानता था कि निश्चित लक्ष्य के प्रति डटे रहनेवाले व्यक्ति को अवश्य सफलता मिलती है। उसने बुढ़िया से कहा—''आपकी बातों से मेरा हौसला बढ़ा है। अब मैं अधिक सावधान होकर अपनी भावी योजना बनाऊँगा और इस दुर्गम पहाड़ पर फतह पाकर ही रहूँगा।''

वृद्धा नेपोलियन के अटल विश्वस को देखकर हैरान रह गई। उसने नेपोलियन की हिम्मत को दाद दी और कहा—''तुम जैसे हिम्मती लोगों के लिए दुनिया में कुछ भी असंभव नहीं है। जा, तू अपने कार्य में सफल हो, मैं तुझे आशीष देती हूँ।''

इतिहास जानता है कि अपने दृढ़ निश्चय के बलबूते नेपोलियन ने अपनी सेना के साथ पर्वत लाँघने में सफलता पाई।

भारतीय सिनेमा के मशहूर अभिनेता अमिताभ बच्चन ने एक के बाद एक फ्लॉप फिल्में देने के बाद भी मुंबई शहर से कूच नहीं किया और लगातार सात साल के संघर्ष के बाद उनकी फिल्म 'जंजीर' ने सिनेमा के इतिहास में नए कीर्तिमान स्थापित किए। जाहिर है उन्होंने फिर कभी पीछे मुड़कर नहीं देखा। आज उनका नाम ही सफलता का पर्याय है।

सुनील दत्त व रजनीकांत मामूली से बस कंडेक्टर से फिल्मी दुनिया के बेताज बादशाह बने। शाहरुख खान पाँच हजार रुपए लेकिन दिल्ली से मुंबई पहुँचते हैं और मात्र दस साल बाद तीस करोड़ रुपए का सिर्फ घर ही खरीद लेते हैं। कला फिल्मों के कामयाब अभिनेता ओम पुरी अपनी फिल्म 'अर्द्धसत्य' के रिलीज होने से पूर्व किसी मजदूर की तरह एक चॉल में रहते थे। दिल्ली के सेंट स्टीफंस कॉलेज से पढ़ने के बाद सिद्धार्थ बसु ने रंगमंच की दुनिया में काम की तलाश शुरू की, उस समय वे डिफेंस कॉलोनी के एक बँगले के मामूली से एक गैरेज में रहते थे। आकाशवाणी और दूरदर्शन के लिए छोटे-छोटे कार्यक्रम बनाते समय उन्हें एक क्विज कार्यक्रम बनाने का मौका मिला, उसके बाद सिद्धार्थ बसु ने पीछे मुड़कर नहीं देखा। 'कौन बनेगा करोड़पति' उन्हीं के दिमाग की उपज थी। आप वे दुनिया के मशहूर क्विज मास्टर्स में से एक हैं।

कहने का मतलब यह है कि जिस व्यक्ति ने अपने संकल्प, अपने लक्ष्य के सामने डटे रहकर संघर्ष किया है, सफलता ने एक-न-एक दिन निश्चित ही उसके कदम चूमे हैं।

□

7

दुनिया को कर दिखाइए

आँधियाँ और समुद्री लहरें निरंतर सबसे योग्य नाविकों का साथ देती हैं।

–गिबन

सफलता की यात्रा धीरे-धीरे और क्रमिक विकास से जुड़ी है। सभी जानते हैं कि किसी भी बड़े सफर की शुरुआत पहले कदम से ही होती है। जिन लोगों ने अपने सपनों को साकार करने की दिशा में प्रगति की है, वे जानते हैं कि शुरुआती दिनों में छोटी-छोटी उपलब्धियाँ भी उनके लिए बहुत बड़ी ऊर्जा का कार्य करती थीं।

वास्तव में होता क्या है कि हमारी छोटी-छोटी सफलताएँ ही एकत्रित होकर हमारे लिए एक बड़ी सफलता का कारण बनती हैं। इसे यों भी कह सकते हैं कि एक-एक सफलता को जोड़कर हम एक ऐसा सेतु निर्मित कर लेते हैं, जिसपर हमारी प्रगति का रथ फिर बिना रुके दौड़ता ही चला जाता है।

काम शुरू कराने के बाद जल्दी ही हम एक चीज से दूसरी चीज पर पहुँचने लगते हैं। लोगों से हमारे संपर्क का दायरा विस्तृत होता चला जाता है। हम उन चीजों के बारे में जानने लगते हैं, जिनसे हम कल तक अनभिज्ञ थे। साथ ही हमें ऐसे अवसरों का भी ज्ञान होता है, जो हमें हमारी वास्तविक प्रतिभा को उजागर करने में हमारी मदद करते हैं। हम स्वाभाविक रूप से इतने आत्मविश्वास और ऊर्जा से भर जाते हैं कि उन सपनों को और इच्छाओं को पूरा कर दिखाते हैं, जिनके लिए दुनिया के लाखों लोग सिर्फ सोचते ही रहते हैं।

ध्यान रखिए हमें जो अवसर मिलते हैं, उनमें से ज्यादातर संयोगवश होते हैं। परंतु ऐसे संयोग सिर्फ उन्हीं लोगों को प्राप्त होते हैं, जो उन संयोगों को सफलता में परिवर्तित करने की कला जानते हैं। जो समुद्र में जाल फैलाकर खड़े रहते हैं, मछलियाँ उन्हीं के हिस्से आती हैं। ऐसे मौके उन लोगों की किस्मत में नहीं होते, जो दरवाजे बंद करके घर में बैठकर सिर्फ खयाली पुलाव पकाते हैं।

प्रत्येक व्यक्ति के अंदर कोई-न-कोई ऐसी खूबी अवश्य होती है, जिसके कारण वह सभी से अलग दिखता है। प्रतिभाशाली लोग अपनी उसी खूबी का इतना विकास कर लेते हैं कि वह उनके व्यक्तित्व का एक परिचय बन जाती है।

समुचित शिक्षा, विषय का व्यावहारिक ज्ञान, सकारात्मक सोच आदि ऐसे गुण हैं, जिनके बल पर हम अपने मस्तिष्क की प्रखरता को बढ़ा सकते हैं। याद रखिए हमारी बुद्धिमत्ता ही हमें बहुत से संकटों से उबार कर हमारे

लिए वास्तविक सफलता का कारण बनती है। मस्तिष्क की दक्षता, कार्य-कुशलता के लिए मानसिक ही नहीं वरन् शारीरिक व्यायाम भी अंत्यत आवश्यक है। एक शोध के अनुसार जो लोग नियमित रूप से व्यायाम करते हैं, वे मानसिक परीक्षाओं में बेहतर अंक पाते हैं। इसकी वजह यह है कि मस्तिष्क में भी मांसपेशियाँ हैं, जब आप शारीरिक व्यायाम करते हैं, तो मस्तिष्क के रक्त संचार में वृद्धि होती है और इसकी कार्य करने की क्षमता तथा विषयों को समझने की सामर्थ्य में बढ़ोतरी होती जाती है।

अपने उद्देश्यों, अपने कार्यों और अपनी कमजोरियों की एक लिस्ट तैयार कीजिए। थोड़े-थोड़े दिन बाद उनमें क्या बदलाव आया है, उसको परखते रहिए। थोड़े ही समय बाद आपको अपने व्यक्तित्व में एक सकारात्मक बदलाव आता दिखाई देगा।

जीवन में जो भी कार्य करें, उसको सौ प्रतिशत करने की आदत डालिए। क्योंकि पूरे मन और पूरे भाव से किया गया कार्य निश्चित ही अच्छा परिणाम लाता है।

दुनिया आपकी शक्ति, योग्यता और सामर्थ्य से प्रभावित होकर आपको स्वीकार करे और आप जीवन में वह सब पा सकें, जिसकी आपने कल्पना की है, उसके लिए आपको पुस्तक में पूर्व में बताए गए छह अध्यायों के सार को ग्रहण करना चाहिए। साथ ही आप इन बातों का भी ध्यान रखें—

कार्य करते समय घड़ी देखने की आदत छोड़ दीजिए। अल्बर्ट आइंस्टीन अपने प्रयोगों के समय और मुंशी प्रेमचंद अपने लेखन के समय हाथ पर घड़ी नहीं बाँधते थे। होता क्या है, जब हम दीवार अथवा हाथ की घड़ी में समय देखते रहने की आदत छोड़ देते हैं, तब हमें समय की बहुत ज्यादा फिक्र नहीं रहती और हमारी पूरी ऊर्जा काम को करने में खर्च होती है और हम परिणाम के निकट होते हैं।

अपनी आंतरिक अनुभूतियों व इच्छाओं के अनुसार अपना समय निर्धारित कीजिए। समय सापेक्ष है, न कि स्थिर और अपरिवर्तनशील।

जो व्यक्ति घड़ी देखते रहते हैं, उन्हें समय की लत पड़ जाती है, परंतु जो लोग किसी लक्ष्य अथवा कार्य पर अपना ध्यान केंद्रित करते हैं, उनके लिए समय का अस्तित्व ही समाप्त हो जाता है। भले ही किसी निर्माणशील भवन का नक्शा बना रहे हों अथवा कोई अच्छी और प्रेरणादायक पुस्तक ही क्यों न पढ़ रहे हों। ऐसा करके आप अपनी आंतरिक सामर्थ्य के साथ अपनी प्रतिभा का उचित और सटीक प्रयोग करना सीखते हैं।

अपने उद्देश्यों को प्राप्त करने के लिए अपने शरीर की शक्ति का सम्यक् दिशा में उपयोग कीजिए। आश्चर्यजनक बात यह है कि हमारे शरीर में ही हमारी तमाम बीमारियों के निदान छिपे हैं। नकारात्मक विचारों से बचकर और अपनी श्वास की गति को सही आयाम में निर्धारित करने से हम अपनी क्षमता का सर्वोच्च उपयोग कर सकते हैं। उदाहरण के लिए छोड़ी जानेवाली प्रत्येक साँस के साथ किसी एक शब्द पर ध्यान केंद्रित कीजिए, इस प्रक्रिया के दोहराने से एक ही पल में आप अपूर्व शांति और अनंत धैर्य का अनुभव करने लगेंगे।

प्रकृति के साथ दोस्ताना व्यवहार कीजिए, कुदरती चीजों से घुल-मिल जाइए। सूर्योदय के समय पक्षियों के मधुरिम कलरव का आनंद लीजिए और सूर्यास्त के समय डूबते हुए सूर्य की लालिमा को निहारिए।

प्रकृति का समय ही इस संसार का निर्माता है, हमें उसकी कद्र करनी ही चाहिए।

संसार में सबसे बड़ा कार्य जो हम कर सकते हैं, वह यह है कि हम जहाँ भी और जैसी भी अवस्था में हैं, वहाँ हमें अपना श्रेष्ठ देना चाहिए। जो भी हम अच्छे-से-अच्छा कर सकते हैं, उसे अधिकाधिक मात्रा में और उत्तम प्रकार से सभी के सम्मुख प्रकट करना चाहिए, इसी का नाम सफलता है।

एक मूर्तिकार एक पत्थर को तोड़ रहा था, एक आदमी यह देखने गया था कि मूर्ति कैसे बनाई जाती है? उसने जब देखा कि मूर्ति तो एकदम से नहीं बनाई जा रही है, सिर्फ छेनी और हथौड़े से पत्थर तोड़ा जा रहा है, तब उस आदमी ने पूछा कि यह आप क्या कर रहे हैं? मूर्ति नहीं बनाएँगे! मैं तो मूर्ति का बनना देखने आया हूँ।

आप तो सिर्फ पत्थर तोड़ रहे हैं।

उस मूर्तिकार ने कहा कि मूर्ति तो पत्थर के भीतर छिपी है, उसे बनाने की जरूरत नहीं है, सिर्फ उसके ऊपर जो व्यर्थ पत्थर जुड़ा है, उसे अलग कर देने की जरूरत है और तब मूर्ति प्रकट हो जाएगी। मूर्ति बनाई नहीं जाती, मूर्ति सिर्फ आविष्कृत होती है, डिस्कवर होती है, अनावृत होती है, उघाड़ी जाती है।

हर आदमी के भीतर जीवन में कामयाब होने और दुनिया के क्षितिज पर अपनी सफलता के सुनहरे हस्ताक्षर करने की क्षमता विद्यमान है। उसको बनाने की जरूरत नहीं है, सिर्फ उघाड़ने का सवाल है। कुछ है, जो हमने ऊपर से ओढ़ा हुआ है, जो हमारी वास्तविक प्रतिभा को प्रकट नहीं होने देता। जैसे ही आप अपनी सामर्थ्य और प्रतिभा का सही दिशा में प्रयोग करते हैं, तो निश्चित ही दुनिया आपको प्रणाम करने के लिए झुकती है।

सेनानी करो प्रयाण अभय
भावी इतिहास तुम्हारा है,
नक्षत्र अमाँ के बुझते हैं
सारा आकाश तुम्हारा है।

□

सकारात्मक सोच

जैसे ही आप सकारात्मकसोच अपनाते हैं,
अनुकूल परिणाम प्राप्त होने लगते हैं।

—विलि नेल्सन

8

पहले सोच बड़ी करें

"सोच का चिराग बुझ जाने से व्यवहार अंधा हो जाता है।"

—आचार्य विनोबा भावे

सकारात्मक सोच का पहला गुरुमंत्र है—सोच में बदलाव। सोच हमारे जीवन में महत्त्वपूर्ण भूमिका अदा करती है। हम जैसा सोचते हैं, वैसा ही विचार करते हैं और जैसा विचार करते हैं, वैसा ही हमारा कृत्य हो जाता है। अंततः हमार कृत्य ही हमें निर्मित करता है। अपने कृत्य के अनुसार ही हम बनते हैं ओर हम जो बनते हैं, उसी से समाज में हमारा मूल्यांकन होता है। दरअसल सोच एक ऐसा अदृश्य तत्त्व है, जो हमारे जीवन को सफलता या असफलता किसी भी तरफ धकेल सकता है।

हमें इस सत्य को पूरी ईमानदारी के साथ स्वीकार करना चाहिए—

'पहले सोच बड़ी होती है बाद में इनसान।'

प्रखर या मंद विचार शक्ति हमारी मानसिक संरचना पर उतनी निर्भर नहीं होती जितनी कि इस सिद्धांत पर निर्भर करती है कि हमारी अपनी सोच क्या है और हम उसे किस दिशा एवं दशा में प्रयोग करते हैं?

मानसिक क्षमताओं का सही ढंग से उपयोग कर औसत आदमी भी मेधावी व बुद्धिमान व्यक्ति की तरह सोच सकता है। हम अपनी बुद्धिमत्ता के प्रयोग दैनिक जीवन की समस्याओं को सुलझाने में करते हैं। अपनी सोच में मामूली सा बदलाव लाकर कोई भी व्यक्ति इसका भरपूर लाभ उठा सकता है।

वस्तुतः कोई भी परिस्थिति अथवा व्यक्ति अच्छा या बुरा नहीं होता, हमारी सोच ही उसे अच्छा या बुरा बनाती है। कई बार ऐसा होता है कि जो व्यक्ति हमें अत्यधिक प्रिय होता है, उसमें भी हमें कमियाँ और बुराइयाँ दिखाई देने लगती हैं। कई बार हमारी सोच हमारे निहित स्वार्थों और अपेक्षाओं के कारण भी परिवर्तित होती है। वे व्यक्ति जिन्हें जीवन, समाज और अपने कार्य क्षेत्र में सफल रहना है, उन्हें चाहिए कि वे अपनी सोच और प्रतिक्रियाओं को नियंत्रित करने की कला सीखें।

दूसरे शब्दों में इसे यों भी कहा जा सकता है कि हमें अपना रिमोट अपने पास रखना चाहिए। इसका अर्थ है कि हमें छोटी-छोटी घटनाओं और परिस्थितियों से त्वरित तौर पर प्रभावित नहीं होना चाहिए। जैसे ही हम अपने रिमोट को अपने पास रखने की कला का अभ्यास करते हैं, हमें अपनी परिस्थितियाँ नियंत्रित होती हुई प्रतीत होती

हैं। फलस्वरूप हमारे चीजों को देखने के ढंग और उसके परिणामों में भी बदलाव आ जाता है।

अपने रिमोट को अपने हाथ में रखने का अभिप्राय यह है कि हम परिस्थितियों को साक्षी भाव से देखने का अभ्यास करें। साक्षी भाव का अर्थ है कि परिस्थितियाँ जैसी हैं, हमें उन्हें वैसे ही स्वीकार करना चाहिए। हमारे जीवन में बहुत सी चीजें ऐसी हैं, जहाँ हमारी पसंद और नापसंद की कोई अहमियत नहीं है। मसलन हम अपने परिवार, माता-पिता, भाई-बहन, जन्म स्थान जाति आदि को नहीं बदल सकते। इसी प्रकार हमें जीवन में जो भी लोग मिलते हैं, उनके साथ एक सामंजस्य की कला का विकास करना चाहिए। इसका निरंतर अभ्यास करने से जो परिणाम सामने आएँगे, वे आपके जीवन और आपकी सोच को बदलने में सहायक सिद्ध होंगे।

अपने रिमोट को अपने हाथ में रखने का अभिप्राय यह है कि हम परिस्थितियों को साक्षी भाव से देखने का अभ्यास करें। साक्षी भाव का अर्थ है कि परिस्थितियाँ जैसी हैं, हमें उन्हें वैसे ही स्वीकार करना चाहिए। हमारे जीवन में बहुत सी चीजें ऐसी हैं, जहाँ हमारी पसंद और नापसंद की कोई अहमियत नहीं है।

हम दूसरों के साथ व्यवहार करते समय बहुधा अलग-अलग तरह की सोच का प्रयोग करते हैं। अपनी सोच में थोड़ी समझदारी का इस्तेमाल करने से हम परिस्थितियों को और भी अधिक अनुकूल बना सकते हैं।

हमारी सोच को परिवर्तित करनेवाले मुख्य कारण हैं—

1. सामाजिक परिस्थितियाँ,
2. आर्थिक परिस्थितियाँ,
3. व्यवहारजन्य परिस्थितियाँ,
4. अपेक्षाकृत परिस्थितियाँ।

सामाजिक परिस्थितियाँ—प्राय: हमारी सोच को हमारी सामाजिक परिस्थितियाँ परिवर्तित करती हैं। सामाजिक परिस्थितियों से अभिप्राय हमारी सामाजिक संरचना से है। समाज में हम जिस तबके और जिस वर्ग का प्रतिनिधित्व करते हैं, वह भी हमारी सोच को बनाने और प्रभावित करने में सहायक सिद्ध होता है। बुराई-ग्रस्त सामाजिक परिस्थितियों में भी अपनी सोच को सही दिशा में रखनेवाले लोगों ने अपने जीवन में अतिशय सफलताएँ अर्जित की हैं।

प्रतिकूल सामाजिक परिस्थितियों को परिवर्तित करने में मुख्य भूमिका निभाते हैं—

- हमारे संस्कार,
- हमारी पारिवारिक पृष्ठभूमि
- हमारा खान-पान,
- हमारा आचरण,
- अनुशासित जीवन-शैली,
- अच्छे लोगों की संगत,
- व्यसनों का निषेध और
- शिक्षा।

प्रतिकूल सामाजिक परिस्थितियों में भी जन्म लेनेवाले अनेक लोगों ने अपनी सोच और अपने कार्य से न सिर्फ अपने खानदान का ही नाम रोशन किया अपितु देश एवं समाज के लिए भी उन्होंने अपना महत्त्वपूर्ण योगदान दिया। महात्मा ज्योतिबा फुले, महर्षि वाल्मीकि, डॉ. भीमराव अंबेडकर आदि व्यक्तियों ने अपनी सोच और कार्य के बल

पर अपनी सामाजिक परिस्थितियों को बदलकर देश के उत्थान में अपना महत्त्वपूर्ण योगदान दिया।

प्रख्यात विचारक एमर्सन के शब्दों में—

> 'आध्यात्मिक शक्ति भौतिक शक्ति से बढ़कर है; हमारी सोच ही हमें संसार पर शासन करने योग्य बनाती है।'
>
> (Spiritual force is stronger than material; thoughts rule the world.)

आर्थिक परिस्थितियाँ—हमारी सोच को प्रभावित करनेवाला दूसरा महत्त्वपूर्ण कारक है—हमारी आर्थिक परिस्थितियाँ। कई बार हम अपनी आर्थिक परिस्थितियों के चलते अपनी सोच को प्रभावित होता हुआ देखते हैं। समाज व्यवहार का सामान्य लक्षण है, नकारात्मक प्रवृत्तियों के प्रति सहज आकर्षण। चूँकि उच्च आदर्शों के साथ जीवन-यापन काँटों पर चलने जैसा है, अतः सामान्य रूप से हम ऐसी परिस्थितियों के प्रति आकर्षित होते हैं, जिनमें सहजतापूर्वक हम अपने लक्ष्यों को अर्जित कर सकें।

आर्थिक परिस्थितियों को बदलने का एक ही मार्ग है और वह है—सकारात्मक सोच की ऊर्जा।

हमारा देश और दुनिया ऐसे अनेक उदाहरणों से भरे पड़े हैं, जब जटिल आर्थिक परिस्थितियों से जूझ रहे लोगों ने अपनी सकारात्मक सोच के बल पर असाधारण सफलता अर्जित की।

जिन लोगों के पास चुनौतियों से आँखें चार करने का जज्बा होता है तथा जटिल परिस्थितियों को नेस्तनाबूद करने का साहस होता है, उनके सपने अवश्य पूरे होते हैं। विपरीत-से-विपरीत परिस्थितियाँ भी उनके आगे घुटने टेक देती हैं।

मामूली से बस कंडक्टर से फिल्मी दुनिया के कामयाब अदाकार बनने तक का रजनीकांत का सफर उनकी सकारात्मक सोच का ही प्रतिफल है। उधर शाहरुख खान पाँच हजार रुपए लेकर दिल्ली से मुंबई पहुँचते हैं और मात्र दस साल बाद तीस करोड़ रुपए का सिर्फ घर ही खरीद लेते हैं। कला फिल्मों के मशहूर अभिनेता ओमपुरी, जिन्होंने अपना प्रारंभिक जीवन मुंबई के मजदूरों की चॉल से शुरू किया, डिफेंस कॉलोनी के एक बँगले के मामूली से गैराज में रहनेवाले सिद्धार्थ बसु, जिन्हें आकाशवाणी और दूरदर्शन के लिए छोटे-छोटे कार्यक्रम बनाते समय एक क्विज कार्यक्रम बनाने का मौका मिला तो फिर उसके बाद उन्होंने पीछे मुड़कर नहीं देखा। 'कौन बनेगा करोड़पति' के बाद उन्होंने स्वतः ही यह सिद्ध भी कर दिखाया कि यदि हमारी सोच ठीक हो और हम ठीक दिशा में परिश्रम करें तो निश्चित ही अपने भाग्य को बदला जा सकता है। सिद्धार्थ बसु आज दुनिया के मशहूर क्विज मास्टर्स में से एक हैं। दिल्ली के सबसे अधिक रईस लोगों की कॉलोनी में उनका घर है और ऐसी ही दूसरी बस्ती में उनका कार्यालय।

कुछ इसी तरह की कहानी प्रणव राय की भी है। जो दूरदर्शन के लिए छोटे-मोटे कार्यक्रम बनाया करते थे। आज वे टेलीविजन साम्राज्य के शिखर पर विराजमान हैं। एन.डी.टी.वी. के जरिए उन्होंने इलेक्ट्रॉनिक मीडिया में नए आयाम सृजित किए हैं। इसी तरह हरियाणा प्रदेश के हिसार निवासी एक मध्यवर्गीय व्यापारी परिवार में जनमे सुभाष चंद्रा ने जी.टी.वी. तथा एस्सेस ग्रुप का जो साम्राज्य रचा उसकी एक अनूठी संघर्ष गाथा है।

कुल मिलाकर इन उदाहरणों को पेश करने का उद्देश्य यही है कि हमारे ही समाज और देश में ऐसे अनेक लोग हैं, जिन्होंने अपनी आर्थिक प्रतिकूल परिस्थितियों को अपने सोच और परिश्रम के बल पर अनुकूलता में बदल दिया।

हम अपनी आर्थिक प्रतिकूल परिस्थितियों को इस प्रकार बदल सकते हैं—

- अपनी योग्यताओं में इजाफा करके,

मामूली से बस कंडक्टर से फिल्मी दुनिया के कामयाब अदाकार बनने तक का रजनीकांत का सफर उनकी सकारात्मक सोच का ही प्रतिफल है। उधर शाहरुख खान पाँच हजार रुपए लेकर दिल्ली से मुंबई पहुँचते हैं और मात्र दस साल बाद तीस करोड़ रुपए का सिर्फ घर ही खरीद लेते हैं। कला

- तकनीकी एवं विषययुक्त शिक्षा अर्जित करके,
- ईमानदारीपूर्वक परिश्रम करके,
- सूझ-बूझ के साथ अपने क्षेत्र में कार्य करके,
- अपने समय का सदुपयोग करके
- मिलनेवाले अवसरों का उपयोग करके।

व्यवहारजन्य परिस्थितियाँ—हमारी सोच को परिवर्तित करने का तीसरा मुख्य कारक है, हमारी व्यवहारजन्य परिस्थितियाँ। वास्तव में होता क्या है कि हम विभिन्न कारणों और मनोदशाओं के चलते जिस तरह के विचारों में जी रहे होते हैं, सामान्य व्यवहार के दौरान वही विचार हमारा कृत्य बनकर दूसरों के सम्मुख प्रकट हो जाते हैं। इसे इस प्रकार भी कहा जा सकता है कि व्यवहार में अचानक कोई नई चीज प्रकट नहीं होती, वही प्रकट होता है जो हमारे अवचेतन मन में चलता रहता है।

ध्यान रखिए हम उपहास में अथवा सहज स्वभाव के चलते सामने वाले से जो भी कुछ प्रकट करते हैं, वह हमारे मन का ही परिचायक है। हमारे मुँह से वह बात कभी निकलती ही नहीं जिसके बारे में हमने कभी थोड़ा-बहुत विचार न किया हो। इसलिए कहा भी जाता है कि कड़वा मजाक दोस्ती के लिए जहर है।

हमारे बहुत से कार्य हमारे व्यवहार में शामिल बहुत सी खामियों की वजह से पूरे नहीं हो पाते। व्यवहार में शालीनता, दूसरों के प्रति विनम्रता तथा अपनी समझ को विकसित करके हम अपनी सोच को बदल सकते हैं, जिसके निश्चित ही सकारात्मक परिणाम आते हैं।

व्यवहार की शुद्धि तभी हो सकती है, जब वह हवा के पवित्र झोंके की तरह दूसरों के हृदय को कंपित करने की क्षमता रखता हो तथा चाँदनी की तरह दूसरों के दिलोदिमाग को ठंडक पहुँचानेवाला हो। हम अपने व्यवहार को बदलकर अपनी सोच और भाग्य दोनों को बदल सकते हैं।

जीसस क्राइस्ट का अनमोल वचन है—

'जैसा तुम अपने साथ व्यवहार कराना चाहते हो, उसी तरह का व्यवहार औरों के साथ करो।'

व्यवहारजन्य सोच को परिवर्तित करने में सहायक हैं—

- दूसरों के प्रति प्रेमपूर्ण रवैया,
- दूसरों की परिस्थितियों को समझना,
- अपनी वाणी और व्यवहार को नियंत्रित रखना,
- वादा करने में विलंब और कार्य करने में शीघ्रता,
- आदर एवं सम्मान की भावना का विकास,
- नियम एवं कानूनों का पालन,
- व्यवस्था के प्रति सम्मान और
- प्रत्येक व्यक्ति के मानवीय गुणों की कद्र।

अपेक्षाकृत परिस्थितियाँ—हमारी सोच को परिवर्तित करनेवाला चौथा मुख्य कारक है—अपेक्षाकृत परिस्थितियाँ। जीवन में अधिकतर हम अपने लिए सिर्फ इसलिए भी मुसीबतें मोल ले लेते हैं कि हम दूसरे व्यक्तियों से उस तरह की अपेक्षाएँ कर बैठते हैं, जिन्हें पूरा करना औरों के बस में नहीं होता। जबकि हमारी धारणा होती है—'वे चाहते तो यह हो सकता था?'

'ध्यान रखिए कि कोई भी व्यक्ति अपने किसी व्यक्ति का अहित करना नहीं चाहता, लेकिन हर व्यक्ति की अपनी

एक सामर्थ्य होती है, उसी के अनुसार वह कार्य कर सकता है। जीवन में कई बार हम सिर्फ इसलिए अपना व्यवहार खराब कर लेते हैं कि हम दूसरों से अत्यधिक अपेक्षा रखकर चल रहे होते हैं। यह भी याद रखिए कि जो आपका अपना है वह अपनी शक्ति और सामर्थ्य से भी आगे जाकर सदैव आपकी मदद करेगा और जिसकी आपके प्रति अच्छी भावना नहीं है, वह आपके लिए मामूली सा कार्य करके भी खुश नहीं होगा। फिर इस तरह की स्थिति में दूसरे व्यक्तियों के साथ अत्यधिक अपेक्षाएँ पालना स्वयं की सोच को खराब करना है।'

दूसरे व्यक्ति को कष्ट पहुँचाकर अथवा अहित करके हम कभी भी अपना हित नहीं साध सकते, आपको याद होगा कि भाजपा के वरिष्ठ नेता प्रमोद महाजन की हत्या उनके सगे भाई प्रवीण महाजन ने भी अपनी अपेक्षाओं की पूर्ति न होने के चलते कर दी थी, लेकिन उन्हें शायद इस तर्क का आभास नहीं था कि अपने भाई को मारकर भी उनकी अपेक्षाएँ पूरी नहीं हो सकतीं। दुर्भाग्यवश अवसाद के चलते उनकी भी हिरासत में मौत हो गई।

सिर्फ अपने में मैं, मेरे में ही सीमित रहनेवाले व्यक्ति कभी प्रगति नहीं कर सकते। यदि आप चाहते हैं कि दुनिया में आपकी पहचान एक योग्य और सफल व्यक्ति के रूप में हो तो आपको अपने स्वयं (स्वत्व) का विस्तार करना चाहिए। आपके विचार और आपकी सोच इतनी व्यापक होनी चाहिए कि उसमें 'मेरे-तेरे' की भावना का लोप हो जाए। जो व्यक्ति स्वार्थ के वशीभूत होकर जीता है उसे दूसरे लोगों के दिल में स्थान नहीं मिलता। ऐसा व्यक्ति दूसरे लोगों की हमदर्दी से वंचित रहता है और पर्याप्त योग्यता रखते हुए भी उसे वे अवसर प्राप्त नहीं होते, जो अपेक्षाकृत सहज व्यवहार वाले व्यक्ति को प्राप्त होते हैं। स्वार्थी व्यक्ति का सामाजिक प्रभाव नहीं बनता और न ही उसके व्यक्तित्व में दूसरों के ऊपर छाप डालने की शक्ति होती है।

हमारे जीवन में अधिकांशत: ऐसा होता है कि अनेक बार माँगने पर भी जो वस्तु हमें प्राप्त नहीं होती कभी वह हमें बिना माँगे ही प्राप्त हो जाती है। कहा भी गया है—

'बिन माँगे मोती मिलें, माँगे मिले न भीख।'

चाहे कार्यालय हो या फिर व्यापार का क्षेत्र प्रत्येक स्थान पर हम परस्पर दूसरों पर निर्भर हैं। हम चारों ओर उन्हीं गुणों की तलाश में रहते हैं जिन्हें प्राप्त किए बिना हमें पूर्णता का अहसास नहीं होता। ये गुण हमें दूसरों से सीखने होते हैं। अत: दूसरों का खयाल करने की भावना का विकास कीजिए। व्यक्ति के लिए जरूरी है कि वह सभी के प्रति आत्मीयता और मित्रता का भाव रखे। इन गुणों के अभाव में अत्यंत योग्य व समर्थ व्यक्ति भी सदैव बौन सा बना रहेगा और उसका व्यक्तित्व दूसरों के लिए प्रेरणादायक नहीं हो सकता।

अपेक्षाकृत परिस्थितियों से उबरने के सूत्र हैं—

- औरों से कम अपेक्षाएँ रखिए,
- आत्मकेंद्रित न रहिए,
- स्वार्थ की भावना से उबरिए,
- प्रतिदिन एक नेक काम कीजिए,
- अपने छोटे से स्वार्थ के लिए किसी को नुकसान मत पहुँचाइए,
- जहाँ तक हो सके नि:स्वार्थ भाव से कार्य कीजिए
- किसी व्यक्ति के कार्य न करने की स्थिति में खुद को वहाँ रखकर देखिए कि यदि आप वहाँ होते तो क्या करते?

□

9

रचनात्मक विकल्प खोजिए

''कोई वस्तु पुरानी हो जाने से अच्छी नहीं हो जाती और न ही कोई काव्य नया होने से निंदनीय हो जाता है। सच्चे पुरुष नए-पुराने की परीक्षा करके दोनों में से जो गुण और गतियुक्त होता है, उसे ग्रहण करते हैं। मूर्ख की बुद्धि दूसरे के ज्ञान से ही प्रभावित रहती है।''

—कालिदास

विचारों की सभी तकनीकें इस्तेमाल करने के बावजूद भी बहुत से लोग संतुष्ट नहीं होते। ऐसी स्थिति में विकल्प खोजना चाहिए। विकल्प खोजने का तरीका यह है कि आमतौर पर हम जिस ढंग से सोचते हैं, अब उसमें थोड़ा हटकर स्वतंत्रता के साथ सोचना चाहिए। हर तरह की संभावना का विचार करके सोचने का ढंग हमें बहुत से विकल्पों की तरफ ले जाता है। उन विकल्पों पर भी सोचिए जो आपकी नजर में अव्यावहारिक अथवा हास्यास्पद हैं। अपने मस्तिष्क को पूर्ण स्वतंत्रता दीजिए और जो भी सामने आए उस पर विचार कीजिए और अंत में अपने विवेक का इस्तेमाल करते हुए असंभव की छँटनी कर दीजिए।

रचनात्मक विकल्प खोजने के कई तरीके हैं। एक तरीका यह भी है कि जो बात सामान्यत: हमारे मस्तिष्क में आती है, हम उसका एकदम उलटा सोचना शुरू करें। दूसरा तरीका है हम अपनी धारणाओं को परखें। हो सकता है कि आपको अच्छा विकल्प इसलिए नहीं मिल पा रहा हो कि आपने अपनी मान्यताओं के कारण अपनी खोज को अनावश्यक रूप से संकुचित दायरे में कैद कर दिया है।

एक बार मैंने एक दुकानदार से एक नया टेपरिकॉर्डर खरीदा। दुकानदार ने इस टेप की काफी तारीफ की थी। परंतु यह पुराने वाले टेप से अच्छा साबित नहीं हुआ। मेरे मन, में आया कि मैं क्रोध में उसकी दुकान पर जाकर उसे फटकारूँ और अपने पैसा वापस मागूँ, लेकिन तभी मुझे विचार आया कि एक बार खुद को उसकी स्थिति में रखकर इस बारे में विचार करना चाहिए।

माचिस की तीलियों से खेले जानेवाले एक पुराने खेल का उदाहरण इस सिलसिले में कारगर उपाय है। मेज पर छह तीलियाँ बिछा दीजिए। उनको इस ढंग से रखिए कि उनसे चार समबाहु त्रिकोण बनें अगर आपको इसका हल नहीं मालूम है तो संभव है आप यह मान लेंगे कि छह तीलियों से दो से अधिक

त्रिकोण नहीं बनाए जा सकते। परंतु आपसे यह कौन कहता है कि आपको यह समस्या दो आयामों में ही हल करनी है। अपने आपसे यह प्रश्न करते ही समाधान स्पष्ट हो जाएगा। आप चतुष्फलीय (चार पक्षों वाला पिरामिड) बना सकते हैं। जिनमें से प्रत्येक का आकार समान रूप से तिकोना हो।

सामान्यत: समस्याओं से अन्य लोगों अर्थात् आपके परिजन, मालिक अथवा पड़ोसी का स्वार्थ जुड़े रहने के कारण स्थिति संघर्षपूर्ण हो जाती है। ऐसी स्थिति में आपको दूसरे व्यक्ति के नजरिए से भी सोचने का प्रयास करना चाहिए। ऐसा करने से आपकी आधी समस्या का तत्काल हल हो सकता है। इसके लिए एक बेहतर उपाय यह है कि हम उन सभी बातों को एक कागज पर लिख लें, जो दूसरा व्यक्ति हमारे सोचने के विपरीत पेश कर सकता है। इस तकनीक से बहुत सी चौंकानेवाली बातें सामने आएँगी और समस्या का स्वत: ही हल हो जाएगा।

एक बार मैंने एक दुकानदार से एक नया टेपरिकॉर्डर खरीदा। दुकानदार ने इस टेप की काफी तारीफ की थी। परंतु यह पुराने वाले टेप से अच्छा साबित नहीं हुआ। मेरे मन में आया कि मैं क्रोध में उसकी दुकान पर जाकर उसे फटकारूँ और अपने पैसा वापस मागूँ, लेकिन तभी मुझे विचार आया कि एक बार खुद को उसकी स्थिति में रखकर इस बारे में विचार करना चाहिए। ऐसा करने पर मुझे महसूस हुआ कि इस मामले में फटकारने का सीधा सा मतलब होगा उसके स्वाभिमान को चोट पहुँचाना। आखिर में मैंने दूसरा रास्ता अपनाया और उसके स्वाभिमान को ही सहलाने की सोची। बात बन गई, उसने बदलकर दूसरी कंपनी का एक अच्छा टेप मुझे दे दिया और एक भी अतिरिक्त पैसा खर्च नहीं हुआ।

ध्यान रखिए सिरके के मुकाबले शहद का प्रयोग करके अधिक मक्खियाँ पकड़ी जा सकती हैं।

□

10

सकारात्मक सोच का प्रभाव

''व्यक्तित्व निर्माण का प्रश्न प्रत्येक आदमी के वास्ते व्यक्तिगत सवाल है। इसका किसी दूसरे आदमी से कोई संबंध नहीं है। दूसरा कोई भी आदमी आपके मन तथा व्यक्तित्व को बलवान् एवं दृढ़ नहीं बना सकता। कोई भी व्यक्ति आपको दुर्बल से शक्ति-संपन्न, असफल से सफल और 'कुछ नहीं' से 'सब कुछ' नहीं बना सकता। आप स्वयं ही 'सब कुछ' बन सकते हैं और आप में वह सब करने की शक्ति, सामर्थ्य मौजूद है।''

–लिली एलन

हम जो भी और जैसा भी विचार करते हैं। वह हमारे वार्त्तालाप के दौरान अवश्य प्रकट होता है। हम जिस प्रकार का सोचेंगे, वैसा ही बोलेंगे भी। जो हम बोलते हैं, उसे सबसे पहले हम खुद ही सुनते हैं, यही कारण है कि उसका सबसे पहला प्रभाव भी हमारे ही ऊपर पड़ता है। यह मनोवैज्ञानिक सत्य है कि एक विचार–दूसरे को खींचकर लाता है। हम जिस तरह के विचार बनते हैं, उसी से मिलते–जुलते विचार बनते हैं, उसी से मिलते–जुलते विचार हमारे भीतर पैदा होते चले जाते हैं—'बुरे बनाएँ तो बुरे और अच्छा सोचें तो अच्छे।'

यही कारण है कि समाज को कहना पड़ा—'चोर चोरी से जाए, हेराफेरी से न जाए।' अर्थात् यदि व्यक्ति चोरी नहीं भी करता हो और चोर होना उसका स्वभाव है तो वह हेराफेरी अवश्य करेगा। अत: हमें समाज में व्याप्त विषमताओं को देखते–जानते हुए भी कभी भी अपने सत्य मार्ग से विचलित नहीं होना चाहिए। लगभग इसी सूत्र को प्रतिपादित करते हुए संत कबीर कहते हैं—

'कबीर मन तो एक है, भावै तहाँ लगाय।
भावै गुरु की भक्ति कर, भावै विषय कमाय॥'

अर्थात् मन तो केवल एक ही है। इसे जहाँ पर अच्छा समझो, वहाँ लगाओ। इससे चाहे गुरु की सेवा–भक्ति करो या सांसारिक विषय भोगों की कमाई करो।

''हर किसी को आत्मविश्वासी होना चाहिए। अपने पुरुषार्थ और साहस पर भरोसा करना चाहिए। अपने

बलबूते, अपने साधनों से, अपने संकल्प बल के सहारे अपनी योजनाएँ बनानी चाहिए। दूसरों की सहायता को आधार मानकर योजनाएँ बनाने वाले को प्राय: निराश होना पड़ता है। लोगों की सहायता मिलती है, तो वह सदा साहसी, पराक्रमी, पुरुषार्थी तथा निर्भीक व्यक्तियों के लिए सुरक्षित रही है। ऐसे में उन व्यक्तियों से लोग प्रभावित होते हैं तथा उन्हें ही प्रामाणिक एवं सफलता पाने में समर्थ सोचते हैं, अस्तु बिना माँगा सहयोग ऐसे ही भाग्यशाली व्यक्तियों को मिलता चला जाता है।''

—श्रीराम शर्मा आचार्य

किसी भी पदार्थ या वस्तु को अपनी ओर आकर्षित करने का पहला मनोवैज्ञानिक मंत्र है—उसी पदार्थ या वस्तु के बारे में निरंतर विचार करना। हर एक पदार्थ का प्रतिबिंब उसके निजी बिंब के अनुसार होता है। इस प्रकार वस्तु वैसी ही होती है, जैसी उसके विषय में हमारी भावना बनती है। निष्कर्ष यही है कि हम मन में जैसी भावना करें, वैसी ही हमारी उपलब्धि होगी।

यदि कोई मनुष्य चित्रकार या संगीतज्ञ बनना चाहता है तो उसे अपने दिलोदिमाग में चित्रकला या संगीत संबंधित विचारों को ही प्रश्रय देना चाहिए और निरंतर इन्हीं विषयों पर सोचना तथा इन विषयों के विशेषज्ञों की संगति करनी चाहिए। इन्हीं विषयों की साहित्य पुस्तकें व मासिक पत्रिका आदि पढ़नी चाहिए। किसी भी प्रकार से मन को निरुत्साहित करनेवाली बातें मन में नहीं आनी चाहिए। जो व्यक्ति हीन भावों से त्रस्त रहता है, वह प्राय: दीन-हीन ही बना रह जाता है।

किसी से भी भयभीत न हों और साहसी बनें!
काहिली छोड़कर पुरुषार्थी एवं उद्यमी बनें!
किसी भी बाधा या खतरे से डरें नहीं, निर्भय बनें!

यदि आनंद से रहना चाहते हैं तो विषाद को दूर रखें। यदि धनवान बनने की इच्छा हो तो दरिद्रता के विचारों से मुक्ति प्राप्त करें। जिन बातों से मन में दु:ख पैदा होता है, उनके संपर्क में आने से सदैव दूर रहें। ऐसी बातें आपकी महत्त्वाकांक्षा की पूर्ति के मार्ग की स्थायी बाधाएँ हैं।

निराशा संबंधी चिंतन को दिलोदिमाग से हमेशा के लिए दूर हटा दीजिए, उसे भूलने की चेष्टा कीजिए। सदा आशापूर्ण विचारों का स्वागत कीजिए। कुछ समय के बाद ही आप यह देखकर विस्मय करेंगे कि जिन पदों की या कुरसियों पर बैठने की आप इच्छा रखते थे वे सब आपकी ओर खिंचते चले आ रहे हैं।

सिकंदर का नाम सब जानते हैं, उसने अनेक युद्ध किए तथा कई देश जीते, अनेक राज्यों को लूटा तथा बादशाहों को गुलाम बनाया। एक बार वह कहीं से लौट रहा था, उसने देखा कि एक पेड़ के नीचे बैठा एक फकीर मस्ती से कुछ गा रहा है। उसकी मस्ती को देखकर सिकंदर ने पूछा—'तुम कौन हो?'

फकीर ने कहा—'मैं दुनिया का बादशाह हूँ।' सिकंदर यह सुनकर चकित रह गया। वह मन-ही-मन कहने लगा—'मैंने दुनिया को जीता है, इतने बड़े साम्राज्य का मालिक हूँ। जिसके पास कुछ भी नहीं है। वह अपने आपको संसार का मालिक कहता है!'

उसने फकीर से कहा—''तुम्हारे पास क्या है, जो तुम खुद को दुनिया का बादशाह कहते हो?'' फकीर मुसकराया—''मैंने सबसे पहले अपने मन को जीत लिया है। जिसने अपना मन जीत लिया, उसने सारा जगत् जीत लिया।'' इतना कहकर उसने फिर अपनी तान छेड़ दी।

सिकंदर अवाक् खड़ा फकीर का मुँह ताक रहा था।

यदि आनंद से रहना चाहते हैं तो विषाद को दूर रखें। यदि धनवान बनने की इच्छा हो तो दरिद्रता के विचारों से मुक्ति प्राप्त करें। जिन बातों से मन में दु:ख पैदा होता है, उनके संपर्क में आने से सदैव दूर रहें।

हमारे मन में कई तरह के संवेग उठते रहते हैं। यही मानसिक संवेग हमारी कार्य-

प्रणाली, जीवन-शैली, सोच-विचार तथा आचरण को प्रभावित करते हैं।

संवेगों को मुख्यत: दो श्रेणियों में रखा गया है—

1. नकारात्मक संवेग एवं
2. सकारात्मक संवेग।

नकारात्मक अथवा निराशाजनक संवेगों के अंतर्गत—ईर्ष्या, द्वेष, चिंता, तनाव, दु:ख, भय, हीनभावना, क्रोध, असुरक्षा, हिंसा, लोभ, कुपथ, मोह, अहंकार, शोषण, दोषारोपण, अपराध, निंदा, आलस्य असंयम, छल, प्रपंच, षड्यंत्र तथा दुर्भावना आदि भावनाएँ आती हैं।

जबकि सकारात्मक या आशाजनक संवेग हमें शांति, स्नेह, सौहार्द, प्रेम, आनंद, सुख, आत्मविश्वास, ईश्वर के प्रति श्रद्धा, त्याग, दान की भावना, कर्मठता, विनम्रता, प्रशंसा, समर्पण, गुणों का अनुसरण, समय का सदुपयोग, निर्भीकता, निष्पक्षता, उत्साह, संयम, सफलता आदि के मार्ग पर प्रशस्त करते हैं।

हमें अपने विचारों को शुद्ध करना होगा। हमारी वैचारिक संपदा ही हमारी सबसे बड़ी पूँजी है। इसे सहेजकर रखिए, यह आपको औरों से अलग दिखने व बनने में बहुत बड़ी भूमिका अदा करेगी। सकारात्मक मानसिकता हमारे जीवन के संपूर्ण परिवेश को आलोकित करती है।

अब यहाँ यह सवाल पैदा होता है कि हम अपने विचारों को सकारात्मक अथवा आशाजनक कैसे बनाए रखें? ताकि हमारे मानसिक संवेग सकारात्मकता की तरफ उन्मुख हो सकें। इसके लिए हमें अपने विचारों को शुद्ध करना होगा। हमारी वैचारिक संपदा ही हमारी सबसे बड़ी पूँजी है। इसे सहेजकर रखिए, यह आपको औरों से अलग दिखने व बनने में बहुत बड़ी भूमिका अदा करेगी। सकारात्मक मानसिकता हमारे जीवन के संपूर्ण परिवेश को आलोकित करती है।

अपने जीवन के कार्यकलापों को ठीक समझने के लिए हमें पहले विचारों के महत्त्व को समझना होगा। आखिरकार 'विचार' है क्या?

हमारी हमेशा यही 'इच्छा' होती है कि आनेवाले दिन सुखों से भरे हों। हम सबसे बेहतर जिंदगी के 'मालिक' बनें, हमारे पास सुख-सुविधाओं के तमाम साधन हों, खूब धन-दौलत हो, हमारी अभी 'मृत्यु' न हो। ये सब हमारे विचार ही तो हैं। हम जो भी मार्ग चुनते हैं, वास्तव में वह हमारा विचार है। इस वर्तमान का निर्वहन भी हमारे विचार हैं। इस समय के टलने के बाद हमारा भविष्य क्या और कैसा होगा? सबके पीछे विचार का प्रभाव छिपा है।

समाज के लोगों से हमारे संपर्क कैसे हैं? कौन हमारे लिए बुरे हैं तथा कौन अच्छे हैं? यह सब विचारों का ही तो खेल है!

लोगों को अपना बना लेने की लालसा, सफलता प्राप्ति की कामना, सबके विचार का चक्र चलता रहता है। हमारे अच्छे तथा बुरे जीवन का निर्णय यह संसार अथवा समाज नहीं करता अपितु हमारे विचार करते हैं। हमारी समूची गतिविधियाँ हमारे सपनों की समग्र दुनिया हमारे विचारों के इर्द-गिर्द परिक्रमा करती रहती हैं।

इसी विचार की महत्ता को वेदों में बार-बार प्रमाणित किया गया है—

पाकत्रा स्थन देवा, हृत्सु जानीथ मर्त्यम्।
उप द्वयुं चा द्वयं च वासव:॥

—ऋग्वेद

अर्थात् जहाँ शुभ विचार हैं। वहाँ ईश्वर का वास है। ईश्वर क्या है? मानव शरीर में विद्यमान दिव्यशक्तियाँ ही देव हैं। मनुष्य के मन में देवता तथा राक्षस दोनों का वास है। आत्मा इन दोनों तत्त्वों को देखती व जानती है। जैसे हमारे विचार होते हैं, वैसी ही हमारी स्थिति हो जाती है।

दैवी सम्पत् विमोक्षाय, निवद्धायासुरी मता:।

हमारी जीवन पद्धति पर हमेशा श्रेष्ठ विचारों एवं सद्‌गुणों को शासन होना चाहिए। हमें इस दिशा में सदा प्रयत्नशील तथा सतर्क रहना चाहिए कि दुर्गुणता या बुरे विचार कभी हमारे मन पर प्रभावी न हों।

यदि मनुष्य आत्मोन्नति तथा अपने व्यक्तित्व को विकसित करना चाहता है तो शुभ विचारों तथा सात्विकता को आश्रय देकर जीवन में पवित्रता का संचार करे। पवित्रता में देवों का वास है। यहीं पर उन्नति तथा विकास का अभ्युदय है।

स्वेट मार्डेन कहा करते थे—"तुम विचार द्वारा भाग्य पर विजय प्राप्त करते हो। यदि तुम यह समझ लो कि मनुष्यों तथा संख्याओं के भाग्य निर्माण में विचार ही एकमात्र कारण है तो तुम्हें हाथ में तलवार नहीं लेनी पड़ेगी। जैसा विचार होगा अनिवार्य रूप से वैसा ही परिणाम होगा।"

हमारी जीवन पद्धति पर हमेशा श्रेष्ठ विचारों एवं सद्‌गुणों को शासन होना चाहिए। हमें इस दिशा में सदा प्रयत्नशील तथा सतर्क रहना चाहिए कि दुर्गुणता या बुरे विचार कभी हमारे मन पर प्रभावी न हों। हमें रचनात्मकता या धनात्मकता के विपरीत विचारों से सदा ही अपनी रक्षा करनी चाहिए। जब हम भूमि में अच्छा बीज बोते हैं, अच्छी खाद और उचित पानी देते हैं एवं मौसम भी ठीक रहता तो पौधे के अंकुर फूटने से लेकर फलयुक्त होने तक की सभी क्रियाएँ भली प्रकार संपन्न होती हैं।

पौधे के सूखने या नष्ट होने की संभावना तभी होती है, जब भूमि की उर्वरता कम हो जाती है या मौसम एकदम प्रतिकूल हो जाता है, पौधे को धूप या पानी ठीक से नहीं मिलते हैं। उसी प्रकार जब किसी व्यक्ति के विचार निष्क्रियता से बोझिल हो जाते हैं, कर्म-शक्ति कम हो जाती है, उत्साह और उल्लास मंद पड़ जाते हैं, साहस और आत्मविश्वास का अभाव हो जाता है, तब उसका व्यक्तित्व एकदम नकारा तथा प्रभावहीन हो जाता है। यदि हमारी चित्तवृत्ति शुद्ध और सत्य मार्ग का अवलंबन करती है तो हम पर दूसरों के गलत विचारों का कुछ भी प्रभाव नहीं होगा।

□

11

सम्मानजनक सोच : पहली प्राथमिकता

''अच्छा सम्मान पाने का मार्ग यह है कि जो आप प्रतीत होने की कामना करते हैं, वैसा बनने का प्रयास करें।''

–सुकरात

मौजूदा दौर में हर कोई रातोंरात सफलता के सिंहासन पर विराजमान होना चाहता है। मूल्यविहीन, गलाकाट प्रतियोगिता के रूप में आड़े-तिरछे रास्तों अथवा शार्टकट के जरिए सफलता अर्जित करने के मंसूबे बाँधे रखनेवाले लोगों को अंततः हताशा व नाकामयाबी का सामना करना पड़ता है।

स्वस्थ प्रतिस्पर्द्धा के जरिए ही हम स्थायी सफलता अथवा अपने लक्ष्य को अर्जित कर सकते हैं। व्यवहारकुशल व्यक्ति की प्रथम अवधारणा 'स्वस्थ प्रतिस्पर्द्धा में विश्वास' होनी चाहिए। आज की गलाकाट प्रतिस्पर्द्धा पर तंज करते हुए शायर हफीज मेरठी कहते हैं—

गैर से छीनकर अपनों ने मुझे कत्ल किया,
आप ही ढाल बने, आप ही तलवार बने।
बस यही दौड़ है, आज के इनसानों की,
तेरी दीवार से ऊँची मेरी दीवार बने॥

सफलता और असफलता एक ही सिक्के के दो पहलू हैं। जिस प्रकार सूर्योदय के बाद सूर्यास्त होना तय है, उसी प्रकार असफलता के पश्चात् सफलता मिलनी निश्चित है, परंतु यह तभी संभव है जब व्यक्ति अपने कार्य की दिशा में पूरी ईमानदारी के साथ प्रयत्नशील हो और उसका रुझान स्वस्थ प्रतिस्पर्द्धा के प्रति हो।

वास्तव में मनुष्य की अंतर्निहित शक्तियाँ अगाध हैं, जो आदमी को जीवन के प्रत्येक क्षेत्र में सफलता प्राप्त करने में सहयोगी सिद्ध हो सकती हैं। कोई भी व्यक्ति इन्हीं शक्तियों के बलबूते उन्नति एवं विकास का मार्ग प्रशस्त करता है। प्रत्येक मनुष्य में अंतर्निहित मानवीय, आत्मिक एवं मानसिक शक्तियों का प्रकाश पुंज बिखरा हुआ है। जो इस प्रकाश पुंज को पहचान लेता है, वह सफलता के शिखर को स्पर्श कर लेता है तथा जो इसे नहीं पहचान पाता, वह जीवन

सफलता और असफलता एक ही सिक्के के दो पहलू हैं। जिस प्रकार सूर्योदय के बाद सूर्यास्त होना तय है, उसी प्रकार असफलता के पश्चात् सफलता मिलनी निश्चित है, परंतु यह तभी संभव है जब व्यक्ति अपने कार्य की दिशा में पूरी ईमानदारी के साथ प्रयत्नशील हो और उसका रुझान स्वस्थ प्रतिस्पर्द्धा के प्रति हो।

भर असफलता का सामना करता है।

वास्तव में सफलता हमारे सतत प्रयासों का प्रतिफल है। उधर, हमारी जितनी भी कोशिशें हैं, उन सबके मूल में आत्म-प्रेरणा विद्यमान है, वहाँ अवसर या चांस जैसी बातें गौण हैं। चमत्कार अथवा मौकों की तलाश में रहनेवाला व्यक्ति सफलता को अर्जित नहीं कर पाता।

जिस प्रकार आग की छोटी व पतली लौ पर्याप्त ऊष्मा उत्पन्न करने में नाकाम रहती है, उसी प्रकार बीमार इच्छाशक्ति के बल पर सफल होने के प्रयास व्यर्थ हैं।

संकल्पबद्ध रूप से ईमानदारी व सूझ-बूझ के साथ किया गया परिश्रम कभी व्यर्थ नहीं जाता। हमारे कार्यक्षेत्र से अधिक हमारा संकल्प मूल्यवान होता है। वस्तुतः सही सोच व उत्कृष्ट संकल्प ही हमें कामयाबी के मार्ग पर अग्रसर होने में मदद करते हैं।

उत्तरदायित्व का भी जीवन में महत्त्वपूर्ण स्थान है। उत्तरदायित्व के बोध को समझनेवाले व्यक्ति में अपनी गलतियों को स्वीकारने की क्षमता तथा उनसे सबक लेने का जज्बा होता है, जो व्यक्ति बिना यह विचार किए कि लोग उसके कार्य को स्वीकृति देंगे अथवा नहीं, अपने कार्य को संपन्न करने की चेष्टा में लगा रहता है, वह एक दिन अवश्य सफल होता है।

कर्म एक 'तीर' है, इसलिए यह जानना आवश्यक है कि हमें किस निशाने पर इसे मारना है। यदि तीर छोड़ भी दिया जाए और वह निशाने को भेद नहीं पाए तो समझिए कि अब तक किया गया सारा परिश्रम व्यर्थ गया। धनुष है, बाण हैं, हाथ हैं और परिश्रम करने की शक्ति है, परंतु यदि लक्ष्य ही नहीं है तो बाण चलाना एक खेल से अधिक कुछ नहीं है। बिना लक्ष्य का निर्धारण किए, किया गया सारा परिश्रम व्यर्थ हो जाता है। यह आवश्यक है कि एक ही व्यवसाय अथवा लक्ष्य को निश्चित करके उस दिशा में परिश्रम किया जाए। संलग्नता के अभाव में कामयाबी मिलना मुश्किल है।

अपने लक्ष्य से विचलित व्यक्ति का वजूद कुछ भी नहीं। जो व्यक्ति अपने व्यवसाय अथवा कार्य के प्रति सावधानीपूर्वक व्यवहार करता है, वह प्रतिभासंपन्न हो जाता है।

संग्राम में उसी सेनापति की विजय होती है, जिसका मंतव्य पहले से निर्धारित होता है। सेना भले ही कितनी भी विशाल क्यों न हो, एक समुचित कार्ययोजना के अभाव में वह विजय प्राप्त नहीं कर सकती। सेनापति स्वयं युद्ध नहीं करता, लेकिन बुद्धिमत्तापूर्वक बनाई गई योजना और उसी के अनुरूप किए गए कार्य सफलता व विजय के कारण बनते हैं।

□

12

हमारा जीवन एक महत्त्वपूर्ण उपलब्धि

''जीवन जागरण है, सुषुप्ति नहीं, उत्थान है, पतन नहीं। पृथ्वी के तमसाच्छन्न, अंधकारमय पथ से गुजरकर दिव्य-ज्योति से साक्षात्कार करना है। जहाँ द्वंद्व और संघर्ष कुछ भी नहीं है। जड़ चेतन के बिना विकास-शून्य है और चेतन जड़ के बिना आकार-शून्य। इन दोनों की क्रिया और प्रतिक्रिया ही जीवन है।''

–महादेवी वर्मा

मनुष्य को समस्त प्राणियों में श्रेष्ठ व योग्य माना गया है। इस मान्यता के पीछे मनुष्य की संवेदनशीलता तथा अभिव्यक्ति की क्षमता का होना प्रमुख है। जिंदगी एक हँसता हुआ गुलाब है। गमगीन व मनहूसियत भरे चेहरे उत्सवी समाज में शिरकत के हकदार नहीं।

हम जहाँ तक हो सके प्रेम, खुशी व हँसी के वातावरण को बनाने की दिशा में काम करें। हँसते-खेलते परिवेश में अपने तनाव व अवसाद को वितरित करने का हमें कोई अधिकार नहीं। मनहूसित एक ऐसा ही दुर्गुण है, जो न सिर्फ समाज में हमें त्याज्य बनाता है, अपितु उपलब्धियों व प्रगति के अवसरों से भी पृथक् करने का काम करता है।

जिंदगी मनुष्य के लिए प्रकृति का सर्वोत्तम उपहार है। इसे प्रति पल सुगंधित करके, इसकी सार्थकता को जाना जा सकता है। जिंदगी में सुख-दुःख धूप-छाँव सरीखे हैं। एक जाता है, तो दूसरा आ जाता है, लेकिन हमें प्रत्येक अवस्था में संतुलित तथा प्रसन्नतापूर्ण रहने की कला का विकास करना चाहिए। वर्तमान आधुनिक परिवेश ने जीवन की शक्ल ही बदल दी है। आज वक्त के माथे पर चिंता की लकीरें हैं। सभी जाने-अनजाने विषयों के कारण द्रवित व व्यथित हैं, परंतु इसका यह अभिप्राय नहीं कि हम दुःखों को एक आवरण की भाँति ओढ़ लें और जहाँ-तहाँ उनका अप्रिय प्रदर्शन करते फिरें। यह सब एक सफल होनेवाले व्यक्ति के पाँव की बेड़ियाँ हैं।

एक व्यवहारकुशल इनसान के लिए बाह्य सौंदर्य के साथ-साथ उसका स्वभाव भी बेहद मायने रखता है। एक खुशमिजाज और विनोदप्रिय व्यक्ति, जिसके होंठों पर सदा खिलखिलाहट रहती हो, दूसरों को अपनी ओर आकर्षित करता है।

एक व्यवहारकुशल इनसान के लिए बाह्य सौंदर्य के साथ-साथ उसका स्वभाव भी बेहद मायने रखता है। एक खुशमिजाज और विनोदप्रिय व्यक्ति, जिसके होंठों पर सदा खिलखिलाहट रहती हो, दूसरों को अपनी ओर आकर्षित करता है। जो व्यक्ति यह

जानता हो कि दूसरों को किस तरह की बातों में रुचि है तथा उससे किस तरह की बातें करनी चाहिए वह कभी असफल नहीं होगा। हरेक मौके पर उपयुक्त व उचित वार्तालाप कर सकने की योग्यता रखनेवाले व्यक्ति निःसंदेह सभी को प्रभावित करते हैं।

जीवन में बहुत बार हम असफल रहते हैं। भविष्य के प्रति सकारात्मक व आशाजन्य दृष्टिकोण असफलताओं के दुःखों से उबरने में हमारा मददगार होता है।

अंग्रेजी में एक सूक्ति है कि 'थॉर्नलेस रोजेज हैव नॉट बीन डेवेल्प्ड' अर्थात् काँटों रहित गुलाब के फूल का विकास अभी तक नहीं किया जा सका है। जो व्यक्ति गुलाब की भाँति सुंदर व सर्वप्रिय बनना चाहते हैं, उनको चाहिए कि वे फूलों की तरह काँटों भरी जिंदगी में भी मुसकराने व विकसित होने की कला सीखें। असफलता के अवसरों पर यदि हम हाथ-पर-हाथ रख बैठ जाते हैं, तो हमें समझ लेना चाहिए कि हमने फूलों से कुछ सीखा ही नहीं।

उपवन में आनेवाले प्रत्येक व्यक्ति को फूल अपनी मुसकान बाँटते हैं। अपनी वेदना को कभी व्यक्त नहीं करते। यही वजह है कि जब हम किसी प्रसन्नचित्त व्यक्ति को देखते हैं तो सहसा ही कह उठते हैं कि देखो, इसका चेहरा कैसा फूल-सा खिल रहा है।

किसी दिन की शुरुआत एक ऐसी सूचना अथवा समाचार से भी हो सकती है, जो हमारे लिए अप्रिय अथवा दुःखद हो। यह भी संभव है कि इसके बाद दिन का शेष हिस्सा निराशा के कुहासे में लिपटा हुआ प्रतीत हो। लेकिन आत्म-दया से उसका सामना नहीं किया जा सकता। यह तो बेजान और अधूरा तरीका साबित होगा। विस्तार के लिए बाहर से मदद मिलने का इंतजार करना बेमायने है। अपने स्वयं के कल्याण हेतु हमें भीतर से ही कुछ प्रयास करने होंगे। हमारे भीतर जो घटित हो रहा है, हमारे अंतर में जो प्रतिफलित हो रहा है, उस पर ध्यान एकाग्र करने का अभ्यास एक अच्छी शुरुआत है। एक बार जब हम अपने अंदर के अनुभव से समरस हो जाएँगे, तो घटनाओं का बखूबी सामना करने में हम समर्थ होंगे। भले ही ये घटनाएँ अप्रिय ही क्यों न हों?

> **उपवन में आनेवाले प्रत्येक व्यक्ति को फूल अपनी मुसकान बाँटते हैं। अपनी वेदना को कभी व्यक्त नहीं करते। यही वजह है कि जब हम किसी प्रसन्नचित्त व्यक्ति को देखते हैं तो सहसा ही कह उठते हैं कि देखो, इसका चेहरा कैसा फूल-सा खिल रहा है।**

इस अभ्यास में गहरे उतरते ही हमें अनुभव होगा कि हमारे भीतर तथ्यों को ईमानदारीपूर्वक ग्रहण करने की सामर्थ्य विकसित होने लगी है। इसके साथ ही हमें परोक्ष रूप से स्थिति के सच्चे उपचार का मार्ग भी प्रशस्त होता दिखाई देगा।

जब हम आत्मा के साथ अविश्वास का तादात्मय स्थापित कर लेते हैं, तब हम बहुत सी नाकामियों को भी न्योता भेज देते हैं। अपनी शक्ति का परिष्कार ही हमें अधिक शक्तिमान बनाने की दिशा में कार्य करता है। इसके ठीक विपरीत अपने आत्मबल में क्षीणता का अहसास करनेवाले व्यक्ति निहायत दुर्बल सिद्ध होते हैं। भले ही वे कितने भी शक्तिसंपन्न होने का ढिंढोरा पीटते फिरते रहें।

मनहूसियत का दूसरा संवेग चिंता है। चिंता को चिता की संज्ञा दी गई है। चिंता जब आती है तो अपने साथ अनेक हानियाँ लेकर भी आती है। जिसका कुप्रभाव हृदय, ग्रंथियों, संपूर्ण नाड़ी यंत्र तथा संपूर्ण स्वास्थ्य पर पड़ता है। चिंता के कारण कायिक बीमारियों का विकास होता है। व्यक्ति की शक्ति व सामर्थ्य में कमी आती है तथा उसका जीवन दुःखी तथा कष्टप्रद बन जाता है। चिंता व्यक्ति की उम्र को खा जाती है। चिंता मानसिक संवेगों की प्रक्रिया है। हम अपने वैचारिक पक्ष को सुधार कर चिंता पर काबू पा सकते हैं।

किसी विद्वान् ने कहा कि चिंता अकर्मण्य मस्तिष्क की उपज है। जिस व्यक्ति को काम करना अच्छा नहीं लगता, उसे चिंता करना अच्छा लगता है। एक-दो बार यदि कोई महिला अथव पुरुष मित्र चिंतित दिखाई देता है, तो लोग उसकी मदद के लिए आगे आ सकते हैं, परंतु जब इसे वह अपने व्यवहार में शामिल कर लेता है, तो कोई भी आदमी इस बोझिली से ऊबकर दूर हटता हुआ नजर आता है।

बात उन दिनों की है जब पश्चिम अमेरिका नया बस रहा था। वहाँ डेनियल बोनी नामक एक व्यक्ति था। उसकी गिनती बड़े अन्वेषकों में होती थी। उसकी जिंदगी का अधिकतर हिस्सा खतरों से जूझने में व्यतीत हुआ। इसके बावजूद उसने पचासी साल की लंबी उम्र पाई। जब उसका अंतिम समय निकट आया, तो एक दोस्त उनसे मिलने पहुँचा। उसने पूछा—

''यह बताओ कि अपने आपको इतने खतरों से कैसे बचाए रख सके?''

डेनियल का जवाब था—''ईश्वर की तरफ से यह निश्चित था कि मैं इस जंगली इलाके को सरसब्ज कर दूँ।''

डेनियल की जिंदगी काँटों भरी थी, लेकिन उसके भीतर उत्साह का अपार सागर ठाँठें भर रहा था। उसे यकीन था कि हालाँकि उसका काम बेहद मुश्किल है, लेकिन वह बहुत उपयोगी है तथा ईश्वरीय ताकत उसे हमेशा बचा रही है। यदि हम सब भी इस तरह के दृष्टिकोण का विकास करें, तो हम समस्त फालतू डरों तथा अनावश्यक चिंताओं से मुक्त अनुभव करेंगे।

सफलता प्राप्त करने के लिए आवश्यक है कि मनुष्य अपने तन, मन और धन की समस्त ऊर्जा एक ही दिशा में व्यय करे। अन्य प्रलोभनों की अवहेलना करके व्यक्ति जब एक ही लक्ष्य को जीवन संकल्प बनाकर कार्य करते हैं, तब उनकी संपूर्ण विजय होती है। उस कार्य के प्रति मन की समस्त शक्तियों को केंद्रित करने से उस कार्य की सिद्धि के लिए समस्त साधनों का ज्ञान हो जाता है।

चिंता को सभी मनोवैज्ञानिकों ने नुकसानदेह समझकर इससे मुक्त रहने की बात कही है। यह व्यक्ति को अंदर-ही-अंदर भस्म कर देती है। किसी ने कहा भी है—

चिंता चिता से है बड़ी, चिंता बुरी बलाय।
चिता जलाए आग में चिंता बिन आग जलाय॥

सूफी संतों ने भी इसी बात को बार-बार दोहराया है—

इशरते कतरा है दरिया में फना हो जाना।
दर्द का हद से गुजर जाना है, दवा हो जाना॥

यह दर्द क्या है? परमात्मा से साक्षात्कार की व्याकुलता। लौकिक भाषा में इसे माशूक से मिलने की उत्कंठा भी कहा जाता है। माशूक (परमात्मा) के विरह (वियोग) के कारण होनेवाली पीड़ा ही दर्द है, जो हाल बेहोशी अथवा समाधि की अवस्था लानेवाली दवा बन जाती है।

फलक देता है जिनको ऐश, उनको गम भी होते हैं।
जहाँ बजते हैं नक्कारे, वहाँ मातम भी होते हैं॥

सफलता प्राप्त करने के लिए आवश्यक है कि मनुष्य अपने तन, मन और धन की समस्त ऊर्जा एक ही दिशा में व्यय करे। अन्य प्रलोभनों की अवहेलना करके व्यक्ति जब एक ही लक्ष्य को जीवन संकल्प बनाकर कार्य करते हैं, तब उनकी संपूर्ण विजय होती है। उस कार्य के प्रति मन की समस्त शक्तियों को केंद्रित करने से उस कार्य की सिद्धि के लिए समस्त साधनों का ज्ञान हो जाता है।

प्रत्येक स्वस्थ व सामान्य व्यक्ति स्वस्थ प्रतिस्पर्द्धा का प्रतिभागी हो सकता है, परंतु बहुत कम लोग ऐसे हैं जो इस क्षमता में वृद्धि करते हैं। इसका कारण स्पष्ट है कि किसी के कंधे का सहारा लेकर चलना कहीं अधिक आसान व सुलभ है, बजाय स्वयं सहारा बनने के। समाज में अधिकांश लोग भीड़ बढ़ाने का काम करते हैं। कम ही लोग ऐसे होते हैं, जो भीड़ के ऊपर उठकर अपनी मौलिकता को कायम रखना चाहते हैं।

- प्रत्येक कार्य को श्रेष्ठ रूप में करने का प्रयत्न करें, जिससे आपको अधिकाधिक काम मिले।
- अच्छे कारीगर के पास काम की कमी नहीं रहती।

- अच्छे कार्य का पुरस्कार और अधिक कार्य है।
- अनावश्यक बात न कहें। कोई बात कहने से पूर्व उसके द्वारा उत्पन्न प्रभाव पर विचार कर लें। संग-साथ के प्रभाववश अपने सिद्धांतों को न छोड़ें अर्थात् अपने उसूलों से समझौता न करें।
- अपने मस्तिष्क में किसी व्यर्थ अथवा आंशिक विचार को स्थान न दें। यह कार्य बहुत कठिन है। इसके लिए सावधानीपूर्वक अभ्यास करना होगा।

□

13

अवसादपूर्ण सोच से उबरिए

''ऐसा कोई अवसाद नहीं है, जिसे समय की गति कम और हलकान कर दे।''

—सिसरो

जीवन की धूप-छाँव में हताशा के बादल प्राय: उभरते रहते हैं। किसी अंधी गली में खड़ी उदासी कभी हमारे सपनों को क्षत-विक्षत और भविष्य को संदिग्ध बना देती है, तो कभी हमारे उस विश्वास को इस तरह झकझोर देती है, जो कभी हमारे जीवन की पूँजी और हताशा से हमें उबारने का संबल हुआ करता था।

कभी आर्थिक मोर्चे पर असुरक्षित हुए, तो कभी निराशा के पंजे ने धीरे-धीरे अपनी गिरफ्त में लिया, तो कभी प्रेम के मरुस्थल में अविश्वास की धूप में झुलस जाने सकी निराशा के अँधेरे ने डसा। रोटी से चलकर सपनों तक ठहरनेवाले पड़ाव में कई मोड़ ऐसे हैं, जहाँ आदमी निराश, उदास और कुंठाग्रस्त हो सकता है, परंतु इससे इतर उदासी को जीतकर हम सफलता के शिखर को स्पर्श कर सकते हैं।

उदासी से घिरे लोगों को रेडियो, टी.वी. के कार्यक्रम, बच्चों का भागना-दौड़ना, किलकारी मारना आदि अच्छा नहीं लगता। उनपर सवेरे से ही आलस्य छाया रहता है। उन्हें बिस्तर छोड़ना, प्रतिदिन हजामत बनाना, स्नान करना, अच्छे कपड़े पहनना नहीं भाता।

विविध कारणों से उत्पन्न उदासी का रंग मनुष्य के मन-मस्तिष्क पर सबसे खराब प्रभाव छोड़ता है। उदासी, विषाद अथवा ग्लानि की मानसिकता, व्यक्तित्व विकास में तो सबसे बड़ी बाधा है ही, आदमी की प्रगति के भी प्रतिकूल है। मानसिक अवसाद से घिरे व्यक्ति का मन किसी भी काम में नहीं लगता। वह किसी भी विषय पर ध्यान केंद्रित नहीं कर सकता। पुस्तक का एक पन्ना तक पढ़ने में उसे घंटों लग जाते हैं। उदासी से घिरे व्यक्ति का स्वभाव चिड़चिड़ा हो जाता है। साधारण-से-साधारण बात का जवाब भी वह गुस्से में देता है।

मानसिक अवसादों से घिरा व्यक्ति जीवन में दिलचस्पी नहीं लेता। सामान्य घटनाएँ जो लोगों को प्रसन्नता प्रदान करती हैं, जैसे कि पदोन्नति, संतान जन्म तथा बच्चों का परीक्षा में पास होना आदि उसे खुशी नहीं देते। वह अपने कार्यक्षेत्र में लोगों की नापसंदगी का कारण बन जाता है और धीरे-धीरे उसके सहकर्मी व घर-परिवार के लोग उससे किनारा कर लेते हैं। इस प्रकार के व्यक्तियों का तकिया कलाम होता है—'मुझे अकेला छोड़ दो।'

उदासी से घिरे लोगों को रेडियो, टी.वी. के कार्यक्रम, बच्चों का भागना-दौड़ना, किलकारी मारना आदि अच्छा नहीं लगता। उनपर सवेरे से ही आलस्य छाया रहता है। उन्हें बिस्तर छोड़ना, प्रतिदिन हजामत बनाना, स्नान करना, अच्छे कपड़े पहनना नहीं भाता। इस प्रकार के व्यक्ति किसी भी काम, खेलकूद अथवा मनोविनोद में भी रुचि नहीं लेते। उन्हें भूख नहीं लगती तथा रुचिकर व सुस्वादपूर्ण भोजन में उनकी दिलचस्पी नहीं रहती।

उदास, निराश व विषादग्रस्त लोगों के नजरिए में बदलाव आ जाता है। उनमें निकम्मेपन की भावना घर कर जाती है तथा उन्हें लगता है कि वे जीवन में कुछ कर नहीं सकते। वे अपनी छोटी-छोटी गलतियों के लिए परेशान रहते हैं तथा हरदम उन्हीं के बारे में सोचते रहते हैं। उनका मन रोने, चीखने-चिल्लाने को करता है। उन्हें बहुधा आत्महत्या का खयाल आता है। इसी उदासी से उबरने के खयाल से अनेक लोग व्यसनों के आदी हो जाते हैं। नशा करने से उन्हें लगता है कि कुछ देर के लिए ही सही वे इस समस्या से उबरे तो?

मन-ही-मन घुटते रहने की बजाय किसी ऐसे व्यक्ति से अपने हृदय की पीड़ा अथवा द्वंद्व को प्रकट कर दें, जिसे आप अपना विश्वासपात्र मानते हों। मनोचिकित्सक अकसर रोगी से बातचीत के जरिए ही उसकी चिकित्सा करते हैं।

पश्चिमी देशों में मानसिक उदासी अथवा मनोबल क्षीण रहने के अनेक उदाहरण सामने आए हैं। भारत का जैसे-जैसे औद्योगिकीकरण होता जा रहा है, वैसे-वैसे यहाँ भी आंतरिक चित्त-वृत्ति में उतार-चढ़ाव एक आम बात हो गई है। इसी के परिणामस्वरूप अनेक मानसिक विकृतियाँ तेजी से पनप रही हैं। वैज्ञानिकों ने इस अवस्था को मानसिक अवसाद का नाम दिया है।

दुनिया के अनेक जाने-माने ख्याति प्राप्त लोग भी मानसिक अवसाद से ग्रस्त रहे हैं। भारत के बहुत कम लोगों को पता है कि प्रसिद्ध अभिनेता दिलीप कुमार भी एक समय मानसिक अवसाद से पीड़ित रहे हैं। तरह-तरह के दु:खद किरदारों को अभिनीत करते-करते उनका व्यक्तित्व ही उदास और दु:खद हो गया था तथा वे जीवन की वास्तविकता से ही भटक गए थे। जब उन्होंने लंदन में अपनी मनोचिकित्सा कराई, तब उनका सही और संतुलित व्यक्तित्व उभरकर सामने आया।

अमेरिकी गायक माइकल हचेंस मानसिक अवसाद के शिकार हुए और उन्होंने आत्महत्या कर ली। स्पादूक मिलीगन मानसिक घुटन से इतने पीड़ित होते थे कि अपने आपको कमरे में बंद करके किसी से भी मिलने से इनकार कर देते थे। विंसटन चर्चिल भी मानसिक अवसाद के शिकार रहे। भारतीय रजतपट की जानी-मानी अदाकारा मीनाकुमारी ने भी मानसिक अवसादों से मुक्ति पाने के लिए अपनी सारी ख्वाहिशें शराब के जाम में उतार दीं। अंतत: यही शराब उन्हें मौत के मुँह में ले गई। ऐसे अनेक मामले हैं, जब व्यक्ति को कोई उपाय नहीं सूझा तो अंतत: उसने आत्महत्या का विकल्प चुना।

मानसिक अवसाद कई प्रकार के होते हैं। चिकित्सकीय भाषा में यह मन की वह स्थिति है, जब व्यक्ति अत्यधिक उदास हो जाता है। यह स्थिति दो प्रकार की होती है—पहली स्थिति, रिएक्टिव डिप्रेशन कहलाती है। इस स्थिति में व्यक्ति भावनात्मक समस्याओं पर गंभीर प्रतिक्रियाएँ व्यक्त करता है। दूसरी स्थिति, जंडोजेक्स डिप्रेशन की है। इस स्थिति का मौलिक आधार ढूँढ़ पाना टेढ़ी खीर है। हालाँकि दोनों मनोदशाएँ लगभग एक समान हैं, परंतु दोनों ही दशाओं में शारीरिक ऊर्जा की कमी, ध्यान एकाग्रचित्त करने में विफलता और आत्महीनता की भावना प्रबल हो सकती है। आत्महत्या अथवा आत्महत्या की इच्छा इस दिशा के गंभीर परिणाम होते हैं।

गंभीर मनोरोगों को दूर करने के लिए मनोचिकित्सा की नितांत आवश्यकता होती है। सामान्यत: मनोरोग की जड़ में भी किसी शारीरिक व्याधि का होना संभव होता है, जैसे डायबिटीज अथवा कुंठित गले की नली। हलके-फुलके मानसिक अवसाद को दूर करने का बेहतरीन उपाय यह है कि आप अपने काम में व्यस्त रहें। जितना संभव हो सके, अकेले रहने की आदत को छोड़ें। दोस्तों के साथ बाहर जाएँ। लोगों से मिलें-जुलें। खूब गप-शप व मौजमस्ती करें।

मन-ही-मन घुटते रहने की बजाय किसी ऐसे व्यक्ति से अपने हृदय की पीड़ा अथवा द्वंद्व को प्रकट कर दें, जिसे

आप अपना विश्वासपात्र मानते हों। मनोचिकित्सक अकसर रोगी से बातचीत के जरिए ही उसकी चिकित्सा करते हैं।

मानसिक अवसाद के गहरे चक्रव्यूह से बाहर निकलने के लिए आपको अपने भीतर कुछ परिवर्तन करने होंगे। इसके लिए जीवन के प्रति सकारात्मक दृष्टिकोण का विकास करना होगा। आपको उन कारणों या तत्त्वों को भी ढूँढ़ना पड़ेगा, जिनकी मदद से आप अपना कार्य कुशलतापूर्वक पूरा कर सकें।

मनोरोगों को भगाने के लिए आपको अपनी दिनचर्या में भी कुछ परिवर्तन करना पड़ेगा। कभी-कभी अपने कार्यालय जाने के मार्ग को बदल दीजिए। हो सकता है, कोई ऐसा चेहरा आपको दिखाई दे कि आपका समूचा दिन सुंदर ढंग से व्यतीत हो।

यदि आप वास्तव में दु:खी भी हों, तो ऐसा अभिनय कीजिए कि आप बेहद सुखी व संतुष्ट हैं। कभी-कभार सहकर्मी के साथ ठहाके लगाने में भी कोई बुराई नहीं है। याद रखिए, यदि आप रोते हैं तो आपके साथ कोई नहीं रोएगा। हाँ, यदि आप हँसते हैं तो हो सकता है कि कुछ लोग आपकी हँसी में शामिल होने के लिए साथ आ जाएँ।

मानवीय स्पर्श से भी व्यक्ति को ऊर्जा मिलती है। जिसके कारण पूरे दिन आप स्वयं को ऊर्जस्वित महसूस करते हैं। कार्यालय पहुँचकर कुछ लोगों से हाथ मिलाने से कभी न चूकें।

मानवीय स्पर्श से भी व्यक्ति को ऊर्जा मिलती है। जिसके कारण पूरे दिन आप स्वयं को ऊर्जस्वित महसूस करते हैं। कार्यालय पहुँचकर कुछ लोगों से हाथ मिलाने से कभी न चूकें। मनोवैज्ञानिकों का कहना है कि आलिंगन से मस्तिष्क में एक रासायनिक प्रक्रिया शुरू हो जाती है। इस प्रकार मानसिक अवसाद का स्वत: उपचार हो जाता है।

आज यह बात वैज्ञानिक रूप से सत्य सिद्ध हो चुकी है कि खान-पान के अनुरूप ही व्यक्तित्व का निर्माण होता है। कहावत भी है—

जैसा खाए अन्न, वैसा बने मन,
जैसा पिए पानी, वैसी बोले बानी।

मानसिक अवसाद का सीधा संबंध फूड एलर्जी के साथ होता है। यदि आपको फूड एलर्जी है तो वही भोजन जो दूसरों को उत्साह और ऊर्जा प्रदान करेगा, आपके मानसिक अवसाद को बढ़ावा देगा। जब आप अपनी भोजन प्रणाली में परिवर्तन लाएँ तो यह अवश्य देखिए कि आपकी मनोदशा में क्या परिवर्तन होता है।

- दुराग्रह से ग्रस्त चित्तवालों के लिए सुभाषित वचन व्यर्थ हो जाते हैं।
- अपने प्रयोजन के लिए तो शैतान भी धर्मग्रंथ उद्धृत कर सकता है।
- इस संसार में सबसे बड़ा जादू स्नेह है।
- विचार और कार्य की स्वतंत्रता ही जीवन, उन्नति और कुशल-क्षेम का एकमेव साधन है।
- जिस कार्य को हम कर सकते हैं, केवल उसका संकल्प करना चाहिए।

''काषायों से मुक्त होने पर जीवन आनंद की अनुभूति करता है। इसके लिए आवश्यक है कि आत्म-प्रवंचना से बचकर चित्त को निर्मल बनाया जाए। अपने मुख से अपनी स्तुति न गाओ, दान का प्रचार मत करो, बड़ों की कटु बात सुनकर भी मुँह मत बनाओ, किसी की भूल या गुप्त बात को मत फैलाओ और धर्म के प्रति शंका न कर, शुद्ध भाव रखो। यदि ऐसा करोगे तो मिथ्यात्व का नाश होगा और मन शांत व निर्विकार होकर आनंद की अनुभूति करेगा।''

□

14

सोच बदलो, दुनिया बदलो

दो व्यक्ति खिड़की के पार देखते हैं। एक कीचड़ का ढेर देखता है, एक आसमान में तारे।

–फ्रेडरिकलेंगब्रिज

सकारात्मक सोच मनुष्य का वह गुण है जो उनके लिए आवश्यक है जो सफल होना चाहते हैं। नकारात्मकता मनुष्य को असफलता का मुँह दिखाती है। सकारात्मक रवैया कार्य को पूर्ण करने की प्रेरणा देता है और मनुष्य पूर्ण उत्साह से उस कार्य को करता है। मनुष्य किसी भी कार्य को तभी आसानी से पूरा कर सकता है जब वह उस कार्य के प्रति रुचि रखता हो, उसके प्रति सकारात्मक हो। जिज्ञासा मनुष्य को सकारात्मक बनाती है, क्योंकि किसी के प्रति जिज्ञासा पैदा होना मनुष्य के सकारात्मक होने की निशानी होती है।

सकारात्मक सोच बनाम नकारात्मक सोच

एक पिता ने अपने पुत्र से कहा कि ''जाओ बेटा, बाहर देखो। तुम्हारी पेंसिल बाहर ही कहीं होगी।''

लड़के ने कहा कि, ''पिताजी! मैंने अभी देखी थी, वह वहाँ नहीं है।''

पिता बोला कि, ''अरे बाहर ही है। जाओ देखो।''

लड़का बाहर गया और इधर–उधर ढूँढ़ता रहा। उसकी पेंसिल मिल गई। लड़का बहुत प्रसन्न हुआ।

यहाँ देखने की बात यह है कि पिता ने अपने पुत्र को पेंसिल ढूँढ़ने के लिए कहकर किसी कार्य के प्रति सकारात्मक रुख अपनाने की प्रेरणा दी और पुत्र ने भी पिता की बात मानकर पेंसिल को ढूँढ़ने का प्रयास किया और अंततः अपने कार्य में सफल हुआ। लेकिन यदि पुत्र अधिक जिद करता अथवा उसका पिता उसे दूसरी पेंसिल लाकर दे देता तो उसे गलत प्रेरणा मिलती। फिर वह किसी भी कार्य के प्रति सकारात्मक नहीं होता। उसका वही स्वभाव बन जाता जो जीवन में उसे असफलता की ओर ले जाता।

व्यक्ति जब तक किसी कार्य के प्रति अपनी जिज्ञासा पैदा नहीं करेगा कि उसे यह काम करना चाहिए अथवा उसे यह प्राप्त करना है, तब तक उसमें इस गुण का विकास कैसे होगा?

व्यक्ति जब तक किसी कार्य के प्रति अपनी जिज्ञासा पैदा नहीं करेगा कि उसे यह काम

करना चाहिए अथवा उसे यह प्राप्त करना है, तब तक उसमें इस गुण का विकास कैसे होगा?

सकारात्मक सोच मनुष्य से बड़ा कार्य करवाती है, जबकि नकारात्मक सोच उसे गर्त में धकेलती है। अत: सकारात्मक सोच महानता का मार्ग प्रशस्त करती है। सकारात्मक सोच के बल पर ही बड़े कार्य कर नाम कमाया जा सकता है कि इसमें जरा भी संदेह नहीं है।

नकारात्मक सोच वह अवगुण है जो मनुष्य को घेर ले तो उसके मुँह से केवल 'ना' ही निकलेगा, 'हाँ' कभी नहीं। नहीं होगा, नहीं हो सकता, शायद वह मिले, वह नहीं गया होगा, वह नहीं आएगा आदि-आदि बहाने इस प्रकार के मनुष्य की सोच में सम्मिलित हो जाते हैं।

नकारात्मक सोच मनुष्य को लोगों से दूर करती है। वह उसे काम से दूर ले जाती है, उलझनों को बढ़ाती है। क्योंकि इस सोच के कारण लोग न तो उस पर विश्वास करते हैं और न ही उसके साथ उठना-बैठना पसंद करते हैं। इस प्रकार, वह अपने कार्यों को आसानी से नहीं कर पाता अर्थात् उसकी सफलता उससे दूर होती जाती है और तनाव, चिंता आदि जैसे दुर्गुण उसे घेर लेते हैं। वह चिड़चिड़ा होकर लोगों से लड़ता-झगड़ा रहता है।

नकारात्मक सोच रखने वाले मनुष्य के पास किसी भी काम को न करने के सैकड़ों बहाने होते हैं। और इस प्रकार की सोच रखने वाला मनुष्य कार्यों को 'कल' पर टालता रहता है जो कभी नहीं आता।

नकारात्मक सोच रखने वाले मनुष्य के पास किसी भी काम को न करने के सैकड़ों बहाने होते हैं। और इस प्रकार की सोच रखने वाला मनुष्य कार्यों को 'कल' पर टालता रहता है जो कभी नहीं आता।

नकारात्मक सोच वाला व्यक्ति हमेशा अच्छाई को बुराई साबित करने की सोचता रहता है और स्वयं को गुणों की खान सिद्ध करने का प्रयास करता है।

एक व्यक्ति ने अपने मित्र को एक महान् विचार पढ़ने को दिया और कहा कि देखा मित्र! कितने अच्छे शब्दों का चयन है। चार पंक्तियों में जीवन समाया हुआ है। यह सुनकर उसका मित्र बोला कि, ''इसमें कमी है।''

दूसरे ने कहा कि, ''कमी है! क्या कमी है इसमें? मुझे भी तो समझाओ।''

मित्र बोला कि, ''एक पंक्ति में इतने शब्द लिख दिए गए हैं, जबकि प्रत्येक पंक्ति में चार शब्द लिखे जाते तो ये चार पंक्तियाँ कम-से-कम आठ पंक्तियों में बदल जातीं।''

अब इसका क्या अर्थ हुआ? कुछ नहीं। केवल नकारात्मक सोच। नकारात्मक सोच वाला मनुष्य किसी में भी खोट निकाल सकता है। इस सोच के चलते वह अपने दायरे से बाहर नहीं निकल पाता। उसके इर्द-गिर्द ही घूमता रहता है। वह सोचता है कि एक वही बुद्धिमान है। वह सबकी गलतियाँ निकाल सकता है। अत: वह सफल है।

लेकिन क्या वह सफल है?

जैसी भावना वैसी मूरत

आज हम 21वीं सदी की अत्याधुनिक जीवनशैली के साथ महानगरीय परिवेश में कुंठा, संत्रास, मृत्युबोध को समेटे प्रतिस्पर्धात्मकता जीवनयापन कर रहे हैं। हमें सदैव परिवेश एवं वातावरण ने प्रभावित किया है। ऐसे में समय की तीव्र रफ्तार के साथ कदम-से-कदम मिलाते समय तनाव जन्म लेता है और हमारी मन:स्थिति में नकारात्मक विचार सकारात्मक विचारों से पूर्व मन में उभर कर आते हैं। एक नकारात्मक विचार हमारे अनेक सकारात्मक विचारों को समाप्त करता है, उनका दमन करता है। जहाँ एक किंचित सी पराजय अथवा विफलता का भाव मन में निराशा को जन्म देता है वहीं एक छोटी सी सफलता का सकारात्मक विचार मन में उमंग एवं स्फूर्ति का संचार कर देता है। अतएव आज के परिप्रेक्ष्य में सबसे महत्त्वपूर्ण आवश्यकता सकारात्मक दृष्टिकोण तथा सोच के साथ आगे बढ़ने की है।

आज लगभग सभी वर्ग स्पर्धा से जूझ रहे हैं, इससे कोई भी वर्ग अछूता नहीं रहा है। इसमें चाहे विद्यार्थी, कर्मचारी

या व्यावसायिक कोई भी वर्ग क्यों न हो, सभी को स्पर्धा से गुजरना पड़ रहा है। ऐसे में तनाव, निराशा और मानसिक अवसाद से बाहर निकलकर सकारात्मक सोच को अपनाने की अत्यंत आवश्यकता अनुभव की जाने लगी है। अनवरत आत्मनियंत्रण एवं आत्मविश्लेषण के माध्यम से नकारात्मक विचारों पर विजय प्राप्त कर सकारात्मक सोच विकसित की जा सकती है। इस दिशा में आत्मविश्वास, दृढ़ निश्चय, लगन एवं मेहनत का अपना महत्त्वपूर्ण स्थान एवं योगदान है। सुख-दु:ख, सफलता-असफलता तो दिन-रात की भाँति होते हैं, जो समय के परिर्वतन को इंगित करते हैं तथा जिनका अस्तित्व चिर स्थायी नहीं होता।

हमें अत्यंत निराशाजनक एवं तनाव की घड़ी से बचने के लिए प्रतिदिन आत्मचिंतन, आत्ममंथन एवं आत्मविश्लेषण करना चाहिए, जिसके माध्यम से निराशा के कारणों का परीक्षण करते हुए उन पर ध्यान केंद्रित करना चाहिए तथा आनेवाले क्षण की ओर सकारात्मक विचार एवं आशावादी दृष्टिकोण के साथ आगे बढ़ना चाहिए। यहाँ आवश्यकता मात्र संयमित धैर्यपूर्वक विचार करते हुए निराशा के कारणों को सकारात्मक दृष्टिकोण से बदलने की है।

आज जो दु:ख अथवा निराशा की घड़ी है, वह कल नहीं रहेगी यह निश्चित है। हर अँधेरी रात के बाद सुबह अवश्य आती है। सदैव आशावादी दृष्टिकोण रखने से सकारात्मक सोच विकसित होती है, जिसे श्वास-प्रच्छवासों पर ध्यान केंद्रित करते हुए मन पर एकाग्रता के माध्यम से नियंत्रित किया जा सकता है। कभी भी विफलता में निराश नहीं होना चाहिए, क्योंकि प्रत्येक विफलता यह बताती है कि सफलता उससे केवल दो कदम दूर खड़ी इंतजार कर रही है। हम चाहे किसी भी वर्ग, वर्ण अथवा संवर्ग से संबद्ध क्यों न हों, आत्मविश्वास को सुदृढ़ बनाने के लिए दिनचर्या में अपने आराध्य की नियमित स्तुति एवं सद्साहित्य के नियमित अध्ययन को सम्मिलित किए जाने से सकारात्मक विचार उत्पन्न होते हैं जो सकारात्मक परिणाम के रूप में हमारे सामने आते हैं।

हमारे तन-मन को स्वस्थ्य बनाने एवं विचारों को स्वस्थ एवं सकारात्मक बनाने के लिए नियमित व्यायाम, समय पर भोजन, नियमित आत्मचिंतन एवं आत्मविश्लेषण तथा प्रेरणादायक सद्साहित्य के अध्ययन द्वारा नकारात्मक सोच का दमन किया जा सकता है। इसके अतिरिक्त निराशाजनक परिवेश, नकारात्मक विचारों वाले लोगों तथा विचारों से दूर रहने से भी स्वस्थ परिवेश का निर्माण किया जा सकता है। एक सद्विचार एवं सकारात्मक सोच रखनेवाला व्यक्ति कुसुमित उपवन में महकते हुए सुमन के सदृश्य होता है जो समग्र वातावरण को सुगंधित और प्रसन्न बनाता है। किसी भी बुरी आदत को अच्छी आदत में बदलने के लिए नियमित अभ्यास तथा आत्मचिंतन पर्याप्त होता है जो बुरी आदत को अच्छी आदत में बदलने में सहायक होता है। जरूरत है तो मात्र चिंतन की, दृष्टिकोण की एवं सकारात्मक सोच की। केवल नजरिया ही हमारे सोच को स्पष्ट कर देता है। एक आधे पानी से भरे हुए गिलास को देखकर नकारात्मक सोच रखने वाला व्यक्ति उसे आधा खाली गिलास कहेगा, जबकि सकारात्मक सोचवाला व्यक्ति उस आधे पानी से भरे हुए गिलास को आधा भरा गिलास कहेगा। यही दृष्टिकोण है जो विचारों को बदलने में सहायक होता है। हम अपनी भावनाओं को बदलने का प्रयास करें, हमारा दृष्टिकोण अपने आप बदल जाएगा।

जीवन को सकारात्मक सोच एवं ऊर्जा के साथ समझने का प्रयास किया जाना चाहिए। क्योंकि जब हम जीवन को समझ पाते हैं तब तक उम्र के उत्तरार्द्ध में पहुँच जाते हैं। जीवन हमें एक बहुमूल्य ईश्वरीय उपहार है जिसे हमें श्रेष्ठतम सिद्ध करते हुए जीना चाहिए। जीवन का यथेष्ट लक्ष्य निर्धारित किया जाना चाहिए और लक्ष्य की ओर सकारात्मक सोच के साथ आगे बढ़ना चाहिए। हम देखेंगे हमारे जीवन की शैली ही बदल गई है। हमारा दृष्टिकोण ही बदल गया है और हम देखेंगे दृढ़ आत्मविश्वास एवं सफलता के नए आयामों ने हमारे जीवन के सुनहरे द्वार खोल दिए हैं।

हमें सदैव कर्मशील रहना चाहिए, क्योंकि सृजनशील एवं रचनात्मकता में संलग्न व्यक्ति अपने जीवन में प्रतिपल नवीनता अनुभव करता है। एकमात्र सकारात्मक सोच से हम सारी दुनिया को बदला हुआ महसूस करेंगे। सद्साहित्य एवं आत्मचिंतन हमको सकारात्मक सोच की दिशा में ले जाएगा तथा हमारा निरंतर इस ओर किया गया अभ्यास हमको आत्मसंतुष्टि एवं जीवन की उत्कृष्टता के दिग्दर्शन करवाएगा।

सदैव प्रसन्नचित्त रहने का प्रयास किया जाना चाहिए। हमारी एक मुसकराहट अनेक मुसकराहटों में बदल जाएगी जो वातावरण को भी प्रसन्नचित्त बना देगी। यही सफलता एवं सकारात्मक सोच का रहस्य है। अतएव सफलता एवं सकारात्मक सोच का मूलमंत्र यही है—

सोच बदलो दुनिया बदलो,
खूबसूरत ये दुनिया नजर आएगी,
भावना जैसी मन में बसाओगे तुम,
सामने वैसी मूरत नजर आएगी।

कर लो दुनिया मुट्ठी में

पुरानी कहावत है कि मन के हारे हार है… मन के जीते जीत… यानी सबकुछ जब आपके भीतर छिपा है तो क्यों न जिंदगी के प्रति हमेशा सकारात्मक सोच रखें।

पॉजिटिव सोच रखना आपको जीवन के हर मोड़ पर अच्छा ही देता है। साथ ही यह शब्द हर अक्षर के जरिए आपसे बहुत कुछ कहता भी है। आइए जानें क्या संदेश देता है यह— पी-ओ-एस-आई-टी-आई-वी-ई।

पी - पेशेंस यानी धैर्य
ओ - ऑप्टीमिस्टिक यानी आशावादी
एस - सैटिसफैक्शन यानी संतुष्टि
आई - इंसपीरेशन यानी प्रेरणा
टी - टारगेट यानी लक्ष्य
आई - आइडियल यानी आदर्श
वी - विक्टर यानी विजेता
ई - इजी यानी सहजता

पी—पेशेंस यानी धैर्य। धैर्य सफलता की सबसे बड़ी कुंजी है। अगर आपमें धैर्य की भावना है तो स्वाभाविक है कि आपके मन में कभी भी नकारात्मक विचार नहीं आ सकते। मुझे यह अवसर नहीं मिला, काश! मेरा बच्चा वह बना होता जो मैंने चाहा… जैसी बातों के लिए रोना रोते रहने से कुछ हासिल नहीं होता। अगर आप ऐसे मोड़ पर धैर्य बरतेंगे और परिस्थिति से निबटने का रास्ता खोजेंगे तभी उस चिंता को दूर कर सकेंगे।

ओ—ऑप्टीमिस्टिक यानी आशावादी बनें। आशाएँ ही सफलता की सीढ़ी तक पहुँचाती हैं, निराशा कुंठाओं से भर देती है। मैं क्यों नहीं कर सकता, इस बार अवसर मुझे ही मिलेगा, आप सोच ऐसी ही रखें। यह न सोचें कि मेरी किस्मत ही अच्छी नहीं, सारी दुनिया को मुझसे परेशानी है। आशावादी बनकर तो देखें, आपकी सारी समस्याएँ खुद-ब-खुद दूर हो जाएँगी।

एस—सैटिसफैक्शन यानी सुख संतोष। जिस घड़ी आप अपने भीतर संतोष का भाव पैदा कर लेंगे, उसी पल से आप सकारात्मक सोचने लगेंगे और अनावश्यक तनाव से बचेंगे। जो मिला है, जितना भी मिला है उसमें संतोष बरतें। कहते हैं कि संतोषम् परमसुखम्। संतोष से बढ़कर कुछ भी नहीं। अवसाद की स्थिति से बचने के लिए संतोष एकमात्र इलाज है।

आई—इंसपीरेशन यानी प्रेरणा। हर कोई अपने जीवन में किसी-न-किसी से प्रेरित होता है। ऐसे लोगों से प्रेरणा लीजिए जो जीवन को जिंदादिली और खुशहाली से जीना जानते हैं। हर व्यक्ति के भीतर कुछ-न-कुछ अच्छाइयाँ जरूर होती हैं। कोई व्यक्ति व्यवस्थित होता तो कोई धैर्यवान, कोई पॉजिटिव सोच रखता है, तो कोई जागरूक रहता है। आप

उन गुणों, अच्छाइयों से प्रेरित होकर अपने भीतर भी सकारात्मक भाव पैदा करें।

टी—टारगेट यानी लक्ष्य। अगर आपका लक्ष्य निर्धारित हो तो आपको निराशा या विफलता का मुँह देखना नहीं पड़ता। आपको क्या काम करना है, कैसा घर बनाना है, कहाँ रहना है, यह निर्धारित करना आवश्यक है। साथ ही उसका विकल्प भी तैयार रखना जरूरी होता है। लक्ष्य साफ हो तो उसे पाना आसान हो जाता है। यह नहीं, कि मैं इंजीनियर नहीं बना तो डॉक्टर बनूँगा, वरना म्यूजिक की लाइन चुन लूँगा और वह भी न बना तो कुछ भी बन जाऊँगा।

आई—आइडीयल यानी आदर्श बनें। अपने व्यक्तित्व को ऐसा बनाएँ कि दूसरे आपको अपना आदर्श मानें। जब आप कठिन परिस्थितियों में भी अपना दिमागी संतुलन बनाए रखेंगे, हर हाल में खुश रहेंगे, दूसरों के सुख-दु:ख में उनकी मदद करने को हमेशा तत्पर रहेंगे तो आप किसी आदर्श व्यक्ति से कम नहीं होंगे। सोचिए आखिर आप अपने पिता, माता या गुरु को अपना आदर्श क्यों मानते हैं। उनमें जरूर ऐसे गुण होंगे जो हर किसी को प्रभावित करते होंगे, तो क्यों न आप भी दूसरों के आदर्श बनें।

वी-विक्टर यानी विजेता। विजेता बनना अपना लक्ष्य बनाएँ, लेकिन अगर सफलता हासिल न हो तो निराश न हों, दोबारा दुगने जोश के साथ उसके लिए जुट जाएँ। जीत और हार जीवन में लगी ही रहती है। हार मिलने पर निराश होकर न बैठ जाएँ, खुद को समझाएँ, बार-बार कहें कि हम होंगे कामयाब एक दिन।

ई-इजी यानी सहज, आसान। जो लोग सहज जीवन जीते हैं उन्हें कभी भी नकारात्मक विचार नहीं घेरते। बनावटी जीवन जीने से बेहतर होगा कि वास्तविकता में जिएँ। इससे कभी भी आपको दिक्कत का सामना नहीं करना पड़ेगा। घर-परिवार से लेकर प्रोफेशनल जीवन तक सहजता जरूरी है। असहजता न सिर्फ आपकी सफलता के मार्ग में बाधक होती है, बल्कि आपके इस व्यवहार से दूसरे से भी परेशान होकर किनारा कर लेते हैं···तो कर लो दुनिया मुठ्ठी में।

अहंकार से बचें

सकारात्मकता के मार्ग की सबसे बड़ी बाधा है अहंकार। यह मनुष्य का वह दुर्गुण है जिसके चलते वह कुछ नहीं होते हुए भी स्वयं को सर्वोपरि समझता है। या अनेक गुणों के होते हुए भी इस दुर्गुण के कारण वह कुछ नहीं होता। क्योंकि अहंकार में वह इतना मस्त हो जाता है कि अपने सद्गुणों का भी नाश कर बैठता है।

अहंकारी व्यक्ति सफलता की सीढ़ी के सबसे निचले पायदान पर खड़ा रहकर ही स्वयं को सर्वोपरि समझता है। इसी भावावेश में वह सफलता से दूर रह जाता है। उसका स्वाद तक नहीं चख पाता। सर्वगुण संपन्न व्यक्ति भी जब इस अहंकार का शिकार होता है तो यदि वह सफलता के उच्च शिखर पर बैठा हो तो भी धम्म से नीचे आ गिरता है।

सफलता और असफलता मनुष्य जीवन की दो सीढ़ियाँ हैं। असफलता मनुष्य को सफलता की सीढ़ी पर चढ़ने के लिए अग्रसर करती है। मनुष्य एक बार, दो बार या तीन बार असफल होगा, अंतत: ये असफलताएँ उसे आगे बढ़ने की प्रेरणा देंगी। लेकिन मनुष्य को स्वयं को सफलता की सीढ़ी पर चढ़ाना है न कि सफलता के अहंकार को स्वयं पर हावी होने देना है। यदि मनुष्य पर सफलता का अहंकार चढ़ा तो उसे अनेक दुर्गुण आ घेरेंगे और वह सफल होकर भी कुछ प्राप्त नहीं कर पाएगा।

अहंकार मूर्ख और चापलूस किस्म के लोगों की औषधि है जिसे लेते ही उनके संपूर्ण शरीर में उत्साह का संचार होता है, जबकि सफलता चाहने वाले लोग इससे दूर भागते हैं; क्योंकि वे इसे विष समान समझते हैं। अहंकारी व्यक्ति अपने अहंकार में सामने वाले को कुछ नहीं समझता। वह यह भी भूल जाता है कि उसके सामने कौन है? क्या है? वह सामने वाले का अपमान करने से भी नहीं चूकता।

एक गाँव में एक ठाकुर का बहुत रौब था। वह जहाँ से निकलता, लोग राम-राम करते-करते थक जाते। वैसे तो ठाकुर खुशहाल था; घर अच्छा था। बस उसके पास खेत-खलियानों की कमी थी। सभी से इज्जत पाकर वह ये समझ बैठा कि ''मैं ही हूँ।'' बस अहंकार ने उसे आ घेरा।

एक दिन वह चने के एक खेत के पास से जा रहा था। खेत में चने के हरे-हरे पौधे लहलहा रहे थे। उन्हें देखकर उसका मन ललचा गया। उसने सोचा, 'चलो, चने तोड़कर खाते हैं।' थोड़ी दूरी पर किसान खाट पर लेटा था। ठाकुर ने सोचा, 'सभी मेरी बहुत इज्जत करते हैं। मुझसे कोई कुछ नहीं कहेगा। फिर भी मैं चुपचाप तोड़ लेता हूँ। किसान सो रहा है।' वह खेत की बाड़ से रेंगकर अंदर घुसने लगा कि पत्तों की खड़खड़ाहट सुनकर किसान उठ बैठा और बोला कि "कौन है वहाँ?"

किसान की आवाज सुनकर ठाकुर छिप गया। किसान ने फिर कहा कि "कौन है वहाँ? सामने आओ।"

आखिर ठाकुर को सामने आना पड़ा। उसे देखकर किसान राम-राम करके बोला कि "अरे ठाकुर साहब आप इस प्रकार!"

ठाकुर बोला कि "तो क्या हुआ। मुझे ऐसे चलने से तुम रोक सकते हो? मैं कभी-कभी ऐसे ही हाथ-पैर के बल चलता हूँ। तुम्हें कोई परेशानी?"

किसान समझदार था। उसने सोचा ठाकुर अहंकार वश ऐसा कह रहा है। इसकी इज्जत उतारना ठीक नहीं होगा] क्योंकि अहंकारी केवल अपने अहंकार के नशे में डूबा रहता है। वह अपने समक्ष किसी को कुछ नहीं समझता। किसान ने केवल इतना कहा कि "अरे ठाकुर साहब! यह तो बहुत अच्छा है, आप ऐसे भी चल लेते हैं। कैसे आना हुआ?"

ठाकुर बोला कि "बस ऐसे ही ठंडी हवा का आनंद ले रहा था।" यह कहकर वह अकड़ता हुआ वहाँ से चल दिया।

किसान ने सही निर्णय लिया, क्योंकि अहंकारी केवल स्वयं को जानता है। वह जो कहता है, वही सच होता है। उसके समक्ष कोई कुछ नहीं होता।

एक बार की बात है, दैत्यराज रावण ने भगवान् भोलेनाथ को प्रसन्न करने के लिए अपने शीश काट-काटकर यज्ञवेदी में चढ़ाने प्रारंभ कर दिए। भोलेनाथ ने प्रसन्न होकर उसे परम बलशाली होने का वरदान दे दिया। जिससे देवताओं के मन में भय समा गया। उन्होंने देवर्षि नारद से सहायता की प्रार्थना की।

देवर्षि ने देवताओं को आश्वस्त किया कि "वर पाकर रावण अवश्य अहंकारी हो जाएगा। अंततः उसका अहंकार ही उसे नष्ट कर देगा।"

इसके पश्चात् देवर्षि नारद रावण के समक्ष पहुँचे और हँसते हुए बोले कि "दैत्यराज! आपने धतूरा खाने वाले भोलेशंकर पर विश्वास कैसे कर लिया? धतूरे के मद में उन्होंने आपको वरदान दे दिया और आपने मान लिया। क्या आपने अपने वरदान की परीक्षा ली?"

रावण सोचने लगा कि नारद ने बहुत उत्तम बात कही है। मुझे वरदान की परीक्षा अवश्य करनी चाहिए। उसमें अहंकार उत्पन्न हो चुका था। वरदान की परीक्षा के लिए वह शिवजी के आश्रय कैलाश पर्वत पर पहुँचा और उसे अपने हाथों से उठाने लगा।

कैलाश को हिलता-डुलता देख भोलेनाथ समझ गए कि रावण को अहंकार ने घेर लिया है और उनके द्वारा दी गई शक्ति का उन्हीं पर प्रयोग कर रहा है। उन्होंने अपने पैर के अँगूठे से कैलाश को दबा दिया जिससे रावण को पसीना आने लगा। उसके क्षमा माँगने पर भोलेशंकर ने कहा कि "मूर्ख रावण! तुम्हें परम बलशाली होने का वरदान दूसरों की भलाई के लिए दिया गया था। लेकिन शक्ति प्राप्त कर तुम अहंकार से भर गए।"

अतः जब मनुष्य कुछ प्राप्त कर लेता है, जैसे कि धन, उच्च पद अथवा अन्य कोई कीमती वस्तु, जो उसे अन्य लोगों से अलग प्रस्तुत करती हो; तब कुछ लोगों को अहंकार घेर लेता है। जैसा कि रावण के साथ हुआ। बहुत कम लोग ऐसे होते हैं जो अहंकार रूपी दुर्गुण से बच पाते हैं, वरना कमोबेश सभी में थोड़ी-बहुत मात्रा में यह पाया जाता है। अहंकार की भावना आने पर मनुष्य की बुद्धि भी नष्ट हो जाती है, क्योंकि बुद्धि के नष्ट होने पर ही उसे अहंकार घेरता है। यदि बुद्धि स्थिर होगी तो मनुष्य दुर्गुणों से दूर ही रहेगा।

लंका पर चढ़ाई करने के लिए भगवान् राम जब सेतु बंधन का कार्य करवा रहे थे, समुद्र के किनारे उन्होंने नवग्रह और शिवलिंग की स्थापना का विचार किया। इसके लिए उन्होंने हनुमानजी को काशी से शिवलिंग लाने के लिए प्रेषित किया।

काशी में भोलेनाथ ने हनुमानजी से कहा कि "वत्स हनुमान! तुम ही मेरे इस प्रतीक लिंग को समय पर दक्षिण में पहुँचा सकते हो। महर्षि अगस्त्य वहाँ मेरी प्रतीक्षा में हैं। तुम तुरंत वहाँ पहुँचो।"

यह सुनकर हनुमान को अहंकार ने घेर लिया। उन्होंने सोचा, "केवल मैं ही यह कार्य कर सकता हूँ।" यहाँ हनुमान ने यह सोचा, वहाँ श्रीराम ने उनके मनोभाव को भाँप लिया और उनके अहंकार को समाप्त करने के लिए बालू का शिवलिंग बनाकर स्थापित कर दिया।"

हनुमान ने आकर देखा तो वहाँ शिवलिंग की स्थापना हो चुकी थी। उन्होंने अहंकार में भरकर श्रीराम से कहा कि "भगवन्! यदि आपको बालू का ही शिवलिंग स्थापित करना था तो मुझे काशी क्यों भेजा? प्रभु! आपने मेरी भक्ति का उपहास किया है।"

यह सुनकर श्रीराम ने शांत भाव से मुसकराकर कहा कि "शुभ मुहूर्त व्यतीत हो रहा था इसलिए मैंने यह शिवलिंग स्थापित कर दिया। परंतु तुम्हारा परिश्रम व्यर्थ नहीं होगा। तुम इसे हटा दो, मैं तुम्हारा शिवलिंग स्थापित कर देता हूँ।"

हनुमान प्रसन्न होते हुए उस शिवलिंग की ओर बढ़े, लेकिन बहुत प्रयास करने पर भी उसे उखाड़ नहीं सके। इस प्रकार उनके अहंकार का नाश हुआ और उन्होंने तुरंत श्रीराम से क्षमा माँगी।

अहंकार के जन्म के लिए कोई बहुत बड़ी रूपरेखा नहीं बनानी पड़ती। यह तो क्षणभर में मन में समा जाता है और मनुष्य पर अपना आधिपत्य जमा लेता है।

एक व्यक्ति अपनी नई-नवेली दुल्हन को समझाते हुए बोला कि "देखो डार्लिंग, घर में कोई बुजुर्ग नहीं है और न ही अन्य कोई सहयोगी। तुम्हें खाना बनाना नहीं आता इसलिए तुम अपने पड़ोस में रहनेवाली माँजी से पूछ लेना।" दुल्हन ने हामी भर दी।

सकारात्मक विचारों से आप जिंदगी का खूब मजे से लुत्फ उठा सकते हैं। एक अध्ययन में यह पाया गया है कि सकारात्मक विचार से वृद्ध व्यक्तियों में रक्तचाप का स्तर सामान्य रहता है।

अब वह माँजी के सहयोग से खाना पकाने लगी। जब माँजी खाना बना देती तो दुल्हन कहती कि "माँजी, यह तो मैं बनाना जानती थी।" फिर वह हमेशा ऐसा ही कहने लगी।

इधर जब पति खाना खाता तो पत्नी की प्रशंसा करता। प्रशंसा सुन-सुनकर पत्नी को अहंकार ने घेर लिया। वह सोचने लगी कि उसके सिवाय और कोई अच्छा खाना नहीं बना सकता। माँजी तो बस वैसे ही हाथ चलाती हैं।

एक दिन वह व्यक्ति बोला कि "कल मेरी तरक्की हो रही है। शाम को हलवा-पूरी बनाकर रखना।"

पत्नी परेशान क्या करे, क्या न करे। उसने माँजी को बुलाया। माँजी भी उसके अहंकार से परेशान थीं। उसे सबक सिखाना चाहती थीं। अत: आईं और उसे सब कुछ समझा दिया कि कैसे क्या बनाना है। जाते-जाते वे कह गईं कि हलवे को स्वादिष्ट बनाने के लिए उसमें एक मुठ्ठी नमक भी डाल देना।

शाम को पति जब खाने बैठा तो पत्नी की प्रशंसा करते हुए बोला कि "लगता है, आज तुमने हलवा बहुत अच्छा बनाया है। बड़ी खुशबू आ रही है।"

पत्नी अहंकार में भरकर बोली कि "होगा क्यों नहीं, मैंने जो बनाया है।"

लेकिन जैसे ही पति ने हलवा चखा तो क्रोधित हो उठा। उसने उसी समय माँजी को बुलाया और कहा कि "माँजी! आपने इसे ऐसा खाना बनाना सिखाया?"

माँजी बोली कि "बेटा! तेरी पत्नी बहुत अहंकारी है। मैं इसे जो भी बनाना सिखाती, यह कहती ये सब तो मैं पहले से ही जानती थी। इसलिए इसके अहंकार को नष्ट करने के लिए मैंने आज इससे ऐसा नमकीन हलवा बनवाया।"

यह सुनकर पत्नी का सिर शर्म से झुक गया।

अहंकारी मनुष्य का सिर हमेशा झुकता है। इस प्रकार अहंकार क्षणभर में मनुष्य को अपनी गिरफ्त में लेकर उसे असफलता की ओर धकेल देता है।

अहंकार रूपी अवगुण से मनुष्य को सतत बचना चाहिए, क्योंकि सफलता चाहने वालों के लिए यह बहुत घातक होता है।

रक्तचाप को नियंत्रित करे सकारात्मक सोच

सकारात्मक विचारों से आप जिंदगी का खूब मजे से लुत्फ उठा सकते हैं। एक अध्ययन में यह पाया गया है कि सकारात्मक विचार से वृद्ध व्यक्तियों में रक्तचाप का स्तर सामान्य रहता है।

65 वर्ष की आयु वाले लगभग 2,500 लोगों पर किए गए अध्ययन से पता चला है कि वे जितना ज्यादा सकारात्मक विचारों के प्रश्नों का जवाब दे रहे थे, उतने ही तेजी से उनका रक्तचाप भी सामान्य स्तर पर आ रहा था।

टेक्सास विश्वविद्यालय के डॉ. ग्लेन वी. ओस्टिर का कहना है, ''हमारे विचार और भावनाएँ हमारी शारीरिक प्रक्रिया पर गहरा प्रभाव डालते हैं। सबसे अच्छी बात यह है कि हम इस पर नियंत्रण भी रख सकते हैं।''

ओस्टिर और उनके सहयोगियों ने पाया, कि सकारात्मक विचार मनुष्य के रासायनिक और तंत्रिकाओं के प्रतिक्रिया को संतुलित रखते हैं।

खुशी का रक्तचाप से संबंध है कि नहीं, यह जानने के लिए उन्होंने लगभग 2,654 मैक्सिको में रहने वाले अमेरिकियों का सर्वेक्षण किया। कुल संख्या में से आधे पुरुष और आधी महिलाएँ थीं। सभी की उम्र औसतन 72 साल थी।

सभी को सकारात्मक विचारों पर प्रश्नों की फेहरिस्त दी गई थी। अध्ययन में यह पाया गया कि जितना ज्यादा वे इन प्रश्नों का हल खोज रहे थे, उतने ही तेजी से उनका रक्तचाप भी कम होता गया था।

इस अध्ययन के आधार पर ओस्टिर और उनके सहयोगियों ने यह निष्कर्ष निकाला, कि अगर हमें अपने रक्तचाप को सामान्य रखना है तो हमें ज्यादा-से-ज्यादा खुश रहना चाहिए। जब हम तनाव में या चिंतित होते हैं, तब कुछ देर शांत बैठकर हमें अपने विचारों और भावनाओं पर शांति से विचार करना चाहिए।

जिंदादिल इनसान

एक अस्पताल में बड़ा सा वार्ड था। जहा कई मरीज दाखिल थे। उनमें एक मरीज का स्थान खिड़की के पास था। हर रोज कई बार डॉक्टर व नर्सें मरीजों की परिचर्या करते। उनमें एक मरीज हर वक्त उदास रहता। वह जिंदगी से लगभग हार मान चुका था। वह सदा डॉक्टर से मायूसी भरी बातें करता। खिड़की के पास बैठा मरीज भी उसकी बातें सुनता व समझाने का भरसक प्रयत्न करता। डॉक्टर जब भी उसे देखने आते, उसे समझाते की तुम्हारा रोग इतना गंभीर नहीं है। हिम्मत से काम लो। अगर तुम ही जीने की आशा छोड़ दोगे तो दवाइयाँ क्या कर लेंगी। लेकिन उसकी समझ में कुछ न आता।

खिड़की वाला मरीज भी उससे बातें करता। उनके बेड एक-दूसरे से बहुत दूर थे। दूसरा मरीज अकसर खिड़की वाले मरीज से पूछता कि दूसरी ओर क्या है।

वह मरीज कहता यहाँ से प्रकृति की मनमोहक छटा दिखती है। बाहर एक बहुत बड़ा पार्क है जहाँ बच्चे खेल रहे हैं।

दूसरा मरीज भी यह सब बातें सुन ईर्ष्या महसूस करता कि काश मैं यह सब देख पाता। दूसरा मरीज अकसर कोई-न-कोई रोना रोता रहता कि परिवारवाले ज्यादा सम्मान नहीं देते। पैसे की कमी है।

वहीं दूसरी ओर खिड़कीवाला मरीज कहता कि पास ही बहती एक नदी में बतखें तैर रही हैं। गुब्बारेवाले रंग-

बिरंगे गुब्बारे बेच रहे हैं। बच्चे झूला झूल रहे हैं।

अब धीरे-धीरे दूसरा मरीज भी सकारात्मक सोचने लगा। खिड़कीवाला मरीज उसे समझाता जिंदगी बहुत खूबसूरत है बस हम ही उसके रंग तलाश नहीं पाते। उतार-चढ़ाव तो जीवन में आते ही रहते हैं। इसका मतलब यह नहीं कि हम जीवन से हार जाएँ। अब यह बातें उस पर असर करती थीं। वह भी एक खुशहाल जिंदगी व परिवार जोड़ने का सपना सजाने लगा।

एक दिन जब वह सुबह उठा तो देखा वह बिस्तर खाली था। वार्ड बॉय ने आकर उसे खिड़कीवाली सीट पर जाने को कहा। वह बहुत प्रसन्न हुआ कि वह दुनिया के रंगों को देखेगा। उसके सपने चूर हो गए जब उसने देखा वहाँ खिड़की के साथ एक दीवार थी।

जब डॉक्टर आए और उसे कहा कि अब उसकी सेहत पहले से बहुत बेहतर है। उसने अपने मित्र और खिड़कीवाले पुराने मरीज के बारे में पूछा। डॉक्टर ने बताना शुरू किया तो उसके होश उड़ गए। वह कैंसर का मरीज था। उसका दुनिया में कोई नहीं था और न आज तक कोई उसे देखने आया। लेकिन वह एक जिंदादिल इनसान था। रात को हार्ट अटैक के कारण उसकी मृत्यु हो गई।

वह बहुत उदास हुआ और बताने लगा कि वह तो खिड़की से मुझे सारी दुनिया का हाल सुनाता था। डॉक्टर ने कहा, ''यह कैसे हो सकता है, वह तो अंधा था।''

उस पर तो जैसे वज्रपात हुआ था। डॉक्टर कहने लगा, ''यह सब उसने आपको जिंदगी से जोड़ने व हिम्मत से आगे बढ़ने के लिए कहा होगा।''

कभी हम सफलता न मिलने के कारण भी नहीं तलाशते और किस्मत, भाग्य को कोसने लगते हैं। सदा सकारात्मक नजरिया रखें जिससे आप स्वयं तो प्रसन्न रहेंगे ही, दूसरों को भी नई राह दिखा सकेंगे।

□

कभी हम सफलता न मिलने के कारण भी नहीं तलाशते और किस्मत, भाग्य को कोसने लगते हैं। सदा सकारात्मक नजरिया रखें जिससे आप स्वयं तो प्रसन्न रहेंगे ही, दूसरों को भी नई राह दिखा सकेंगे।

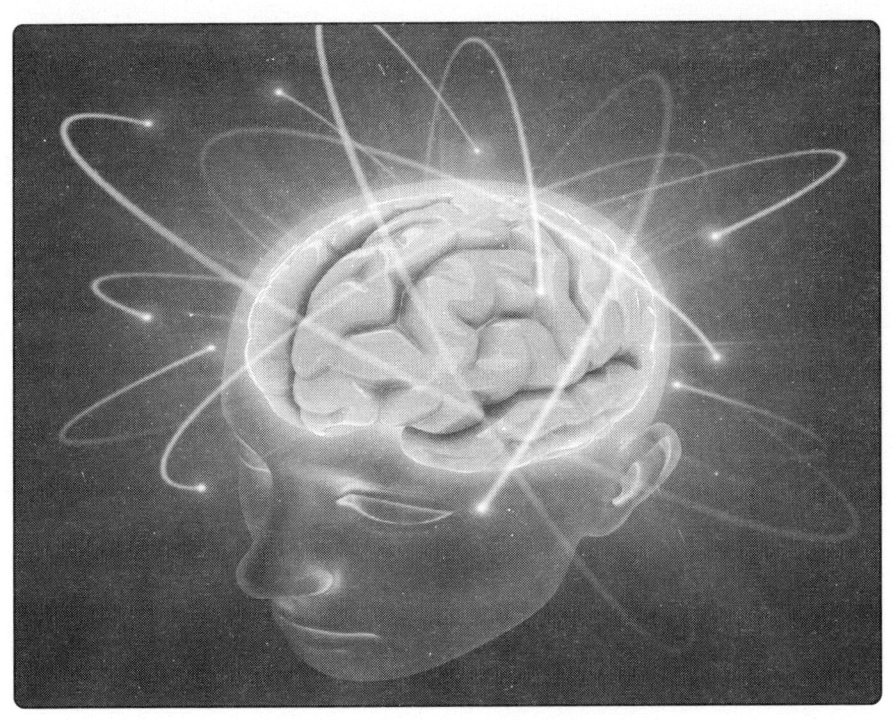

स्मरण शक्ति

स्मरणशक्ति यह जताती है
कि क्या याद रखना है और क्या नहीं।

—रेना डेसन

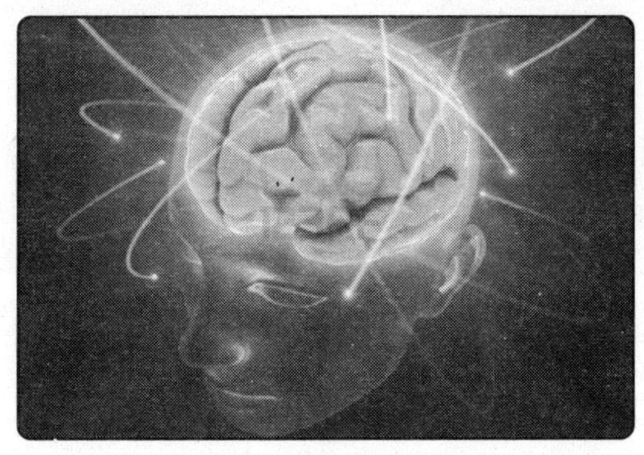

15

स्मृति परिचय

स्मृति पुराने विचारों को फिर से जाग्रत करने, सजीव करने और स्मरण करने की क्रिया है। इस क्रिया में विचारगत् अनुभव चेतना के अंतर्गत उसी क्रम में आते हैं, जिस क्रम में वे प्राप्त करते समय आए थे।

—स्काउट

स्मृति की परिभाषा : स्मृति को मन की पाँचवीं वृत्ति भी कहते हैं। इसका मतलब होता है-याददाश्त। स्मरण शक्ति इस स्मृति को बरकरार रखती है। स्मृति वह शक्ति है, जिसके द्वारा अनुभवों का अर्जन एवं उपयोग किया जाता है। व्यक्ति के चेतन मस्तिष्क के भीतर जो अनुभवों की चेतना मौजूद रहती है, वहीं स्मृति है। स्मृति का सीधा संबंध हमारे जीवन से है। यह हमारे शरीर की सबसे जटिल संरचना है। साधारणतया यह देखा जाता है कि जो व्यक्ति जितनी अच्छी याददाश्त रखता है, वह उतना ही अधिक बुद्धिमान होता है। संसार में ऐसे अनेक व्यक्ति हुए हैं, जो अपनी तेज याददाश्त के कारण प्रसिद्ध हुए हैं। कहा भी गया है—'व्यक्ति के विचार तथा कल्पना का आधार स्मृति होती है।'

हमारे देश के दूसरे प्रधानमंत्री श्री लाल बहादुर शास्त्री भी अपनी तेज स्मृति के कारण प्रसिद्ध रहे हैं। एक बार शास्त्री जी ने एक महत्त्वपूर्ण पत्र अपने स्टेनो को टाइप कराया। कई दिन बाद जब उस पत्र की जरूरत हुई तो वह नहीं मिला। खीझ कर शास्त्रीजी ने अपने स्टेनो को फिर से वह पत्र लिखवाया। पत्र पूरा ही हुआ था कि पुराना पत्र भी मिल गया। सात पेज के उस पत्र को जब मिलाया गया तो वह हूबहू था। यह सारा वाकया पंडित नेहरू भी देख रहे थे। वे शास्त्री जी की स्मृति पर चकित रह गए। तब शास्त्रीजी ने चुटकी ली कि—'नेहरूजी, मैं आपकी तरह अंडा नहीं खाता?' इसी तरह से नेपोलियन को भी अपने सैनिकों का पूरा जीवन वृत्तांत याद रहता था।

हमारे जीवन के समस्त अनुभवों को सहेज कर रखने का काम ही स्मृति है। इसी स्मृति के बल पर हमारा समस्त ज्ञान, पुराने संस्कार, इतिहास, घटना तथा संपूर्ण व्यवहार टिका हुआ है।

स्मृति क्या है : हमारे जीवन के समस्त अनुभवों को सहेज कर रखने का काम ही स्मृति है। इसी स्मृति के बल पर हमारा समस्त ज्ञान, पुराने संस्कार, इतिहास, घटना तथा संपूर्ण व्यवहार टिका हुआ है। यदि ये ही न रहे, तो हमें कुछ भी याद न रहे कि हम कौन हैं, कहाँ से आए हैं? हमारा घर, परिवार कहाँ पर है? इत्यादि। इसका संबंध

स्मृति को हम ऐसे समझ सकते हैं कि जैसे हम किसी शहर के बारे में कोई लेख पत्र-पत्रिका में पढ़ें या फिर स्वयं जाकर उस शहर का भ्रमण कर आएँ।

हमारे अवचेतन मन से है। स्मृति का महत्त्व जीवन के प्रत्येक क्षेत्र में महत्त्वपूर्ण होता है। वैज्ञानिकों का मानना है कि यदि किसी व्यक्ति के मस्तिष्क से स्मृति को उड़ा दिया जाए, तो वह जानवरों की भाँति व्यवहार करने लगेगा, अपने माता-पिता, भाई-बहन तथा सगे संबंधी किसी को भी नहीं पहचान पाएगा और जीवन के प्रत्येक क्षेत्र में आचरणविहीन कार्य करने लगेगा।

स्मृति के प्रकार : स्मृति दो प्रकार की होती है—

1. आदतजन्य स्मृति (Habit Oriented Memory)
2. प्रतिमायुक्त स्मृति (Image Orienrted Memory)

आदतजन्य स्मृति : जब किसी भी कार्य को बार-बार किया जाता है, तो निरंतर अभ्यास के कारण वह आपकी आदत में शामिल हो जाता है। इस प्रकार की स्मृति का दोष यह है कि यह रटने की प्रक्रिया स्वरूप कार्य करती है। किंतु हमारा विवेक इस बात को नजरअंदाज कर देता है कि जो हम बोल रहे हैं, उसका हमें कितना ज्ञान है।

प्रतिमायुक्त स्मृति : मनोवैज्ञानिकों द्वारा प्रतिमायुक्त स्मृति को उच्चस्तरीय स्मृति माना गया है। याद करने, सीखने वाला व्यक्ति प्रतिमायुक्त स्मृति के माध्यम से अपने दिमाग पर जोर डालते हुए उसकी अमिट छाप अंकित कर लेता है, उसी को आधार बनाकर समय आने पर पुनः स्मरण की प्रक्रिया को सहज बना लेता है। साहित्य, कला, विज्ञान इत्यादि जैसे कार्यों को स्मरण रखने में इस स्मृति का महत्त्वपूर्ण सहयोग रहता है। इस स्मृति को हम ऐसे समझ सकते हैं कि जैसे हम किसी शहर के बारे में कोई लेख पत्र-पत्रिका में पढ़ें या फिर स्वयं जाकर उस शहर का भ्रमण कर आएँ। निश्चित ही जब हम खुद वहाँ होकर आते हैं तो वहाँ से संबंधित स्मृतियाँ हमें लंबे समय तक बनी रहती हैं।

□

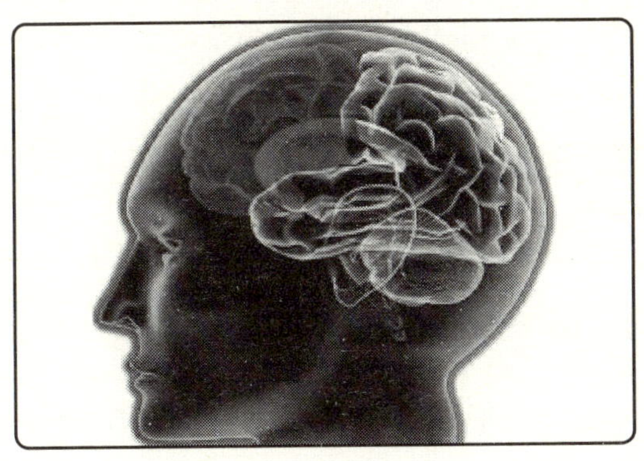

16

उत्तम स्मृति के सिद्धांत

यादें हमारे जीवन को हरा-भरा रखने के लिए, हमारे साथ प्रभु का पक्षपात है। यादें पंख हैं जो उड़ने का पुरुषार्थ देती हैं।

—माखन लाल चतुर्वेदी

प्रत्येक मनुष्य की इच्छा होती है कि वह कुशाग्र बुद्धि एवं उत्तम स्मृति का मालिक बने। प्रत्येक व्यक्ति अपने व्यक्तित्व विकास एवं कार्यक्षेत्र में दक्षता हासिल करने हेतु अपनी स्मृति को विकसित करना चाहता है। अपनी स्मृति को बेहतर बनाने के लिए आपको इन सिद्धांतों पर ध्यान देकर उन पर अमल करना होगा।

आइए देखें, ये सिद्धांत कौन-कौन से हैं।

साहचर्य : दो बातों का साथ-साथ स्मरण होना सहचर्य की प्रक्रिया है अर्थात् जब हम दो बातें एक साथ देखते हैं, अनुभव करते हैं, अथवा याद करते हैं, तो इन दोनों बातों का प्रभाव मस्तिष्क पर एक साथ पड़ता है। इनकी प्रतिमाएँ चिह्नों की उपस्थिति के कारण बदल जाती हैं, जिससे इन प्रभावों का आपस में घनिष्ठ संबंध स्थापित हो जाता है। यही साहचर्य की प्रक्रिया होती है।

साहचर्य संबंधों की प्रक्रिया में एक तथ्य को याद करने से दूसरा स्वयं ही याद आ जाता है।

साहचर्य : दो बातों का साथ-साथ स्मरण होना सहचर्य की प्रक्रिया है अर्थात् जब हम दो बातें एक साथ देखते हैं, अनुभव करते हैं, अथवा याद करते हैं, तो इन दोनों बातों का प्रभाव मस्तिष्क पर एक साथ पड़ता है।

जैसे—अलीगढ़ का नाम लेते ही वहाँ के प्रसिद्ध कैंची व तालों का स्मरण हो जाता है तथा आगरा का नाम लेते ही ताजमहल की याद स्वयं आ जाती है।

समानता साहचर्य : समानता साहचर्य के अंतर्गत जिस वस्तु का स्मरण किया जाता है, उससे समान संबंध रखने वाली वस्तु का स्मरण हो जाता है, जैसे-दाल का स्मरण करते ही चावल, गंगा का स्मरण करते ही यमुना का स्मरण हो जाता है, राम का स्मरण करने से रावण याद आ जाता है।

विपरीत साहचर्य : विपरीत साहचर्य में स्मृति का वस्तुओं के साथ साहचर्य संबंध स्थापित होता है। जैसे—सुख का स्मरण करने से दुःख का स्मरण अपने आप हो जाता है। दिन को याद करने से रात स्वयं स्मरण हो जाती है। भेड़ का स्मरण करने से बकरी

का स्मरण हो जाता है।

सहचारी साहचर्य : इसके अंतर्गत जब एक वस्तु याद आती है तो दूसरी भी अचानक याद आ जाती है। जैसे बाथरूम का नाम लेते ही उसमें रखे टब, बाल्टी, मग, साबुन इत्यादि भी अचानक याद आने लगते हैं।

स्मृति में विश्वास : आपको अपनी स्मृति पर पूर्ण विश्वास होना चाहिए, यदि आपके दिमाग में तनिक भी नकारात्मक विचार आया कि आप किसी वस्तु को स्मरण नहीं रख पाएँगे, तो इसका मतलब हुआ कि आपको अपनी स्मृति पर पूर्ण रूप से विश्वास नहीं है। आपको अपनी स्मृति में दृढ़तापूर्वक इस विचार को बिठाना है कि मेरा दिमाग दुनिया के किसी भी सर्वश्रेष्ठ कंप्यूटर से अधिक अच्छा है। अपनी स्मृति को सुधारने के लिए आप स्वयं बार-बार इस वाक्य को दोहराते रहें, कि मैं किसी भी बात को अच्छी तरह से याद रख सकता हूँ, मेरी स्मृति बहुत अच्छी है। इस तरह से विचारों को अपने मन में दोहरा कर आप अपनी स्मृति पर विश्वास जमा सकते हैं।

ध्यान एकाग्र करना : ध्यान की एकाग्रता से मतलब है, किसी भी विषय पर एकाग्रचित्त होकर विचार करना, अर्थात् एक समय में एक ही विषय वस्तु पर ध्यान देना। जिस समय आप देख या सुन रहे होते हैं, उस समय केवल एक वस्तु पर ध्यान दीजिए। अन्य बातों को अपने ध्यान से हटा दीजिए, उस समय अपने मस्तिष्क में आ रहे विचारों को भटकने मत दीजिए। उदाहरण के लिए जिस समय आप टी.वी. देख रहे हैं, तो पढ़ने-लिखने का कार्य न करें, क्योंकि ऐसा करने से न ही आप अच्छी तरह से लिख पढ़ सकेंगे और न ही टीवी के कार्यक्रम आपकी समझ में आएँगे अत: ध्यान को एकाग्रचित्त कीजिए।

रुचि : रुचि में उत्तम स्मृति का एक सिद्धांत है। जिस विषय में आपकी अधिक रुचि होगी, वह विषय आपको आसानी से समझ में आ जाएगा। जिस कार्य में आपकी रुचि होती है, उसे आप बार-बार करते हैं, जिससे आपका अभ्यास भी निरंतर बना रहता है। अच्छी स्मृति रुचिकर विषयों पर ही निर्भर रहती है। निरंतर रुचिकर कार्यों को करने का अभ्यास भी स्मृति को मजबूत आधार प्रदान करता है। अत: अपनी स्मृति को उत्तम बनाने के लिए रुचि को जागृत करना बहुत आवश्यक है।

इन्द्रिय शक्ति : अपनी स्मृति को उत्तम बनाने के लिए अपनी इन्द्रियों की सहायता लीजिए। जो कुछ भी आप स्मरण करते हैं, उसे अपनी कल्पना शक्ति में उतारिए, सुनिए और यदि हो सके तो उसका पुनः स्मरण कीजिए और अनुभव भी कीजिए। इस अनुभव में आप अपनी इन्द्रियों को भी सम्मिलित कीजिए। उनका प्रभाव हमेशा धारदार होता है, जो भूलने से भी नहीं भूलता। जब भी किसी विषयवस्तु को याद करना हो, तो अपनी सुनने की शक्ति, देखने की शक्ति, सूँघने की शक्ति, स्वाद की शक्ति, स्पर्श की शक्ति तथा गंध संवेदन की शक्ति, यानी शारीरिक स्थिति एवं गति के प्रति जागरूकता की शक्तियों का सहारा लीजिए। ये शक्तियाँ आपकी स्मृति में गहरे पैठ कर पाती हैं, जिससे आपकी स्मृति मजबूत होती है।

> **अपनी स्मृति को उत्तम बनाने के लिए अपनी इन्द्रियों की सहायता लीजिए। जो कुछ भी आप स्मरण करते हैं, उसे अपनी कल्पना शक्ति में उतारिए, सुनिए और यदि हो सके तो उसका पुनः स्मरण कीजिए और अनुभव भी कीजिए।**

बढ़ा-चढ़ा कर प्रस्तुत करने की शक्ति : किसी भी बात को बढ़ा-चढ़ा कर प्रस्तुत करने की बात हमारा मस्तिष्क अति शीघ्रता से ग्रहण कर लेता है, वह उनके अनुभवों को लंबे समय तक मस्तिष्क में स्थिर रखे रहता है। जैसे किसी मोटे पेट वाले व्यक्ति की तुलना यदि हम घड़े से करते हैं तो वह व्यक्ति हमें लंबे समय तक घड़ेनुमा पेट वाले व्यक्ति के रूप में याद रहता है। अत: यदि आपके साथ कोई बात बढ़ा-चढ़ा कर प्रस्तुत की जाती है, तो उस मानसिक चित्र को गहरे रूप में देखने का प्रयास कीजिए।

समझ : समझ और स्मृति का गहरा संबंध होता है। समझ को विवेक- बुद्धि भी कहा जाता है। यही कारण है कि बचपन में ज्ञान का समुचित विकास नहीं होने के कारण बच्चों को नासमझ भी कहा जाता है। जब आप किसी वस्तु को समझ कर स्मरण करते हैं तो वह शीघ्र याद होती है तथा जल्दी से भुलाई नहीं जा सकती। अपनी स्मृति को प्रखर

बनाने के लिए विभिन्न क्षेत्रों में अच्छी समझ-बूझ रखना अति आवश्यक है।

चित्र : स्मृति को प्रखर बनाने के लिए अपने मस्तिष्क में याद करने वाली वस्तु की मानसिक छवि बनाने का प्रयत्न कीजिए। याद करने की प्रक्रिया को उत्तम बनाने के विचार, तारीख की मानसिक छवि बनाइए। व्यक्ति का मस्तिष्क चित्रों एवं तस्वीरों के सहारे बेहतर सोचता है। यही कारण है कि जब शब्दों के साथ चित्र प्रस्तुत किए जाते हैं, तो उनका प्रभाव मस्तिष्क पर अधिक होता है जिससे वे शब्द हमें ज्यादा समय तक याद रहते हैं। चीन की एक कहावत है कि एक सजीव फोटो एक हजार शब्दों की बराबरी करता है।

अजीबो-गरीब बातें : मस्तिष्क की यह विशेषता है कि वह बढ़ा-चढ़ाकर अजीबो-गरीब तरीकों से प्रस्तुत की गई बातों को लंबे समय तक अपनी स्मृति में धारण किए रहता है, फिर क्यों न मस्तिष्क की इस विशेषता से लाभान्वित हुआ जाए। मान लीजिए आपके अध्यापक कुर्सी पर खड़े होकर पढ़ाते हैं, तो यह घटना आपको अजीब लगेगी और आप इस घटना को आसानी से भूल नहीं पाएँगे। आपकी स्मृति में हमेशा ये अजीबो-गरीब घटना बैठ जाएगी और इसी के सहारे जब भी आपको कॉलेज के दिन याद आएँगे तो बरबस ही उन अध्यापक का चेहरा भी आपकी आँखों के सामने घूम जाएगा।

जीवन में यदि कोई गंभीर बात आपको स्मरण नहीं हो रही है, तो पहले उसे रोचकता प्रदान कीजिए, यानी उसे हास्यास्पद बना लीजिए इससे वह वस्तु या घटना आपको हास्यपूर्ण रूप में लंबे समय तक याद रहेगी। उसे याद करते समय आपको हर बार आनंद की अनुभूति रहेगी। अत: याद करने योग्य वस्तु में हास्य का पुट भर देने से वह सदा के लिए स्मृति में रम जाती है।

जीवन में यदि कोई गंभीर बात आपको स्मरण नहीं हो रही है, तो पहले उसे रोचकता प्रदान कीजिए, यानी उसे हास्यास्पद बना लीजिए इससे वह वस्तु या घटना आपको हास्यपूर्ण रूप में लंबे समय तक याद रहेगी।

विचार : आप जानते हैं कि अप्रत्यक्ष रूप से अनेक घटनाओं, वस्तुओं इत्यादि को स्मरण रखना बहुत मुश्किल है। इसलिए यह जरूरी हो जाता है कि अपने मानसिक विचारों को तस्वीर का रूप दे दिया जाए। यह मानसिक तस्वीर अप्रत्यक्ष विचारों को याद करने में आपकी सहायता करेगी। मूल रूप से आप अपने अमूर्त विचारों को अपनी स्मृति में तब तक नहीं रख सकते, जब तक कि उसे किसी ऐसी वस्तु का रूप न दिया जाए जिसे देखा, सुना या चित्रित किया जा सके। स्मृति में किसी भी तथ्य को स्थित करने के लिए पहले उसे किसी रूप में बदला जाना आवश्यक होता है, जिसे देखा या सुना जा सके, जिसे आपका मस्तिष्क प्रभावपूर्ण तरीके से स्मरण रख सके। □

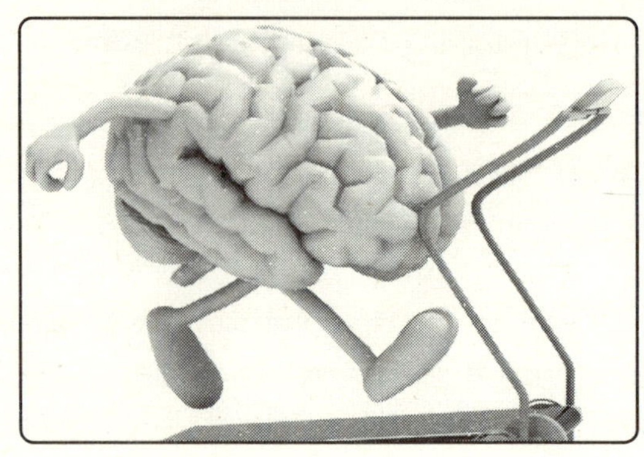

17

स्मृतिवर्द्धक तकनीकें

स्मृति जब अपनी सहज लय में होती है, तब स्वतः ही ध्यान में सजीवता आ जाती है।

—अमृतलाल नागर

अपनी स्मरण शक्ति को बेहतर बनाने के लिए आप कुछ अन्य सुगम स्मृतिवर्द्धक तकनीकों का सहारा ले सकते हैं। आपको इनका निरंतर अभ्यास एवं प्रयास करना होगा।

किसी भी कार्य के अनुभव से जो कुछ भी हम सीखते हैं, उससे हमारे भीतर के ज्ञान का विकास होता है। यही सीखना हमारा चेतन मस्तिष्क ग्रहण कर लेता है।

स्मृति को चमत्कारिक शक्ति प्रदान करने हेतु कुछ उपयोगी तकनीकों की जानकारी नीचे दी जा रही है—

1. चमत्कारिक अंकों वाली तकनीक : चमत्कारिक अंकों वाली यह तकनीक अत्यंत साधारण सी है, जो वस्तुओं की सूची याद करने की श्रेष्ठ व आसान विधि है जिसके द्वारा आप अपनी स्मृति को अधिक कार्यशील बना सकते हैं। इसके अंतर्गत आप अंकों के आकार से मिलती-जुलती वस्तुओं को चुनते हैं तथा जो भी वस्तु आपको स्मरण करनी है, उससे मिलती-जुलती संख्याओं का सम्मिलन, साहचर्य करते हैं। इससे आप उस सूची को हू-ब-हू याद कर सकते हैं।

नीचे दी गई आकृति सूची को ध्यान से देखने का प्रयास कीजिए। इन संख्याओं से मिलती-जुलती आकृतियों को समझने की कोशिश कीजिए।

1. मोमबत्ती	2. बत्तख
3. पान	4. नाक
5. हुक	6. छाता
7. कुल्हाड़ी	8. ऐनक
9. छड़ी	10. बैट-बॉल

आप दी गई अंकाकृति विधि की सहायता से निम्नलिखित सूची को याद करने का प्रयत्न करते हैं।

1. बोतल	2. चादर
3. दाँत	4. कंप्यूटर
5. पंखा	6. बरसाती कोट
7. लकड़ी	8. चम्मच
9. दवाई	10. पढ़ना

इस सूची को अच्छी तरह याद रखने के लिए आपको संख्यात्मक सूची को स्मरण योग्य सूची के साथ सम्मिलित करके सूची को याद करना है।

मोमबत्ती बोतल : कल्पना कीजिए कि आपके घर की बिजली गुल हो जाती है और आपको रोशनी करने के लिए मोमबत्ती नहीं मिल रही, लेकिन तभी आपकी निगाह अपने छोटे भाई पर पड़ती है, जो बोतल में बम डालकर मोमबत्ती से जला रहा है।

बत्तख-चादर : अपने मन में खयाल कीजिए कि आप बिस्तर पर चादर ओढ़ कर मुँह ढाँप कर लेटे हुए हैं, तभी छोटी गुड़िया अपनी खेलने वाली बत्तख लेकर आती है और खेलते समय उसका खिलौना आपके पैर पर आकर गिर जाता है, जिससे आप एकदम उठकर देखते हैं और आपकी गुड़िया डर के मारे कमरे से बाहर भाग जाती है। आप बत्तख को उठाकर टेबल पर रख देते हैं।

कल्पना कीजिए कि कुल्हाड़ी से पेड़ की डाल को काट रहे हैं, लेकिन अचानक तभी कुल्हाड़ी आपके हाथ से छूटकर आपके पाँव पर गिर जाती है। किसी तरह आप उठकर डॉक्टर के पास जाते हैं और पट्टी कराते हैं।

पान-दाँत : कल्पना कीजिए, आप यात्रा कर रहे हैं। अचानक आप के बराबर में बैठे व्यक्ति के दाँत में दर्द हो जाता है। तभी दाँत की दवाई बेचने वाला एक व्यक्ति भी गाड़ी में आ जाता है और उस व्यक्ति के दाँत में दवाई लगाता है। उस आदमी के दाँत पान खा-खाकर काले पड़ चुके हैं। आप उसे पान न खाने की सलाह देते हैं।

नाक-कंप्यूटर : कल्पना कीजिए कि कंप्यूटर पर कोई गेम खेल रहा है। उनमें एक गेम ऐसा भी है कि आप किसी भी तरह की आकृति बना सकते हैं, अचानक एक भद्दी नाक वाली आकृति कंप्यूटर के स्क्रीन पर आ जाती है और आप हँसी नहीं रोक पाते।

हुक-पंखा : कल्पना कीजिए कि आप कमरे में बैठे हुए कुछ पढ़ रहे हैं। तभी आपका ध्यान खट-खट करते पंखे पर चला जाता है, जिसका हुक (कड़ा) हिल रहा है और आपको लगता है कि कहीं हुक टूटने पर पंखा नीचे न गिर जाए। यही सोचकर आप पंखे का स्विच ऑफ कर देते हैं।

छाता-बरसाती कोट : अपनी कल्पना शक्ति में इस दृश्य को उतारिए कि आप अपने दफ्तर को जा रहे हैं और रास्ते में तेज बारिश आ जाती है। तभी आपकी नजर एक दुकान पर जाकर रुक जाती है जिस पर बरसाती कोट एवं छाते वगैरह टंगे हुए हैं। आप बारिश से बचने के लिए कोट एवं छाता खरीदने के विचार से दुकान के अंदर चले जाते हैं।

कुल्हाड़ी-लकड़ी : कल्पना कीजिए कि कुल्हाड़ी से पेड़ की डाल को काट रहे हैं, लेकिन अचानक तभी कुल्हाड़ी आपके हाथ से छूटकर आपके पाँव पर गिर जाती है। किसी तरह आप उठकर डॉक्टर के पास जाते हैं और पट्टी कराते हैं।

ऐनक-चम्मच : कल्पना कीजिए कि आपकी छोटी बहन अपने बाबाजी की ऐनक उठाकर अपनी आँखों पर पहन लेती है और चम्मच से हलुआ खाने लगती है। जब वह ऐनक लगाकर चम्मच से हलुआ खाती हैं तो आपकी हँसी छूट जाती है।

छड़ी-दवाई : अपनी परिकल्पना में देखिए, आपके दादा जी सख्त बीमार हैं और वे कमरे में अकेले लेटे हैं। वे दवाई खाना चाहते हैं परंतु उठ नहीं सकते है तभी उन्हें छड़ी रखी दिख जाती है और वे हाथ बढ़ाकर छड़ी को

उठाते हैं, उसकी सहायता से खड़े होते हैं और गिलास में पानी लेकर अपनी दवाई खाते हैं।

बैट-बॉल-पढ़ना : कल्पना कीजिए कि आपके घर के सामने वाले पार्क में बच्चे बैट-बॉल खेल रहे हैं। आप बरामदे में बैठे हुए 'स्वस्थ कैसे रहें' नामक पुस्तक पढ़ रहे हैं। अचानक बॉल आकर आपकी नाक पर लगती है और पुस्तक आपके हाथ से छूटकर नीचे गिर जाती है, आप बच्चों पर बहुत गुस्सा होते हैं, बच्चे आप से सॉरी कहकर माफी माँगते हैं और माफ कर देते हैं। आप फिर से पुस्तक पढ़ने लगते हैं।

2. विलक्षण अंक लयात्मक तकनीक : वस्तुओं एवं तथ्यों की सूची को याद करने के लिए अंक लयात्मक तकनीक अधिक महत्त्वपूर्ण है।

आपको याद होगा कि लय की ताल पर आप बचपन में कितनी जल्दी आसानी से कविताओं को याद कर लेते थे, उनमें से कुछ कविताएँ, कहानियाँ आदि आज भी आपको याद होंगी। अंक लयात्मक तकनीक कविताओं को लयात्मक अंदाज देकर स्मरण योग्य सूची को याद रखने में मदद करती है। यहाँ पर दी गयी वस्तुओं की सूचियों को याद करने का अभ्यास कीजिए। आप अंकों को प्रयोग करने के स्थान पर उनकी लयात्मक ध्वनि का प्रयोग कीजिए। इस विधि में अंकों, 1, 2, 3, 4, इत्यादि के स्थान पर ध्वनि एक-टेक आदि का प्रयोग किया गया है।

1. टेक	2. सो
3. चीन	4. तार
5. आँच	6. तै
7. मात	8. पाठ
9. जौ	10. बस

अब आपको यहाँ अंक लयात्मक तकनीक के आधार पर इन दस शब्दों टेक, सो, चीन, तार, आँच, तै, मात, पाठ, जौ, बस को याद करना है। इन लयात्मक शब्दों का चुनाव महत्त्वपूर्ण है, ताकि लय में कोई अंतर न आए तथा इन शब्दों की सही तस्वीर को हृदय पटल पर ग्रहण करने में असुविधा न हो। इस प्रकार के शब्द नयी विलक्षण तकनीक से युक्त हैं, जो रोचकता पैदा करते हैं। आप इन शब्दों के साथ अन्य सूची को भी बड़ी आसानी से याद कर सकते हैं जैसे अंक '3' के समांतर शब्द चीन है। अब आप कल्पना कर सकते हैं कि आप संसार के सर्वाधिक जनसंख्या वाले देश चीन में पहुँच गए हैं, जहाँ विश्व प्रसिद्ध चीन की महान् दीवार है, जिसे चीनी सम्राट शीन हांग ने बनवाया था। यह दीवार लगभग 1500 किलोमीटर लंबी है तथा इतनी चौड़ी हैं कि इस दीवार पर एक साथ 6 घोड़े दौड़ाए जा सकते हैं। आप अपनी कल्पना में 15 से 20 फीट ऊँची दीवार पर टहल रहे हैं तथा वहाँ के प्राकृतिक तथा कृत्रिम सौंदर्य दृश्यों का आनंद ले रहे हैं।

इसी प्रकार दूसरी संख्याओं के समान्तर शब्दों की भी परिकल्पना कर सकते हैं। उदाहरण के लिए आपको अंकाकृति तकनीक में दी गई सूची को याद करना है, जिसमें निम्नलिखित वस्तुएँ हैं—

1. बोतल, 2. रजाई, 3. चम्मच, 4. कंप्यूटर-टीवी, 5. दूध, 6. बाजा, 7. फिल्म, 8. मोमबत्ती, 9. पाठ, 10. गन्ना।

इन शब्दों को लयात्मक सूची में सम्मिलित कीजिए, जोड़िए, संबंधित कीजिए तथा सूची को क्रम से याद करें।

1. **टेक-बोतल :** टेक यानी किसी वस्तु को टिकाना, उसका आधार। अब कल्पना कीजिए कि आप किसान सॉस की एक बोतल खरीद कर लाए। इस बोतल की तली समतल नहीं है, जिससे वह मेज पर नहीं रखी जा रही तथा बार-बार लुढ़क रही है, आप इसे बार-बार टिकाने की कोशिश कर रहे हैं।
2. **सो-रजाई :** आप अपनी परिकल्पना में रजाई ओढ़कर सोने का प्रयत्न कर रहे हैं, किंतु लंबी-चौड़ी रजाई होने के बावजूद आप सो नहीं पा रहे हैं। कारण रजाई कभी उधर से उघड़ जाती है, कभी इधर से, जिससे ठंड अंदर रजाई में घुस रही है, ठंड के कारण आप ठीक से सो नहीं पा रहे हैं।
3. **चीन-चम्मच :** अपनी परिकल्पना में आप चीन की दीवार पर खड़े होकर चम्मच से खीर का आनंद ले रहे हैं।

4. **तार-कंप्यूटर :** अपनी परिकल्पना में आप कंप्यूटर पर अपना मनपसंद गेम खेल रहे हैं। तभी आपका ढाई वर्षीय बेटा आकर शरारतबाजी में कंप्यूटर का तार निकाल देता है और भागकर मम्मी की गोद में बैठ जाता है।
5. **आँच-दूध :** कल्पना कीजिए, आप दूध लेकर आए और गैस पर गर्म करने के लिए रख दिया। गैस की आँच धीमी करके आप अपने मित्र से गपशप में लग गए। बातों-बातों में सारा दूध उबल कर बहता रहा, आपको पता नहीं चला। जब आपकी बहन रसोई में किसी कार्यवश गई तो उसने दूध उबलकर बहता देख गैस बंद कर दी।
6. **तय-बाजा :** आपकी कल्पनाओं में आपके छोटे भाई की शादी है। आपको बैंड बाजा तय करने की जिम्मेदारी सौंपी गई है, आप बाजे वालों से शादी में आने का वक्त तय कर रहे हैं।
7. **रात-फिल्म :** अपनी कल्पना से आप टेलीविजन पर रात को फिल्म देख रहे हैं। फिल्म की कहानी रोचक मोड़ पर है। लेकिन तभी लाइट चली जाती है और आपको बिजली के जाने का दु:ख होता है जिसके कारण आपकी रात की फिल्म का मजा किरकिरा हो जाता है।
8. **पाठ-याद :** आप कल्पना करते हैं कि आप पाठ याद करने की बहुत कोशिश कर रहे हैं, परंतु आपको पाठ याद नहीं हो पा रहा, जबकि आपके छोटे भाई ने आपके पापा को अपना पाठ याद करके भी सुना दिया।
9. **लौ-मोमबत्ती :** कल्पना कीजिए आप पढ़ रहे हैं, अचानक बिजली गुल हो जाती है। आप मोमबत्ती जलाकर पढ़ना चाहते हैं, लेकिन मोमबत्ती की लौ हवा के कारण कभी कम, कभी अधिक हो रही है, जिससे आपको पढ़ने में कठिनाई हो रही है।
10. **रस-गन्ना :** कल्पना कीजिए आपको चलते समय बहुत जोर की प्यास लगी है, तभी सड़क पर गन्ने का रस निकालने वाला दिखाई दे जाता है और आप उससे गन्ने का रस देने का ऑर्डर देते हैं, परंतु ये क्या जैसे ही आपने मुँह से गन्ने के रस से भरा गिलास लगाया, तुरंत एक मक्खी आ गिरी और आपने रस भरा गिलास तुरंत फेंक दिया।

नीचे आपके अभ्यास हेतु कुछ लयपूर्ण शब्दों की सूची दी गयी है, इस सूची में लिखित शब्दों को केवल आपको पढ़ना है, रटने की कोई आवश्यकता नहीं है। इन शब्दों के अर्थ और बेतुकेपन पर भी आपको कोई ध्यान नहीं देना है। सूची बनाने का केवल एक ही उद्देश्य है कि आप भी इसी तरह की शब्दात्मक-लयात्मक सूची बनाकर अपनी स्मृति को चमत्कारिक कर सकें। आइये सूची पर ध्यान केंद्रित कीजिए—

1.	टेक	नेक	लेक	केक
2.	सो	रो	हो	नो
3.	चीन	बीन	मीन	हीन
4.	चार	हार	पार	नार
5.	आँच	काँच	साँच	जाँच
6.	तै	है	कै	लै
7.	मात	पात	रात	जात
8.	आठ	लाठ	गाठ	ठाठ
9.	जौ	लौ	पौ	रौ
10.	बस	नस	रस	खस

इसी तरह से अन्य शब्दों की लयात्मक सूची बनाकर अपनी स्मरण शक्ति को प्रखर बनाया जा सकता है।

☐

18

स्मृति का आधार मजबूत बनाइए

स्मृति मस्तिष्क की खजाँची है।

—विनोबा भावे

सफलता के गूढ़ रहस्यों की जानकारी प्राप्त करने में आपकी स्मृति का महत्त्वपूर्ण योगदान रहता है। आपकी स्मृति जितनी मजबूत एवं स्थिर होगी, आपको उतनी ही शीघ्रता से सफलता प्राप्त होगी। इसलिए अपनी स्मरण शक्ति को मजबूत एवं स्थिर आधार प्रदान कीजिए। प्रकृति ने आपको अमूल्य स्मृति रूपी तोहफा प्रदान किया है। स्मृति रूपी इस उपहार में जंग न लगने पाए, इसके लिए आपको निरंतर त्वरित गति से इसकी कार्यक्षमता में वृद्धि करने के साथ-साथ समृद्धि अर्जित करने की दिशा में भी कदम बढ़ाना है। इससे पहले कि आगे कदम बढ़ाया जाए, स्मृति की क्षमताओं से अवगत हुआ जाए।

आकस्मिक स्मृति : आकस्मिक स्मृति वह होती है, जो अकस्मात ही याद आ जाती है। इसका अनुभव आपने भी किया होगा कि जब आप किसी ऐसे अनजान व्यक्ति से मिलते हैं, किंतु वह व्यक्ति आपको देखकर मुस्करा कर आपसे अभिवादन भी करता है और आप उलझन में पड़ जाते हैं कि इस व्यक्ति को आपने कहाँ और कब देखा है? आखिर ये हैं कौन? तभी अचानक आपको याद आता है कि अरे इस व्यक्ति से आप कई वर्ष पहले किसी हिल स्टेशन पर मिले थे। यह चमत्कार आपके मस्तिष्क में स्थित कोशिकाओं में संग्रहीत स्मृति का है, जो आपको भूली-बिसरी बातों को याद दिलाती रहती है।

सम्मोहित स्मृतिः आपके नेत्र जो भी देखते हैं, कान सुनते हैं, और हृदय जो भी अनुभव करता है, ये सारी सूचनाएँ आपके मस्तिष्क की कोशिकाओं में जाकर एकत्र हो जाती हैं। आपको बहुत प्रयत्न करने पर भी कोई बात याद नहीं आती, लेकिन मस्तिष्क जिन तथ्यों एवं सूचनाओं को चेतन या जाग्रत अवस्था में बताने में असमर्थ रहता है, सम्मोहन विद्या के प्रभाव से वह सब कुछ साफ-साफ बताने में समर्थ हो जाता है।

टी.वी. धारावाहिक 'क्योंकि सास भी कभी बहू थी' का मिहिर नामक पात्र इसका एक उदाहरण है जिसमें मिहिर की याददाश्त वापस लाने के लिए डॉक्टर सम्मोहन स्मृति

प्रकृति ने आपको अमूल्य स्मृति रूपी तोहफा प्रदान किया है। स्मृति रूपी इस उपहार में जंग न लगने पाए, इसके लिए आपको निरंतर त्वरित गति से इसकी कार्यक्षमता में वृद्धि करने के साथ-साथ समृद्धि अर्जित करने की दिशा में भी कदम बढ़ाना है।

के प्रभाव का प्रयोग करता है।

चित्रात्मक स्मृति : चित्रात्मक स्मृति द्वारा आपका मस्तिष्क विषयवस्तु की प्रतिकृतियों को हू-ब-हू स्मृति में बसा लेता है, जिस तरह एक फोटोग्राफर कैमरे की सहायता से किसी भी वस्तु के एक-एक बिंदु को चित्र में उतार लेता है। उसी प्रकार आपका मस्तिष्क भी हर छोटी-बड़ी बात को अच्छी तरह से अपनी स्मृति में स्थाई रूप से अंकित कर लेता है। यह स्मृति समय बीतने के साथ-साथ धुँधली होती चली जाती है। किंतु आप अपनी स्मृति के इस चमत्कारिक पहलू से भली-भाँति परिचित हो जाते हैं।

स्मृति समय बीतने के साथ-साथ धुँधली होती चली जाती है। किंतु आप अपनी स्मृति के इस चमत्कारिक पहलू से भली-भाँति परिचित हो जाते हैं।

स्वप्न स्मृति : स्वप्न स्मृति का अनुभव स्वप्न दर्शन प्रक्रिया के अंतर्गत किया जा सकता है। स्वप्न आपकी स्मरण शक्ति का चमत्कार है, जिसका भान प्रत्येक व्यक्ति को रहता है। आपके मस्तिष्क में स्मरण शक्ति का विशाल भंडार है, जिसकी पुष्टि स्वप्न द्वारा होती है। जैसे आप कोई सपना देखते हैं, जिसमें आपकी मुलाकात अपनी स्वर्गवासी दादी जी से होती है, जैसे कि बचपन में उन्हें आपने देखा था, झुकी कमर, एक हाथ में डंडा लिये तथा दूसरे हाथ से माला फेरती हुईं, आँखों पर चश्मा चढ़ाए हुए। इससे स्पष्ट हो जाता है कि आपकी स्वप्न स्मृति कितनी जाग्रत रहती है।

इस प्रकार आप समझ सकते हैं कि आपकी स्मृति आपकी सफलता में कितना योगदान देती है।

□

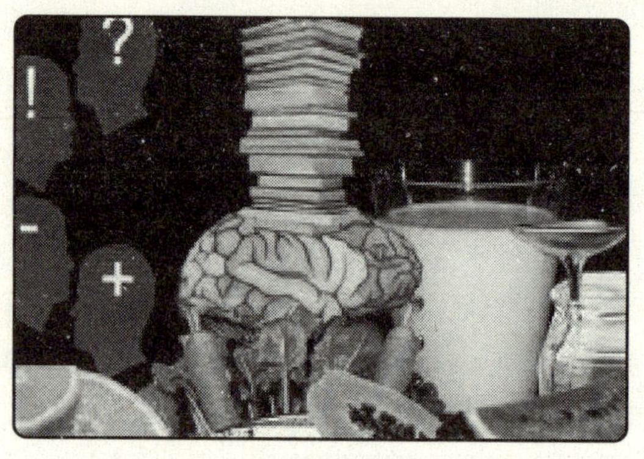

19

स्मरण शक्ति कैसे बढ़ाएँ?

स्मृति वह पुजारिन है, जो वर्तमान को समाप्त कर अपना हृदय मृतक भूत की मूर्ति पर अर्पित कर देती है।

–रवींद्रनाथ टैगोर

छोटा सा लगभग तीन पाउंड का मस्तिष्क आपकी समस्त गतिविधियों को संचालित करता है। इसके भीतर करोड़ों की संख्या में न्यूरॉन्स (नर्व सैल) होते हैं। इन्हीं तंत्र कोशिकाओं द्वारा मस्तिष्क तक सारी सूचनाएँ पहुँचती हैं और स्थिर हो जाती हैं। ये ही कोशिकाएँ मांसपेशियों को सक्रिय होने के लिए प्रेरित करती हैं।

स्मरण शक्ति बढ़ाने के लिए इन तकनीकों को आजमा कर देखें कि जिन तथ्यों को याद करने में आपको कठिनाई का अनुभव हो रहा था, अब वे कितनी सुगमता से याद हो जाते हैं, यही नहीं बल्कि लंबे समय तक याद भी रहते हैं। माना आपको सौर मंडल के नौ ग्रहों के नामों को याद करना है, तो आप उन नौ ग्रहों के नाम का पहला अक्षर लेकर एक शब्द समूह बनाकर उसे आसानी से याद कर सकते हैं।

नौ ग्रहों का नया शब्द 'मंशुअवशबुधयगु' बनेगा, आपने यदि इस शब्द को याद कर लिया तो समझिए आपको सभी नौ ग्रहों के नाम याद हो गए। मंशुअवशबुधयगु का पूर्ण सार इस प्रकार है—

मं — मंगल
शु — शुक्र
अ — अरुण
व — वरुण
श — शनि
बु — बुध
ध — धरती
य — यम
गु — गुरु

इसी तरह आप इंद्रधनुष के रंगों को भी याद कर सकते हैं। इंद्रधनुष में सात रंग होते हैं, जिनका एक शब्द बनेगा

'बैंनीआहपीनाला' अथवा इसको 'VIBGYOR' शब्द के रूप में याद रखा जा सकता है।

V	—	Violet	—	बैंगनी
I	—	Indigo	—	नीला
B	—	Blue	—	आसमानी
G	—	Green	—	हरा
Y	—	Yellow	—	पीला
O	—	Orange	—	नारंगी
R	—	Red	—	लाल

इसी प्रकार संस्कृत काव्य शास्त्र में वर्णित आठ गणों, 1. यगण, 2. मगण, 3. तगण, 4. रगण, 5. जगण, 6. भषण, 7. नगण, 8. सगण को उनके नाम के पहले अक्षर के साथ इस प्रकार से याद किया जा सकता है—'यमतरजभनस'।

यदि आपको 15819471948 संख्या को याद करना है तो इसे 15 अरब 81 करोड़ 94 लाख 71 हजार 9 सौ 48 याद करना बड़ा कठिन होगा। इसे इस तरह से सरलता से स्मरण किया जा सकता है कि 15 अगस्त 1947 जो भारत की आजादी का दिन भी है, इसके बाद का वर्ष 1948 है, जो आपको खुद-ब-खुद याद हो जाएगा, इस प्रकार आपको संख्या भी याद हो गई और एक ऐतिहासिक दिन भी याद हो गया।

□

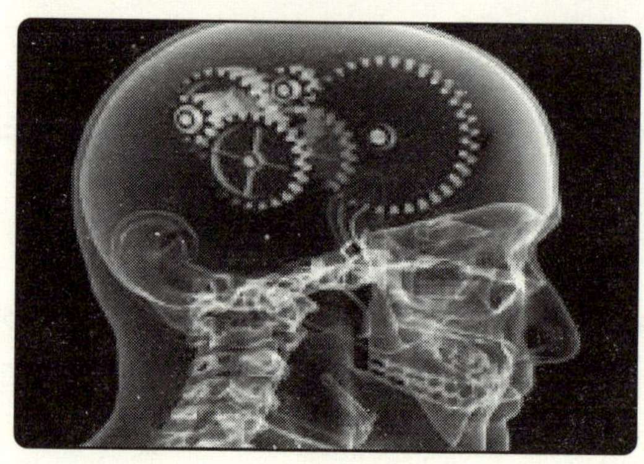

20

आप और आपकी स्मरण शक्ति

सुमिरन सुरत लगाइ के मुख तें कुछ न बोल।
बाहर के पट देइ के अंतर के पट खोल॥

—कबीर

'स्मरण शक्ति ज्ञान का सूक्ष्म भंडार है, बिना इसके यह संसार कोरे कागज के समान है।' स्मृति मानव मन की पाँचवीं वृत्ति है। स्मृति का सीधा संबंध हमारे जीवन से है। हमारा संपूर्ण ज्ञान, पूर्व इतिहास, पुराने संस्कार, पुरानी घटनाएँ एवं सारा व्यवहार, स्मृति के बल पर ही टिका है।

इनसान अपने व्यक्तित्व का विकास करने के लिए और अपने कार्यक्षेत्र में श्रेष्ठता प्राप्त करने के लिए अपनी स्मृति को और अधिक विकसित करना चाहता है। दुकानदार अपने ग्राहकों के चेहरों, नेता भाषण के मुख्य केंद्र बिंदुओं को तथा विद्यार्थी अंक सूत्र या फार्मूले तथा विभिन्न तथ्य याद रखना चाहते हैं। कई लोग नामों एवं चेहरों को पहचानने की शक्ति को बढ़ाना चाहते हैं। बुढ़ापे में भी लोग अपनी स्मृति को पूर्व की भाँति ही बनाए रखना चाहते हैं।

'विस्मृति का अभिप्राय धारण अथवा ग्रहण की गई विषय सामग्री को पुनः स्मरण कर सकने की असफलता है।'

—एन.एल. मन

विस्मृति : स्मृति का जो अंश धारण की सीमा से बाहर चला जाता है, वह विस्मृति में परिवर्तित हो जाता है। कोई भी विषयवस्तु, जिसे आप याद करते हैं। वह धीरे-धीरे भूलने लगते हैं। भूलने की यही प्रक्रिया विस्मृति कहलाती है। अनेक अध्ययनों द्वारा स्पष्ट किया गया है कि विस्मृति की मात्रा स्मृति, 'सीखना' एवं 'धारण' के बीच समय के अंतर से भी प्रभावित होती है। जब समय का अंतर अधिक हो जाता है, तो व्यक्ति विषयवस्तु को भूलने लगता है। विस्मृति (भूलने) की प्रतिशतता को समय के अंतराल के अंतर्गत इस प्रकार समझा जा सकता है—

इनसान अपने व्यक्तित्व का विकास करने के लिए और अपने कार्यक्षेत्र में श्रेष्ठता प्राप्त करने के लिए अपनी स्मृति को और अधिक विकसित करना चाहता है।

1. 20 मिनट बाद विस्मृति 47 प्रतिशत
2. 60 मिनट बाद विस्मृति 53 प्रतिशत
3. 9 घंटे बाद विस्मृति 56 प्रतिशत

4. 1 दिन के बाद 66 प्रतिशत

5. 2 दिन के बाद 72 प्रतिशत

6. 7 दिन बाद विस्मृति 75 प्रतिशत रह जाती है तथा एक महीने के बाद हमें केवल 20 प्रतिशत विषयवस्तु ही स्मरण रह पाती है। यानी 80 प्रतिशत अंश हम विस्मृत कर देते हैं।

विस्मृति जहाँ हानिकारक है, वहीं लाभदायक भी है। इसकी क्रिया से मस्तिष्क में निरंतर धारण करने की क्षमता बरकरार रहती है। जिससे हम जीवन के कटु अनुभवों को विस्मृत कर देते हैं। हमारे मन-मस्तिष्क से पुरानी ईर्ष्या, द्वेष, बैर की विध्वंसकारी भावनाएँ निकलकर नये अनुभवों के आधार पर जीवन का मूल्यांकन करने वाली मानसिकता का जन्म होता है। इसे इस प्रकार समझा जा सकता है कि जैसे हम अपने कंप्यूटर की हार्डडिस्क में कम मैटर लोड करके रखते हैं तो कंप्यूटर की स्पीड स्वत: तेज बनी रहती है। वास्तव में कंप्यूटर हमारे मस्तिष्क की ही प्रतिकृति है। जितनी फाइलें हमारे कंप्यूटर में सुरक्षित होती हैं, हर बार की कमांड के बाद कंप्यूटर कमोबेश उन सभी फाइलों को रीड करता है। यही स्थिति हमारे मस्तिष्क की होती है। यदि हम सभी बातों को दिमाग में सुरक्षित रख कर चलना चाहें तो वैज्ञानिकों की मान्यता है कि हम पागल हो जाएँगे। प्राकृतिक रूप से विस्मृति का गुण हमें कई तरह के मानसिक अवसादों से भी मुक्त करता है। यही नहीं विस्मृति की प्रक्रिया हमें जीवन के दु:खद, क्लेशपूर्ण, असम्मानजनक, कटु भावनाओं और अनुभवों को भुलाने में भी हमारी सहायता करती है।

आपने कभी इस बात पर ध्यान दिया है कि आपके साथ ऐसा क्यों होता है। क्यों आप परीक्षा में सबकुछ याद होते हुए भी भूल जाते हैं? जब हमें अधिक याददाश्त की जरुरत होती है तब स्मृति धोखा दे जाती है।

क्यों दगा दे जाती है स्मृति : अकसर होता यह है कि आप परीक्षा के समय खूब अच्छी तरह से अपने विषयों को याद करते हैं, रात को आप सब कुछ अच्छी प्रकार से याद करके सोने के बाद जब अगले दिन परीक्षा भवन में पहुँचते हैं तो कई बार आप सबकुछ भूल जाते हैं।

आपने कभी इस बात पर ध्यान दिया है कि आपके साथ ऐसा क्यों होता है। क्यों आप परीक्षा में सबकुछ याद होते हुए भी भूल जाते हैं? जब हमें अधिक याददाश्त की जरूरत होती है तब स्मृति धोखा दे जाती है। क्यों सब कुछ याद होते हुए भी परीक्षा हॉल में आपकी स्मृति आपको दगा दे जाती है? ऐसे अनेक प्रश्न हैं जिनका उत्तर प्रत्येक व्यक्ति पाना चाहता है। वह यह जानने का निरंतर प्रयास करता रहता है कि स्मृति उसके साथ ऐसा क्यों करती है।

स्मृति के प्रकार : स्मृति दो तरह की होती है—

1. ऐच्छिक स्मृति, 2. अनैच्छिक स्मृति

व्यक्ति पर अनैच्छिक स्मृति का सबसे अधिक प्रभाव रहता है। यही कारण है कि यह उस समय उभर कर सामने आती है, जब इसकी आवश्यकता नहीं होती। उदाहरण के लिए घर में जिस वस्तु को आप याद करते अथवा ढूँढ़ते-ढूँढ़ते थक जाते हैं लेकिन वह याद नहीं आती लेकिन जब उस वस्तु की आवश्यकता नहीं होती, तब वह अनायास याद आ जाती है, अथवा मिल जाती है। यही हाल परीक्षा के समय विद्यार्थियों का भी होता है। वे प्रश्नपत्र में दिए गए प्रश्नों के उत्तर नहीं लिख पाते जबकि घर आकर लगता है कि प्रश्न का उत्तर तो उन्हें आता था।

यहाँ यह प्रश्न पैदा होता है कि ये अनैच्छिक स्मृति क्यों उभरती है? क्यों आपकी स्मृति धोखा देकर अनैच्छिक स्मृति पर हावी हो जाती है? ऐसा क्यों होता है? अनैच्छिक स्मृति का उभरने का सबसे प्रमुख कारण मन की एकाग्रता है।

आप किसी कार्य को जितनी अधिक गतिशीलता, स्थिरता, एकाग्रता और उत्साहपूर्वक याद करेंगे, वह उतनी ही तीव्रता, स्थिरता, एकाग्रता तथा मजबूती से आपके स्मृति पटल पर अंकित हो जाएगा। स्मृति के रास्ते में अवरोध उत्पन्न

करने वाले कारण भय, चिंता, थकान, उदासीनता, उत्तेजना, भावनात्मक विचार तथा हमारा अनियमित एवं असंतुलित भोजनादि हैं।

कोई भी चीज जिसकी आवश्यकता हमें लंबे समय तक याद रखने की नहीं होती है, उसे हम स्वभावत: जल्दी भूल जाते हैं, किंतु जिसकी आवश्यकता आने वाले समय में होने वाली होती है, उसे हम याद रखने का प्रयास करते हैं। अल्पकालिक स्मृति का धारण हमारा मानस पटल नहीं करता। किंतु दीर्घकालिक स्मृति हमारे मानस पटल पर अंकित हो जाती है। कुछ विशेष घटनाएँ, कुछ विशेष व्यक्ति, कुछ विशेष वस्तुएँ हमें आजीवन याद रहती हैं किंतु बाजार से खरीदी गई सब्जी की कीमत बहुत ज्यादा समय तक याद नहीं रह पाती है, कारण यह है कि इसे याद रखने की न तो आवश्यकता है और न ही वह महत्त्वपूर्ण या विशिष्ट है। जब भी घटनाएँ आश्चर्यजनक ढंग से घटित होती हैं तब वे स्वाभाविक ढंग से याद रह जाती हैं। उदाहरण के लिए अगर किसी दिन 50 रुपए किलो के भाव से या 50 पैसे प्रति किलो के भाव से आलू बाजार में उपलब्ध हुए हों, तो यह बात जरूर हमेशा याद रहेगी।

स्मृति का सीधा संबंध हमारे जीवन पर वस्तुओं और परिस्थितियों के प्रभाव एवं मूल्यों से भी है। हमें लाभकारी योजनाएँ, भेंटवार्ताएँ एवं अवसरों का स्मरण स्वतः ही बना रहता है।

यहाँ यह बात भी ध्यान रखने योग्य है कि जिस विषय, वस्तु अथवा व्यक्ति का हमारे जीवन में अतिशय महत्त्व होता है, वह हमें याद रहता है, जबकि अनचाही चीजें हमें याद नहीं रहतीं। स्मृति का सीधा संबंध हमारे जीवन पर वस्तुओं और परिस्थितियों के प्रभाव एवं मूल्यों से भी है। हमें लाभकारी योजनाएँ, भेंटवार्ताएँ एवं अवसरों का स्मरण स्वत: ही बना रहता है।

अपनी स्मृति को निखारिए : आपने देखा कि आप अध्ययन की गई वस्तु को याद रख पाने में कितना सफल हो पाते हैं। अगर अध्ययन की गई विषयवस्तु को पुन: न दोहराया जाए, तो वह 24 घंटे तक 34 प्रतिशत, एक माह बाद मात्र 20 प्रतिशत तक ही याद रह सकती है। ऐसा नहीं है कि आप अपनी स्मृति में निखार नहीं ला सकते। माना कि भूलना एक दोष है, जिसका परिष्कार आप साधारण से उपायों से कर सकते हैं। यदि इसमें आपने सफलता प्राप्त कर ली, तो विश्वास कीजिए आप अपनी स्मृति में चमत्कारिक निखार लाने में समर्थ हो सकते हैं।

स्मृति शक्ति को निखारने की कुछ तकनीकें इस प्रकार हैं—

क्रमबद्ध पुनरावृत्ति : क्रमबद्ध रूप से की गई पुनरावृत्ति आपकी स्मरण शक्ति को सर्वाधिक सरल एवं शक्तिशाली बनाने की उत्तम विधि है। इस तकनीक की सहायता से आप अध्ययन की गई विषयवस्तु को मस्तिष्क में स्थायी रूप से संग्रहित करने में समर्थ हो सकते हैं। पुनरावृत्ति का तात्पर्य किसी भी एक विषय, वस्तु अथवा व्यक्ति को बारंबार याद करना है। इस प्रक्रिया के बाद वह स्वत: ही याद रहना शुरू हो जाता है। किसी भी विषय के अध्ययन के लगभग 15 मिनट बाद पुनरावृत्ति कर आप अपनी स्मृति को प्रखर बनाने में सफलता प्राप्त कर सकते हैं।

पढ़े गए विषयों की विषयवस्तु को विभिन्न चरणों में रखकर पुनरावृत्ति करने से आप क्रमबद्ध पुनरावृत्ति को प्रभावशाली बना सकते हैं। क्रमबद्ध पुनरावृत्ति को विभिन्न भागों में विभाजित कैसे किया जा सकता है आइए, देखते हैं—

प्रथम भाग—अध्ययन के 15 मिनट बाद पुनरावृत्ति करना।

द्वितीय भाग—अध्ययन के 24 घंटे बाद पुनरावृत्ति करना।

तृतीय भाग—अध्ययन के एक सप्ताह बाद पुनरावृत्ति करना।

चतुर्थ भाग—अध्ययन के एक माह बाद पुनरावृत्ति करना।

पंचम भाग—अध्ययन के तीन महीने बाद पुनरावृत्ति करना।

षष्ठ भाग—जरूरत पड़ने पर 6 महीने के बाद पुनरावृत्ति करना।

इसलिए अपने समय को मूल्यवान समझते हुए क्रमबद्ध तरीके से अपनी अध्ययन की गई पाठ्य सामग्री की पुनरावृत्ति कीजिए।

यदि आपने क्रमबद्ध पुनरावृत्ति विधि को पाँच चरणों के माध्यम से अपनी पाठ्यवस्तु की पुनरावृत्ति कर ली, तो अध्ययन की गई पाठ्य सामग्री आपको लंबे समय तक याद रहेगी। इसके साथ ही यदि आप जरूरी समझते हैं, तो छह माह के पश्चात भी पुनरावृत्ति को क्रमबद्ध कर सकते हैं। आप जब भी किसी विषयवस्तु का अध्ययन करते हैं, उसकी क्रमबद्ध आधार पर पुनरावृत्ति करें। ध्यान रहे, यदि आप बिना क्रमबद्ध पुनरावृत्ति के आधार पर विषयवस्तु का अध्ययन करते हैं तो आप अध्ययन की गई विषयवस्तु को जल्दी ही विस्मृत कर देंगे तथा 24 घंटे बीतते-बीतते आपको केवल 20 प्रतिशत ही अध्ययन किया गया भाग याद रह जाएगा। इसलिए अपने समय को मूल्यवान समझते हुए क्रमबद्ध तरीके से अपनी अध्ययन की गई पाठ्य सामग्री की पुनरावृत्ति कीजिए और अपनी शैक्षिक परीक्षाओं एवं प्रतियोगिताओं में चमत्कारिक सफलता प्राप्त कीजिए और स्मरण शक्ति के विकास की इस प्रभावशाली तकनीक को ग्रहण करने में बिलकुल भी समय मत गँवाइए।

□

21

चेहरों एवं नामों को कैसे याद रखें

स्मरण की सच्ची कला ध्यान की कला है।

–सेमुअल जॉनसन

आपकी स्मृति की क्षमता में वृद्धि करने के लिए चेहरे भी महत्त्वपूर्ण भूमिका निभा सकते हैं। आपको नाम तो याद है पर चेहरा याद नहीं आ रहा जैसी कितनी घटनाएँ आपके साथ घटती रहती हैं। आपके मित्र ने एक व्यक्ति से आपका परिचय कराया, उस समय तो आपको सबकुछ याद रहता है, लेकिन जब वही व्यक्ति आपको कुछ समय बाद फिर मिलता है, तो आप उसे ठीक से याद नहीं कर पाते ऐसे में आपको तो बुरा लगता ही है, उस व्यक्ति को और भी अधिक बुरा लगता है। वह सोचता है कि आपने उसे महत्त्व नहीं दिया।

जब हम किसी व्यक्ति को उसके नाम से पुकारते हैं तो उसके साथ अप्रत्यक्ष रूप से हमारा एक स्वाभाविक रिश्ता बन जाता है। यही नहीं सामने वाला हमारे बारे में सोचता है कि हम उसके लिए मायने रखते हैं तभी तो उसने हमें याद रखा। दुनिया में कामयाब लोगों की एक खूबी यह भी है कि वे अधिकाधिक लोगों को उनके नामों और चेहरों के साथ याद रखते हैं और काफी समय बीतने के बाद भी जब वह व्यक्ति उनके सम्मुख आता है तो वे उसे उसी नाम से पुकारते हैं। भारत में बहुराष्ट्रीय कंपनियों में वरिष्ठ पदों पर जिन व्यक्तियों की नियुक्तियाँ होती हैं उन्हें इस गुण का व्यक्तिगत रूप से विकास करना होता है। उन्हें बाकायदा हिदायत दी जाती है कि वे अपने संपर्क में आने वाले अधिकाधिक लोगों को उनके नाम से संबोधित करें।

किसी भी व्यक्ति को आप उसके नाम और चेहरे को देखते ही पहचान सकते हैं। नामों एवं चेहरों को याद रखना सर्वाधिक महत्त्व रखता है।

किसी भी व्यक्ति को आप उसके नाम और चेहरे को देखते ही पहचान सकते हैं। नामों एवं चेहरों को याद रखना सर्वाधिक महत्त्व रखता है। जिन लोगों को नामों को चेहरों के साथ जोड़कर याद रखने की आदत होती है, उन्हें चेहरों तथा नामों को भूलने की प्रक्रिया से नहीं गुजरना पड़ता अर्थात् वे एक बार में किसी भी व्यक्ति के नाम तथा चेहरे को भलीभाँति याद कर सकते हैं।

साधारण से अभ्यास और सर्तकता से यह संभव है। आप जब भी किसी व्यक्ति से मिलें उसके चेहरे को ध्यान से देखिए। उसकी आँखें तथा आँखों के हाव-भाव, चेहरे के

विशेष निशान, उसके खड़े होने का ढंग, उसकी चाल-ढाल, नाक, ठोड़ी, चेहरे का आकार, नाक का आकार, दाँतों की बनावट, कानों की बनावट, बालों का ढंग इत्यादि को गौर से देखिए और उसे ठीक से पहचानने की कोशिश कीजिए। उस व्यक्ति की मानसिक तस्वीर नाम सहित अपनी स्मृति में बैठा लीजिए तथा मन-ही-मन दो-तीन बार उस व्यक्ति का चेहरा तथा नाम दोहरा लीजिए। यदि हो सके तो उसके नाम का अर्थ भी आप जान सकते हैं। अगर उसके नाम को अर्थ सहित याद रखते हैं, तो यह स्मरण प्रक्रिया और भी अधिक आसान हो जाएगी, हो सकता है उस व्यक्ति को फिर आप कभी भूल ही नहीं पाएँ।

सर्वप्रथम जब आप किसी व्यक्ति से मिलते हैं तो उसके नाम को ध्यान से सुनिए। फिर मन-ही-मन उसके नाम को अर्थ तथा पर्यायवाची के साथ स्मरण कीजिए।

मानसिक तस्वीर बनाने के लिए व्यक्ति के नाम, रूप, गुण तथा रंग आदि का ऐसा सम्मिलन किया जाता है कि वह स्वाभाविक रूप से हमारी स्मृति में अंकित हो जाता है। मसलन किसी व्यक्ति का नाम इत्र सिंह हैं और उसके पास खड़े होने से आपको दुर्गंध आती है तो विरोधाभासी आधार पर आप इस तथ्य पर गौर करते ही उसके नाम को पुन: स्मरण कर लेंगे।

इन सब बातों को जानने के अतिरिक्त आप किसी भी पार्टी अथवा समारोह में 15-20 मिनट पूर्व पहुँचकर अनेक लोगों से मिल सकते हैं। इससे एक लाभ यह भी होगा कि आप समारोह, पार्टी में पहुँचने वाले लोगों से भली-भाँति परिचित हो सकेंगे। उनके चेहरों, नामों को याद कर सकेंगे तथा देर से आने वाले लोगों की तरह आपको 15-20 लोगों का परिचय एक साथ नहीं करना पड़ेगा, क्योंकि आप तो समय से पहले पहुँचकर सबसे परिचित हो चुके होंगे।

हो सके तो जिन लोगों से आप पार्टी में मिले हैं, तत्काल ही उनके नामों एवं चेहरों की मानसिक तस्वीर बना लीजिए यानी उनके नामों, चेहरों को दोहराकर आत्मपरीक्षण कर लीजिए जिससे आपकी याददाश्त तेज हो जाएगी और आप लंबे समय तक उन नामों एवं चेहरों को याद रख सकेंगे। इस प्रक्रिया में एक साधारण सी विधि और अमल में लायी जा सकती है कि जिन व्यक्तियों से आप बीती रात मिले हैं, उनमें से जो लोग आपको अपने काम के लगते हैं उनसे आप अगले दिन टेलीफोन पर अथवा व्यक्तिगत रूप से मिलकर पुन: बातचीत करें। किसी भी संपर्क और संबंध को स्थापित करने की दिशा में यह एक महत्त्वपूर्ण कदम होगा। इससे आपकी स्मरण शक्ति तो बनी ही रहेगी आपके रिश्ते भी मजबूत होंगे।

नामों को कैसे याद रखें ?

सामान्यत: देखा गया है कि किसी समारोह, पार्टी आदि में लोग नए अनजान लोगों से बड़ी आत्मीयता से मिलते हैं, लेकिन कुछ ही समय में उन्हें भूल जाते हैं, ऐसे लोगों से जब आप दोबारा मिलते हैं तो उन्हें चेहरे से तो पहचान लेते हैं, लेकिन बहुत कोशिश करने के बावजूद आप उस व्यक्ति के नामों को याद नहीं कर पाते हैं। यदि एक समय आपको 10-15 लोगों से मिलवाया जाता है, तो यह और भी मुश्किल हो जाता है। इतने सारे लोगों के नामों तथा चेहरों को याद करने की यह समस्या और गंभीर हो जाती है। इसके विपरीत कुछ लोग ऐसे भी होते हैं, उसकी याददाश्त इतनी तेज होती है कि वे उन नामों तथा चेहरों को भी नहीं भूलते। यदि आप चाहें तो आप भी थोड़े से अभ्यास व एवं प्रयासों द्वारा नामों को याद रखने की क्षमता हासिल कर सकते हैं।

आप लोगों से मिलने पर उन्हें लंबे समय तक याद रख सकें, इसके लिए इन बातों पर विशेष ध्यान दीजिए।

- सर्वप्रथम जब आप किसी व्यक्ति से मिलते हैं तो उसके नाम को ध्यान से सुनिए। फिर मन-ही-मन उसके नाम को अर्थ तथा पर्यायवाची के साथ स्मरण कीजिए।
- संबंधित व्यक्ति से मिलते समय उसके कपड़ों, जूतों, आदि पर ध्यान न देकर मस्तिष्क को उसका नाम याद रखने का कार्य करने दीजिए।

> **माना कि किसी व्यक्ति ने अपना नाम महेश बताया तो आप सोच सकते हैं कि महेश का अर्थ क्या होता है।**

- उस व्यक्ति से मिलते ही उसके नाम से पुकार कर उसके नाम व उपनाम के विषय में बातचीत कीजिए तथा उसका नाम ले-लेकर बीच में प्रश्न भी पूछिए।
- उससे बात करते समय उसे नाम से संबोधित कीजिए। यदि वह व्यक्ति आप से उम्र एवं पद में बड़ा है तो मुलाकात के दौरान आप उससे नाम को फिर से दोहराने के लिए विनम्रतापूर्वक उनसे नाम पूछ सकते हैं—जैसे आपकी मुलाकात प्रोफेसर गुप्ता से हुई, तो आप बातों-बातों में उनसे पूछ सकते हैं कि क्षमा करें आप उनका नाम ठीक से सुन नहीं सके। इससे उनका नाम आपकी स्मृति में स्थिर हो जाएगा।
- समारोह में मिले नये लोगों के व्यक्तित्व की विशेष बातों को अपने मस्तिष्क की स्लेट पर अच्छी तरह लिख लीजिए। उनकी तस्वीर को अपने दिमाग की फाइल पर उतार लीजिए। अथवा उनकी खास बातों को अपने शब्दों में ढाल दीजिए। माना कि किसी व्यक्ति ने अपना नाम महेश बताया तो आप सोच सकते हैं कि महेश का अर्थ क्या होता है। शंकर या शिव जी, उस महेश की कल्पना आप जटाधारी गले में नाग पहने, हाथ में त्रिशूल लिये कैलाश पर्वत पर बैठे शिव से कर सकते हैं। इस प्रकार यह नाम आपके मस्तिष्क में बैठ जाएगा और हमेशा याद रहेगा।
- सबसे महत्त्वपूर्ण बात किसी भी पार्टी अथवा समारोह आदि में जाते समय अपने भीतर किसी तरह की हीन भावना या तनाव नहीं आने दीजिए। इससे आत्मविश्वास में कमी आती है और बातों को सुनने-समझने की स्मरण शक्ति कम हो जाती है।

इन बातों पर आप गौर करेंगे तो आपको नामों एवं चेहरों को याद रखने में आसानी होगी और आप हमेशा इन्हें याद रख सकेंगे।

□

प्रसन्नता

विवेक की सबसे
प्रत्यक्ष पहचान सतत् प्रसन्नता है।

—मॉतेन

22

मुसकराहट का जादू

तुम्हें क्या चाहिए? तुम्हें जो भी चाहिए, उसे अपनी मुसकराहट से प्राप्त करो न कि तलवार के जोर से।

—शेक्सपियर

सफल जीवन का पहला गुरुमंत्र है—मुसकराहटपूर्ण जीवन।

मुसकराहट से खिलते हैं हमारे दिलों के गुंचे। यह ऐसी क्रिया है जो सदैव सकारात्मक प्रतिक्रिया लाती है। मुसकराहट मनुष्य को उपलब्ध एक बेशकीमती नियामत है, इसे दिल खोलकर खर्च कीजिए। मुसकान को अपने व्यक्तित्व का महत्त्वपूर्ण पक्ष बनाने वाले लोग जिंदगी में ज्यादा सुखी, सफल तथा प्रसन्नचित्त होते हैं। ऐसे व्यक्ति अधिक लोकप्रिय व प्रभावशाली भी होते हैं, उन लोगों के मुकाबले, जो अपने चेहरे पर मनहूसियत का नकाब ओढ़े रहते हैं।

खुशमिजाज, जिंदादिल व हँसमुख लोग सभी के प्यारे होते हैं। उनसे हर कोई अपना संपर्क तथा संबंध बनाना या बढ़ाना चाहता है; जबकि बदमिजाज तथा क्रोधी स्वभाव के लोगों से सब दूर भागते हैं…यहाँ तक कि उनके अपने खास व सगे भी।

मर्लिन मुनरो, मोनालिसा तथा मधुबाला, 'म' से शुरू होने वाले इन तीनों खूबसूरत नामों की ख्याति के साथ जुड़ी है, इन तीनों की बेशकीमती मुसकान। उनकी एक-एक मुसकान लोगों की समूची दिनचर्या को प्रभावित करती थी। उनकी एक झलक के दीवाने थे लोग…ये सब जादू था मनमोहक मुसकान का। यह मुसकान एक प्रसन्नचित्त व्यक्तित्व की ही देन है।

मुसकान को अपने व्यक्तित्व का महत्त्वपूर्ण पक्ष बनाने वाले लोग जिंदगी में ज्यादा सुखी, सफल तथा प्रसन्नचित्त होते हैं।

मुसकराहट एक ओर जहाँ सौंदर्य वृद्धि में सहायक होती है, वहीं यह हमारे युवापन को भी बरकरार रखने में मददगार साबित होती है। जब हम आक्रोश की मुद्रा में होते हैं तो हमारा शरीर प्रतिकूल हारमोनिक प्रक्रिया से गुजरता है फलस्वरूप हमारी मांसपेशियाँ अधिक खिंच जाती हैं। इस ज्यादती के बार-बार दोहराते रहने से हमारी उम्र से ज्यादा बुझा-बुझा हमारा चेहरा होता है और हम कम उम्र में भी कहीं ज्यादा बड़े प्रतीत होते हैं।

जब हम मुसकराते हैं तो हमारे चेहरे की एक महत्त्वपूर्ण मांसपेशी 'जाइगोमेटिक मेजर

मसल' ही कार्य करती है, जो 'चिक बोन' (गाल की हड्डी) से चेहरे के अन्य कोनों तक जाती है। अतः वे लोग, जो अधिक युवा दिखने की ख्वाहिश रखते हैं, उन्हें खूब मुसकराना चाहिए।

जो काम बड़े-बड़े सिफारिशी खत तथा नोटों के ढेर नहीं करा पाते, वे एक मीठी मुसकान के जादू से पल भर में हो जाते हैं। यह एक ऐसी मीठी छुरी है, जिसे आदमी स्वेच्छा से खाने को लालायित रहता है। वैसे भी जब हम मुसकराते हैं, तो न सिर्फ अपने आस-पास रहने वालों के बीच प्रसन्नता बिखेरते हैं, अपितु हम खुद भी मानसिक सुकून पाते हैं। शोधों द्वारा यह स्पष्ट हो चुका है कि जो व्यक्ति अधिकाधिक मुसकान बिखेरते हैं, वे शारीरिक व मानसिक रूप से अपेक्षाकृत अधिक स्वस्थ व सुखी रहते हैं।

आत्मरूपांतरण की महत्त्वपूर्ण विधा 'सुदर्शन क्रिया' को दुनिया भर में जन-जन तक पहुँचाने वाले प्रख्यात आध्यात्मिक गुरु श्रीश्री रविशंकर अपनी प्रसन्नमुद्रा के कारण सभी के बीच लोकप्रिय हैं। विज्ञान के दम पर आधुनिक मनुष्य के जीवन में समृद्धि का दावा करने वाले वैज्ञानिक इस बात को लेकर हतप्रभ हैं कि श्रीश्री रविशंकर जी कैसे हर समय मुसकराते रहते हैं। एक भेंटवार्ता में उन्होंने अत्यंत अचरज भरे भाव से कहा, कि उन्हें गुस्सा सिर्फ एक बार आया था, ये 1991 की बात है।

जब हम मुसकराते हैं, तो हमारा शरीर अतिरिक्त ऑक्सीजन सोखता है, जिससे हमारे मस्तिष्क को ठंडक और प्रचुर मात्रा में स्वस्थ रक्त मिलता है। यह एक तरह से हमारे दिमाग के लिए 'एयर कंडीशनिंग' का कार्य करता है।

वस्तुतः खीझ और क्षोभ हमारे अधूरे एवं अतृप्त व्यक्तित्व की निशानियाँ हैं। जो हमारे लिए दुःख और विषाद के अतिरिक्त कुछ भी उत्पन्न नहीं करतीं। हमें यह भी याद रखना चाहिए कि परमात्मा ने सभी प्राणियों में सिर्फ और सिर्फ मनुष्य को ही मुसकराने की क्षमता दी है।

मनोवैज्ञानिकों की राय है कि परिस्थितिजन्य विषमताओं में यदि हमारे चेहरे पर मुसकराहट रहेगी, तो हमें ज्यादा अच्छे तरीके से प्रत्युत्तर मिलता है। चेहरे की मांसपेशियों को मुसकराहट में इस्तेमाल करने से एक ओर, जहाँ रक्तचाप सामान्य होता है, वहीं दूसरी ओर, शरीर को भी आराम मिलता है। जब हम मुसकराते हैं, तो हमारा क्रोध स्वतः ही रफूचक्कर हो जाता है और हम चाहकर भी गुस्सा नहीं कर पाते। यही नहीं जब हम मुसकराते हैं, तो हमारा शरीर अतिरिक्त ऑक्सीजन सोखता है, जिससे हमारे मस्तिष्क को ठंडक और प्रचुर मात्रा में स्वस्थ रक्त मिलता है। यह एक तरह से हमारे दिमाग के लिए 'एयर कंडीशनिंग' का कार्य करता है।

जब कभी भी हमारा दिमाग काम करते-करते अधिक गर्म हो जाता है, तो वह नकारात्मक भावनाएँ पैदा करने लगता है, जिसके निदान का बेहतर उपाय मुसकराहट है।

'स्माइलथेरेपी' पर काम कर रहे वैज्ञानिकों के अनुसार आप अपनी मुसकराहट और हाव-भाव से ही बिना कुछ कहे बहुत कुछ कह जाते हैं। प्रत्येक व्यक्ति के हाव-भाव का तरीका अलग हो सकता है। परंतु मुसकराहट प्रायः एक जैसी ही होती है। अतः किसी विशेष कारण या मिथ्या गंभीरता ओढ़ने के चक्कर में इस बहुमूल्य दौलत से अपने व्यक्तित्व को अलग न करें।

- मुसकराते हुए व्यक्ति स्वस्थ रहते हैं जबकि मलिनता हमारे लिए रोगों का निमंत्रण है।
- अपने जीवन को मुसकान और मुसकान को जीवन में परिणत कर देना ही सर्वोपरि नियम है।
- जो कुछ लोग कहते हैं कि तुम यह नहीं कर सकते, उसे करके दिखा देना ही सबसे बड़ी मुसकान का रहस्य है।

यह भी याद रखिए कि जब भी जीवन में हमें कुछ ऐसा मिलता है जो अत्यंत मूल्यवान है, तब हम स्वाभाविक रूप से प्रसन्न होते हैं। मिस यूनिवर्स और मिस वर्ल्ड चुने जाने के बाद सुष्मिता सेन और ऐश्वर्या राय के जो चित्र समाचार पत्रों में प्रकाशित हुए थे, वे इस तथ्य को प्रमाणित करते हैं।

ध्यान देने योग्य बात यह है कि जब हम मुसकराते हैं अथवा हँसते हैं तब हम विचार नहीं कर रहे होते। इसे यूँ भी कह सकते हैं कि हम जब हँसते हैं तब विचार शून्य होते हैं। अप्रत्यक्ष रूप से यह ध्यान की 112 विधियों में से एक है। इस तरह प्रसन्न रह कर हम अपने व्यक्तित्व को संतुलित और स्वस्थ निर्माण करने में सहयोग प्रदान करते हैं। हँसी के साथ-साथ नृत्य भी ऐसा ही एक कृत्य है जिसे करते समय हमारा मस्तिष्क विचारशून्य अवस्था में होता है। समस्त आध्यात्मिक विभूतियों ने प्रसन्नता पर इसीलिए इतना जोर दिया है।

डॉ. सर्वपल्ली राधाकृष्णन एक प्रखर विद्वान तो थे ही, परम ओजस्वी व्यक्तित्व के स्वामी भी थे। उन्हें सन् 1950 में भारत का राजदूत बनाकर रूस भेजा गया। उन्होंने वहाँ अपनी सूझबूझ से अनेक पेचीदा तथा कठिन मसलों को हँसते-मुसकराते हल करने में सफलता पाई। उनके प्रयासों से भारत-रूस मित्रता और भी अधिक प्रगाढ़ हुई। स्टालिन जिसके खौफ से समूचा विश्व सहमा-सहमा रहता था, राधाकृष्णन जी की मुसकान से झेंप-झेंप जाता था। वह उनके खुशमिजाज व्यक्तित्व से अत्यधिक प्रभावित हुआ।

15 अप्रैल, 1952 को जब डॉ. राधाकृष्णन रूस से विदा लेकर भारत आने लगे तो स्टालिन लाख चाहकर भी अपने आँसुओं को न रोक सका। उसकी आँखें छलछला उठीं। उसने कहा, 'जीवन में आप पहले व्यक्ति मिले, जिसने मेरी चेतना को गहराई तक झकझोर दिया है। आपने मुझे मनुष्य समझकर हमेशा ही औरों से भिन्न आत्मीय व्यवहार किया।' डॉ. राधाकृष्णन ने बड़ी सौम्यता से स्टालिन की तरफ देखा, मुसकराए तथा धीमे से कहा–'अलविदा!' उनकी विजयी मुसकान इतिहास का स्वर्णिम पृष्ठ बनकर अतीत की स्मृतियों में चस्पा हो गई।

मनोवैज्ञानिकों का मानना है कि सबसे अच्छी मुसकान वह होती है, जिसे हम महसूस कर सकें। इस तरह की मुसकान हमें सच्ची खुशी प्रदान करती है। यह मुसकान आस-पास के वातावरण को अधिक खुशनुमा अधिक मनमोहक बनाती है। मुसकराते वक्त सिर्फ हमारे होंठ ही नहीं मुसकराते, हमारी आँखें भी मुसकराती हैं। हमारी आँखें बता देती हैं कि हम दिल से मुसकरा रहे हैं अथवा दूसरे का मन बहलाने के लिए मुसकाने का नाटक कर रहे हैं।

ध्यान रखिए—प्रसन्नता पर कुछ भी खर्च नहीं आता, लेकिन यह पैदा बहुत कुछ करती है। इसे पाने वाले मालामाल हो जाते हैं। परंतु देने वाले दरिद्र नहीं होते। यह एक क्षण में उत्पन्न होती है और इसकी स्मृति कभी-कभी सदा के लिए बनी रहती है।

- जब आपसे प्रसन्नता अपेक्षित है, तो आप उसमें कंजूसी न बरतें।
- एक स्नेहपूर्ण मुसकान घर में सुख, व्यापार में लाभ तथा समाज में स्वास्थ्य लाती है। यह समर्थन के लिए किया हुआ मित्रता का हस्ताक्षर है।
- एक संपूर्ण प्रसन्नता थके हुए के लिए विश्राम का प्रतीक, हतोत्साही के लिए आशा का दीप, ठिठुरे हुए के लिए धूप की ताजगी तथा कष्ट के लिए प्रकृति का सर्वोत्तम प्रतिकार है।
- प्रसन्नता को खरीदा नहीं जा सकता, माँगा नहीं जा सकता, उधार नहीं लिया जा सकता। चुराया नहीं जा सकता, और जब तक यह दी न जाए, तब तक संसार में यह किसी के कुछ काम की भी नहीं।
- मुसकराते वक्त आपके भीतर का संतोष बाहर अभिव्यक्त होना चाहिए। ऐसा न लगे कि आप मजबूरीवश, दूसरों का दिल रखने के वास्ते अथवा औपचारिकता निभाने के लिए मुसकरा रहे हैं। जो भी आपको मुसकराते देखे उसे यह अहसास होना चाहिए कि आप इस संसार के सबसे खुशमिजाज इनसान है।

मनोवैज्ञानिकों का मानना है कि सबसे अच्छी मुसकान वह होती है, जिसे हम महसूस कर सकें। इस तरह की मुसकान हमें सच्ची खुशी प्रदान करती है। यह मुसकान आस-पास के वातावरण को अधिक खुशनुमा अधिक मनमोहक बनाती है।

- जब आप मुसकराएँ अपनी आँखों की मांसपेशियाँ ढीली रखें। मात्र होंठों से ही नहीं आँखों से भी मुसकराना सीखिए। एक जादुई मुसकान में आँखों के भाव भी विशेष महत्त्व रखते हैं।
- अपने जज्बातों पर काबू पाना हालाँकि कठिन काम है, परंतु फिर भी जब किसी से मिलें तो अपने क्रोध, तनाव व परेशानियों को भुलाकर दिल से मुसकराते हुए मिलिए।
- जब भी किसी अजनबी से मुलाकात हो तो भरपूर प्रसन्नता के साथ उसका स्वागत कीजिए। भले ही आप कभी उससे पहले मिल भी चुके हों। प्रसन्नता का जवाब सहज प्रसन्नता के सिवा कुछ भी नहीं। □

23

वाणी का प्रभाव

पशु का समस्त जीवन सहज प्रवृत्ति से चलता है, जबकि मनुष्य के समस्त जीवन का आधार प्रसन्नता है। जिनके खजाने अकूत धन-दौलत से भरे हैं, यदि वे व्यक्ति प्रसन्न नहीं हैं, तो उन्हें यह धन-दौलत ही नीरस और बोझ प्रतीत होने लगती है।

—स्वामी विवेकानंद

प्रसन्न जीवन का दूसरा गुरुमंत्र है—वाणी का प्रभाव।

ईश्वर ने मनुष्य को बोलने की अनमोल संपदा से नवाजा है। मनुष्य की वाक्‌शक्ति ही उसे अन्य प्राणियों से ऊपर उठाती है। इस प्राणी जगत् के सभी जीव-जंतु देख अथवा सुन सकते हैं। परंतु वे अपने मनोभावों को समझा नहीं सकते। इसी कारण उन्हें बेजुबान कहा गया है, जबकि मनुष्य वाणी के अमूल्य खजाने से धन्य है।

हम स्वयं क्या हैं? इसका पता हमारी वाणी से चलता है। वाणी का अर्थ है—बोल, आवाज, कथन तथा वचन। बोलने का अभिप्राय बातचीत अथवा वार्तालाप करने से है। प्रत्येक सफल मनुष्य का बातचीत करने का अपना अलग ढंग तथा विशिष्ट शैली होती है। यह हमारी बातचीत का ही तो कमाल है कि कहीं कोई सभी का दिल जीत लेता है, तो कोई किसी को एक आँख भी नहीं सुहाता। हम अपने मधुर वचनों के बल पर ही तो गैरों को भी अपना बना लेते हैं, जबकि कटु वचन बोलने वालों के अपने भी गैर हो जाते हैं। हमारे द्वारा कहे गए बोल बहुत बार हमारे ही अपने प्राणों के शत्रु हो जाते हैं। यथा—

'जीभरिया बढ़ बावरी, कहि गई सरग पताल।
आपुन कहि भीतर भई, जूती खात कपाल॥'

महापुरुषों का कहना है कि जुबान से निकली बात तथा कमान से निकला तीर वापस नहीं होते। इसलिए हमें मृदुभाषी व विनम्र होना चाहिए। समाज में वही लोग आदर तथा सत्कार के अधिकारी होते हैं, जिनके होंठों पर मधुर मुसकान तथा मुँह में मीठे बोल होते हैं। मीठे बोल का जादू अपनी अलग बिसात रखता है, यह औरों के सिर चढ़कर बोलता है, दिल जीत लेता है तथा सभी को प्रेम करने की सीख देता है।

महापुरुषों का कहना है कि जुबान से निकली बात तथा कमान से निकला तीर वापस नहीं होते। इसलिए हमें मृदुभाषी व विनम्र होना चाहिए।

यह सुनिश्चित है कि हम जब भी मिठास भरी जुबान में बात करते हैं तो शुभ ही बोलते हैं, जबकि कटुवचन सदैव दूसरे के अहित तथा अशुभ के लिए प्रयोग किए जाते हैं। विनम्र वाणी तथा प्रसन्नचित्त व्यक्तित्व एक सिक्के के दो पहलू हैं। इसे यूँ भी कहा जा सकता है कि ये दोनों सहोदर हैं। स्वभाविक तथ्य है कि जब व्यक्ति प्रसन्न होता है तो स्वमेव विनम्र हो जाता है।

ईश्वर ने वाक्शक्ति के रूप में मनुष्य को एक अमोघ अस्त्र प्रदान किया है। इसका सदुपयोग हमें अपनी वाणी को अमृतमयी बनाकर करना चाहिए। हमसे जहाँ तक संभव हो सके, अपने दो मीठे बोलों द्वारा दूसरों को राहत पहुँचाने का ध्येय होना चाहिए। बहुत बार ऐसा होता है कि हमारे कटुवचन जीवनपर्यंत चेष्टा व परिश्रम करके निर्मित किए गए संबंधों पर पानी फेर देते हैं। कठोर वचन बोलकर कभी भी किसी के मन को चोट नहीं पहुँचानी चाहिए। ऐसा करके हम दूसरों को तो आघात पहुँचाते ही हैं, बाद में कटुवचनों के संताप से हमारी आत्मा भी दुखी होती रहती है।

भाषा और वाणी

दोपहर के दो बज रहे थे, भूख से व्याकुल बौद्ध साधक हुआंग पो जंगल में जगह-जगह धरती खोदकर कंद की तलाश कर रहा था। तभी किसी ने चिल्लाकर पूछा—

'हुआंग पो का आश्रम कितनी दूर है?'

हुआंग पो—'क्यों पूछ रहे हो?'

अजनबी—'उस बुद्ध पुरुष का उपदेश सुनने दूर से आया हूँ।'

हुआंग पो—'वह पाखंडी है, लोगों को दिग्भ्रमित करता है।'

अजनबी—'मीलों चलकर आया हूँ, अब तो सुनकर ही जाऊँगा।'

हुआंग पो—'तब फिर मरो! आश्रम दूसरे मील पर गाँव के उत्तर में है।'

शाम को आश्रम में पो के प्रवचन के उपरांत भीड़ से निकलकर वही अजनबी पो के समक्ष आकर बोला—

'वह पो सच था''' या यह पो सच है?'

'दोनों'—पो ने जवाब दिया।

'वह भाषा भूखे की भाषा थी, यह वाणी तृप्तज्ञानी की वाणी है।'

ईश्वर ने वाक्शक्ति के रूप में मनुष्य को एक अमोघ अस्त्र प्रदान किया है। इसका सदुपयोग हमें अपनी वाणी को अमृतमयी बनाकर करना चाहिए।

प्रसन्नतापूर्ण व्यवहार हमारे भरे-पूरे व्यक्तित्व का परिचय देता है, जबकि झल्लाहट और खीज इस बात को प्रकट करते हैं कि हम सामने वाले से व्यवहार रखना नहीं चाहते।

मीठे बोल के महत्त्व को रेखांकित करते हुए आचार्य महाप्रज्ञ कहते हैं—'कुछ लोग दूसरों को अपना बनाने का प्रयत्न करते हैं। कभी-कभी ऐसा होता है कि बिना प्रयत्न किए ही दूसरे अपने बन जाते हैं। अपना बनाने का प्रयत्न एक आकांक्षा है। व्यक्ति की चारित्रिक विशेषता तथा प्रसन्नचित्त व्यवहार से दूसरे सहज ही अपने बन जाते हैं। कटुवाणी तथा कटु व्यवहार का प्रयोग करने वाले प्रयत्न करने पर भी दूसरों को अपना नहीं बना सकते। मृदु वाणी और प्रसन्न व्यवहार का चुंबक लौह व्यक्तित्व को भी अपनी ओर आकृष्ट कर लेता है।'

'कागा काको धन हरै, कोयल काकौ देय?
मीठी वाणी बोल के जग अपनौ कर लेय।'

सभी को इस बात का पता है कि कौआ तथा कोयल रंग-रूप तथा आकार-प्रकार में लगभग एक समान होते हैं। लेकिन कौए को कोई पसंद नहीं करता, वह घर की मुँडेर पर आकर बैठता भी है, तो सभी उसे उड़ाने के लिए दौड़ पड़ते हैं, जबकि कोयल सभी को प्रिय होती है। लोग उसकी मीठी कूक के दीवाने होते हैं। फिल्मों के लिए उसकी

आवाज को रिकार्ड करके रखा जाता है ताकि जरूरत पड़ने पर उस आवाज के प्रयोग से अतिरिक्त प्रभाव उत्पन्न किए जा सके।

यह अंतर वाणी का अंतर है। मनुष्य जिस तरह की वाणी का व्यवहार करता है, उसी तरह के परिणाम उसे भोगने पड़ते हैं। जिस प्रकार मधुर वाणी के प्रभाव से धन तथा मित्र आदि बनते चले जाते हैं, उसी प्रकार हमें प्राप्त होने वाले सम्मान में वाणी की महत्त्वपूर्ण भूमिका है। वाणी जब अपने नकारात्मक रूप में प्रकट होती है, तो जीत हार में बदल जाया करती है। मित्रों की पंक्ति में खड़े लोग शत्रु हो जाते हैं, हमारे समस्त सुखों पर मनहूसियत तथा दुःखों के काले बादल मँडराने लगते हैं।

मधुर वचनों के प्रभाव को आँकते हुए ही तो भक्त कबीर ने कहा था—

'ऐसी वाणी बोलिए, मन का आपा खोए,
औरन को शीतल करे, आपहुं शीतल होए।'

हमारे व्यक्तित्व की छाप हमारी वाणी के माध्यम से औरों के मन-मस्तिष्क तथा हृदय पटल पर अंकित हो जाती है। बहुधा प्रसन्नचित्त लोगों की वाणी दूसरों के जीवन का संबल बन जाती है। दूसरे शब्दों में कहा जाए तो एक तरह से समस्त कार्य व्यवहार के मूल में वाणी का प्रभाव निहित रहता है। वाणी के बिना व्यवहार कठिन है।

सम्यक अर्थों में वाणी हमारे समूचे व्यक्तित्व तथा कृतित्व को तो अभिव्यक्त करती ही है, हमें अपनी अलग मौलिक पहचान भी प्रदान करती है। यही वजह है कि प्रिय तथा हितकारी वचनों को वाणी के तप की संज्ञा दी गई है। वाणी के तपस्वी व्यक्तियों का संपूर्ण व्यक्तित्व ताजा गुलाब की तरह महक उठता है, जिसे हर कोई पाना तथा अपनाना चाहता है। भगवान श्री कृष्ण ने गीता उपदेश के वक्त अर्जुन को इसी मधुर वाणी को अंगीकार करने का संदेश दिया था—

सम्यक अर्थों में वाणी हमारे समूचे व्यक्तित्व तथा कृतित्व को तो अभिव्यक्त करती ही है, हमें अपनी अलग मौलिक पहचान भी प्रदान करती है। यही वजह है कि प्रिय तथा हितकारी वचनों को वाणी के तप की संज्ञा दी गई है।

'अनुद्वेगकरं वाक्यं सत्यं प्रियहितं च यत्।
स्वाध्यायाभ्यसनं चैव वाङ्मयं तप उच्यते॥'

(श्रीमद्भगवद् गीता 17/15)

कटुवचनों की चोट किसी हथियार से भी अधिक घातक होती है। शस्त्र की चोट अथवा घाव तो थोड़े समय में भरा भी जा सकता है। परंतु वाणी का प्रहार मनुष्य को सदैव सालता रहता है। जो व्यक्ति हमें कटुवचन बोलता है, हम येन, केन, प्रकारेण इस ताक में रहते हैं कि कब और कैसे हम उससे उसका बदला चुकता करें। संत कबीर शब्दों की महत्ता तथा उनकी अभिव्यक्ति के प्रभाव को स्पष्ट करते हुए कहते हैं।

'शब्द सम्हारे बोलिए, शब्द के हाथ न पाँव।
एक शब्द औषधि करे, एक शब्द करे घाव॥'

सभी लोग जानते हैं कि विध्वंस एवं विनाशकारी महाभारत के युद्ध में कटुवचनों ने प्रलयंकारी भूमिका निभाई थी। राजा धृतराष्ट्र के पुत्र दुर्योधन के लिए पांडवों की पत्नी द्रौपदी द्वारा कहे गए कटुवचन 'अंधे का पुत्र अंधा' ने समूचे परिवार को तहस-नहस करके लाखों लोगों को काल के गाल में पहुँचा दिया था। यही नहीं प्रतिकार के विकृत रूप में दुर्योधन ने भरी सभा में नंगी करके द्रौपदी को अपनी जाँघ पर बैठाने का दुस्साहस भी किया था सो अलग···। कभी-कभी सहज भाव से कहे गए कटुवचन भविष्य में भारी अनिष्ट व आपत्तियों को बुला लाते हैं। कटु वचनों का इस्तेमाल

वाणी का दुरुपयोग है। यथा—

'कुदरत को नापसंद है, सख्ती जुबान में
पैदा हुई न इसलिए, हड्डी जुबान में।'

कटुवचन बोलने वाला दूसरों की भावनाओं को तो आहत करता ही है, स्वयं भी शांत होने पर जब विचार करता है, तो उसे पश्चात्ताप होता है कि मैंने यह क्या किया? मुझे अमुक बात नहीं कहनी चाहिए थी।

व्यक्ति को कभी भी कोई ऐसा कृत्य नहीं करना चाहिए, जिससे उसे बाद में पश्चात्ताप की अग्नि में जलना पड़े। प्रिय वचनों से हमारा अभिप्राय जबरदस्ती किसी की 'हाँ' में 'हाँ' मिलाते रहना नहीं है। प्रिय वचनों का अर्थ चाटुकारिता अथवा खुशामद भी नहीं है।

चाटुकारिता और खुशामद सदैव स्वार्थसिद्धि के लिए की जाती है। अनेक बार वह गलत तथा झूठी भी हो सकती है। अपने मतलब की पूर्ति के लिए किसी की प्रशंसा करना वाणी का तप नहीं कहा जा सकता है। यह वास्तव में वाणी का अपमान है। अत: हमें व्यवहार करते समय इस मूलभूत अंतर का ज्ञान होना आवश्यक है।

'कीन्हें प्राकृत जन-गुन-गाना,
सिर धुनि गिर लागि पछिताना॥'

(रामचरितमानस)

वस्तुत: प्रिय वचनों का प्रयोग सत्य भाषण की एक शैली है जबकि चाटुकारिता असत्य भाषण की प्रतिकृति। क्या बोले, कैसे बोले?

'सत्यं ब्रूयात् प्रियं ब्रूयान्न ब्रूयात् सत्यमप्रियम्।
प्रिय च नानृतं ब्रूयादेष धर्म: सनातन:॥'

(मनुस्मृति-4/138)

सदैव सत्य बोलें, प्रिय बोलें, किंतु ऐसी बात न कहें, जो सत्य तो हो पर अप्रिय हो तथा जो प्रिय तो हो परंतु असत्य हो, उसे भी न कहें, यही धर्मसंगत बात है।

वाणी के प्रकार

प्रसन्न वाणी हमारे मन-मस्तिष्क तथा स्वास्थ्य की आधारशिला है, जबकि अप्रसन्न वाणी हमारी मानसिक तथा शारीरिक व्याधियों की जन्मदात्री है। हमारे प्राचीन धर्म ग्रंथों में शास्त्र सम्मत वचनों के उपयोग को 'सम्यक योग' तथा शास्त्रों के विपरीत बोलने को वाणी का 'असम्यक योग' कहा गया है।

सम्यक योग : वाणी के सम्यक योग के अंतर्गत इस प्रकार के वचनों का प्रयोग आता है जो मधुर हों, अपना तथा दूसरों का हित करने में सहायक हों, परस्पर प्रीति तथा स्नेह का संचय करते हों। सम्यक योग ऐसी वाणी के उपयोग को वर्जित करता है, जिससे कटुता बढ़ती है, जिससे संबंध परस्पर जुड़ने के स्थान पर टूट जाते हैं, जिससे कलह पैदा होती है तथा जो शत्रुता को पैदा करती है। सम्यक योग इस सूत्र को भी स्थापित करता है कि हमें यथायोग्य परिस्थिति अनुसार तथा आवश्यकतानुसार ही बोलना चाहिए।

प्रसन्न वाणी हमारे मन-मस्तिष्क तथा स्वास्थ्य की आधारशिला है, जबकि अप्रसन्न वाणी हमारी मानसिक तथा शारीरिक व्याधियों की जन्मदात्री है।

असम्यक योग : वाणी के असम्यक योग के अंतर्गत इस प्रकार के वचनों का प्रयोग आता है, जो लोगों को प्रिय नहीं लगते। कटाक्ष भरी बातें, दूसरों को नीचा दिखाने

की कोशिश के लिए किया जाने वाला वार्तालाप, असत्य, कटु तथा दु:ख का विस्तार करने वाली बातचीत भी असम्यक योग का ही एक भाग है। इस तरह की वाणी औरों को परस्पर भिड़ाने, चुगली, वैमनस्य या बैर का भी कारण बनती है।

बहुत बार ऐसा देखा गया है कि कुछ कहना आवश्यक होने पर भी व्यक्ति चुप लगा जाता है या बेहद संक्षेप में अपना मंतव्य प्रकट करके बोलने की औपचारिकता पूर्ण कर देता है, यह भी उचित नहीं है। यह वाणी का 'अल्पयोग' कहलाता है। अल्पयोग भी अनेक तरह की समस्याओं को जन्म देता है। इसी का एक विपरीत योग यह भी होता है कि मनुष्य वाचाल हो जाता है।

□

24

प्रशंसा से बढ़ती है प्रसन्नता

ध्वनियों में सर्वाधिक मधुर ध्वनि है प्रशंसा की ध्वनि। यह अकेली ध्वनि है, जो हमारी प्रसन्नता में अभिवृद्धि करती है।

–रवींद्रनाथ टैगोर

प्रसन्न जीवन का तीसरा गुरु मंत्र है—प्रशंसा से बढ़ती है प्रसन्नता।

प्रशंसा के पुष्पों की सुगंध बेहद मोहक है। वे काम जो हमारे खजाने, सिफारिश तथा प्रभाव से नहीं हो पाते, प्रशंसा के दो शब्दों से सिद्ध हो जाते हैं। इस दुनिया में हर व्यक्ति का कार्य किसी दूसरे पर निर्भर है। प्रत्येक कार्य कोई भी व्यक्ति स्वयं नहीं कर सकता। उसके लिए उसे और लोगों के स्नेह, सहयोग व सहानुभूति की आवश्यकता होती है। साथी-सहयोगियों से काम लेने के लिए उन्हें साथ लेकर चलना बेहद जरूरी है। यदि साथी-सहयोगी कार्य करने में सक्षम नहीं है, तो कार्य की गति धीमी तथा गुणवत्ता के ग्राफ में गिरावट तय है। उत्साह समाप्त होता जाता है, सो अलग।

प्रशंसा के पुष्पों की सुगंध बेहद मोहक है। वे काम जो हमारे खजाने, सिफारिश तथा प्रभाव से नहीं हो पाते, प्रशंसा के दो शब्दों से सिद्ध हो जाते हैं।

समाज, घर, कार्यालय या बाहर हम कहीं भी और कभी भी काम कराना चाहें, तो सहयोगियों के उत्साहवर्धन के बिना अपेक्षित लक्ष्य प्राप्त नहीं हो सकता। जो लोग यह सोचते हैं कि आलोचना करके वे सामने वाले को ठीक कर लेंगे, वे गलतफहमी के शिकार हैं, और कुछ नहीं। व्यक्ति को प्रेरित व प्रशंसित करके काम लिया जा सकता है। इससे एक ओर जहाँ प्रसन्नता का वातावरण निर्मित होता है, वहीं दूसरी ओर अपेक्षित लक्ष्यों को भी प्राप्त किया जा सकना सुगम हो जाता है।

व्यक्ति सामाजिक प्राणी है। वह मशीन नहीं है। वह भावनाएँ, प्रतिक्रियाएँ तथा विवेक रखता है, उसे चाबुक से नहीं हाँका जा सकता। प्रेम से समझाया तथा प्रशंसा से प्रेरित किया जा सकता है। लज्जित करके हम कभी किसी से अपनी बात नहीं मनवा सकते। प्रसन्नचित्त व्यक्ति ही अपनी योग्यता का सर्वश्रेष्ठ दे सकता है।

प्रशंसा के इसी महत्त्व को विभिन्न विचारकों ने अपने-अपने शब्दों में यूँ अभिव्यक्त किया है—

- किसी बुद्धिमान पुरुष की प्रशंसा उसकी अनुपस्थिति में कीजिए किंतु स्त्री की प्रशंसा उसके मुख पर।

—लोकोक्ति

- यदि तुमने मेरी कम प्रशंसा की होती, तो मैं तुम्हारी अधिक प्रशंसा करता।

—लुई

- मैं प्रशंसा उन्मुक्त स्वर से करता हूँ, निंदा धीमे स्वर से।

—केथरीन

- दूरी ही प्रशंसा की गहराई का मूल कारण है।

—डाइटरॉट

- प्रशंसा श्रेष्ठ मस्तिष्क वालों के लिए सत्प्रेरणादायिनी होती है।

—लिंकन

प्रशंसा के प्रभाव

व्यक्ति के काम की प्रशंसा करने से वह प्रोत्साहित होता है, प्रसन्न होता है। उसे लगता है कि मुझे अच्छा कार्य करना चाहिए ताकि सभी लोग मुझे सराहें। यह अच्छे नेतृत्व के लिए भी लाभदायक तत्त्व है। प्रत्येक अच्छे काम के लिए तारीफ करने तथा गलती को सुधारने के लिए प्रेरित करने से सदैव सकारात्मक परिणाम सामने आते हैं। प्रत्येक मनुष्य में कार्य करने की अथाह ऊर्जा, शक्ति तथा सामर्थ्य होती है। इसकी तुलना में आमतौर पर परिणाम कम ही नजर आते हैं। सच तो यह है कि व्यक्ति अपनी मानसिक तथा शारीरिक क्षमता से बहुत कम कार्य करता है। प्रशंसा उसकी इन्हीं सुप्त ऊर्जाओं को जागृत करने का कार्य करती है।

समाज में ऐसे बहुत से व्यक्ति हैं, जिन्हें अपनी बहुआयामी प्रतिभा के सही उपयोग का अवसर मिलता ही नहीं। बहुत से ऐसे भी हैं, जिन्हें आधा-अधूरा अवसर मिल भी जाता है, तो वे समुचित प्रेरणा व प्रशंसा के अभाव में मंजिल से चंद कदमों के फासले पर ही थककर बैठ जाते हैं। मनोवैज्ञानिकों ने इस बात की पुष्टि की है कि न्यायसंगत अनुमोदन तथा सच्ची प्रशंसा हरेक व्यक्ति की उन्नति, भलाई तथा प्रसन्नता के लिए अत्यंत आवश्यक है। प्रत्येक मनुष्य अपने अच्छे कार्य की एवज में श्रेय की आकांक्षा पालता है। हर व्यक्ति अपने गुणों की मान्यता चाहता है। जब ऐसा नहीं होता तो हम निराश हो जाते हैं तथा अप्रसन्न रहते हैं।

अपने मालिक की डाँट सुनकर, कारीगर तथा दोस्तों द्वारा बुराई किए जाने पर इनसान की यही मनोदशा होती है। यह अवस्था असहनीय होती है। इससे हमारे व्यवहार तथा व्यक्तित्व में कड़वाहट घुलती है। निराशा के गर्त में धँसे व्यक्ति की सोचने-समझने की शक्ति प्रतिकूल हो जाती है।

आई.ए.आर.आई. के वैज्ञानिक डॉ. विनोद शाह की आत्महत्या के समाचार से सभी स्तब्ध रह गए थे। मरने से पूर्व उन्होंने जो 'सुसाइट नोट' लिखा था, उसका मजमून इस प्रकार का था—'मेरी आत्महत्या को आत्म बलिदान समझा जाए। मैं मरना नहीं चाहता था। लेकिन इसलिए यह कदम उठाने को मजबूर हुआ हूँ कि भविष्य में वैज्ञानिकों के साथ अच्छा सुलूक हो। लोग उनकी प्रशंसा करें।'

सच तो यह है कि व्यक्ति अपनी मानसिक तथा शारीरिक क्षमता से बहुत कम कार्य करता है। प्रशंसा उसकी इन्हीं सुप्त ऊर्जाओं को जागृत करने का कार्य करती है।

स्पष्ट है कि डॉ. शाह एक ऐसे वैज्ञानिक थे, जो न केवल अपने लिए बल्कि अपने सहयोगियों के लिए भी मान्यता चाहते थे। प्रसन्नता से रिक्त कार्यस्थल और प्रोत्साहन से विमुक्त व्यक्तित्व ने उन्हें आत्महत्या के लिए विवश कर दिया।

प्रगति का रहस्य

विख्यात वैज्ञानिक नील्स बोर ने सोवियत संघ की विज्ञान अकादमी के भौतिक संस्थान का दौरा किया तो दोनों ओर से विज्ञान के विषयों में विचारों का स्वस्थ आदान-प्रदान हुआ।

उस समय नील्स बोर दिग्गज भौतिकविद् माने जाते थे और उनके संस्थान में उच्च श्रेणी के मेधावी वैज्ञानिकों की लंबी कतारें थीं।

उनसे यह पूछा गया, 'आपके साथ कार्यरत् सभी वैज्ञानिक उच्च श्रेणी के क्यों हैं?' बोर ने मुसकराते हुए जवाब दिया- 'इसका एक कारण तो यह है कि मैं उनके छोटे-से-छोटे प्रयास की भी भरपूर प्रशंसा करता हूँ और दूसरे मैंने उनके सामने यह स्वीकारने में कभी शर्मिंदगी अनुभव नहीं की कि मैं मूर्ख हूँ।'

जिन मनुष्यों के प्रयत्नों को मान्यता नहीं मिलती अथवा जिन्हें घर, स्कूल, कार्यालय अथवा समाज में प्रशंसा प्राप्त नहीं होती, वे दबे-दबे से रहते हैं। उनका आत्मविश्वास विकसित नहीं होता। जिंदगी की कड़वी सच्चाइयों से आँखें चार करने का हौसला उनमें पैदा नहीं हो पाता। यदि उन्हीं लोगों की आप प्रशंसा करेंगे तो आप देखेंगे कि उनकी कार्य कुशलता कितनी परिष्कृत हो गई है। यही नहीं तत्काल प्रभाव से ऐसे लोगों के जीवन में आप प्रसन्नता की पदचाप अनुभव कर सकते हैं।

'सिडनी स्मिथ' कहा करते थे-'ख्याति भी एक पारितोषिक है, जिसकी प्राप्ति के लिए मनुष्य संघर्ष करते हैं। धन-संपत्ति की अपेक्षा ख्याति उससे दोगुने परिश्रम एवं बौद्धिकता को जन्म देती है। यह प्रतिभा का सिक्का है और प्रत्येक मनुष्य का अत्यावश्यक कर्त्तव्य है कि वह ईमानदारी एवं किफायत से इसको प्रदान करे।'

प्रशंसा का एक अनिवार्य तत्त्व यह भी है कि इसकी शुरुआत स्वयं करनी चाहिए। जैसे ही आप प्रशंसा करना प्रारंभ करते हैं, अप्रत्यक्ष रूप से आपकी प्रशंसा के बीज रोंपे जा चुके होते हैं।

हमारे दोस्त तथा प्रशंसक हमारे प्रति क्या कहते हैं, यह जानने के लिए लोग तरह-तरह की विधियाँ इस्तेमाल करते हैं—यहाँ 'बर्टन ब्रेले' की एक कविता प्रस्तुत करने योग्य है—

'यश और धन से भी बेहतर है,
टीका-टिप्पणी सुखद व उज्ज्वल।
हार्दिक और गर्मजोशी भरा एक मित्र का समर्थन,
करता आनंदित जीवन हमारा।
बनाता हमें शक्तिशाली और बहादुर,
आखिर तलक देता हमें दिल और दिलासा।
अर्जित करे यदि वह प्रशंसा तुम्हारी, दे दो उसे,
यदि चाहते उसे तुम, चाहो अभी से।
करो प्रोत्साहित उसे तुम अभी,
ठहरो नहीं अंतिम क्षण तक
जब होगा पड़ा वह कब्र में,
पढ़ेगा कैसे समाधि-लेख तुम्हारा।'

प्रोत्साहित करने का एक तरीका यह भी है कि गलतियों को अनावश्यक तूल न दें और न ही उन्हें बढ़ा-चढ़ा कर देखें। हमारी कोशिश रहनी चाहिए कि गलती को किस तरह से सुधारा जा सकता है।

प्रशंसा करने में हमेशा शीघ्रता कीजिए और बुराई करने में विलंब। इससे आपके व्यक्तिगत जीवन, परिवार तथा कार्यस्थल पर जो परिवर्तन होंगे, उन्हें देखकर आप चकित रह जाएँगे। प्रसन्नतायुक्त जीवन की तरफ आपकी ओर से बढ़ाया गया यह पहला कारगर कदम होगा।

प्रोत्साहन ऐसा संवेग है, जिसके परिणाम बेहद आशाजनक तथा दीर्घ परिणामकारी हैं। विद्यालय जाने वाले बच्चों को अगर बार-बार ये अहसास कराया जाए कि उनमें क्षमता तथा प्रतिभा की कमी है या उन्हें रोज ताने दिए जाएँ कि 'अरे रहने दो···तुम भला इस काम को क्या खाक करोगे···?' तो वे खुद को दीन-हीन मान बैठते हैं। परंतु अगर उन्हें बताया जाए कि वे अपना काम कर सकने में सक्षम हैं तथा कोई भी विषय ऐसा नहीं है, जिसमें उन्हें मुश्किल होगी, तो वे आत्मविश्वास से उस विषय को समझने तथा उसकी गहराई तक जाने का प्रयास करेंगे।

प्रशंसा, पुरस्कार अथवा किसी और तरह से प्रतिभाशाली लोगों को प्रोत्साहित किया जा सकता है। यही माहौल कार्यालय अथवा घर में भी बनाया जा सकता है। इसका एक फायदा यह भी होगा कि संबंधित व्यक्ति स्वयं को साबित करने के लिए अपनी प्रतिभा व क्षमता का पूर्ण प्रयोग करेगा। परिणामस्वरूप कार्य की गुणवत्ता तथा मात्रा में निश्चित रूप से वृद्धि होगी। डर या दबाव में आकर व्यक्ति काम की औपचारिकता तो पूर्ण कर सकता है लेकिन कभी भी अपना 'सर्वश्रेष्ठ' नहीं दे सकता, इसके लिए हमें प्रशंसा रूपी रामबाण का सहारा लेना होगा।

प्रोत्साहित करने का एक तरीका यह भी है कि गलतियों को अनावश्यक तूल न दें और न ही उन्हें बढ़ा-चढ़ा कर देखें। हमारी कोशिश रहनी चाहिए कि गलती को किस तरह से सुधारा जा सकता है। अगर गलती को अनावश्यक तूल दिया जाएगा, तो हो सकता है कि व्यक्ति विशेष के मन में ऐसी कोई गाँठ पड़ जाए कि वह नकारात्मक रास्ता अख्तियार कर ले। उसका आत्मविश्वास खो सकता है, वह आपको अपना शत्रु मानकर चल सकता है और मौका पड़ने पर आपको चोट भी दे सकता है।

वास्तविकता तो यह है कि गलती किसी से भी हो सकती है। सकारात्मक रवैया अपनाने पर व्यक्ति अपनी गलती से सबक लेता है। हमें अपने साथी, सहयोगी, मित्र अथवा कर्मचारी की इसी क्षमता को उभारना चाहिए। यही नहीं, जहाँ तक संभव हो, कभी किसी की अन्य से तुलना न करें। तुलना करते वक्त हमारी अवधारणा रहती है कि हम अमुक व्यक्ति को यह अहसास करा सकें कि वह भी औरों की तरह सुधरने की कोशिश करे। परंतु सामान्य रूप से परिणाम इसके विपरीत होते हैं।

तुलना से व्यक्ति खीझता तथा क्रोधित होता है। कई बार वह हीन भावना का शिकार हो जाता है। प्रत्येक व्यक्ति अपने आप में मौलिक और विशिष्ट होता है। उसके कार्य करने का तरीका, योग्यता तथा क्षमताएँ अपनी निजी होती हैं। अत: प्रत्येक व्यक्ति को उसकी स्वयं की विशिष्टताओं के परिप्रेक्ष्य में देखने से ही हम दूसरों के दिल में अपना स्थान तो बना ही ले सकेंगे साथ-ही-साथ परस्पर प्रसन्नता का भी आदान-प्रदान होगा।

हमें यह ध्यान रखना चाहिए कि दूसरों को नीचा दिखाने या बहसबाजी करने से हम अपनी बात मनवा तो सकते हैं, लेकिन सामने वाले व्यक्ति को हमेशा के लिए खो देते हैं। प्रत्येक व्यक्ति में कुछ-न- कुछ मौलिक विशेषताएँ होती हैं। आवश्यकता उनको परख कर उनके उपयोग करने की है।

एक प्रसिद्ध चित्रकार कारेजियो केवल शोक के आवेग से ही मर गया। उसका एक चित्र डिसडेन चित्रशाला की बहुमूल्य निधि माना जाता था, लेकिन उसे उस चित्र का मूल्य केवल चालीस ड्केटस प्राप्त हुआ और इस आघात को न सह पाने के कारण ही उसकी मृत्यु हो गई।

□

25

अवसर का उपयोग

अवसर बुद्धिमान के पक्ष में लड़ता है।

—यूरीपेडीज

प्रसन्न जीवन का चौथा गुरुमंत्र है—अवसर का उपयोग।

सामान्यत: आपको मौकों की दुहाई देने वाले लोग सब जगह एक ही रोना रोते हुए मिल जाएँगे, 'हमें कोई तो मौका मिला ही नहीं।' यदि ध्यानपूर्वक विचार किया जाए तो सर्वत्र ही सदा ही मौके मिलते रहते हैं। मौकों की कमी नहीं है। कमी है उन्हें ढूँढ़ने की, उनके लिए तैयार रहने की और उनसे उचित लाभ उठाने की। हम भ्रम में रहते हैं और प्राय: जो वस्तु हमारे पास आती है, वह हमें दिखाई नहीं देती।

कई बार हम अपनी चाबियों को जहाँ कहीं बैठते हैं, वहीं छोड़कर किसी विचार या कार्य में संलग्न हो जाते हैं। जब हमें ताला खोलने की आवश्यकता पड़ती है तब हम उन्हें ढूँढ़ते हैं, पर वे हमें नहीं मिलतीं। क्या चाबियों के पैर हैं, जो कहीं चली जाती हैं, वे रहती तो हमारे घर में ही हैं। परंतु विस्मृति, घबराहट या शीघ्रता के कारण हमें याद नहीं रहती। कई बार के खोजने के पश्चात् वे वहीं पर हमें प्राप्त हो जाती हैं।

ब्राजील देश के गड़रियों ने एक पार्टी इसलिए तैयार की कि कैलीफोर्निया पहुँच कर वहाँ सोने की खानों का पता लगाएँगे। समुद्री यात्रा में समय काटने के लिए वे शतरंज खेलने के विचार से कुछ चमकीले पत्थर के टुकड़े उठा लाए। उन पत्थरों में से कुछ पत्थर उन्होंने समुद्र में फेंक दिए।

सेन फ्रांसिस्को पहुँचने पर उन्हें ज्ञात हुआ कि जो पत्थर के टुकड़े समुद्र में फेंक दिए गए थे, वे हीरे थे। उन्हें मालूम होने पर वे लोग ब्राजील वापस चले। परंतु वापस पहुँचने पर उन्हें ज्ञात हुआ कि जिन खानों में से वे लोग चमकीले कंकड़ उठाकर ले गए थे, उन पर दूसरे आदमियों ने अधिकार प्राप्त कर लिया और उन खानों को सरकार को बेच दिया है।

अमेरिका के एक नगर में बहुत अच्छी सोने और चाँदी की खान को उसके मालिक ने मात्र 800 पौंड में बेच दिया। उस रुपये से वह दूसरे स्थान पर इस विचार से चला गया कि वहाँ उसे अच्छी खान मिल जाएगी।

यदि ध्यानपूर्वक विचार किया जाए तो सर्वत्र ही सदा ही मौके मिलते रहते हैं। मौकों की कमी नहीं है। कमी है उन्हें ढूँढ़ने की, उनके लिए तैयार रहने की और उनसे उचित लाभ उठाने की।

गोलकुंडा के हीरे की खान के लिए भी यही कहा जाता है कि अली हामिद नामक एक किसान ने हीरों की तलाश में अपना खेत दूसरों के नाम बेच दिया। जो थोड़ा बहुत रुपया हाथ लगा, उससे वह देश-विदेश हीरों की खान की तलाशी में भटकता रहा। अंत में अत्यंत दु:खी होकर वह मर गया। जिस मनुष्य ने अली हामिद का खेत खरीदा था, उसे बाद में हीरे की खान उसी खेत में मिल गई।

अधिकांश आविष्कारक स्थान-स्थान पर भटकते नहीं फिरे। उन्होंने अपने आविष्कार अपने निज स्थान पर अत्यंत कम संसाधनों की सहायता से पूर्ण किए।

अवसर के मिलते ही उसे पकड़ लो। उसे हाथ से न जाने दो। उसे अधिकाधिक अपने मुताबिक बनाओ।

इसमें संदेह नहीं कि पुराने पेशे और व्यवसायों में आधुनिक स्पर्धा के कारण इतनी आसानी से अवसर नहीं मिलता, जितना पुराने समय में मिलता था। परंतु प्रगति के साथ मनुष्य की आवश्यकताएँ बढ़ती जा रही हैं और नित नये पेशे बनते जा रहे हैं। आज से 100 वर्ष पहले भारत में सिनेमा कहाँ था? उसके लिए चित्र तैयार करने के लिए यहाँ पर कौन व्यक्ति प्रयत्न करता था? आजकल लाखों स्त्री-पुरुष इसी व्यवसाय में अरबों रुपये कमा रहे हैं। जिस व्यक्ति ने जान लिया कि संसार की आवश्यकताएँ क्या हैं, वह उन आवश्यकताओं में किसी भी आवश्कता को पूरी करने के लिए कोई नई सामग्री बना डाले और उसका प्रचार कर दे, तो वह लाभ उठा लेता है।

छोटी से छोटी चीज उपयोगी

अनेक व्यक्ति ऐसी छोटी और रद्दी वस्तुओं से लाभदायक पदार्थ बनाकर धनवान हो गए हैं, जिन्हें हजारों लोग रद्दी समझकर फेंक देते हैं और फिर उन्हें छूते भी नहीं।

फूल से मधुमक्खी शहद निकालती है, जो इतना स्वादिष्ट और लाभप्रद होता है कि उसी फूल में मकड़ी जहर इकट्ठा करती है। उसी फूल से गंधी इत्र तैयार करता है। उसी फूल से केमिस्ट सेंट बनाता है। मुख्य वस्तु फूल ही रहा। परंतु वह काम में चार तरह से लिया गया।

चमड़े के टुकड़े, रद्दी, कपास, लकड़ी का बुरादा, लोहे का बुरादा, कागज की रद्दी सब निकम्मी समझकर फेंक दी जाती हैं। परंतु लोग इनसे भी कई तरह की चीजें बना लेते हैं। कागज पर लिखने की पेंसिल को देखिए, वह लकड़ी का छोटा सा टुकड़ा है और उसके अंदर शीशे और सुरमे के मिश्रण से बनाई हुई एक सलाई है। यही पेंसिल हजारों रुपये की बिकती हैं। हजारों लोग इसके बनाने और बेचने से अपना निर्वाह कर रहे हैं। कागज के रद्दी टुकड़ों से गदापार्चा बनाया जाता है। उससे कंघे आदि बनाए जाते हैं। गाय, भैंस के सींग भी सुंदर वस्तुओं में प्रयोग किए जाते हैं। क्या ये वस्तुएँ हमें घर-घर और गाँव-गाँव में नहीं मिलती? धन कमाने में क्या ये वस्तुएँ हमें काम नहीं दे सकतीं? क्या उन्नति के लिए ऐसी तुच्छ वस्तुएँ हमारे लिए लाभ के अवसर नहीं हैं?

एक नाई के दिल में यह विचार उत्पन्न हुआ कि सिर के बाल काटने में बहुत समय लगता है। इसलिए कुछ ऐसा उपाय करना चाहिए कि जिससे कम समय लगे। इसी विचार की उधेड़बुन में उसने बाल काटने की एक मशीन बना डाली। इसी आविष्कार से उसने अपनी उन्नति की। क्या दूसरे नाइयों को मशीन बनाने का अवसर न था, या जो बाल काटने में समय लगता था उसका विचार नहीं था? अवसर तो सभी जगह है और सभी को है। परंतु कमी विचार को क्रियान्वित करने वालों की है। किसी कवि ने क्या खूब कहा है—जिन खोजा तिन पाइयाँ गहरे पानी पैठ। इसे यूँ भी कहा जा सकता है कि आवश्यकता आविष्कार की जननी है।

अवसर को लपकिए

फैराडे एक महान वैज्ञानिक हुए हैं। वे जाति के लुहार थे। रॉयल इंस्टीट्यूशन के अध्यक्ष हम्फ्री डेवी नामक विद्वान के विज्ञान पर जो व्याख्यान हुआ करते थे, उसको सुनने के लिए फैराडे जाया करते थे। फैराडे ने कुछ दिन बाद अध्यक्ष

से नौकरी की प्रार्थना की। अध्यक्ष ने अपने किसी मित्र से इस विषय में पूछा तो उसने अनुमति दी कि बोतलें धोने के लिए फैराडे को रख लिया जाए। यदि वह काम करने वाला व्यक्ति है, तब तो वह इस काम को कभी अस्वीकार नहीं करेगा। यदि अस्वीकार कर दे तो समझ लो कि निकम्मा है।

परंतु फैराडे, जो एक पंसारी की दुकान पर बैठकर साधारण शीशियों से विज्ञान के प्रयोग किया करता था, कब इनकार करने वाला था? उसने बोतल धोने के कार्य को विज्ञान की उन्नति करने का अवसर समझ कर स्वीकार कर लिया। परिणाम यह हुआ कि आगे चलकर उसी विद्यालय में फैराडे विज्ञान के प्रोफेसर नियुक्त हुए। वे आज तक वैज्ञानिकों में अग्रणी समझे जाते हैं।

एक आदमी जीवन में बड़ी बात करने के लिए महान अवसर ढूँढ़ता हुआ चला जाता है। किंतु उसे अवसर नहीं मिलता। दूसरा आदमी उसके पीछे-पीछे उसी की छोड़ी हुई व्यवस्थाओं और अवसरों में कुछ ऐसी बात निकाल लेता है, जिससे उसे अद्‌भुत सफलता प्राप्त हो जाती है।

छोटी-से-छोटी वस्तु कम महत्त्व नहीं रखती। बूँद-बूँद से घट नहीं भरता अपितु नदियाँ बह जाती हैं और समुद्र भर जाता है।

न्यूटन, फैराडे, एडीसन और टामसन की तरह हम सब लोग नये आविष्कार नहीं कर सकते। परंतु साधारण अवसरों को पकड़कर उनसे हम अपनी उन्नति कर सकते हैं। हमें यह नहीं सोचना चाहिए कि संसार में जितनी नवीन बातें, नये आविष्कार होने थे, हो चुके। भविष्य के गर्भ में न मालूम कितने आविष्कार और सत्य छिपे हुए हैं जो सदैव उन परिश्रमी और बुद्धिमान व्यक्तियों को ज्ञात होते रहेंगे, जो हम से आगे आने वाले हैं।

बहुत संभव है कि ऐसे-ऐसे अनेकानेक आविष्कार हों, जिनके सामने मनुष्य के अब तक किए हुए आविष्कार नितांत फीके प्रतीत हों। भविष्य में न जाने हमारे लिए कितने अवसर छिपे हुए हैं। जहाँ कोई अवसर हमें मिल जाए, उसी को अपना लेना कर्तव्य है।

छोटे का महत्त्व

छोटी-से-छोटी वस्तु कम महत्त्व नहीं रखती। बूँद-बूँद से घट नहीं भरता अपितु नदियाँ बह जाती हैं और समुद्र भर जाता है। विशाल वृक्ष को काटने के लिए हम सबके पास कोई मशीन नहीं होती। मनुष्य छोटी सी कुल्हाड़ी का एक प्रहार कर बड़े से बड़े वृक्ष को पृथ्वी पर गिरा देता है।

एक-एक क्षण मिलकर घंटा बनता है। घंटे मिलकर दिन, दिनों से महीना और महीनों से वर्ष बन जाता है। बड़े-बड़े अवसर उन्नति करने के लिए हमें न मिलें तो क्या हुआ? छोटे-छोटे अवसर और छोटे-छोटे कार्य हमारी बहुत कुछ उन्नति कर सकते हैं। हमारी यह तुच्छता है कि हमें तुच्छ वस्तुओं में महत्त्व नहीं दिखता। छोटी वस्तुओं की जो मनुष्य परवाह नहीं करता, वह धीरे-धीरे नीचे चला जाता है। एकदम अपार धन का प्राप्त कर लेना या एकदम किसी बड़े पद पर पहुँच जाना उन्नति का नियम नहीं। आकस्मिक अवसर से ऐसी उन्नति बहुत कम मनुष्यों को प्राप्त होती है। यदि हम छोटी-छोटी वस्तुओं को छोटा समझकर छेड़ते जाएँ और छोटे-छोटे अवसरों को उन्नति का द्वार न समझ कर हाथ से जानें दें तो फिर हमारी उन्नति नहीं होगी।

लघुता के महत्त्व को प्रतिपादित करते हुए कहा गया है कि—

'तू छोटा बन, बस छोटा बन,
गागर में आएगा, सागर।

पत्र-व्यवहार में एक छोटे से शब्द के प्रयोग से हम मित्र को शत्रु बना लेते हैं। क्षमा या कृपापूर्वक कहे गए शब्दों के प्रयोग से हम शत्रु को मित्र बना लेते हैं। चोर को खोज निकालने में जो दक्ष होते हैं, वे लोग चोर और चोरी को पकड़ लेते हैं। पानी के बड़े भारी बाँध में कहीं जरा भी छिद्र हो जाए और असावधानी से रोका न जाए तो वह सब

बाँध को नष्ट कर देता है। छोटे-छोटे इशारों, संकेतों से आविष्कारकों ने अद्‌भुत पदार्थ और अद्‌भुत शक्तियाँ ढूँढ़ निकालीं और नई चीजें बना डालीं। इतिहास उसका गवाह है।

एक बार रोम नगर पर जब शत्रु लोगों का आक्रमण होनेवाला था, उस समय पहरेदार सो रहे थे। पर शत्रुओं को आते देख एक बत्तख चिल्ला उठी जिसकी चीख सुनकर सिपाही जाग उठे और रोम नगर शत्रुओं के आक्रमण से बच गया। जब पशु-पक्षियों का भी योगदान हो सकता है, तब तो हम ईश्वर की सर्वश्रेष्ठ कृति हैं, हमारा योगदान क्यों नहीं हो सकता?

ध्यान रखिए असावधानी से गिरी हुई दियासलाई या सिगरेट पूरे जंगल को भस्म कर देती है।

छोटी वस्तुओं से बड़े पदार्थ किस प्रकार बन गए, छोटे-छोटे संकेतों से बड़े-बड़े आविष्कार किस तरह हो गए? एक छोटे से कुवाक्य से किस प्रकार घोर संग्राम छिड़ गए? एक छोटे से शब्द से बड़ी कलह किस प्रकार शांत हो गई? यदि इस सबके उदाहरण लिखे जाएँ तो एक बहुत बड़ी पुस्तक तैयार हो जाएगी। द्रौपदी द्वारा दुर्योधन को 'अंधे का बेटा भी अंधा' शब्द कह देने का यह परिणाम हुआ कि महाभारत छिड़ गया और असंख्य लोगों को अपने प्राण गँवाने पड़े।

सारांश यह है कि बीज से वृक्ष और बच्चे से बूढ़ा होता है और यह बस एक दिन में नहीं होता है।

धीरे-धीरे रे मना धीरे सब कुछ होय,
माली सींचे सौ घड़ा, ॠतु आए फल होय।

प्रतिदिन के लघु परंतु अच्छे कार्यों से ही जीवन में उन्नति और सफलता मिलती है और छोटे-छोटे बुरे कार्यों से अपकीर्ति और अवनति हो जाती है। प्राय: छोटी-छोटी बातें और छोटी-छोटी वस्तुएँ महाव्यक्ति के हाथ से बड़ी बन जाती हैं। आप छोटी-छोटी बातों का ध्यान रखिए, बड़ी बातें अपना ध्यान खुद रख लेंगी।

अवसर और उद्यम

प्रत्येक मनुष्य अपने अवसर और उद्यम के अनुसार जैसा चाहता है, अपने आपको बना सकता है। वर्षों पहले एक युवक जो मशीन का कार्य किया करता था, क्लाइड नदी में नहाने के लिए उतर गया। वह तैरता-तैरता एक किनारे से दूसरे किनारे पर जा पहुँचा। दूसरा भाग उसको बहुत सुंदर प्रतीत हुआ। उस समय वहाँ खाली मैदान था। उस रमणीय स्थान को देखते ही उसने दृढ़ विचार कर लिया कि उसी स्थान पर एक सुंदर कोठी का निर्माण करेगा जो उसकी पत्नी के नाम पर होगी। वर्षों के पश्चात् उसने अपने विचार को कार्यरूप में परिणत कर दिखाया। वहाँ पर बाग भी बन गया और एक अच्छा प्रासाद भी बन गया। लोग उसके मेहमान बनकर वहाँ आने लगे और दावतें भी खाने लगे। वह बाग और मकान पृथ्वी तल पर बनने से पहले उसके मस्तिष्क पटल पर इच्छाशक्ति की स्याही से बन चुके थे और इसीलिए एक दिन वे स्थूल रूप में भी बन गए।

याद रखिए, पहले विचार पनपता है, फिर परिणाम।

अमेरिका के इतिहास में अब्राहम लिंकन का जीवन चरित्र स्वर्णाक्षरों में अंकित है। उनका जन्म निर्धनता में हुआ था। कर्ज से उनके माँ-बाप दबे हुए थे। हल्लड़शाही में उनका बचपन गुजरा। गँवारों में उनका सहवास रहा। राजनीतिक आंदोलन ने उस समय कई रंग दिखालाए। परंतु स्वतंत्रता और एकता की बाँसुरी बजाते हुए उन्होंने अपने मंतव्य को प्राप्त कर लिया। कठिनता, हीनता, दीनता, प्रतिघात सब में से होकर वे अपनी दृढ़ इच्छाशक्ति के बल पर निकल गए और एक दिन अमेरिका के राष्ट्रपति बने।

जब उनके मित्रों ने उनको प्रथम बार नियम स्थापक परिषद् के लिए नामांकित किया,

प्रतिदिन के लघु परंतु अच्छे कार्यों से ही जीवन में उन्नति और सफलता मिलती है और छोटे-छोटे बुरे कार्यों से अपकीर्ति और अवनति हो जाती है।

तब उनके शत्रुओं ने उनका बड़ा मजाक उड़ाया था। जब वे अपने चुनाव के लिए वक्तव्य देने जाते तब अपने मोटे-फटे वस्त्र पहन कर जाया करते थे। वास्तव में उनके पास अपने चरित्र और कतिपय मित्रों के अलावा था ही क्या? जब उनको उनके मित्रों ने कानून सीखने के लिए कहा तो वकील बनने के खयालों से वे बहुत हँसे और कहने लगे कि वकालत के लायक उनका दिमाग है ही नहीं।

वे पेड़ों की छाया में बैठकर नंगे पाँव कानून पढ़ा करते थे और जहाँ काम करते थे, बहुधा वहीं सो लेते थे। नियम स्थापक सभा में जाने के लिए उन्हें एक सूट खरीदना पड़ा था और किराया पास न होने के कारण 100 मील पैदल जाना पड़ा था। जब वे नियम स्थापक सभा में थे, तो स्प्रिंगफील्ड के एक प्रख्यात वकील जॉन स्टुवाड ने उनसे कहा कि प्ले नामक वकील की तो उनसे भी बुरी दशा थी। यहाँ तक कि उन्होंने अपनी पढ़ाई भी एक ऐसी पाठशाला में की थी, जिसमें खिड़की और किवाड़ तक नहीं थे।

जॉन स्टुवाड की बात सुनकर लिंकन ने कानून की पढ़ाई की। फिर पढ़ा, तो ऐसे पढ़ा कि उस विषय में वे विशेषज्ञ हो गए।

सर पुरोहित गोपीनाथ ने एक अत्यंत गरीब घर में जन्म लिया था। वे जयपुर के महाराजा स्कूल में पढ़ने लगे। उस समय जयपुर में अंग्रेजी भाषा को जानने वाले भी बहुत कम थे और वैसे भी पुरोहित जैसे एक साधारण दीन बालक को पढ़ाने की कौन ध्यान देता है? छोटी कक्षाओं की पढ़ाई तो पुरोहित जी ने जैसे-तैसे समाप्त की। परंतु अब बड़े स्कूल की पुस्तकें खरीदना भी इनके लिए दु:साध्य हो गया। परंतु दृढ़ इच्छाशक्ति इनको उच्च शिक्षा की ओर धकेले लिए जा रही थी। कुछ किताबें तो इन्होंने इधर-उधर से माँग लीं और कुछ किताबों की अपने हाथ से नकल कर डाली तथा सड़क पर लगी गैस की बत्तियों की रोशनी से पढ़ते-पढ़ते बी.ए. की परीक्षा जयपुर में ही पास कर ली। फिर ये सरकार से स्कॉलरशिप पाने लगे और 4 वर्ष में कलकत्ता (कोलकाता) विश्वविद्यालय से एम.ए. कर लिया। कुछ समय पश्चात् उन्हें सरकारी नौकरी मिल गई। बढ़ते-बढ़ते वे सन् 1920 में जयपुर के मोहकमा खास के सदस्य हो गए।

□

26

गलतियों से सीखिए

हम प्रायः दूसरे के गुणों की अपेक्षा उसकी गलतियों से अधिक सीख लेते हैं।

—लांगफेलो

प्रसन्न जीवन का पाँचवाँ गुरु मंत्र है—गलतियों से सीखिए।

गलतियाँ करना मनुष्य का स्वभाव है, परंतु जो इन गलतियों से सबक नहीं लेता, वह कभी सफल नहीं होता। हम यह नहीं देखते कि भाग्य ने तो हमारा बहुत साथ दिया पर हम अपनी गलतियों से बाज नहीं आए। इसलिए हम उन्नति नहीं कर सके और यदि उन्नति कर भी गए तो ठीक जगह तक न पहुँच कर लुढ़क गए। एक दिवाला निकलने वाले व्यापारी के पास जाकर पूछिए कि उसने कितनी बुरी तरह से सौदे किए— व्यर्थ व्यय किया, विवेक से काम नहीं लिया। वह आरंभ में तो यही कहेगा कि उसके दुर्भाग्य से उसकी यह अवनति हुई, परंतु जब आप उससे जिरह करेंगे तो वह स्वयं ही अपने दोषों को स्वीकार करता जाएगा। इसी प्रकार जेलखाने में जाकर एक खूनी से मिलिए। जो किसी मनुष्य के खून से अपने हाथ रँगने के कारण आजीवन कारावास का दंड पा रहा हो तो वह भी अपने भाग्य को ही कोसने लग जाएगा। वह अपने अंत:करण को यही कह कर संतोष करेगा कि कुछ परिस्थिति ही ऐसी उपस्थित हो गई थी कि उसकी हत्या करनी पड़ी।

किसी साधारण से व्यक्ति, कम वेतन पाने वाले कर्मचारी या फिर थोड़ी पूँजी से दुकान चलाने वाले व्यापारी से पूछिए, तो वे अपने मंद भाग्य की शिकायतें करेंगे। इसमें संदेह नहीं है कि भाग्य जीवन का एक अंग है। परंतु वह अंग ऐसा नहीं है कि उसके सहारे ही बैठे रहें और अपनी गलतियों को इस बहाने से ढक दें।

प्रतिभा का सम्मान

फ्रांस की राजधानी हुल्लड़बाजों के हाथ में पड़ गई। अधिकारी वर्ग घबरा गया। किंकर्त्तव्यविमूढ़ हो गया। उस समय एक व्यक्ति ने कहा, ''मैं एक युवक ऑफिसर को जानता हूँ, जिसमें शांति स्थापित करने की योग्यता और साहस है, उसको बुलाइए, बस उसी को बुलाइए।''

यह बात एक ने नहीं किंतु अनेक ने कही। उसी समय नेपोलियन को शीघ्र बुलाया

> **गलतियाँ करना मनुष्य का स्वभाव है, परंतु जो इन गलतियों से सबक नहीं लेता, वह कभी सफल नहीं होता।**

गया। उसने आते ही हुल्लड़बाजों का दमन किया और अधिकारियों पर भी प्रभुत्व प्राप्त किया। उसने शनैः-शनैः फ्रांस पर भी अपना अधिकार जमा लिया। इतना ही नहीं समस्त यूरोप पर विजय पताका फहरा दी। नेपोलियन का जीवन चरित्र समस्त संसार के स्त्री-पुरुषों के लिए आदर्श है। हम कमजोर, आशाहीन, चिंताग्रस्त, असफल मनुष्यों के लिए उसका जीवन चरित्र अनुकरणीय है।

जीवन की सफलता अधिकांश में इच्छा पर ही निर्भर है और जो भी कोई भी इसे कमजोर बनाता है या रोकता है, वही सफलता के प्रतिशत को कम करता है। इसलिए इच्छाक्ति का विकास करना आवश्यक है।

भर्तृहरि महाराज के शब्दों में—

उद्योग नं पुरुडषसिंहमुपैतिलक्ष्मी
दैवेन देविमितिकापुरषाः वंदति
देवं निहत्य कुरु पौरुषमात्मशक्तया,
यत्नेकृते यदि न सिद्धयदि को ड्त्रदोष।

(लक्ष्मी ऐसे उद्यमी पुरुष को, जो अपने बल के कारण मनुष्यों में सिंह की तरह होता है, प्राप्त होती है। कायर पुरुष कहते हैं कि जो भाग्य में लिखा है, वही प्राप्त होगा, जबकि भाग्य के भरोसे रहना छोड़कर पौरुष करना चाहिए। यदि फिर भी सफलता न मिले तो हमें यह विचार करना चाहिए कि ऐसी कौन सी वजह है जिससे सफलता में रुकावट पैदा हुई। परिश्रम किए बिना भाग्य पर ही दोष लगाकर चुप बैठ जाना अनुचित है।)

दृढ़ इच्छाशक्ति

हम चाहे जैसी दीन-हीन अवस्था में हों और चाहें जैसी रुकावटें हमारे मार्ग में हों, हमें दृढ़ इच्छाशक्ति से मार्ग खोजे बिना और उस पर चले बिना हताश होकर नहीं बैठना चाहिए। रुकावट आएगी तो क्या होगा? घड़ी भर, 2 दिन, 4 दिन, 2 महीने, वर्ष भर इंतजार कर लेंगे, आराम कर लेंगे और फिर रुकावट को दूर करेंगे। रुकावट एकदम नहीं हटेगी तो न हटे, उसको धीरे-धीरे हटाएँगे, परंतु अपना लक्ष्य नहीं छोड़ेंगे।

भाग्य की कुंजी का नाम परिश्रम है। इच्छाशक्ति, वीरता, साहस, उद्यम ऐसे गुण हैं जिनसे शत्रु डर जाते हैं और हमारे पास मार्ग में रुकावट डालते-डालते परेशान हो उठते हैं।

लोग थोड़े उद्यम से ही बड़े पदों पर पहुँच गए। यह जानकर कि कुछ लोग जन्म ही से मालदार हैं। इसलिए उनको हर प्रकार की सुविधा प्राप्त हो जाती है, यह जानकर कि कुछ लोग सिफारिश के जोर से, अपने संपर्कों के जोर से हमसे कम योग्यता और कम हौसला रखते हुए भी हमसे आगे बढ़ गए, हमें अपने निर्दिष्ट मार्ग से विमुख नहीं होना चाहिए।

कठिनाई का सामना करते हुए जो अपना मार्ग खुद ही बनाकर निर्दिष्ट स्थान को प्राप्त होते हैं, वही प्रशंसा प्राप्त करते हैं। सिफारिश, दौलत या बेईमानी आदि अनुचित उपायों से जो आगे बढ़ जाते हैं, उन्हें एक दिन गिरना ही पड़ता है। घृणित कार्यों से हम उन्नति कर भी जाएँ तो क्या वह उन्नति सर्वग्राह्य है? क्या वह उन्नति स्थायी है? कदापि नहीं। भाग्यश्री उन्हीं लोगों को चुनती है जो अपनी आस्तीन चढ़ा कर कार्य करने के लिए सदा तत्पर रहते हैं। जो न धूप से परेशान होते हैं, न सर्दी से काँप उठते हैं, न परिश्रम से डरते, न सदा आलस्य से भरे रहते हैं।

भाग्य की कुंजी का नाम परिश्रम है। इच्छाशक्ति, वीरता, साहस, उद्यम ऐसे गुण हैं जिनसे शत्रु डर जाते हैं और हमारे पास मार्ग में रुकावट डालते-डालते परेशान हो उठते हैं।

जो पर्वत हमें दूर से बड़े-बड़े दिखाई देते हैं जब हम पास पहुँचते हैं, तो उनमें भी हमें अनेक मार्ग दृष्टिगत होने

लगते हैं और जब हम उस मार्ग पर होकर जाते हैं, तो हमें शंका होती है कि क्या यही मार्ग पर्वत पर था जो दूर से इतना ऊँचा दिखाई दे रहा था। पर्वत की ऊँचाई जितनी थी उतनी ही रही। उसमें किसी प्रकार का परिवर्तन नहीं हुआ, जो कुछ परिवर्तन हुआ वह केवल हमारे विचार में हुआ। जब तक हम ऊँचाई से डरते रहे, हमें मार्ग काटना दुस्साध्य हो रहा था। परंतु जब हमने दृढ़ इच्छा कर ली तो वही मार्ग हमारे लिए सुगम हो गया और हम पर्वत के पार हो गए।

सफलता का इच्छाशक्ति पर और इच्छाशक्ति का सफलता पर बड़ा प्रभाव पड़ता है। जैसे-जैसे सफलता प्राप्त होती है, इच्छाशक्ति भी उतनी ही बढ़ती जाती है और जैसे-जैसे इच्छाशक्ति दृढ़ से दृढ़त्तर होती जाती है वैसे-वैसे सफलता सुगम होती जाती है। ऐसा कहना अनुचित न होगा कि सफलता और इच्छाशक्ति आपस में एक-दूसरे की पूरक हैं। यदि कोई मनुष्य किसी कार्य प्रणाली के अनुसार कार्य करने के लिए पक्का विचार कर ले, तो वह दाईं या बाईं तरफ मार्ग में नहीं घूमेगा, चाहे उस राह में कितने ही प्रलोभन क्यों न ललचाएँ। वह व्यक्ति अपने लक्ष्य पर सदैव नजर रखेगा।

पूरी दुनिया का इतिहास ऐसे उदाहरणों से भरा पड़ा है, जिसमें मनुष्य अपने फौलादी विचार के कारण निंदा, दीनता और दुर्दशा से बचे हैं। कई मनुष्य युवावस्था में सुनहरी आशाओं को लिए हुए संसार के कार्यक्षेत्र में उतरते हैं। परंतु उन्हें सफलता नहीं मिलती। यदि उनके जीवन को टटोला जाए तो उनकी हार का कारण यही मिलेगा कि उनमें इच्छाशक्ति की कमी थी। इच्छाशक्ति के बिना मनुष्य अपना जौहर (चमत्कार) नहीं दिखा सकता।

इच्छाशक्ति के अभाव में मनुष्य एक ऐसा इंजन है, जिसमें वाष्प नहीं है। वह इंजन ऊपर से संपूर्ण और सर्वांग सुंदर प्रतीत होता है। परंतु जब तक उसमें वाष्प नहीं है तब तक वह बेकार है। इच्छाशक्ति ही सफलता की कसौटी है। जीवन पथ को आलोकित करने वाली ऊर्जा है।

सफलता का इच्छाशक्ति पर और इच्छाशक्ति का सफलता पर बड़ा प्रभाव पड़ता है। जैसे-जैसे सफलता प्राप्त होती है, इच्छाशक्ति भी उतनी ही बढ़ती जाती है और जैसे-जैसे इच्छाशक्ति दृढ़ से दृढ़त्तर होती जाती है वैसे-वैसे सफलता सुगम होती जाती है।

जिंदगी का नियम

इस दुनिया में मनुष्य ईश्वर की सर्वोत्कृष्ट कृति है। अत: निकृष्ट कार्यों में लिप्तता समूचे मानवीय गौरव पर कालिख पोतने जैसा है। वस्तुत: जीवन शब्द में ऐसी ऊर्जा है, जिससे मनुष्य को अपने लक्ष्य के प्रति समर्पित रहने का अनवरत संदेश मिलता रहता है। जीवन गतिमय है, जिसमें गति नहीं, वह जीवन नहीं। जीवन का एक अर्थ जल भी होता है। इसलिए जीवन को जलधारा की भी संज्ञा दी गई है।

नदी की निर्बाध धारा विशालतम पाषाण खंडों को रौंदती, कुचलती, टकराती पृथ्वी की गोद में अखेलियाँ करती, झाड़-झंखाड़ को मार्ग से दूर हटाती, आगे बढ़ती जाती है। यही सिद्धांत मानव जीवन पर भी लागू होता है। जो व्यक्ति नित्य गति के मंत्र को पहचान लेता है, वही सच्चे अर्थों में जीवन का आनंद प्राप्त करता है। आत्मज्ञान की महिमा को इसलिए अंगीकार किया गया है तभी तो संत कबीर भी कहते हैं—

'साखी सब्दै गावत भूले,
आतम खबर न जाना।'

महाकवि सुमित्रानंदन पंत कहते हैं—

'अस्थिर है जग का सुख-दु:ख,
जीवन ही नित्य चिरंतन।'

जिस जिंदगी के पन्ने उद्यम, साहस और धैर्य की रोशनी से नहीं लिखे गए वह अधूरा है। जहाँ विवेक का मंत्र

नहीं, वह जीव सुखी नहीं, कर्मयोगी मनुष्य ही जीवन के आदर्श होते हैं। कर्मठता ही हमारे जीवन का पर्याय है। कर्मयोगी मनुष्य के हृदय में आशा, उत्साह तथा परिश्रम की ऐसी मनोमुग्धकारी त्रिवेणी की जल रश्मियाँ बहती हैं, जिनमें अवगाहन करके मनुष्य का रोम-रोम पुलकित हो झूम उठता है।

मैथिलीशरण गुप्त की पंक्तियाँ इस तथ्य को उजागर करती हैं—

'करके विधिवाद न खेद करो
निज लक्ष्य निरंतर भेद करो।
बनता बस उद्यम ही विधि है
मिलती जिससे सुख की निधि है
समझो धिक निष्क्रिय जीवन को,
नर हो न निराश करो मन को।'

निराशा को जीतिए

हमारे जीवन में खुशी और निराशा एक ही सिक्के के दो पहलू हैं। कभी-कभी हमें अकारण ही मानसिक उदासी तथा निराशा के दौर से दो-चार होना पड़ता है। उदासी व निराशा जीवन के प्रतीक नहीं हैं, इन्हें दूर भगाइए। इन पर विजय प्राप्त करके जीवन को उसके वास्तविक लक्ष्य प्रसन्नता तथा उपलब्धियों की तरफ अग्रसर कीजिए।

जब किसी भी कार्य में हम असफल हो जाते हैं, तो स्वाभाविक रूप से निराशा हमें आ दबोचती है। निराशा के अतिरेक की लहरें हमारे जीवन के उत्साह को बहा ले जाती हैं। कई बार इस तरह की त्रासदियाँ एक ओर जहाँ हमें अकर्मण्य बनाकर हमारे लिए दु:खों का जाल बुन देती हैं, वहीं दूसरी ओर जीवन से पलायन, आत्महत्या जैसे विचारों को जन्म देती हैं। निराशा की छाँव में खड़ा व्यक्ति मृत्यु की प्रतीक्षा करता है।

जिंदगी : महकता गुलाब

जिंदगी एक खूबसूरत गुलाब है। इसे प्राप्त करनेवाले को काँटों को भी निभाना ही पड़ेगा क्योंकि कवि मिल्टन के शब्दों में 'काँटों रहित गुलाब अभी तक विकसित नहीं किए जा सके।'

दीपावली का पावन पर्व अमावस्या की स्याह अँधेरी रात में ही मनाया जाता है जो हमें इस बात की प्रेरणा देता है कि निराशा भरी अँधेरी रात में आशाओं के दीप जलाकर ही हम प्रकाश के आगमन का पथ प्रशस्त कर सकते हैं।

कहा भी गया है—

'रात लंबी है मगर तारों भरी है
हर दिशा का दीप पलकों ने जलाया
साँस छोटी है मगर आशा बड़ी है,
जिंदगी ने मौत पर पहरा बैठाया।'

अत: निराशा जीवन के लिए एक अभिशाप से कम नहीं। सुखों के स्वप्न बुनने वालों को निराशा की निद्रा से जगाना जरूरी है।

बिना लड़े मत हारिए

बहुत से लोग जीवन संग्राम में जूझने से पूर्व ही हथियार डाल देते हैं। ऐसे लोग घोर निराशावादी होते हैं। वे खेलने से पूर्व ही हार जाते हैं। सुकरात कहा करते थे- निराशा जब चरम सीमा पर पहुँच जाती है, तब हमारी जीभ बंद हो

जाती है। जो अपनी सामर्थ्य तथा क्षमता प्रदर्शित करने से पूर्व ही अपने को पराजित महसूस कर लेते हैं, उन्हें दुनिया की कोई भी ताकत विजयी नहीं बना सकती।

ऐसे व्यक्तियों को ध्यान में रखते हुए ही यह कविता लिखी गई है—

'If you think, you are beaten you are.
If you think you can't, you don't
If you wish to win, but you think you can't
It is almost certain you won't
If you think, you will lose, you are lost.
You have got to be sure of yourself.
Before you can ever win a prize.
Life's battles don't always go
To the stronger or the faster man
But sooner or later he who wins
Is the man who thinks, he can.'

अर्थात् यदि तुम सोचते हो कि मैं पराजित हो जाऊँगा, तो तुम पराजित हो गए हो। यदि तुम सोचते हो कि यह काम मेरे वश में नहीं है, तो तुम इस काम को करने का साहस कभी नहीं जुटा पाओगे। यदि तुम सोचते हो कि मैं जीतने के लिए जी तो रहा हूँ परंतु जीत नहीं सकता तो तुम कदापि विजय हासिल नहीं कर पाओगे। यदि तुम सोचते हो कि मैं हार जाऊँगा, तो तुम हार चुके हो। कोई भी इनाम जीतने के लिए हमें पहले इसकी प्राप्ति मन में सुनिश्चित करनी होती है। जिंदगी एक ऐसी जंग है जिसमें अधिक बलवान अथवा अधिक ध्रुवगामी ही सदैव विजयी नहीं होता। देर-सवेर वही व्यक्ति विजयी होता है, जो यह सोच लेता है कि मुझे जीतना ही है। उन्हीं लोगों की तकदीर बदलती है, जो यह सोचते हैं कि वह बदलनी चाहिए।

□

समय प्रबंधन

> **एक मिनट देर से पहुँचने से बेहतर है कि तीन घंटे पहले पहुँच जाएँ।**
>
> **—विलियम शेक्सपीयर**

27

सच्चे रहिए

(Truthful For Time)

सत्यमेव जयते नानृतम्।
सत्य की ही विजय होती है असत्य की नहीं

—मुंडकोपनिषद्

समय प्रबंधन का प्रथम मंत्र है—समय के प्रति सत्यता

समय ही जीवन है। समय ही सत्य है। समय को समझकर ही हम स्वयं को समझ सकते हैं। जिसने समय के महत्त्व को नहीं समझा, निश्चित ही वह सफल नहीं हो सकता है। समय के महत्त्व को भाँपकर सत्यतापूर्ण ढंग से कार्य को करने का अपना अलग ही आनंद है। समय की परिधि को मापते हुए जब आप अपनी प्रतिभा का प्रदर्शन करते हैं, तो उसका आनंद और भी अधिक बढ़ जाता है। हमारी योग्यताएँ हमारी मौलिक व स्वाभाविक योग्यताएँ हैं। उन्हें समझिए और आवश्यकता के अनुसार पूरी सच्चाई और ईमानदारीपूर्वक उनके उपयोग की कला को जानिए।

सत्यतापूर्वक अपनी क्षमताओं का प्रयोग नहीं करना, ठीक ऐसे ही है जैसे कि सबकुछ जानते बूझते हुए भी हम अपने हाथ बाँधकर खड़े हो जाएँ। किसी भी कार्य को शुरू करने से लेकर पूरा करने तक समय की महत्त्वपूर्ण भूमिका होती है। आज के भागदौड़, चुनौती एवं प्रतिस्पर्धा के दौर में यदि हमने समय के महत्त्व को नहीं समझा, तो सच मानिए औरों से आप पिछड़ेंगे ही।

किसी भी कार्य में सर्वोच्च प्रदर्शन का अर्थ है—उस कार्य को करते समय मन में आनंद व संतुष्टि का झरना बहे। उसी स्थिति में कार्य की सही एवं सर्वोच्च स्वीकृति होती है तथा उसके वास्तविक परिणाम प्राप्त होते हैं।

किसी भी कार्य में सर्वोच्च प्रदर्शन का अर्थ है—उस कार्य को करते समय मन में आनंद व संतुष्टि का झरना बहे। उसी स्थिति में कार्य की सही एवं सर्वोच्च स्वीकृति होती है तथा उसके वास्तविक परिणाम प्राप्त होते हैं।

> "पुष्प, चंदन, अगर या चमेली किसी की भी सुगंध वायु के विपरीत कभी नहीं जाती। किंतु सत्य का यश वायु के विपरीत भी फैलता है। सत्पुरुष सभी दिशाओं को अपनी सुगंध से सुवासित कर देते हैं।"

—**भगवान् बुद्ध**

जीवन, कार्य और सामाजिक व्यवहार के अंतर्गत हमें अपने और दूसरों के प्रति सदैव सच्चा रहना चाहिए। इसे इस तरह भी समझा जा सकता है कि किसी भी कार्य को करने, सौंपने के लिए आप जो भी समयावधि निर्धारित करते हैं—आपको उसका ईमानदारीपूर्वक पालन करना चाहिए। बहुत से अवसरों पर आयोजित होनेवाले कार्यक्रमों में या वे आयोजन जो आप अपनी तरफ से करते हैं, उन सब में आपको इस नियम का दृढ़तापूर्वक पालन करना चाहिए। सच्चाई एक ऐसा गुण है, जो आपके समय को सुव्यवस्थित करता है और आप कम समय में अधिक उपयोगी और लाभदायक कार्यों को करने में सफल रहते हैं।

> **समय के महत्त्व को उसके सच्चे संदर्भों में देखने का एक अर्थ यह भी है कि आप तथ्यों के साथ सही आचरण और व्यवहार करें। इसे दूसरे शब्दों में समय की साधना भी कहा जा सकता है।**

समय के महत्त्व को उसके सच्चे संदर्भों में देखने का एक अर्थ यह भी है कि आप तथ्यों के साथ सही आचरण और व्यवहार करें। इसे दूसरे शब्दों में समय की साधना भी कहा जा सकता है। समय की साधना का विशिष्ट गुण यह है कि वह हमारे भीतर सकारात्मक दृष्टिकोण को विकसित करती है। सकारात्मक दृष्टिकोण से हमारे जीवन पथ पर उपलब्धियों के दीप स्वत: ही प्रज्वलित होने लगते हैं। अपने जीवन के प्रत्येक क्षण का सच्चाई के साथ उपयोग करनेवाला व्यक्ति कभी उद्विग्न नहीं रहता। उसके जीवन का लक्ष्य एकदम स्पष्ट होता है।

समय नहीं ठहरता। यह बात और है कि हम इसे जाता हुआ महसूस नहीं कर पाते। जिंदगी की बाकी सच्चाइयों की तरह यह भी एक कड़वा सत्य है कि हम प्रतिदिन अंतिम क्षण के पास आते-जाते हैं। विश्वास मानिए, सालों गुजर जाते हैं, बालों में हलकी सफेदी की झलक, सबकुछ भूलने की आदत, बच्चों से बढ़ता हुआ प्यार और समाज से शिकवे बढ़ते दिखें, तो समझ लीजिए उम्र में कुछ साल और बढ़ गए हैं। अगर आप अपनी सेहत और कपड़ों का ज्यादा ध्यान रखने लगें, ज्यादा समय ध्यान में लगाने लगें तो भी समझ लीजिए कि आप परोक्ष रूप से समय को गुजरता हुआ अनुभव करने लगे हैं।

एक कहावत है 'स्लीप वाइजर' अर्थात् हमें रोजाना कुछ-न-कुछ अवश्य सीखना चाहिए। हम वैसे ही सोए न रह जाएँ, जैसे सुबह जागे थे।

जीवन का मतलब है—समय, अत: इसका पूरी सच्चाई और ईमानदारी से सदुपयोग कीजिए।

□

28

महत्त्व समझिए

(Importance of Time)

वो वक्त का जहाज था, करता लिहाज क्या?
मैं दोस्तों से हाथ मिलाने में रह गया।

—हफीज मेरठी

समय प्रबंधन का दूसरा गुरुमंत्र है—समय के महत्त्व को समझना।

> **जो व्यक्ति आज का कार्य कल पर टालता है, उसका न तो आज ही आया और न ही कल आएगा। समय के महत्त्व को समझना किसी भी कामयाब व्यक्ति की पहली पहचान है।**

अपने विद्यार्थी जीवन में जब हम समय के महत्त्व के बारे में पढ़ा करते थे, प्राय: तब हमारे पास बहुत सा समय हुआ करता था। इसका नतीजा यह भी हुआ कि हमने समय का उतना महत्त्व नहीं समझा। काफी समय गुजार देने के बाद अब हमें इस बात का अहसास होता है कि समय बहुमूल्य है। समय रहते जो कार्य हँसते-मुसकराते किए जा सकते हैं, समय निकल जाने पर वे ही कार्य पहाड़ की तरह बड़े और जटिल प्रतीत होते हैं।

आप अपने कुछ ऐसे कामों की सूची बनाइए जिन्हें आप टालते गए और अंत में या तो उन्हें आपको छोड़ना पड़ा या आधे-अधूरे मन से आपने उन्हें पूरा किया। आप यह भी देखिए कि जिन कामों को आपने छोड़ दिया, उनका आपको सीधा-सीधा नुकसान हुआ और जिन कार्यों को आपने आधे-अधूरे मन से किया, उनसे आपकी वैसी छवि और प्रभाव नहीं बन पाया जैसा बनना चाहिए था।

जीवन बहुत सूक्ष्म है और अत्यंत तीव्रता के वेग से चला जा रहा है। आने वाला प्रत्येक पल हमारे लिए नई संभावनाओं एवं नए दायित्वों का संदेश लेकर आता है। यदि हम पुराने दायित्वों का ही समय रहते निर्वाह न कर सके तो नई जिम्मेदारियों को कैसे उठा पाएँगे, जो व्यक्ति आज का कार्य कल पर टालता है, उसका न तो आज ही आया और न ही कल आएगा। समय के महत्त्व को समझना किसी भी कामयाब व्यक्ति की पहली पहचान है।

'दिन गुजरते दिन
फँसे हम
बिना साँस, बिना गति।

एकदम जड़
बिना जीवन, बिना भाव।
जैसे किसी समंदर की तसवीर पर
बनी कोई नाव।'

—सैमुअल टेलर कोलरिज

हमारे जीवन का प्रत्येक क्षण 'स्वर्णिम क्षण है', जो व्यक्ति इन पलों को सँजोना और सहेजना जानता है, उसके लिए प्रगति एवं सफलता के द्वार सदैव खुले रहते हैं। ऐसा व्यक्ति न केवल बाधाओं पर विजय पाता है, अपितु वह जो भी इच्छा करता है, पूर्ण होती है। समय की पाबंदी और समय का महत्त्व हमें दूसरों की नजरों में प्रिय एवं खास बनाता है। जो लोग जीवन के ऊर्जावान और महत्त्वपूर्ण उत्पादक समय को व्यर्थ ही गँवाते फिरते हैं, एक दिन वे चारों ओर से हताश एवं निराश होकर स्वयं को नाकामयाबी के गहरे दलदल में फँसा हुआ अनुभव करते हैं।

हमारे जीवन का प्रत्येक क्षण 'स्वर्णिम क्षण है', जो व्यक्ति इन पलों को सँजोना और सहेजना जानता है, उसके लिए प्रगति एवं सफलता के द्वार सदैव खुले रहते हैं।

अपने समय का सदुपयोग करनेवाला कर्मचारी अपने कार्य को इबादत की तरह देखता है। यदि वह किसी कार्यालय में अधिकारी है, तो उसे अपनी मेज पर पड़ी विभागीय फाइलें बोझ प्रतीत नहीं होंगी। यदि वह वरिष्ठ अधिकारी है, तो कार्यालय में उसे अपने प्रशासनिक दायित्वों को निभाते समय कभी थकान और खीझ महसूस नहीं होगी।

भारत के प्रथम प्रधानमंत्री जवाहरलाल नेहरू ने समय के महत्त्व की एक नई मिसाल कायम की जब वे स्वतंत्रता आंदोलन के तहत जेल में बंद थे तब उन्होंने अपने समय का सदुपयोग करते हुए 'डिस्कवरी ऑफ इंडिया' नामक पुस्तक की रचना की। सभी जानते हैं कि इस पुस्तक ने पूरी दुनिया में पंडित नेहरू तथा भारत की ख्याति को बढ़ाया। इतना ही नहीं, इस ऐतिहासिक पुस्तक के कारण ही 'भारतत्त्व' अर्थात् 'इंडोलॉजी' नामक एक अलग विषय का प्रादुर्भाव हुआ।

यहाँ यह भी जान लेना बेहद जरूरी है कि बीता हुआ समय फिर कभी लौटकर नहीं आता। आगे बढ़ने के जो अवसर इस समय आपके पास हैं, वे सदा-सर्वदा आपके पास रहनेवाले भी नहीं हैं। अतः अपने जीवन के प्रतिपल का सर्वोत्तम सदुपयोग करना चाहिए।

जो व्यक्ति समय के महत्त्व को जानता है, जीवन संघर्ष में उसकी विजयश्री निश्चित है।

□

29

सुव्यवस्थित रहिए

(Manage Your-self)

सोने का प्रत्येक धागा मूल्यवान् होता है, इसी प्रकार समय का प्रत्येक क्षण भी।

—मेसन

समय प्रबंधन का तीसरा गुरुमंत्र है—सुव्यवस्थित रहना।

जो समय के महत्त्व को नहीं समझता, समय भी उसके महत्त्व को नहीं समझता। इस जीवन में जितने भी लोग कामयाब हुए हैं, उन सभी के पास दिन के 24 घंटे ही थे। लुई पाश्चर, अब्राहम लिंकन, महात्मा गांधी, माइकल एंजेलो, अलबर्ट आइंस्टाइन, थॉमस अल्वा एडीसन, इंदिरा गांधी, बिल गेट्स, धीरू भाई अंबानी, जे.आर.डी. टाटा—आप किसी का भी नाम लें, सभी ने इन्हीं 24 घंटों का सदुपयोग करते हुए अपने जीवन में सफलता के नए कीर्तिमान बनाए हैं।

यह सच है कि हम सभी के पास 24 घंटे ही होते हैं, लेकिन यदि आप ईमानदारी से देखें तो क्या हम इनका सही अर्थों में उपयोग करते हैं। शायद नहीं?

हमें अपने जीवन को संचालित करने के लिए कई बार समय को व्यवस्थित करना होता है तो अनेक बार समय की व्यवस्था के अनुसार स्वयं को ढालना पड़ता है। हमें जीवन व्यवहार में ऐसे बहुत से अवसरों का भी सामना करना पड़ता है, जिन पर वास्तव में हमारा कोई अधिकार नहीं होता। जैसे नींद, भोजन तथा हमारी दैनिक जीवन की अन्य क्रियाएँ। जिनको पूरा करने में हमारे 24 धंटों में से कई घंटे स्वाभाविक ढंग से व्यतीत हो जाते हैं।

> **हमें अपने जीवन को संचालित करने के लिए कई बार समय को व्यवस्थित करना होता है तो अनेक बार समय की व्यवस्था के अनुसार स्वयं को ढालना पड़ता है।**

यदि हम दिन के 24 घंटों में से नहाने, खाने, सोने आदि में 10 घंटे बिताते हैं तो हमारे पास बाकी के मात्र 14 घंटे ही बचते हैं। इसे यों भी समझ सकते हैं कि मात्र 58 प्रतिशत समय पर ही हम अपना नियंत्रण कर सकते हैं जबकि 42 प्रतिशत समय अपनी स्वाभाविकता के अनुसार गति करता रहता है।

प्रत्येक व्यक्ति औसतन 70 वर्ष की उम्र तक जिंदा रहता है। इन 70 वर्षों में 35 वर्ष वह सोकर गुजार देता है, क्योंकि आधी रातें थीं। इन 35 वर्षों में 20 वर्ष की अवस्था तक उसे प्राय: अच्छे-बुरे का ज्ञान नहीं रहता। अब बचे शेष 15 वर्ष। इसका मतलब जिंदगी

में जो करना है, उसके लिए हमें बहुत कम समय प्राप्त हुआ है। 15 × 365 = 5,475 दिन।

इस पुस्तक को पढ़ते समय आप अपने जीवन के बहुमूल्य समय की गणना कर सकते हैं। आपने अब तक जितनी उम्र बिताई है, उतने वर्षों को 365 दिनों से गुणा करके देख लें। उन समस्त दिनों को 5,475 दिनों में से घटाने पर जितने दिन आपके हाथ में हैं, एक तरह से वही आपका शेष समय है।

यह शाश्वत सत्य है कि एक दिन सभी को इस दुनिया से जाना है। यह भी सत्य है कि हमारी प्रत्येक श्वास के साथ हम अपने जीवन के कुछ अनमोल क्षण गँवाते जाते हैं। साधारण तौर से तो हमें लगता है कि हमारी उम्र बढ़ रही है जबकि शनैः-शनैः हम मृत्यु की ओर अग्रसर होते जाते हैं। अगर हम जीवन में कुछ बनना चाहते हैं या उन स्वप्नों को साकार करना चाहते हैं, जिन्हें हमने जागती आँखों से देखा है तो हमें अपने समय को व्यवस्थित करने की कला सीखनी ही चाहिए।

जो समय चिंता में बीता, समझो कूड़ेदान में गया। जो समय चिंतन में गया, वह समझो तिजोरी में गया।

प्रत्येक व्यक्ति की शारीरिक संरचना भिन्न प्रकार की होती है। उसी के अनुरूप उसकी शारीरिक आवश्यकताएँ निर्धारित होती हैं। वैज्ञानिकों का मानना है कि हमारी कुल नींद के मात्र 2 घंटे ही हमें पर्याप्त ताजगी प्रदान कर सकते हैं। हाँ, ये दो घंटे हर व्यक्ति के लिए अलग-अलग समयावधि के होते हैं। मसलन कोई व्यक्ति ब्रह्ममुहूर्त में 4 से 6 बजे के बीच, तो कोई रात्रि में 12 से 2 के बीच सोकर अधिक तरोताजा अनुभव कर सकता है। इन दो घंटों की गणना करना साधारण कार्य नहीं है, लेकिन एक बार इनका पता चल जाए तो समय का अधिकाधिक उपयोग किया जा सकता है।

आर्य समाज के प्रवर्तक तथा महान् समाज सुधारक महर्षि दयानंद सरस्वती मात्र 2 घंटे सोकर अपना काम चला लेते थे। महात्मा गांधी प्रातः 4 बजे उठते थे और रात्रि में 2 बजे तक कार्य करते रहते थे। सरदार वल्लभभाई पटेल भी 18 घंटे प्रतिदिन कार्य करते थे। अपने जीवन के अंतिम क्षणों तक उन्होंने अपनी क्षमता बरकरार रखी।

जो समय चिंता में बीता, समझो कूड़ेदान में गया। जो समय चिंतन में गया, वह समझो तिजोरी में गया।

□

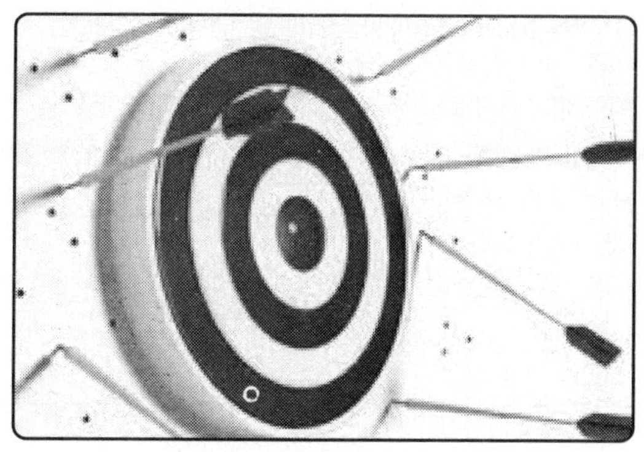

30

आर्थिक लक्ष्य रखिए

(Economic Targets)

समय परिवर्तन का धन है, परंतु घड़ी उसका उपहास करती है। उसे केवल परिवर्तन के रूप में दिखाती है, धन के रूप में नहीं।

—रवींद्रनाथ टैगोर

समय प्रबंधन का चौथा गुरुमंत्र है—आर्थिक लक्ष्य रखना

समय ही दूसरे अर्थों में धन है। समय शुभ जीवन और लक्ष्मी का अक्षय भंडार है। इसी के साथ यह भी ध्यान रखिए कि समय तभी धन है जब आप इसका सदुपयोग करते हैं। अन्यथा यह आपके लिए आपत्ति और निर्धनता का भी हेतु है। हम अपने समय का आकलन अपने कार्य के घंटों का विभाजन करके कर सकते हैं।

मान लीजिए आप दिन में आठ घंटे काम करते हैं और आपकी तनख्वाह आठ हजार रुपए है। इस तरह आपके एक घंटे का मूल्य एक हजार रुपया हुआ। मान लीजिए आप महीने में 25 दिन कार्य करते हैं तो आप कुल 200 घंटे कार्य करते हैं। इस स्थिति में आपके एक घंटे का मूल्य चालीस रुपए हुआ।

इसे इस तरह भी समझा जा सकता है कि यदि आप प्रतिदिन 2 घंटे बर्बाद करते हैं तो आप रोजाना 80 रुपए का नुकसान कर रहे हैं। अर्थात साल भर में आपको 29,200 रुपए का नुकसान हो रहा है और यदि आप प्रतिदिन 4 घंटे बर्बाद करते हैं तो आप 58,400 रुपए का नुकसान झेल रहे हैं। जाहिर है कि यह रकम आपकी महत्त्वपूर्ण मदों में काम आ सकती है। अतः इसकी बचत करें।

इस रकम से आप अपनी महत्त्वपूर्ण जरूरतों को पूरा कर सकते हैं। पत्नी के लिए जेवर खरीद सकते हैं। बच्चों की फीस भर सकते हैं। देश के किसी मनोरंजक स्थल पर पिकनिक मना सकते हैं अथवा अपने जीवन के लिए कोई बीमा पॉलिसी क्रय कर सकते हैं।

इस सिद्धांत पर मात्र एक बार गौर करने से आप समय का आर्थिक महत्त्व परख सकते हैं। आपको एहसास हो जाएगा कि समय की बर्बादी को लेकर अब आप कितने

समय ही दूसरे अर्थों में धन है। समय शुभ जीवन और लक्ष्मी का अक्षय भंडार है। इसी के साथ यह भी ध्यान रखिए कि समय तभी धन है जब आप इसका सदुपयोग करते हैं। अन्यथा यह आपके लिए आपत्ति और निर्धनता का भी हेतु है।

सतर्क हैं। हम किसी भी चीज का तभी तक दुरुपयोग करते हैं, जब तक उसके महत्त्व को नहीं जानते। अब आपका प्रत्येक मिनट कीमती है, उसके मूल्य को समझिए और अपने समय को धन में परिवर्तित करने का प्रयास कीजिए।

> *''समय सबसे महान् है, परमात्मा से भी। भक्ति आदि साधनों से परमात्मा को तो बुलाया जा सकता है, किंतु कोटि उपाय करने पर भी बीता हुआ समय नहीं बुलाया जा सकता।''*
>
> **—अज्ञात**

आर्थिक जरूरतों और लक्ष्यों को सामने रखकर समय का वास्तविक उपयोग किया जा सकता है। स्पष्ट लक्ष्य रखना आवश्यक है, क्योंकि उन्हें ही नापा अथवा जाँचा जा सकता है।

आर्थिक जरूरतों और लक्ष्यों को सामने रखकर समय का वास्तविक उपयोग किया जा सकता है। स्पष्ट लक्ष्य रखना आवश्यक है, क्योंकि उन्हें ही नापा अथवा जाँचा जा सकता है। स्पष्ट लक्ष्य का अभिप्राय उस तरह के उद्‍देश्यों से है, जो मजबूरी में या हमारी स्वेच्छा से हमें पूरे करने ही होते हैं।

मैं एक ऐसे विज्ञापन मैनेजर को जानता हूँ, जो एक समाचार-पत्र में निर्धारित वेतन पर कार्य करता है। निश्चित लक्ष्य के अलावा जितने विज्ञापन वह व्यक्ति लाता है उस पर उसे अलग से कमीशन प्राप्त होता है। उसने बताया कि जब उसका बेटा एक अस्पताल में भरती था तब उसने औसत से लगभग दोगुने विज्ञापन अपने अखबार के लिए बुक किए। उसने अधिक परिश्रम और संलग्नता से कार्य किया। नतीजा उसे कमीशन भी दोगुना मिला। जिससे उसने न सिर्फ अस्पताल के खर्चों की भरपाई की अपितु कुछ धन उसके पास बचा भी रह गया। जब उससे पूछा गया कि उसने किस तरह इस लक्ष्य को प्राप्त किया तो उसका सीधा सा जवाब था कि उसके सिर पर खड़े हुए खर्चे तथा रोजाना आनेवाले बिल उसे और अधिक परिश्रम करने के लिए प्रेरित करते थे। इस उदाहरण से यह साफ हो जाता है कि यदि कोई व्यक्ति अपने आर्थिक लक्ष्य स्पष्ट कर ले तो वह अपनी आमदनी में निश्चित रूप से इजाफा कर सकता है।

समय प्रबंधन के गुरुमंत्रों में आर्थिक लक्ष्यों का स्पष्ट होना भी अपना अलग महत्त्व रखता है।

□

31

बहुआयामी बनिए

(Multitasking)

समय का उचित उपयोग करना समय को बचाना है।

—बेकन

समय प्रबंधन का पाँचवाँ महत्त्वपूर्ण गुरुमंत्र है—एक समय में एक से अधिक कार्य करना। अंग्रेजी भाषा में इसे Multitasking कहते हैं।

Multitasking को आप इस तरह भी समझ सकते हैं कि एक तीर से कई शिकार करना। असल में हमारा बहुत सारा समय फिजूल की चीजों में व्यर्थ होता है। बहुत से कार्य ऐसे होते हैं, जिन्हें करते समय हमें बीच-बीच में रुकना पड़ता है अथवा कार्य की मजबूरी के चलते हमें किसी का इंतजार करना पड़ता है। ऐसे में हम Multitasking सिद्धांत का लाभ ले सकते हैं। अपने समय का सदुपयोग करने के लिए हमें प्रतिदिन अपने कार्यों की एक सूची बनानी चाहिए।

1. अनिवार्य कार्य,
2. अति महत्त्वपूर्ण कार्य,
3. महत्त्वपूर्ण कार्य,
4. कार्य जो करने हैं।

जो सूची आप बनाते हैं उसको एक छोटी सी डायरी में लिखिए। अपनी दिनचर्या के दौरान बीच-बीच में उस डायरी को देखते रहिए। जिन कार्यों को आपने अनिवार्य कार्यों की सूची में रखा है। उन्हें सबसे पहले करिए। उसके बाद अति महत्त्वपूर्ण कार्य और उसके बाद महत्त्वपूर्ण कार्यों को निपटाइए। इसी सूची में आप कुछ ऐसे लोगों के नाम भी लिख लीजिए, जिन्हें आपको टेलीफोन करने हैं। वर्तमान समय में टेलीफोन एक ऐसी सुविधा है, जो प्रायः सभी के पास है। आज के सक्रिय जीवन में टेलीफोन भी हमारे बहुत से कार्यों को करने का एक महत्त्वपूर्ण माध्यम बन गया है। जब भी हमें समय मिलता है, हम टेलीफोन के माध्यम से अपने कार्यों की प्रगति का जायजा ले सकते हैं, या संबंधित व्यक्तियों को आवश्यक दिशा-निर्देश दे सकते हैं।

कुछ ऐसे भी कार्य होते हैं जिन्हें हमें करना तो होता है, लेकिन उनकी प्राथमिकता निश्चित नहीं होती उन्हें हम 'कार्य जो करने हैं' की सूची में रख सकते हैं और जब-जब समय मिले हम उन्हें निपटा सकते हैं।

एक ही समय में अनेक कार्य करने का सिद्धांत हमें समय की बचत करना भी सिखाता है। पंडित नेहरू जब यात्रा करते थे तब अपने कार्यों की सूची के अनुसार अपने कार्य निपटाते थे। सरदार वल्लभभाई पटेल रेल यात्रा के दौरान बहुत से व्यक्तियों के पत्रों का जवाब दे दिया करते थे। विश्व के सर्वाधिक धनी व्यक्ति बिल गेट्स जब यात्रा करते हैं, तो बहुत से आवश्यक कार्य मोबाइल पर ही निपटा लेते हैं। मुंबई शहर में Multitasking का प्रयोग आसानी से देखा जा सकता है। महान् दार्शनिक ओशो ने अपने शिष्यों की बहुत सी जिज्ञासाओं के समाधान अपनी रेल यात्राओं के दौरान किए। उनके द्वारा सुझाए गए समाधानों को उनके शिष्यों द्वारा रिकॉर्ड कर लिया गया, जिनमें से अनेक प्रवचन आज भी अत्यंत प्रसिद्ध हैं।

नौकरी पेशा लोग भी कार्यालय और घर के बीच के सफर की दूरी को Multitasking के जरिए उपयोग में ला सकते हैं।

बहुत से फिल्मी सितारे ऐसे हैं, जिनका घर उनके स्टूडियो से आधे, एक अथवा दो घंटे की दूरी पर है। ऐसे में फिल्मों के डायलॉग याद करना, कहानी को समझना अथवा प्रेस के लोगों को इंटरव्यू देने का कार्य वे लोग अपनी वैन में ही कर लेते हैं। कई फिल्मी सितारों के पास ऐसी भी वैन है, जिनमें उन्होंने छोटा सा ड्राइंग रूम बनाया हुआ है और आवश्यक खाने-पीने की चीजें भी वहीं उपलब्ध रहती हैं। ऐसे में चूँकि सफर करना एक अनिवार्य शर्त है, लेकिन Multitasking का प्रयोग करके फिल्मी सितारे न सिर्फ अपने समय की बचत करते हैं, अपितु ठीक ढंग से अपने कार्यों और उद्देश्यों को भी निपटा लेते हैं।

ऐसे लोग जिनका अधिकांश समय यात्रा में व्यतीत होता है उनके लिए Multitasking एक उपयोगी गुरुमंत्र है। हम पुस्तकें पढ़कर, सीडी, टेप या मोबाइल पर महत्त्वपूर्ण बात करके यात्रा में लगने वाले समय का सदुपयोग कर सकते हैं। एक सर्वे के अनुसार सेल्समैन अपने कामकाज का लगभग पचास प्रतिशत भाग यात्रा में व्यतीत करते हैं। जाहिर है कि जो सेल्समैन Multitasking का उपयोग करते हैं वे अपने अन्य साथियों की तुलना में अधिक कामयाब रहते हैं।

नौकरी पेशा लोग भी कार्यालय और घर के बीच के सफर की दूरी को Multitasking के जरिए उपयोग में ला सकते हैं।

□

32

सचेत रहिए

(Attention Without Tension)

तनाव से रूप, बल, बुद्धि, समय, उम्र और ज्ञान का नाश होता है।

–आचार्य तुलसी

समय प्रबंधन का छठवाँ सिद्धांत है—सजगता।

धर्म की सभी व्याख्याओं में सजगता को प्रमुख स्थान दिया गया है। सजगता एक तरह की चेतनता है, जो हमारे मन-मस्तिष्क को जाग्रत् रखती है। जो जगा हुआ है, उसके सभी कार्य सधे हुए होते हैं।

भगवान् बुद्ध ने जिस 'अप्प दीपो भव:' की बात कही है, यह वही सजगता है। अर्थात् अपने दीपक स्वयं बनो। आपका जीवन इतना जाग्रत् अवस्था में हो कि आपको आपके मार्ग की समस्त बाधाएँ स्पष्ट दृष्टिगोचर हों तो निश्चित ही आप सफल होंगे।

सचेत रहने का अभिप्राय इस बात से भी है कि आप अपने कार्य को और अपने समय को व्यवस्थित करते समय कितने सचेत रहते हैं। जब आप सचेत होकर कोई कार्य करते हैं तो उसमें गलती होने की गुंजाइश बहुत कम रह जाती है। यही नहीं सचेत व्यक्ति कभी भी समय की बर्बादी नहीं करता। सचेत व्यक्ति जिस तरह अपने समय का मूल्य समझता है, उसी तरह उसे दूसरे व्यक्ति के समय की कीमत भी पता होती है।

सफलता के अनिवार्य तत्त्वों में सचेतता भी एक महत्त्वपूर्ण तत्त्व है। सचेत रहकर आप अपने लक्ष्य तक अधिक आसानी से पहुँचते हैं और जो भी करते हैं उसे श्रेष्ठ ढंग से करते हैं। जब भी कोई कार्य श्रेष्ठता के मापदंड को ध्यान में रखकर किया जाता है, तो स्वाभाविक रूप से उसकी गुणवत्ता में बढ़ोतरी हो जाती है। सर्वोच्च गुणवत्ता ही हमें औरों से अलग करती है तथा हमारी कामयाबी की मंजिल को तय करती है।

सफलता के अनिवार्य तत्त्वों में सचेतता भी एक महत्त्वपूर्ण तत्त्व है। सचेत रहकर आप अपने लक्ष्य तक अधिक आसानी से पहुँचते हैं और जो भी करते हैं उसे श्रेष्ठ ढंग से करते हैं।

सचेतनता का उपयोग हम इस तरह भी कर सकते हैं कि सबसे महत्त्वपूर्ण कार्य को हमें सबसे पहले करने की आदत डालनी चाहिए। सामान्यत: रोजमर्रा के जीवन में हम इस तरह से कार्य करते हैं कि हमारे सामने जो काम पड़ता है, हम उसे निपटाने में जुट जाते हैं। इसका एक दुष्परिणाम यह होता है कि हमारे अनेक महत्त्वपूर्ण कार्य पीछे छूट जाते

हैं। जब हम सचेतनतापूर्वक कार्य करते हैं तो हमारी दिनचर्या स्वत: ही इस तरह की होती चली जाती है कि हम कार्यों को उनके महत्त्व के क्रम में निपटाना शुरू करते हैं और इस तरह उनसे मिलनेवाले नतीजे अधिक लाभप्रद और संतोषजनक होते हैं।

सचेतनता को स्पष्ट करते हुए चैनिंग ने लिखा है—"जो सचेत है वह साधन भी पा जाता है, यदि नहीं पाता तो वह उन्हें पैदा करने की सामर्थ्य विकसित कर लेता है।"

प्रत्येक महत्त्वाकांक्षी व्यक्ति को इस बारे में सचेत रहना चाहिए कि वह अपने समय का सदुपयोग करते हुए अपनी दिनचर्या को व्यवस्थित करे। इस तरह की योजना बनाने की आवश्यकता है कि आपका समय भी व्यर्थ न हो और कार्य भी अपने वास्तविक स्वरूप में संपन्न हो सकें।

प्रत्येक महत्त्वाकांक्षी व्यक्ति को इस बारे में सचेत रहना चाहिए कि वह अपने समय का सदुपयोग करते हुए अपनी दिनचर्या को व्यवस्थित करे।

अपनी क्षमताओं तथा कौशल को सचेत रखिए। जो क्षमताएँ आपके पास हैं, वे मात्रा में चाहे कितनी भी कम क्यों न हों, उनका कारोबार कीजिए। आप देखेंगे कि वे बढ़ने लगी हैं। हम बहुत बार अपनी क्षमताओं की वजह से नहीं, अपितु उद्देश्य की कमी तथा सचेतनतापूर्वक प्रदर्शन न कर पाने की कमी के कारण असफल हो जाते हैं। कार्य करने की किसी भी शैली को स्थायी तौर पर अपना ढर्रा मत बनाइए उसमें निरंतर गुणवत्ता व सुधार के प्रयास कीजिए। आपके प्रयोग जब लोगों के सामने प्रकट होंगे तो वे आपको स्वीकारेंगे, सराहेंगे तथा चाहेंगे।

हमारी सचेतनता को ठप और कुंद करनेवाले तत्त्व हमारे व्यसन हैं, लेकिन नशीले पदार्थ हमारी चैतन्यता को घटाते हैं। सभी धर्म ग्रंथों में इसीलिए मादक द्रव्यों और नशीले पदार्थों का परहेज बताया गया है, क्योंकि उनका प्रयोग करने के बाद हमारी सचेतनता समाप्त होती है। चाहे भक्ति हो, चाहे शक्ति और चाहे व्यक्ति; यदि कहीं भी सचेतनता का अभाव है तो वहाँ समय का दुरुपयोग और असफलता की मनहूस पदचाप अपने आप दृष्टिगोचर होती है।

याद रखिए हम वही करते हैं, जिसे हम करना चाहते हैं। इस दुनिया में हमारे संकल्प, हमारे चरित्र और हमारे निश्चय के समान बलशाली कोई भी नहीं। जो लोग परिस्थितियों और संगति की दुहाई देकर बहुत से व्यसनों को अपनाए रखने की वकालत करते हैं, वे एक तरह से अपनी उन कमजोरियों पर परदा डालते हैं, जिन्हें वे जीत नहीं सके।

समय प्रबंधन के छठे सिद्धांत 'सजगता' पर अमल करके हम एक तरफ जहाँ अपने समय का सदुपयोग करते हैं, वहीं अपने लक्ष्य और सफलता की तरफ भी अग्रसर होते हैं।

□

33

प्रकृति के निकट रहिए

(Near to Nature)

प्रकृति एक ग्रंथ है, जिसका रचयिता ईश्वर है।

–हारवे

समय प्रबंधन के गुरुमंत्रों में सातवाँ सूत्र है—प्रकृति से निकटता।

प्रकृति से निकटता का अभिप्राय: है कि आप प्रकृति के नियमों का पालन करें। उसके द्वारा निश्चित किए गए समय के अनुसार अपनी दिनचर्या निर्धारित करें। मोटे तौर पर इसे इस तरह भी समझा जा सकता है कि कृत्रिमता या बनावटीपन हमारे जीवन को खोखला और कमजोर करता है। जबकि जितना हम प्रकृति के निकट रहते हैं, उतना ही हमारा जीवन अधिक सौम्य और सहज रहता है। यही सौम्यता और सहजता हमें हमारे कार्य और जीवन को नियंत्रित करने की शक्ति और ऊर्जा प्रदान करती है। हम अपने समय को अपने मुताबिक निर्धारित कर सकने में सफल रहते हैं और जिन लक्ष्यों को हमने अपने जीवन का ध्येय बनाया है उन्हें पाने में हमें कामयाबी मिलती है।

जिन व्यक्तियों की दिनचर्या प्रकृति के अनुसार नियमित होती है, उनके जीवन में सफलता, सुख- शांति और संतोष की सुख भरी बदली से आनंदकणों की वर्षा होती रहती है। जबकि जिन लोगों की दिनचर्या प्रकृति के अनुकूल नहीं है, उनका मन अशांत और स्वास्थ्य प्राय: खराब रहता है। ऐसे लोग अनेक शारीरिक एवं मानसिक रोगों से पीड़ित रहते हैं। दूसरे शब्दों में कहें, तो जो व्यक्ति अपनी प्रकृति को समझकर उसके अनुसार अपने जीवन को संतुलित नहीं कर पाता वह समय प्रबंधन में भी चूक जाता है।

> **जिन व्यक्तियों की दिनचर्या प्रकृति के अनुसार नियमित होती है, उनके जीवन में सफलता, सुख-शांति और संतोष की सुख भरी बदली से आनंदकणों की वर्षा होती रहती है।**

सुव्यवस्थित व नियमित दिनचर्या के रूप में प्रात:काल उठना, नित्य कर्म आदि से निवृत्त होना, व्यायाम, योग, स्नान, ईश्वर आराधना, स्वल्पाहार, स्वाध्याय आदि के उपरांत अपने दैनिक कार्यों का निष्पादन करना है। इन कार्यों को करने से एक ओर जहाँ हमारे समय का सदुपयोग होता है वहीं दूसरी ओर हम शारीरिक तथा मानसिक रूप से भी स्वस्थ एवं समृद्ध रहते हैं। जब हम मानसिक रूप से संतुष्ट होते हैं, तभी हम सफलता के कंटकाकीर्ण मार्ग पर बिछे हुए अवरोधों को पार करते हुए अपनी मंजिल तक पहुँचते हैं। यह एक रोचक तथ्य है कि प्रकृति का समय हमारी घड़ी के समय से प्राय: बहुत भिन्न

होता है। वैज्ञानिकों ने निष्कर्ष निकाला है कि अधिकांश वयस्कों के लिए जीव विज्ञान की दृष्टि से एक प्राकृतिक घंटा लगभग 60 मिनट का होता है। इसका मतलब है कि अगर व्यक्ति को किसी ऐसे बंद कमरे में छोड़ दिया जाए कि उसके पास समय का आभास करानेवाली कोई चीज न हो, तो वह व्यक्ति रोजाना 24 से 25 घंटे तक काम करेगा और हर महीने उसका एक दिन घट जाएगा।

इस दुनिया में प्रत्येक जीवित प्राणी के पास अपनी-अपनी कुदरती घड़ियाँ होती हैं, जो प्रकृति की लय के साथ तालमेल बनाए रखती हैं। समुद्र में रहनेवाले केकड़ों को स्वाभाविक रूप से पता चल जाता है कि कब समुद्र की धारा का रुख बदलने वाला है। निशाचर चूहा और उल्लू रात होते ही जाग जाते हैं। भालू को कोई कहने नहीं जाता कि सर्दियों में अब उसे कुंभकरण की तरह सोना है। पक्षियों का कलरव सुबह तड़के व साँझ ढले पूर्ववत् शुरू हो जाता है, उन्हें किसी का टेलीफोन नहीं जाता कि शाम हो गई है, चलो चहचहाना शुरू करो।

समय के सदुपयोग की इच्छा रखनेवाले व्यक्तियों को चाहिए कि वे प्राकृतिक संदेशों का अनुसरण करें और उसी के मुताबिक अपनी दिनचर्या और कार्यशैली को निर्धारित करें।

ये जीती-जागती घड़ियाँ रोबोट मशीन की तरह बिलकुल निश्चित समय तो नहीं बतातीं, परंतु वातावरण और परिस्थिति में हुए परिवर्तनों के अनुसार स्वयं को व्यवस्थित कर लेती हैं। इन घड़ियों में सबसे अधिक परिचित 'सिरकैडियन' लय है, जो प्राय: चौबीस घंटों में शरीर के रासायनिक तापमान संबंधी तथा शरीर के अन्य परिवर्तनों के उतार-चढ़ाव में साफ महसूस होती है।

सब जानते हैं कि गरमियों में दिन बड़े होते हैं और सर्दियों में रातें। हमारे शरीर में छिपी जैविक घड़ियाँ अपने आप उन परिवर्तनों के अनुरूप खुद को ढाल लेती हैं। तेज धूप व उमस भरे वातावरण में कुछ भी न कर पाने व आराम करने की इच्छा तथा बादलों भरे आसमान के मौसम में रिमझिम होती वर्षा के क्षणों में रूमानी होता हमारा मन ऐसी ही जैविक घड़ियों की बात को मानने का उदाहरण है।

समय के सदुपयोग की इच्छा रखनेवाले व्यक्तियों को चाहिए कि वे प्राकृतिक संदेशों का अनुसरण करें और उसी के मुताबिक अपनी दिनचर्या और कार्यशैली को निर्धारित करें। प्रकृति को उपेक्षित करके हम अपने समय और शरीर के बीच वास्तविक संतुलन स्थापित नहीं कर सकते।

जल्दी सोनेवाला और प्रात:काल शीघ्र उठनेवाला मनुष्य आरोग्यवान्, भाग्यवान् और ज्ञानवान होता है।

—फ्रैंकलिन

□

34

जागरूक रहिए

(Awareness)

जागरूकता का अर्थ है कर्म क्षेत्र में अवतीर्ण होना और कर्मक्षेत्र क्या है? जीवन संग्राम।

—जयशंकर प्रसाद

समय प्रबंधन का आठवाँ सूत्र है—जागरूकता।

जो व्यक्ति जागरूक है, उसका समय निश्चित ही प्रबंधित होगा। जागरूक व्यक्ति द्वारा त्रुटियों की संभावनाएँ भी कम रहती हैं। जागरूकता हमें हमारे लक्ष्य और संकल्पों को पूरा करने में मददगार सिद्ध होती है।

नेपोलियन की मान्यता थी कि समय को फतेह करने की सबसे बेहतरीन तकनीक यह है कि अपने आपको किसी एक जगह पर खूब मजबूती से जमा लीजिए और अपने समय पर नजर गड़ाते हुए अपने लक्ष्य की तरफ चलते रहिए। इसी भाँति हमें जीवन में भी हमले के लिए एक मोर्चा पसंद कर लेना चाहिए और फिर उसी पर अपनी पूरी शक्ति लगा देनी चाहिए। यदि हमारे सम्मुख कोई निश्चित समय सीमा नहीं है, तो हम अपना जीवन व्यर्थ ही गँवा देंगे और कहीं भी नहीं पहुँच सकेंगे।

जो व्यक्ति जागरूक है, उसका समय निश्चित ही प्रबंधित होगा। जागरूक व्यक्ति द्वारा त्रुटियों की संभावनाएँ भी कम रहती हैं। जागरूकता हमें हमारे लक्ष्य और संकल्पों को पूरा करने में मददगार सिद्ध होती है।

यदि हमारे जीवन में कोई समय लक्ष्य नहीं है, तो हम जीवनरूपी महासमुद्र में वैसे ही गोते खाते रहेंगे जैसे बिना पतवार की नाव। जबकि जीवन के प्रति सुनिश्चित लक्ष्य हमारी क्षमताओं व शक्तियों को एक सूत्र में पिरो देगा और जीवन की बगिया में सफलता के सुंदर पुष्प महक उठेंगे। बिना कामना या लक्ष्य के हमारी समस्त क्षमताएँ और योग्यताएँ उन बहुत से हथियारों की मानिंद होंगी, जिनसे कोई भी कार्य नहीं लिया जा सकता।

जब व्यक्ति के जीवन में निश्चित समय के प्रति जागरूकता नहीं है और उसके समुचित संचालन हेतु कोई योजना नहीं है, उसके मार्गदर्शन के लिए कोई सिद्धांत नहीं है, तब व्यक्ति इधर-उधर भटककर समाप्त हो जाएगा। शानदार रास्ते तो उन्हीं कदमों तले खुलते हैं, जिन्होंने कोई नक्शा तैयार किया हुआ हो, जिनका कोई मिशन हो और

जिनकी रहबर हो जागरूकता।

कार्यशीलता के संबंध में पुरुषों की श्रेणियाँ निर्धारित की जाती हैं—आग्नेय पुरुष (Fire men) और पार्थिव पुरुष (Clay men) यानी—'माटी के माधो'।

आग्नेय पुरुष वे होते हैं, जो अग्नि की ज्वाला की भाँति सदैव ऊर्ध्वगामी रहते हैं। ऊपर और ऊपर की ओर उठने के प्रति सदैव प्रयत्नशील रहते हैं, जो अपने कार्यों को पूरे होशो-हवास में रहकर संपन्न करते हैं। ऐसे लोगों का व्यक्तित्व प्रकृति के सत्वगुण (प्रकाश तत्त्व) से प्रचुर मात्रा में सराबोर रहता है जबकि पार्थिव पुरुष वे होते हैं जिनमें प्रकृति का तमस तत्व (अप्रकाशित तत्त्व यानी प्रमाद) प्रधान होता है। ये आरामपसंद होते हैं। 'काम हराम है' इनका आदर्श सूत्र होता है। ऐसी प्रवृत्तिवाले लोग ही समाज में 'गोबर गणेश' की संज्ञा पाते हैं। आग्नेय पुरुष स्वयं जलकर औरों को प्रकाश (आनंद) वितरित करते हैं। जबकि पार्थिव शरीर जलते हुए दीपकों के सुनहरे हस्ताक्षरों को मिटाने में अपनी ऊर्जा का दुरुपयोग करते हैं तथा समाज में अंधकार फैलाते हैं।

ऐसी स्थिति में वह चलेगी ही नहीं। मगर जो जागरूकता की दौलत से माला-माल हैं, भले ही उनकी ताकत कितनी ही कम क्यों न हो, उनके लिए उम्मीद के अनंत पड़ाव हैं, रोशनियों के अकूत खजाने हैं। जागरूकता जीवन की प्रेरणा है और हमें आगे बढ़ाने वाली है।

इंगलैंड में थॉमस हॉक्ले नाम का एक प्रसिद्ध मनोवैज्ञानिक हुआ है। एक बार वह किसी टैक्सी में सवार हो गया और चीखकर बोला, 'तेज चलाओ।' कुछ देर बाद उसने ड्राइवर से पूछा, 'तुम्हें पता है कि हम कहाँ जा रहे हैं?'

'नहीं तो, लेकिन मैं तेज चला रहा हूँ।'

बिना जागरूकता के अटकल-पच्चू ढंग से गोलीबारी करने पर शिकार हाथ नहीं आता। किसी व्यक्ति में सारी योग्यताएँ हों तथा जागरूकता न हो तो वह उस घड़ी की भाँति है, जिसमें सारे पुर्जे तो हैं, लेकिन कमानी नहीं है। ऐसी स्थिति में वह चलेगी ही नहीं। मगर जो जागरूकता की दौलत से माला-माल हैं, भले ही उनकी ताकत कितनी ही कम क्यों न हो, उनके लिए उम्मीद के अनंत पड़ाव हैं, रोशनियों के अकूत खजाने हैं। जागरूकता जीवन की प्रेरणा है और हमें आगे बढ़ाने वाली है।

जीवन में मन चाहे उद्देश्यों की प्रतिपूर्ति के लिए नूतन जानकारियों के प्रति जागरूकता का विकास करें। विभिन्न क्षेत्रों में सफलता प्राप्ति हेतु हमें अनेक प्रकार की सूचनाओं तथा जानकारियों की आवश्यकता होती है। जिन्हें विभिन्न माध्यमों से एकत्रित किया जा सकता है। महत्त्वपूर्ण अथवा अपनी रुचि और क्षेत्र से संबंधित जानकारियों से वंचित व्यक्ति अनेक बार उपलब्ध अवसरों का लाभ नहीं उठा पाते और फिर जिंदगी-भर इस चूक के लिए पछताते रहते हैं। ऐसी संभावित घटनाओं, अवसरों, आयोजनों व फैसलों के प्रति सजग रहें, जो आपके जीवन को प्रभावित कर सकते हैं। □

35

समय को नियंत्रित कीजिए

(Govern Your Time)

जहाँ समय के नियमों की रक्षा नहीं की जाती वहाँ कोई भी अनर्थ पैर फैला सकता है।

–राम प्रताप त्रिपाठी

समय प्रबंधन का नौवाँ गुरुमंत्र है—समय को नियंत्रित करना।

समय के साथ चलनेवाले लोगों को हमेशा अक्लमंद माना गया है। समय की पाबंदी का महत्त्व सभी के लिए महत्त्वपूर्ण है। समय से जरा भी इधर-उधर होने का मतलब होता है समूची दिनचर्या का अस्त-व्यस्त हो जाना। जो लोग 24 घंटों को भी कम मानकर उसका रोना रोते रहते हैं, वे वास्तव में समय के साथ नहीं चलते। यही वजह है कि समय उनसे आगे निकल जाता है। सामान्य सी बात है कि यदि कोई सुबह देर से (लगभग 8 बजे) सोकर उठता है तो उसकी दिनचर्या प्रभावित होनी निश्चित है।

मसलन बिस्तर छोड़ते ही उसे काम पर पहुँचने की चिंता घेर लेती हैं। परिणामस्वरूप वह बिना एक भी क्षण गँवाए तैयारी में व्यस्त हो जाता है। आनन-फानन में फ्रेश होकर, जो मिला, जैसा मिला के आधार पर वह अपने काम के लिए निकलता है। यानी दिन का शुभारंभ ही थकान व उकताहट का अहसास देता है। यहीं से असफलता की शुरुआत हो जाती है। अत: मुँह अँधेरे उठने का अभ्यास करें।

समय के साथ चलनेवाले लोगों को हमेशा अक्लमंद माना गया है। समय की पाबंदी का महत्त्व सभी के लिए महत्त्वपूर्ण है। समय से जरा भी इधर-उधर होने का मतलब होता है समूची दिनचर्या का अस्त-व्यस्त हो जाना।

जीवन को स्फूर्तिमय व आनंददायक बनाने के लिए प्रात: पाँच से छह बजे के मध्य उठने की आदत डालें। इसके लिए यदि शुरू में आँखें नहीं खुलतीं तो घर-परिवार के किसी जिम्मेदार सदस्य अथवा अलार्म घड़ी की मदद ली जा सकती है। आजकल की अनियमित जीवन-शैली तथा बदतर खान-पान के चलते स्वास्थ्य संबंधी समस्याएँ आम हो गई हैं। प्रात: उठने के बाद व्यायाम की भी आदत डालें, इससे आपका शरीर भी चुस्त-दुरुस्त रहेगा तथा आप अपने कार्यों को मन लगाकर कर सकेंगे।

'रीडर्स डाइजेस्ट' अंग्रेजी भाषा की एक प्रसिद्ध पत्रिका है, जो सारी दुनिया में

बिकती है। इसके जन्म की कहानी बड़ी प्रेरणास्पद है। प्रथम महायुद्ध के दौरान एक सैनिक घायल हो गया। उसका नाम था, डिविट वैलेस। इलाज के लिए उसे अस्पताल में भरती होना पड़ा। वहाँ उसका अधिकांश समय पढ़ने में व्यतीत होता था। वह जो कुछ भी पढ़ता उसके संक्षिप्त नोट बनाता जाता था। एक दिन उसे ख्याल आया कि सर्वश्रेष्ठ कृतियों को संक्षिप्त करके सबको एक जिल्द की शक्ल में पेश करने पर सच्ची सेवा होगी। स्वस्थ होने पर वह अस्पताल से घर आ गया। उसने रीडर्स डाइजेस्ट के नाम से एक प्रति तैयार की। दो साल बाद सन् 1921 में जब उसकी नौकरी जाती रही, तो गुजर-बसर का सवाल उसे कचोटने लगा। वह और उसकी पत्नी दोनों इस मैगजीन के काम में लग गए। उन्होंने पाँच हजार डॉलर चंदा जमा किया और इस तरह 1922 में रीडर्स डाइजेस्ट का पहला अंक बाजार में आया।

शेक्सपियर ने 'हैमलेट' नामक नाटक में कहा है कि जब मन में विचार उठे तभी उस कार्य को कर डालिए, क्योंकि संसार बदलता रहता है और उसमें कटौतियाँ तथा देरियाँ होती जाती हैं। इतनी ज्यादा तादाद में जितनी ज्यादा तादाद में जीभें हैं, हाथ हैं, दुर्घटनाएँ हैं।

जो व्यक्ति अपने समय को नियंत्रित नहीं कर पाते वे अपने सामने अनेक मुश्किलें खड़ी कर लेते हैं। समय पर नियंत्रण न कर पाने का एक प्रमुख कारण हमारा अव्यवस्थित तौर-तरीका भी है।

आपके समय का नियंत्रण क्या होना चाहिए, यह आप स्वयं निर्धारित करें। समय निर्धारण के मामले में थोड़ी सावधानी बरतें। एक बार समय निर्धारित करके उसी का पालन करते रहना श्रेयस्कर है। समय को अपने जीवन में सर्वाधिक महत्त्व दें। जीवन में लक्ष्य निर्धारण के अवसर हमेशा नहीं आते। यहाँ यह जान लेना बेहद जरूरी है कि एक बार गलत मार्ग पर जाने के बाद प्रत्येक कदम गलत दिशा में ही उठता है। जिस प्रकार कमीज का एक बटन गलत लग जाने पर अन्य सब बटन भी गलत ही लगते जाते हैं। उसी प्रकार आदमी अच्छा या बुरा जो भी मार्ग चुनता है, उसके शेष जीवन का सफर भी उसी दिशा में तय होता है।

जो व्यक्ति अपने समय को नियंत्रित नहीं कर पाते वे अपने सामने अनेक मुश्किलें खड़ी कर लेते हैं। समय पर नियंत्रण न कर पाने का एक प्रमुख कारण हमारा अव्यवस्थित तौर-तरीका भी है। अनियंत्रित कार्यशैली का सबसे साधारण नमूना कार्यालय में आवश्यक पेपर्स अथवा फाइल का समय पर न मिलना है। एक सर्वे के मुताबिक कार्यालय में कार्य करनेवाले विभिन्न व्यक्ति किसी भी पेपर अथवा फाइल को खोजने में अपना लगभग आधा घंटा प्रतिदिन बर्बाद करते हैं। जल्दबाजी अथवा उदासीनता के कारण हम किसी चीज को समुचित स्थान पर रखने की आदत विकसित नहीं कर पाते और फिर जब उसकी आवश्यकता पड़ती है तो हम अपना अच्छा-खासा समय उसके लिए गँवा देते हैं।

संतुलित भोजन, स्वस्थ शरीर, नियमित नींद, चिंता रहित जीवन चर्या को अपनाने तथा तनाव और हानिकारक आदतों से बचे रहकर हम अपने समय को नियंत्रित कर सकते हैं।

□

36

नैतिक रहिए

(Morality)

जहाँ नैतिकता नहीं वहाँ संस्कार और सौभाग्य का भी अभाव होता है। नैतिक मूल्यों के अभाव में जीवन में शुष्कता और शून्यता होती है।

—महात्मा गांधी

समय प्रबंधन का ग्यारहवाँ गुरुमंत्र है—नैतिक मूल्यों में आस्था।

ऐसे व्यक्ति जिनकी नैतिक मूल्यों में आस्था होती है वे दूसरे लोगों की खूबियों को अधिक सहजता से स्वीकार करने में समर्थ होते हैं। हमें यह बात साफ तौर पर समझ लेनी चाहिए कि प्रत्येक व्यक्ति का जीवन, हमारे जीवन जैसा ही बहुमूल्य एवं महत्त्वपूर्ण है।

दोस्तोवस्की के शब्दों में—''हममें से प्रत्येक व्यक्ति, प्रत्येक दूसरे व्यक्ति के प्रति, प्रत्येक वस्तु के लिए उत्तरदायी है।''

हम बड़े होकर सभ्य नागरिक बनें इसके लिए हमें बचपन से ही अनुशासित रहने की आवश्यकता है। सामाजिक जीवन के छोटे-मोटे कर्तव्यों में हमारा सबसे महत्त्वपूर्ण कर्तव्य यही है कि जो प्रशंसा का पात्र नहीं उसकी प्रशंसा न करें, परंतु यह और भी महत्त्वपूर्ण है कि जो वास्तव में प्रशंसनीय है उसके प्रति हम अपने स्पष्ट विचार व्यक्त करें।

हम बड़े होकर सभ्य नागरिक बनें इसके लिए हमें बचपन से ही अनुशासित रहने की आवश्यकता है। सामाजिक जीवन के छोटे-मोटे कर्तव्यों में हमारा सबसे महत्त्वपूर्ण कर्तव्य यही है कि जो प्रशंसा का पात्र नहीं उसकी प्रशंसा न करें, परंतु यह और भी महत्त्वपूर्ण है कि जो वास्तव में प्रशंसनीय है उसके प्रति हम अपने स्पष्ट विचार व्यक्त करें।

इटली के प्रख्यात विचारक गारफील्ड से जब बचपन में किसी ने पूछा कि तुम क्या बनना चाहते हो, तो उसका उत्तर था—''सर्वप्रथम मैं मनुष्य बनना चाहता हूँ, यदि मैं इसमें सफल नहीं हुआ तो किसी भी कार्य में सफल नहीं हो पाऊँगा।''

एक बादशाह ने अपने पुत्र से पूछा कि ''दुनिया में वह कौन सी चीज, है जो बहुत अधिकता से मिलने पर भी पूरी नहीं मिलती।''

शहजादे का जवाब था—''मनुष्य! वह चीज मनुष्य है, क्योंकि लाखों मनुष्य संसार में होते हुए भी जैसा मनुष्य चाहिए वैसा नहीं मिलता।''

अमेरिकी लेखक इमरसन की मान्यता थी कि—''जीवन के हजार प्यालों में केवल एक प्याले का मिश्रण ही ठीक होता है। प्रत्येक मनुष्य का शरीर पंच-भूतात्मक (हवा, पानी, आग, मिट्टी, आकाश) से मिलकर बना है। यही नहीं प्रत्येक शरीर में आँख, नाक, कान, हाथ, पैर होते हैं, परंतु नैतिक मूल्यों से परिपूर्ण व्यक्ति का मिलना दूभर है।''

नैतिकता का अभिप्राय जीवन में सहयोग देनेवाले सभी आयामों के प्रति एक अनुशासन एवं सम्मान से भी है। हमें अपने जीवन व्यवहार में छोटी-छोटी चीजों में नैतिकता को महत्त्व देना चाहिए।

यूनान का प्रख्यात विचारक जयो जेनियम एथेंस शहर में दोपहर के समय में लालटेन हाथ में लेकर घूमा करता था। जब उससे पूछा गया तो उसने कहा कि ''मैं संपूर्ण नैतिक मनुष्य की खोज में हूँ।''

नैतिकता का अभिप्राय जीवन में सहयोग देनेवाले सभी आयामों के प्रति एक अनुशासन एवं सम्मान से भी है। हमें अपने जीवन व्यवहार में छोटी-छोटी चीजों में नैतिकता को महत्त्व देना चाहिए। मसलन यदि आप नैतिक मूल्यों का पालन नहीं करते तो उससे उत्पन्न होनेवाली बाधाओं में हमारी दिनचर्या का महत्त्वपूर्ण हिस्सा व्यर्थ चला जाता है।

कार्यालय पहुँचने की जल्दबाजी में ट्रैफिक सिग्नल्स एवं अन्य नियमों का उल्लंघन करनेवाले लोगों को मैंने घंटों तक यातायात पुलिस के अफसरों से जूझते देखा है। जबकि यदि वे सभी नियमों का पालन करें तो कम समय में निर्धारित लक्ष्य को प्राप्त कर सकते हैं।

शॉर्ट-कट का रास्ता अपनाकर नैतिक मूल्यों का उल्लंघन करने वाले व्यक्ति जितना समय बचाने की सोचते हैं, गौर से देखा जाए तो वे उससे भी अधिक समय बर्बाद करते हैं। रेलवे क्रॉसिंग पर अकसर देखा जाता है कि आनेवाले वाहनों की दिशा से कुछ लोग अपने वाहन आगे निकालकर जल्दी पहुँचना चाहते हैं। जबकि होता यह है कि उधर से वाहनों की निकासी न हो पाने के कारण और भी लंबा जाम लग जाता है। ऐसे में वे जिस समय को बचाने की कोशिश करते हैं, परिणाम में उनका और भी अधिक समय बर्बाद होता है।

जो समय की जरूरतों को पूरा नहीं करते, समय उन्हें बर्बाद कर देता है।

□

37

मत टालिए

(Never Delay)

टाल-मटोल की स्थिति में रहना दुःखदायी है, यह मकड़ी के जीवन के तुल्य है।

—स्विफ्ट

समय प्रबंधन का तेरहवाँ गुरुमंत्र है—समय की हीला-हवाली से बचना।

आप जहाँ भी हैं, वहाँ पूरी तरह रहकर कार्य करें। भटकते हुए मन के साथ किया गया कार्य कभी मिथक नहीं बन सकता। यह एक अत्यंत प्रभावी मंत्र है कि कार्य को सिर्फ एक बार में ही करो। जो काम हाथ में है उसमें अपनी समस्त शक्तियों को लगाकर समय का सदुपयोग करनेवाले व्यक्ति ही सफल रहते हैं।

जब भी हम कोई कार्य शुरू करते हैं तो उससे चीजों की, समाज की तथा परिणामों की स्थितियों में बदलाव आता है। दूसरे शब्दों में कहें तो हम अपने द्वारा किए जानेवाले कार्य से ही निर्मित होते हैं। अंततः हमारा कार्य ही हमें निर्मित करता है। वैसे भी आप देखें तो जीवन में लोग हमें वही तो कहकर संबोधित करते हैं, हम जिस कार्य को करते हैं। चिकित्सा करनेवाले को डॉक्टर और वकालत करने वाले को वकील। उसके गुण, जाति और धर्म आदि तो बाद की बात है।

हम प्रतिपल कुछ नया सीखते हैं और अपने साधनों में वृद्धि करते हैं। सही समय पर कार्य को करने वाले लोग असंभव लगने वाले कार्यों को भी कर लेते हैं।

ध्यान रखिए मनुष्य का मूल्य, उन चीजों से नहीं लगता जो उसके पास हैं, बल्कि उस हस्ती से लगता है, जो वह खुद है।

जॉर्ज कैथोलिल कहा करते थे कि ईश्वर ने मनुष्य को बनाया तथा अपनी निरंतर विकासशील रचना में उसे अपना सहयोगी नियुक्त किया। ईश्वर की मौलिक योजना के अनुसार मनुष्य को भी प्रतिपल रचना करते रहना है। अपने को तथा अपनी दुनिया को परिपूर्ण बनाते रहना है।

यहाँ मनुष्य और ईश्वर के बीच हुआ संवाद पठनीय है—

ईश्वर ने कहा—'तुम्हें एक ज्यादा बेहतर दुनिया बनानी चाहिए!'

आप जहाँ भी हैं, वहाँ पूरी तरह रहकर कार्य करें। भटकते हुए मन के साथ किया गया कार्य कभी मिथक नहीं बन सकता। यह एक अत्यंत प्रभावी मंत्र है कि कार्य को सिर्फ एक बार में ही करो।

मनुष्य ने पूछा—'कैसे? दुनिया तो इतनी आश्चर्यजनक जगह है,
इतनी पेचीदा, कहाँ मैं इतना लाचार और अदना सा।
मैं भला क्या कर सकता हूँ?'
तब सर्वत्र व्याप्त और शक्तिशाली ईश्वर ने जवाब दिया—
'तुम जो हो खुद को उससे बेहतर बनाओ
आज का काम आज निपटा लो
···क्या तुम इतना भी नहीं कर सकते?'

इस सूत्र का सदैव स्मरण रखें कि कार्यालय में जो समय हम बिताते हैं, वह हमारे मालिक का खरीदा हुआ है। अतएव अपने कार्य और मालिक के साथ बेईमानी नहीं करनी चाहिए। इस समय को अपने घरेलू कार्य करने अथवा गप मारने में मत बिताइए।

जो व्यक्ति अपने काम औरों पर टालते रहते हैं उनके लक्ष्य कभी पूरे नहीं होते। जो इधर-उधर अपने कीमती समय को फालतू खर्च करते घूमते हैं, जो कार्य को बिना सोचे-विचारे करते हैं, जो कार्य शुरू तो कर देते हैं, परंतु संकट, बाधा के संघर्ष की स्थिति आने पर काम अधूरा छोड़ कर दूसरे कार्यों में लग जाते हैं, जो कोई भी कार्य ढंग से पूर्ण करने की सामर्थ्य नहीं रखते। वे कहीं भी और कभी भी सफल नहीं हो पाते।

कल करै सो आज कर, आज करै सो अब।
पल में परलय होएगी, बहुरि करैगा कब॥

—कबीर

अर्थात् जो भी अच्छे या शुभ कर्म तुझे कल करने हैं, उन्हें आज ही कर ले और जो आज करने हैं, उन्हें अभी कर ले (मिथ्या बहाने, टाल-मटोल तथा आलस मत कर)। क्या पता पल भर में प्रलय (मृत्यु) हो जाए, फिर कब करोगे? अर्थात् सोचते ही सोचते सबकुछ समाप्त हो जाएगा।

□

38

समय सारिणी बनाइए

(Time-table)

अनुभव बताता है कि दृढ़-निश्चय से जब आप कोई रूपरेखा तय करते हैं, तब वह आपकी आवश्यकताओं में सहायता करती है।

–शेक्सपियर

समय प्रबंधन के स्वर्णिम सूत्रों में चौदहवाँ सूत्र है—समय सारिणी का निर्धारण।

समय का सदुपयोग करने के लिए हमें एक समय सारणी (टाइम-टेबल) निश्चित करना अनिवार्य है। जिस तरह धन की बर्बादी से बचने के लिए हम बजट बनाते हैं, उसी तरह टाइम-टेबल सुनिश्चित करके हम समय की व्यर्थता पर काबू पा सकते हैं।

अपनी आवश्यकता एवं जरूरतों के मुताबिक हम टाइम-टेबल का निर्धारण कर सकते हैं। हम अपने कार्य की प्रकृति और दिनचर्या को ध्यान में रखते हुए विस्तृत, मध्यम और संक्षिप्त तीन तरह के टाइम-टेबल बना सकते हैं।

> **समय का सदुपयोग करने के लिए हमें एक समय सारणी (टाइम-टेबल) निश्चित करना अनिवार्य है। जिस तरह धन की बर्बादी से बचने के लिए हम बजट बनाते हैं, उसी तरह टाइम-टेबल सुनिश्चित करके हम समय की व्यर्थता पर काबू पा सकते हैं।**

विस्तृत टाइम-टेबल

छह घंटे — निद्रा एवं विश्राम
दो घंटे — स्नान एवं ध्यान
दो घंटे — चाय नाश्ता एवं अल्पाहार
दो घंटे — घर-परिवार एवं बच्चों के लिए।
दो घंटे — समाचार पत्र-पत्रिका, टेलीविजन अथवा पुस्तकों का वाचन।
एक घंटा — सामाजिक गतिविधियाँ, समारोह, संगोष्ठियाँ एवं मेल-मिलाप आदि।
एक घंटा — कार्यालय के आवागमन में व्यतीत समय।
आठ घंटे — काम-धंधा, नौकरी, व्यापार आदि।

मध्यम टाइम-टेबल

मध्यम टाइम-टेबल में हम सिर्फ अपने कामकाज अथवा बिजनेस के घंटों का ही निर्धारण करते हैं। इसे आप इस तरह समझ सकते हैं-

कार्य—प्रात: नौ से एक बजे तक = चार घंटे

कार्य—अपराह्न तीन से सात बजे तक = चार घंटे

कुल कार्य = आठ घंटे।

इस तरह हम बीच के बचे हुए समय में लोगों से मिलना-जुलना अथवा अन्य कार्यों को निपटा सकते हैं। समय की गणना अथवा निर्धारण हम अपनी दिनचर्या के मुताबिक अलग ढंग से भी कर सकते हैं।

संक्षिप्त टाइम-टेबल

संक्षिप्त टाइम-टेबल विशेष रूप से किसी कार्य विशेष को करने में प्रयुक्त किया जाता है। इस टाइम-टेबल के अंतर्गत अति व्यस्त व्यक्ति निर्धारित लक्ष्य एवं कार्यों को निश्चित करके अपना टाइम-टेबल बनाते हैं। इसमें सिर्फ उन्हीं घंटों को निश्चित किया जाता है जो हमारे लिए सर्वोच्च महत्त्व तो रखते हैं, लेकिन उनके लिए लगातार समय देना हमारे लिए असंभव होता है। संक्षिप्त टाइम-टेबल का प्रयोग प्रोफेशनल्स एवं कलाकार आदि के लिए अधिक उपयोगी है। उदाहरणार्थ—

दो घंटे — रात्रि नौ से ग्यारह बजे तक—लेखन कार्य, शोध कार्य, अभ्यास एवं आवश्यक कार्यों की रूपरेखा तय करना।

दो घंटे — प्रात: छह से आठ बजे तक—किसी निश्चित कोर्स अथवा कला का प्रशिक्षण लेना।

दो घंटे — सायं पाँच से सात बजे तक—किसी समाजसेवा अथवा गैर-सरकारी संगठन में नि:स्वार्थ भाव से समय देना।

अति व्यस्त एवं प्रमुख पदों पर आसीन व्यक्तियों द्वारा संक्षिप्त टाइम-टेबल का प्रयोग अधिक मात्रा में किया जाता है। प्रोफेसर अरुण तिवारी ने जब राष्ट्रपति डॉ. ए.पी.जे. अब्दुल कलाम से उनकी जीवनी लिखने के लिए समय की अनुमति माँगी तो उन्होंने समय न होने का उल्लेख किया। बाद में माननीय राष्ट्रपति द्वारा ही यह निर्धारित किया गया कि वे अपनी नींद के दो घंटे कम करके प्रात: चार से छह बजे तक बैठकर प्रो. तिवारी के साथ इस आत्मकथा पर कार्य करेंगे। यह सर्व विदित है कि संक्षिप्त टाइम-टेबल के प्रयोग से लिखी गई यह आत्मकथा (अग्नि की उड़ान) भारत की सर्वाधिक बिकने वाली पुस्तकों में से एक साबित हुई।

अपने समय का सदुपयोग हम एक निश्चित टाइम-टेबल बनाकर कर सकते हैं।

☐

39

समय बलवान है

(Time is Strong)

जो समय को नष्ट करता है, समय भी उसे नष्ट कर देता है। समय का हनन करनेवाले व्यक्ति का चित्त सदा उद्विग्न रहता है और वह असहाय तथा भ्रमित होकर यूँ ही भटकता रहता है।

—अज्ञात

समय प्रबंधन का पंद्रहवाँ गुरुमंत्र है—

समय की कमी का रोना अधिकतर लोग रोते हैं, लेकिन क्या कभी आपने सोचा है कि समय तो सभी के पास चौबीस घंटे का ही है, फिर कुछ लोगों का हर कार्य समय पर कैसे पूरा हो जाता है। वहीं कुछ लोग समय पर कार्य पूरा न होने के कारण हमेशा नर्वस रहते हैं, परेशान रहते हैं, टेंशन में रहते हैं। दरअसल इसकी मूल वजह यह है कि वे अपने समय का प्रबंधन ठीक ढंग से नहीं करते हैं।

समय प्रबंधन का मतलब है, किसी कार्य को अपनी क्षमता के अनुसार निर्धारित समय के भीतर पूरा कर लेना, जिससे बिना बात के टेंशन एवं परेशानी से बचा जा सके। दरअसल हमारे अधिकतर कार्य इसलिए पूरे नहीं हो पाते, क्योंकि या तो हम उसका दायरा काफी फैला देते हैं या फिर कार्य को टालने की ऐसी आदत पाल लेते हैं, जिससे कार्य हमेशा अधर में लटका रहता है और हमारी टेंशन बढ़ जाती है।

समय प्रबंधन का मतलब है, किसी कार्य को अपनी क्षमता के अनुसार निर्धारित समय के भीतर पूरा कर लेना, जिससे बिना बात के टेंशन एवं परेशानी से बचा जा सके।

महान् वैज्ञानिक फ्रेंकलिन की किताबों की दुकान थी। एक ग्राहक आया और एक किताब की ओर इशारा करते हुए काउंटर पर बैठे व्यक्ति से पूछा, ''इसका मूल्य क्या है?''

उसने जबाब दिया, ''दो डॉलर!''

कुछ देर वह चुप रहा फिर उसने पूछा, ''इस दुकान के मालिक कहाँ हैं?''

काउंटरवाला व्यक्ति बोला, ''अभी वे आधे घंटे बाद यहाँ आएँगे।''

ग्राहक बोला, ''ठीक है मैं आधे घंटे बाद ही आता हूँ।''

फ्रेंकलिन के आने के बाद फिर उसने पूछा, ''इसका मूल्य क्या है?''

फ्रेंकलिन ने कहा, ''सवा दो डॉलर।''

ग्राहक ने कहा, "अभी तो आपका स्टाफ दो डॉलर बता रहा था।"

फ्रेंकलिन कुछ नहीं बोले।

थोड़ी देर ग्राहक भी चुप रहा और सोचने-विचारने के बाद उसने फिर पूछा, "अच्छा बताइए मैं आपको इसका क्या उचित मूल्य दूँ?"

फ्रेंकलिन ने इस बार कहा, "ढाई डॉलर!"

इस बार ग्राहक सकते में आ गया और शिकायत के लहजे में बोला, "पर अभी-अभी तो आपने सवा दो डॉलर बताया था!"

तब फ्रेंकलिन ने उसे शांतिपूर्वक समझाया, "युवक, शायद तुमको समय की कीमत का ज्ञान नहीं है। इतनी देर से तुम मेरा और मेरे स्टाफ का समय बरबाद कर रहे हो, उसका मूल्य भी तो इसमें शामिल है।"

यह सुनते ही ग्राहक को समय का ज्ञान हुआ और वह पैसे देकर किताब ले गया।

कुछ लोग कहते हैं कि वे अपनी तमाम कोशिशों के बावजूद समय प्रबंधन नहीं कर पाते। सच तो यह है कि उनके साथ ऐसा इसलिए होता है, क्योंकि उनकी प्राथमिकताएँ सही नहीं होतीं। वे यह समझ ही नहीं पाते कि किस कार्य को पहले करना है और किसे बाद में। यही नहीं, वे इस बात का आकलन भी ठीक से नहीं कर पाते कि एक दिन में उन्हें जितने कार्य निपटाने हैं? क्या प्रत्येक कार्य के लिए पर्याप्त समय मिल सकेगा? दरअसल, लोग प्रायः अपनी क्षमता से ज्यादा कार्यों के लिए हामी भर देते हैं। लेकिन जब उन कार्यों के लिए समय नहीं निकाल पाते तो परेशान हो जाते है, टेंशन में आ जाते हैं।

समय प्रबंधन एक दिन में सीखने की चीज न होकर एक व्यावहारिक एप्रोच है। फिर भी यदि हम कुछ बातों पर अमल करें तो समय को ठीक से प्रबंध करना सीख सकते हैं—

- किसी दिन कौन-कौन से कार्य निपटाने हैं, इसकी रूपरेखा पहले ही बना लें। इससे न सिर्फ हड़बड़ी से बचेंगे, बल्कि आपके सभी कार्य आसानी से निपट जाएँगे।
- काम को काम समझें बोझ नहीं। यदि किसी कारणवश वह पूरा न हो पाए, तो बेवजह इमोशनल न हों। इससे आप दूसरे कार्यों को पूरी क्षमता के साथ नहीं कर पाएँगे।
- काम का दायरा बेवजह न लाएँ। एक काम को पूरा करने के पश्चात् ही दूसरे काम को हाथ में लें।
- किसी भी कार्य को पूरी ईमानदारी एवं निष्ठापूर्वक मन लगाकर करें। बोझिल मन से नहीं।
- अपने कार्यों का कॉम्बिनेशन इस तरह बनाएँ, जिससे कि आप उन्हें बिना किसी दबाव के खुशी-खुशी कर सकें।
- कार्य को कभी बोझ न समझें, बल्कि पूजा की तरह भक्तिभाव से करें।
- अपने अनुभवों से जो कुछ सीखा और समझा है, उस पर विश्वास करें।
- अपनी क्षमताओं को समझें। आत्मसम्मान की भावना विकसित करें। प्यार की भाषा बोलें। किसी के साथ ऐसा व्यवहार बिलकुल भी न करें, जैसा कि आप अपने लिए नहीं चाहते हैं।
- समझदारी और विश्वास का सही इस्तेमाल करना सीखें। किसी की बातों पर पूरी तरह भरोसा तो करें, लेकिन मन में एक प्रश्न-चिह्न भी रखें। इससे आप धोखा नहीं खाएँगे।
- दुनिया में अच्छाई के साथ बुराई भी है, इसलिए परिस्थितियों से घबराएँ नहीं। लक्ष्य की ओर बढ़ते रहें।
- हर समस्या के एक से ज्यादा समाधान हो सकते हैं, इसलिए अनुरूपता बिंदु से परे सोचें। संभव है समाधान वहीं कहीं छिपा हो।

मुमकिन है सफर हो आसान अब साथ भी चलकर देखें
कुछ तुम भी बदल कर देखो कुछ हम भी बदलकर देखें

अब वक्त बचा है कितना जो और लड़े दुनिया से
दुनिया के नसीहत पर थोड़ा सा अमल कर देखें
समय प्रबंधन सीखें, सफलता की सीढ़ियाँ चढ़ें।

हमें इस वास्तविकता को स्वीकार करना चाहिए कि समय पर नियंत्रण संभव नहीं है। अतः उसे प्रबंधित नहीं किया जा सकता, हम कार्यों का प्रबंधन करके ही विकास के लक्ष्यों को प्राप्त कर सकते हैं। समय के साथ कार्यों का समन्वय ही कार्य प्रबंधन है जिसे हम गलतफहमी में समय प्रबंधन कहते हैं।

प्रभावी रूप से समय का प्रबंधन शुरू करने के लिए आपको लक्ष्य निर्धारित करने की आवश्यकता है। उचित लक्ष्य निर्धारित किए बिना, आप परस्पर विरोधी प्राथमिकताओं में फँसकर एक भ्रम पर अपना समय व्यर्थ नष्ट कर देंगे। बचपन में एक कहावत सुनी थी, समय अमूल्य होता है। समय के साथ बचपना तो कहीं पीछे छूट गया और दुनिया कितनी आगे निकल गई, लेकिन इस कहावत का मतलब वैसे का वैसा ही है।

- सबसे पहले जिंदगी के कुछ लक्ष्य निर्धारित कीजिए और निश्चित समय में उन्हें पाने की कोशिश कीजिए।
- जीवन के बारे में स्पष्ट नजरिया रखें।
- आप अपने आप से क्या चाहते हैं इसका स्पष्ट रूप से आप को पता हो जिससे आप उसी अनुरूप समय प्रबंधन कर सकें।
- 'न' कहने की आदत डालें जिससे आप लोगों के दबाव में न आकर अपने समय का दुरुपयोग बचा पाएँगे।
- लक्ष्य स्पष्ट रखें। उसी के अनुसार कार्य करें।
- सब चलता है वाला रवैया छोड़कर अनुशासन का पालन करें।
- अपने सोने और उठने का समय निर्धारित करें।
- अपने निर्धारित लक्ष्यों की प्राप्ति के लिए लगातार प्रयास करते रहें, किंतु इसके लिए समर्पण और धैर्य का होना बहुत जरूरी है।

हमें इस वास्तविकता को स्वीकार करना चाहिए कि समय पर नियंत्रण संभव नहीं है। अतः उसे प्रबंधित नहीं किया जा सकता, हम कार्यों का प्रबंधन करके ही विकास के लक्ष्यों को प्राप्त कर सकते हैं।

वैश्वीकरण की इस दुनिया में टिके रहने का एक ही रास्ता है आगे बढ़ते रहना और बढ़ते रहने के लिए जरूरी है की हमें अपने मंजिल का पता हो और रास्ते में आनेवाली मुश्किलों का भी अंदाजा हो। ऐसे में समय प्रबंधन से ही हम आगे बढ़ सकते हैं, लेकिन इस बात का हमेशा खयाल रखें कि जिंदगी में सबकुछ आपके हिसाब से नहीं होगा और इस स्थिति का हम अपने जीवन में अकसर सामना करते हैं।

- ऐसी स्थिति आने पर न तो घबराना चाहिए और न ही अनावश्यक तनाव को अपने ऊपर हावी होने देना चाहिए। अनावश्यक तनाव आपको आपके लक्ष्यों से भटका सकता है। धैर्यपूर्वक स्थिति का सामना कीजिए और अपने जीवन के लक्ष्यों को पुनः निर्धारित कीजिए और देखिए कितनी जल्दी आप सफलता के कितने करीब पहुँच जाते हैं।

एक बार प्रसिद्ध अंग्रेजी साहित्यकार डॉ. जॉन से उनके एक मित्र ने अपनी परेशानियों का बखान करते हुए कहा, ''देखिए दिन-रात में कुल मिलाकर 24 घंटे होते हैं। इनमें से 8 घंटे सोने में, 8 घंटे ऑफिस में और बाकी 8 घंटों में न जाने कितने काम करने पड़ते हैं। खाना-पीना, हजामत बनाना, भेंट-मुलाकात, पत्र व्यवहार जैसे काम इन्हीं 8 घंटों में निपटाने पड़ते हैं। मैं तो बेहद परेशान हो जाता हूँ। इतनी व्यस्त जिंदगी में लाख इच्छा रहने पर भी मैं न किसी धार्मिक चर्चा में शामिल हो पाता हूँ, न धर्मग्रंथों को पढ़ने के लिए ही अवकाश निकाल पाता हूँ। इनसे पीछा छूटे तभी धार्मिक क्रियाकलापों में लगूँगा।''

डॉ. जॉनसन मुसकराए और बोले, ''तब तो लगता है मुझे भूखों मरना पड़ेगा।''

"क्यों?" मित्र ने पूछा।

डॉ. जॉनसन ने कहा, "आप जानते हैं कि मैं अधिक खाने वाला व्यक्ति हूँ। लेकिन दुनिया में अन्न उपजाने के लिए सिर्फ एक चौथाई जमीन है। उसमें भी न जाने कितने पहाड़, समुद्र, नदियाँ और रेगिस्तान हैं, जबकि संसार में मेरे जैसे पेट भरने वाले करोड़ो हैं।"

मित्र बोला, "आप तो व्यर्थ ही परेशान होते हैं। दुनिया में सदा से करोड़ों लोग रहते आए हैं। उनके भोजन का इंतजाम भी होता आया है। फिर आप किसलिए चिंता कर रहे हैं।"

यह सुनकर डॉ. जॉनसन बोले, "आप ठीक कहते हैं। यदि मेरे जीवन का प्रबंध हो सकता है तो फिर कोई कारण नहीं है कि आपको धार्मिक समारोह में शामिल होने व धर्मग्रंथ पढ़ने का समय न मिले।" मित्र निरुत्तर हो गया।

समय किसी के लिए रुकता नहीं और बीता हुआ समय कभी लौटकर नहीं आता। समय डॉक्टर भी है, दवा भी और इलाज भी है। 'प्रत्येक काम नियम से और समय पर ही शोभा देता है' इत्यादि ब्रह्म वाक्य हमें पता होते हुए भी हम व्यर्थ की बुराई, निंदा, टीका-टिप्पणी, आरोप, ताने, लांछन, अनर्गल वार्त्तालाप इत्यादि में समय नष्ट करते रहते हैं। इससे हम पाते कुछ नहीं है, बल्कि खोते ही हैं। हमारी नियमित दिनचर्या के कई घंटे इन्हीं फालतू बातों में नष्ट होते रहते हैं। अत: स्वयं को अनुशासन में रखकर इस नष्ट होनेवाले समय को सार्थक, सदुपयोग में लगाया जा सकता है।

शक्ति हासिल करते रहने के लिए समय-समय पर विश्राम की आवश्यकता है। शक्ति, ऊर्जा, स्फूर्ति आवश्यक हैं, इनके अभाव में हम अपनी जिम्मेदारियाँ एवं उत्तरदायित्व निभाने के लिए न्याय नहीं कर पाएँगे। हम जो भी हों, जहाँ भी हों, हमारा कार्यक्षेत्र कुछ भी हो, हम पर चाहे असीमित जिम्मेदारियाँ, उत्तरदायित्व एवं परेशानियाँ हों, परंतु यदि हमने उचित समय प्रबंधन कर लिया तो हमारे कई कठिन काम भी सरल हो जाएँगे, रुके हुए कार्य पूर्ण हो जाएँगे, आत्मविश्वास में वृद्धि होगी, प्रशंसा, सम्मान, सराहना मिलेगी एवं संतोष सुख का अनुभव तो हमें स्वयं ही होगा। व्यस्त रहने से हमारा स्वास्थ्य ठीक रहेगा, भूख लगने लगेगी, नींद अच्छी आएगी, हम प्रसन्नचित्त, तरोताजा एवं हँसमुख रहेंगे। चेहरे पर गरिमामय तेज होगा, मन में सुकून होगा। समय विभाजन कर हम कम समय में ही अधिक-से-अधिक कार्य कर पाएँगे।

भूख लगती है समय पर प्यास लगती है
जिंदगी भी अनवरत अभ्यास लगती है
जो रसोई में मुझे दिखती है साधारण
उत्सवों में वो ही पत्नी खास लगती है
सिर से ऊपर हँस रहे थे गुलमोहर के फूल
पाँव के नीचे हमेशा घास लगती है
रोज करता है जो मेरी देह का शोषण
चार पैसे की उसी से आस लगती है
सख्त चिढ़ थी मुझको जिस सामंतशाही से
आज तक, उसमें वही बू-बास लगती है
एक पल में हो गए तिरसठ से हम छत्तीस
कल की वो घटना भी अब इतिहास लगती है
रोशनी कब मुक्त हो पाई अँधेरों से
रोशनी तम का विरोधाभास लगती है
अपनी खुशबू फैलाने को
फूल समय पर खिलते हैं
संकेत समय का मिलता है जब

व्यस्त रहने से हमारा स्वास्थ्य ठीक रहेगा, भूख लगने लगेगी, नींद अच्छी आएगी, हम प्रसन्नचित्त, तरोताजा एवं हँसमुख रहेंगे। चेहरे पर गरिमामय तेज होगा, मन में सुकून होगा। समय विभाजन कर हम कम समय में ही अधिक-से-अधिक कार्य कर पाएँगे।

वृक्ष तभी तो फलते हैं
प्रभु की इच्छा से ही सबकुछ
नियत समय पर होता है
भाग्य से ज्यादा, समय से पहले
कभी न कुछ भी मिलता है।

समय बहुमूल्य है

समय बहुमूल्य है। खोई हुई संपत्ति हम पुनः अर्जित कर सकते हैं, किंतु समय नहीं। इस जीवन में हमें प्रकृति ने एक निश्चित समय दिया है। समय का गणित बहुत सरल है। जितने समय के लिए हमें जीवन जीने को मिला है, उसमें से जितना समय बीत गया, उसे घटाने पर शेष समय आ जाएगा। प्रतिक्षण, प्रतिपल यह समय कम होता जा रहा है। शेष समय रोज कम होता रहेगा, इसमें किसी भी प्रकार से वृद्धि करना संभव नहीं है। हम मात्र इतना भर ही कर सकते हैं कि शेष समय का विभाजन कर इस शेष समय में अधिक-से-अधिक कार्य कर जाएँ।

महात्मा गांधी, जवाहर लाल नेहरू, मदर टेरेसा, इनमें से किसी के पास भी दिन में चौबीस घंटे से अधिक समय नहीं था, परंतु वे इस निर्धारित समय में ही समाज, देश व समस्त मानव जाति के लिए इतने अधिक काम कर गए कि इतिहास में उनके नाम स्वर्णाक्षरों में अंकित हो गए। समय गतिशील है। जितना अधिक हम इसका उपयोग कर पाएँगे, उतने ही हम सफल होंगे। हम मात्र 10-15 प्रतिशत समय ही सही कार्यों में लगाते हैं। शेष समय या तो नष्ट होता है या सोने, खाने में जाता है। इस सदुपयोग के प्रतिशत को बढ़ाकर हमें 40-50 प्रतिशत तक तो ले ही आना चाहिए।

समय बहुमूल्य है। खोई हुई संपत्ति हम पुनः अर्जित कर सकते हैं, किंतु समय नहीं। इस जीवन में हमें प्रकृति ने एक निश्चित समय दिया है। समय का गणित बहुत सरल है।

ऑफिस जाते समय बस या ट्रेन में पुस्तक या समाचार-पत्र पढ़ा जा सकता है। इसी प्रकार ऑफिस से वापस आते समय भी कुछ-न-कुछ सार्थक पढ़ा जा सकता है। सायंकाल भ्रमण के लिए जाते समय मौखिक भगवान् नाम जाप किया जा सकता है। ऑफिस में लंच में पत्रों का समय से उत्तर दिया जा सकता है। कॉन्फ्रेंस रूम में मीटिंग चलते समय डाक कें कागज देखे जा सकते हैं। कर्मचारियों के छुट्टी वाले आवेदनों पर हस्ताक्षर किए जा सकते हैं। रात में सोने से पूर्व किसी साहित्यिक पत्रिका में से एक लेख या एक कहानी भी अगर नियम से पढ़ ली जाए तो साहित्यिक क्षुधा भी ही शांत होती रहेगी।

इन कार्यों के लिए अकसर हमारे पास समयाभाव होता है, परंतु पूर्व निर्धारित योजना द्वारा छोटे-छोटे अंतराल में व्यर्थ होने वाले समय का भी हम सदुपयोग कर सकते हैं। हमारी क्षमता इसी में है कि हम उपलब्ध समय का सही विभाजन करके इसका सदुपयोग करें और अपने इस जीवन में अधिक-से-अधिक सुकर्म, परोपकारी कार्य, परमार्थ कार्य करके जाएँ। शिक्षा, दान, भगवत स्मरण, बच्चों के गृह-कार्य देखना, माता-पिता से वार्त्तालाप, पत्नी के साथ भ्रमण, सबकुछ उपलब्ध समय में संभव है। जिसने समय प्रबंधन सीख लिया, उसने जीवन में शानदार उपलब्धि प्राप्त कर ली, इसमें कोई संदेह-शंका नहीं। हम भी समय प्रबंधन को अपने जीवन में उतार लें, यही संकल्प हमें करना चाहिए।

समय का मूल्य

राजदरबार में एक आदमी आया। उसने राजा से प्रार्थना की, ''महाराज, मैं बहुत गरीब हूँ, कृपया मुझे सोने के कुछ सिक्के दे दीजिए।''

राजा ने पूछा, ''तुम कोई काम क्यों नहीं करते?''

वह बोला, ''मुझे कोई काम नहीं देता। लोग मुझे आलसी कहते हैं।''

राजा ने कहा, ''ठीक है, खजाने से तुम जितना सोना ले जाना चाहो, ले जाओ। परंतु ध्यान रखना, सूरज ढलने के बाद खजाना बंद हो जाता है, इसलिए समय पर आ जाना।''

वह आदमी बहुत खुश हुआ। अगले दिन नाश्ता कर वह खजाने की ओर चल दिया। रास्ते में उसे एक छायादार पेड़ मिला। घनी छाया देखकर वह वहीं सो गया। दोपहर में जब नींद खुली तो उसने सोचा, शायद मैं ज्यादा देर सो गया। खैर कोई बात नहीं, शाम होने में अभी काफी समय बाकी है। वह उठकर आगे बढ़ा। रास्ते में मेला लगा हुआ था। उसने सोचा, क्यों न कुछ देर मेला देख लिया जाए, फिर खजांची के पास चला जाऊँगा।

काफी देर तक वह मेले का आनंद लेता रहा। जब उसने देखा कि अब सूरज डूबने ही वाला है तो उसे राजा की चेतावनी याद आई। वह भागकर खजाने के पास पहुँचा, लेकिन तब तक सूरज डूब चुका था। सैनिकों ने उसे अंदर जाने से रोक दिया। उन्होंने कहा, ''तुमने देर करके अमीर बनने का एक बढ़िया मौका खो दिया।'' वह अपने घर लौट गया। उसे बेहद पछतावा हो रहा था। उसने तय किया कि जीवन में वह कभी आलस्य नहीं करेगा।

समय प्रबंधन का मूल सूत्र यह है कि आप अपने मूल्य और लक्ष्य का निर्धारण कर लेते हैं। आप उसके अनुसार प्राथमिकताएँ तय कर लेते हैं। आप निश्चित तौर पर प्राथमिकताओं को तय करने की महत्ता के बारे में जानते हैं।

किसी बात के लिए किसी को निर्देशित करना बहुत ही सहज काम होता है, लेकिन जब उसे जीवन में करने की नौबत आती है तो यह काम बहुत ही कठिन लगने लगता है। दरअसल यह सबकुछ और नहीं बल्कि समय प्रबंधन के सिद्धांत के कारण संभव हो पाता है। आप इसे जीवन प्रबंधन भी कहने लगते हैं। समय प्रबंधन वास्तव में व्यक्तिगत प्रबंधन होता है, जिसमें 24 घंटे के समय में आपको क्या करना है और क्या नहीं करना है, सब तय करते हैं।

आप इस समय में यह प्रबंध करने की कोशिश करते हैं कि आप कॅरियर की गाड़ी और जीवन की खुशियों के बीच हरसंभव तालमेल बिठा सके। समय प्रबंधन का मूल सूत्र यह है कि आप अपने मूल्य और लक्ष्य का निर्धारण कर लेते हैं। आप उसके अनुसार प्राथमिकताएँ तय कर लेते हैं। आप निश्चित तौर पर प्राथमिकताओं को तय करने की महत्ता के बारे में जानते हैं। आप एक ऐसी सूची बना लेते हैं, जो कुछ आप कर सकते हैं। आप अपने अनुभव के आधार पर उनके महत्त्व को जान-समझ सकते हैं। जिम्मेदारियों को भी आप अच्छी तरह समझ सकते हैं। प्राथमिकताएँ तो तय करने में बहुत लोग रुचि दिखाते हैं, लेकिन प्राथमिकताओं के बाद की चीजों के बारे में बहुत कम ही लोग सोचते हैं। उसे ज्यादातर लोग नजरअंदाज कर जाते हैं।

आप जब किसी योजना पर काम बंद कर रहे हों तो इन चीजों के निर्णय लेने में आपको सावधानी बरतनी चाहिए, ताकि आपको नए काम की शुरुआत करने से पहले पर्याप्त समय मिल सके।

कार्य हमारी जिंदगी में चार प्रकार के होते हैं—

1. अत्यावश्यक और महत्त्वपूर्ण : जैसे कि छात्र अपनी परीक्षा की तैयारी करता है, क्योंकि छात्र को परीक्षा के समय पढ़ाई से ज्यादा अत्यावश्यक और महत्त्वपूर्ण कार्य कुछ और नहीं होता है।
2. अत्यावश्यक नहीं, किंतु महत्त्वपूर्ण : जैसे कि पढ़ाई अगर सतत की जाए तो निश्चित ही परीक्षा में अच्छे अंक आएँगे और परीक्षा के समय पढ़ाई अत्यावश्यक नहीं रहेगी। जैसे अपने स्वास्थ्य के लिए अगर रोज व्यायाम करेंगे तो यह भी अत्यावश्यक नहीं है, परंतु महत्त्वपूर्ण है।
3. अत्यावश्यक, किंतु महत्त्वपूर्ण नहीं : जैसे कि फोन कॉल अत्यावश्यक है, परंतु महत्त्वपूर्ण नहीं। हो सकता है कि केवल टाइम पास करने के लिए किसी मित्र ने ऐसे ही फोन लगाया हो। किसी को सिगरेट पीना है तो उसके लिए यह अत्यावश्यक है, परंतु महत्त्वपूर्ण नहीं। नई फिल्म जैसे ही थिएटर में लगती है लोग दौड़ पड़ते हैं देखने के लिए, क्या यह तीन महीने बाद नहीं देखी जा सकती? क्या है यह, यह अत्यावश्यक कार्य है, परंतु महत्त्वपूर्ण नहीं। जिन विचारों पर मन का नियंत्रण नहीं होता।

4. न ही अत्यावश्यक और न ही महत्त्वपूर्ण : जैसे कि फालतू सोते रहना, टाइम पास करना, इंटरनेट पर बेमतलब सर्फिंग करना।

समय प्रबंधन का फॉर्मूला है—

पहले प्रकार के कार्यों की कमी (अत्यावश्यक और महत्त्वपूर्ण) करना जिससे हमें कभी गुस्सा न आए। जो लोग दूसरे प्रकार के कार्य नहीं करते हैं वे ही पहले प्रकार को आने की दावत देते हैं, अगर समय पर सब कार्य कर लिया जाए तो पहले प्रकार (अत्यावश्यक और महत्त्वपूर्ण) की नौबत ही नहीं आएगी।

तीसरे प्रकार के कार्यों (अत्यावश्यक किंतु महत्त्वपूर्ण नहीं) को मना करना, जो कि केवल हम मन को खुश करने के लिए करते हैं या कुछ क्षणों के सुख के लिए करते हैं। हमें हमेशा दूसरे प्रकार के कार्यों में व्यस्त रहना चाहिए।

चौथे प्रकार के कार्यों से हमेशा बचना चाहिए, केवल दूसरे प्रकार (अत्यावश्यक नहीं, किंतु महत्त्वपूर्ण) के कार्य में व्यस्त रहना चाहिए।

तरक्की का राजमार्ग

इन्हीं व्यस्तताओं के बीच कुछ समय बचा लेना, जिसे दूसरे उपयोगी कामों में लगाया जा सके, जरूरी है। ऐसा करके आप समय का अपव्यय रोक सकेंगे।

कुछ लोग ऑफिस में समय से पहले आते हैं। ऑफिस में अपना काम पूरा करने के लिए देर तक रुकते हैं। हर समय हड़बड़ाहट उनके काम में देखने को मिलती है। यही नहीं अपने खुद के लिए भी उनके पास समय नहीं होता। यदि यह आपके साथ भी हैं, तो एक बार सोचने की जरूरत है। इसकी वजह काम की अधिकता न होकर, काम की सही प्लानिंग न करना भी हो सकता है। किसी भी काम को अगर प्लानिंग के साथ किया जाए, तो वह बेहतर परिणाम देता है। टाइम प्लानिंग एक बहुत ही जरूरी कदम है, जो काम को बेहतर बनाने में खासा सहायक है।

इन्हीं व्यस्तताओं के बीच कुछ समय बचा लेना, जिसे दूसरे उपयोगी कामों में लगाया जा सके, जरूरी है। ऐसा करके आप समय का अपव्यय रोक सकेंगे। दूसरे शब्दों में समय का वह टुकड़ा, जो अनजाने में व्यर्थ चला जाता है उसे बचाकर हम अधिक उत्पादक बन सकते हैं। इस तरह वह बचाया गया समय उत्पादन की दृष्टि से नया है, जिसे हमने ही क्रिएट किया है। ऐसा करने से समय के प्रति सोच सकारात्मक हो जाती है।

- समय का दुरुपयोग करने का मतलब होगा धन कमाने की संभावना को गँवा देना। कई बार हम छोटी-छोटी चीजों को खरीदने के लिए बाजार के कई चक्कर लगाते हैं। ऐसे में एक तो पेट्रोल खर्च होता है, दूसरा और सबसे महत्त्वपूर्ण आपका समय बरबाद होता है। अपने अमूल्य समय का नुकसान न करें। अपने हर सेकेंड को समय की प्लानिंग में शामिल करें। क्योंकि, छोटी-छोटी बचत ही बाद में मोटी बचत के रूप में सामने आती है।
- इसमें उन सभी कामों को शामिल करें, जो प्राथमिक हों या फिर बेहद महत्त्वपूर्ण। यह सूची एक दिन पहले तैयार की जानी चाहिए। यानी हम आज उन कामों की योजना बनाएँ जो हमें कल करने हैं।
- अपने हर काम का समय तय कर सकते हैं। घंटों के हिसाब से काम का शेड्यूल बनाने की आदत को टाइम-टेबल में शामिल कर लें। ध्यान रहे, अपने टाइम-टेबल में उतना ही काम लें, जितना आप कर सकते हैं। रोजाना अपनी लिस्ट को रिवाइज करें, ताकि सभी काम समय पर पूरे हो जाएँ।

साबरमती आश्रम में एक गाँव के कुछ लोग बापू के पास आए और उनसे कहने लगे, ''बापू कल हमारे गाँव में एक सभा हो रही है, यदि आप समय निकालकर जनता को देश की स्थिति व स्वाधीनता के प्रति कुछ शब्द कहें तो आपकी कृपा होगी।''

गांधीजी ने अपना अगले दिन का कार्यक्रम देखा और गाँव के लोगों के मुखिया से पूछा, ''सभा के कार्यक्रम का

समय क्या है?''

मुखिया ने कहा, ''हमने चार बजे निश्चित कर रखा है।''गांधीजी ने आने की अपनी अनुमति दे दी। मुखिया बोला, ''बापू, मैं गाड़ी से एक व्यक्ति को भेज दूँगा, जो आपको ले आएगा। आपको अधिक कष्ट नहीं होगा।''

गांधीजी मुसकराते हुए बोले, ''अच्छी बात है, कल निश्चित समय मैं तैयार रहूँगा।''

अगले दिन जब पौने चार बजे तक मुखिया का आदमी नहीं पहुँचा तो गांधीजी चिंतित हो गए। उन्होंने सोचा अगर मैं समय से नहीं पहुँचा तो लोग क्या कहेंगे। उनका समय व्यर्थ नष्ट होगा।

गांधीजी ने एक तरीका सोचा और उसी के अनुसार अमल किया। कुछ समय पश्चात् मुखिया गांधीजी को लेने आश्रम पहुँचा तो गांधीजी को वहाँ नहीं पाकर उसे बहुत आश्चर्य हुआ। लेकिन वह क्या कर सकता था। मुखिया सभास्थल पर पहुँचा तो उसे यह देखकर और अधिक आश्चर्य हुआ कि गांधीजी भाषण दे रहे हैं और सभी लोग तन्मयता से उन्हें सुन रहे हैं।

हम कब क्या कार्य करें? इस पर हमारा नियंत्रण है, अतः स्वयं पर नियंत्रण करके ही हम किए जाने वाले कार्यों को प्रबंधित करके समय का सदुपयोग कर सकते हैं।

भाषण के उपरांत मुखिया गांधीजी से मिला और उनसे पूछने लगा, ''मैं आपको लेने आश्रम गया था, लेकिन आप वहाँ नहीं मिले फिर आप यहाँ तक कैसे पहुँचे?''

गांधीजी ने कहा, ''जब आप पौने चार बजे तक नहीं पहुँचे तो मुझे चिंता हुई कि मेरे कारण इतने लोगों का समय नष्ट हो सकता है, इसलिए मैंने साइकिल उठाई और तेजी से चलाते हुए यहाँ पहुँचा।''

मुखिया बहुत शर्मिंदा हुआ। गांधीजी ने कहा, ''समय बहुत मूल्यवान होता है। हमें प्रतिदिन समय का सदुपयोग करना चाहिए। किसी भी प्रगति में समय महत्त्वपूर्ण होता है।''

समय प्रबंधन नहीं, कार्य प्रबंधन

प्रबंधन मूलतः संसाधनों का किया जाता है। मानव भी अपने आपमें एक संसाधन है। सामान्यतः सभी देशों के सभी विभागों में मानव को एक संसाधन के रूप में स्वीकार किया जा चुका है, किंतु मानव संसाधन से हमारा आशय मानव के समय से होता है। मानव संसाधन को प्रशिक्षित करके उसकी गुणवत्ता बढ़ाई जा सकती है, किंतु मानव संसाधन को भविष्य के लिए संरक्षित करके नहीं रखा जा सकता। क्योंकि मानव का समय ही संसाधन है और उसका संरक्षण संभव नहीं है।

कालचक्र अविरल चलता रहता है, इसे आज तक कोई रोक नहीं पाया है। भविष्य में भी इसमें सफलता मिलने की कोई आशा नहीं है। जिस वस्तु या संसाधन पर हमारा नियंत्रण ही नहीं है, उसका प्रबंधन भी संभव नहीं है। हाँ, समय अपनी गति से चलता है। अतः समय की गति के साथ हम किए जाने वाले कार्यों का प्रबंधन कर सकते हैं। हम कब क्या कार्य करें? इस पर हमारा नियंत्रण है, अतः स्वयं पर नियंत्रण करके ही हम किए जाने वाले कार्यों को प्रबंधित करके समय का सदुपयोग कर सकते हैं।

□

लक्ष्य

> महान् लक्ष्य
> महान् मस्तिष्क की जननी है।
>
> —इमरसन

40

लक्ष्य की स्पष्टता

प्रणवो धनुः शरो ह्यात्मा ब्रह्मा तल्लक्ष्यमुच्चयते।
अप्रमत्तेन वेद्धव्यं शरवत्तन्मयो भवेत्॥

ओंकार ही धनुष है, आत्मा ही बाण है और परब्रह्म परमेश्वर ही उसका लक्ष्य है। वह प्रमाद रहित मनुष्य द्वारा ही बींधे जाने योग्य है। अतः उसे बेधकर बाण की भाँति उस लक्ष्य में तन्मय हो जाना चाहिए।

—महर्षि अंगिरा

कोई भी कार्य अनौपचारिक रूप से प्रारंभ करने और किसी बिजनेसमैन की तरह पूरा वक्त और ताकत लगाकर काम किए जाने के बीच बहुत बड़ी दूरी दिखाई दे सकती है। परंतु वास्तविकता यह है कि जीवन-निर्माण का काम शुरू करना सर्वाधिक महत्त्वपूर्ण कदम है, किसी शायर ने लिखा है—

'मैं अकेला ही चला था, जानिबे मंजिल मगर
लोग साथ आते गए, और कारवाँ बनता गया।'

एक-एक सफलता को जोड़कर हम ऐसा सेतु निर्मित कर लेते हैं जिस पर हमारी प्रगति का रथ फिर बिना रुके दौड़ता ही चला जाता है।

एक बार काम शुरू कर देने पर आप इतने रोमांचित हो उठेंगे कि आपको लगेगा आप सफलता के शिखर पर पहुँच ही गए हैं। यह भी सत्य है कि हमें मनपसंद काम शुरू कर देने से जितनी प्रसन्नता मिलती है, उतनी उसके परिणाम से नहीं।

सफलता की यात्रा अनवरत विकास क्रम से जुड़ी है। किसी भी बड़े सफर की शुरुआत पहले कदम से ही होती है। जिन लोगों ने अपने सपने को साकार करने की दिशा में प्रगति की है, वे जानते हैं कि शुरुआती दिनों में छोटी-छोटी उपलब्धियाँ भी कितनी बड़ी ऊर्जा का काम करती थीं।

एक-एक सफलता को जोड़कर हम ऐसा सेतु निर्मित कर लेते हैं जिस पर हमारी प्रगति का रथ फिर बिना रुके दौड़ता ही चला जाता है।

काम शुरू करने के बाद जल्द ही हम एक चीज से दूसरी चीज पर पहुँचने लगते हैं। लोगों से हमारे संपर्क का दायरा विस्तृत होता जाता है। हम उन चीजों के बारे में जानने लगते हैं जिनसे हम आज तक अनभिज्ञ थे। जल्द ही

हम ऐसे अवसरों को जानने लगते हैं जो हमें हमारे लक्ष्यों के बहुत नजदीक ले जाते हैं। ध्यान रखिए हमें जो अवसर मिलते हैं उनमें से ज्यादातर संयोगवश होते हैं, परंतु ऐसे संयोग उन्हीं लोगों को प्राप्त होते हैं जो जाल फैलाकर बाहर खड़े रहते हैं। ऐसे मौके उन लोगों की किस्मत में नहीं होते जो दरवाजे बंद कर घरों में बैठे रहते हैं और खयाली पुलाव पकाते रहते हैं।

समुद्र के किनारे बहुमूल्य मोती पाने की इच्छा करना बेमानी है, उसके लिए हमें समुद्र की गहराई में उतरना होगा जो जोखिम व उपलब्धि दोनों से भरा है।

अचानक अथवा बिना परिश्रम किए मिलने वाली विजय कोई महत्त्व नहीं रखती। हम उसका मूल्य नहीं जान पाते। जबकि वह विजय आनंददायक होती है, जो खूब लड़ने से प्राप्त होती है।

जो दादी अम्मा मनोरंजन के क्षेत्र में जाने की इच्छुक थीं, उनका परिचय एक ऐसे रेडियो अधिकारी से हुआ जो उनके पड़ोस में ही रहता था। उस व्यक्ति ने नमूने के तौर पर रेडियों के कार्यक्रम तैयार करने में दादी माँ की मदद की और कुछ समय बाद ही वह रेडियो कार्यक्रमों में खूब व्यस्त रहने लगीं।

जो आदमी आज उधार का कैमरा माँग कर अपने घर में फिल्म बनाने का अभ्यास कर रहा है, कल जरूरत पड़ने पर उसके पास अनुभव की इतनी पूँजी होगी कि वह स्थानीय व्यापारियों के लिए व्यावसायिक फिल्मों का निर्माण कर सकता है। हमारे समाज में कुछ लोग ऐसे होते हैं जो पहले लक्ष्य निर्धारित करके काम करना पसंद करते हैं, जिसके बारे में उन्होंने कभी कल्पना भी नहीं की थी। ये भी हो सकता है कि जब आप विधिवत रूप से कोई काम शुरू करना चाहें। जब केवल अपने लिए काम करते रहना पर्याप्त न हो और आप किसी विशिष्ट क्षेत्र में कोई महत्त्वपूर्ण काम करने की इच्छा रखते हों, हो सकता है कि आप कोई खोज या शोध कार्य करना चाहते हों। ऐसी स्थिति में आपके द्वारा अब तक का अर्जित अनुभव बहुत मायने रखता है। आपके द्वारा अर्जित ज्ञान आपके बहुत काम आएगा। जहाँ आप प्रवेश लेना चाहेंगे वहाँ के व्यक्ति आपको अब तक के काम और अनुभव को देखते हुए यह समझा पाएँगे कि आपकी रुचि वस्तुत: उस क्षेत्र में है और उन्हें आपका चयन करने में सुविधा रहेगी।

हराइए कठिनाइयों को

अचानक अथवा बिना परिश्रम किए मिलने वाली विजय कोई महत्त्व नहीं रखती। हम उसका मूल्य नहीं जान पाते। जबकि वह विजय आनंददायक होती है, जो खूब लड़ने से प्राप्त होती है। मनुष्य की बल-वृद्धि इच्छा शक्ति के उस संघर्ष का फल है, जिसमें कठिनाइयों का मुकाबला करना पड़ता है। हम इसे प्रयत्न भी कह सकते हैं। कैसे मजे की बात है कि कोशिश से असंभव भी संभव हो जाता है। उत्तम मस्तिक का चिह्न उसकी कर्तव्यनिष्ठा है, जो सब प्रकार के परिवर्तन होने पर भी कभी नहीं बदलती बल्कि कठिनाइयों का सामना करती हुई अपने ध्येय को प्राप्त करती है। छोटी मस्तिष्क क्षमताएँ आपत्तियों से दब जाती हैं, जबकि बड़ी मस्तिष्क क्षमताएँ आपत्तियों पर विजय प्राप्त कर लेती हैं।

घात-प्रतिघात से मुठभेड़ करके जिस किसी व्यक्ति ने महत्त्व प्राप्त किया है, वही सच्चे यश को भोगता है। महत्त्वपूर्ण बनने के लिए कोई शाही सड़क नहीं है। किसी भी प्रख्यात व्यक्ति का जीवन-चरित्र पढ़ें, उसने अनेक कठिनाइयों को पार करके ही अपना मार्ग प्रशस्त किया है।

एलिजाबेथ ब्लैकवेल भी इसी शृंखला में सम्मानीय महिला के रूप में जानी जाती हैं जिन्होंने गरीबी की चुनौती का डटकर मुकाबला किया। वे पहली महिला डॉक्टर थीं। अत: उन्हें अत्यधिक असफलता एवं घोर विरोध का शिकार होना पड़ा। वे न्यूयॉर्क के जेनेवा विद्यालय में औषधि पाठ्यक्रम (डॉक्टरी) के लिए चयनित की गई थीं। उनका सभी जगह मजाक उड़ाया गया और बहुत से लोग उनकी मीटिंग का बहिष्कार करके चले गए। उन्हें पंगु बनाने वाले आर्थिक

अभाव की समस्या इतनी जटिल थी जो आसानी से हल नहीं की जा सकती थी।

तमाम तरह की परिस्थितियों पर विजय प्राप्त करते हुए सन् 1859 में एलिजाबेथ ऑनर्स के साथ स्नातक बनने में कामयाब रहीं। सर्जन की उपाधि पाने के लिए एलिजाबेथ को समुद्री जहाज द्वारा अटलांटिक महासागर को पार करना पड़ा था। वे मजबूर होकर पेरिस भी गईं क्योंकि अमेरिका के सभी अस्पतालों ने उन्हें उन्हें अपने यहाँ रखने से इनकार कर दिया था। पेरिस में भी उनका अनुरोध ठुकरा दिया गया। एलिजाबेथ ने 'लामेटेलिटे' में धाय का पाठ्यक्रम स्वीकार किया। वे फिर से न्यूयॉर्क वापस गईं लेकिन विपरीत परिस्थितियों ने यहाँ भी उनका साथ नहीं छोड़ा। एलिजाबेथ को गर्ल्स हॉस्टल से निकाल दिया गया। कोई भी व्यक्ति महिला डाक्टर को कमरा किराये पर देने में कतराता था। अपने दृढ़ संकल्प के साथ उन्होंने एक मकान खरीदने के लिए कुछ धन उधार लिया। शीघ्र ही महिला चिकित्सकों में अग्रदूत के रूप में उसकी ख्याति बहुत दूर-दूर तक फैल गई।

सेंट पीट्सबर्ग मेडिकल स्कूल एवं स्वीडन के मेडिकल कालेजों ने उनके लिए अपने द्वार खोल दिए। इंग्लैंड के रॉयल फ्री हास्पिटल ऑफ मेडिसिन ने एलिजाबेथ ब्लैकवेल के स्वप्न को साकार कर दिया था।

कौन जानता था कि महाराष्ट्र के एक साधारण सरदार का पुत्र शिवाजी आगे चलकर छत्रपति के नाम से प्रसिद्ध होगा। किसे पता था कि एक दिन यही बच्चा इतना बड़ा होगा कि उसका जन्मदिन हिंदू जाति गौरव और श्रद्धा से मनाएगी? शिवाजी 14 वर्ष के हुए, तभी से उनको स्वतंत्र होने की प्रबल इच्छा सताने लगी थी। वे अपनी दृढ़ इच्छा की पूर्ति करने के लिए प्रयत्न करने लगे। पहली कठिनाई उनके सामने यह उपस्थित हुई कि अपने मंतव्य में लगने से उन्हें अपने पिता का भी बुरा बनना पड़ा। परंतु उन्होंने पिता की नाराजगी की कुछ भी परवाह नहीं की और अपनी इच्छा को पूर्ण करने के लिए घात-प्रतिघात सहते हुए स्वतंत्र होने के लिए युद्ध शुरू कर दिया। उन्होंने पहले ही युद्ध में विजयश्री प्राप्त की। फिर क्या था! इच्छा शक्ति बढ़ती ही गई और उसी के सहारे वे आने वाली आपत्तियों को सहते हुए एक के बाद एक विजय प्राप्त करते चले गए और संसार में यह ज्वलंत उदाहरण छोड़ गए कि जो सफलता कठिनाइयों से प्राप्त होती है, वह बहुत महत्त्वपूर्ण और चिरस्थायी होती है। कहाँ शिवाजी और कहाँ मुगल साम्राज्य! परंतु उन्होंने अगणित कठिनाइयों को झेलते हुए उसकी भी जड़ें हिला दी थीं।

विपरीत परिस्थितियों, शारीरिक रोगों तथा समस्याओं का हमारे जीवन पर उतना प्रभाव नहीं पड़ता जितना कि हमारे स्वयं के विचारों का।

महापुरुष जे.एन. टाटा एक साधारण परिवार में जन्मे थे। उनके बारे में बचपन में एक ज्योतिषी ने भविष्यवाणी की थी कि यह देश-विदेश घूमेगा और धन से घर भर देगा और सातमंजिला मकान बनवाएगा।

गाँव के लोग जब उनके पिता से मिलते थे तब उनसे हँसी-मजाक किया करते थे, कि कहो भाई, इतना धन कहाँ रखोगे और सातमंजिला मकान कहाँ बनाया जाएगा?

जब जे.एन. टाटा गाँव के स्कूल की पढ़ाई समाप्त कर चुके तो उनके पिता मुंबई में एक मकान किराये पर लेकर पुत्र के साथ रहने लगे। होनहार बिरवान के होत चीकने पात। कॉलेज की पढ़ाई समाप्त कर चुकने पर उनके पिता उनको दुकान पर बैठाने लगे।

जमशेद जी टाटा बहुत साहसी थे। जिस काम का विचार करते उसको संलग्नता से पूर्ण करने में लगे रहते। उन्होंने अपने परिश्रम से धीरे-धीरे अपने व्यापार को बढ़ाया। कभी-कभी ऐसा घाटा हुआ कि पैसे-पैसे के लिए मोहताज हो गए। पर वे हिम्मत न हारे। धुन के पक्के रहे और नित नई कठिनाइयों का सामना करते हुए फिर व्यापार शुरू कर दिया। थोड़े दिनों बाद व्यापार में उनको फिर ऐसा घाटा हुआ कि वे दिवालिया हो गए और अपना सामान तक बेच डाला। परंतु फिर भी उन्होंने अपना साहस नहीं छोड़ा और धीरे-धीरे फिर व्यापार शुरू किया। इतने प्रतिघातों को सहन करने पर सफलता मिलने लगी। इतनी मुसीबतें सहने के बाद टाटा ने वह प्रसिद्धि पाई जो भारत में सदा अमर रहेगी।

विचारों का प्रभाव

विभिन्न शोधों के बाद मनोवैज्ञानिकों ने यह सिद्ध कर दिया है कि विपरीत परिस्थितियों, शारीरिक रोगों तथा समस्याओं का हमारे जीवन पर उतना प्रभाव नहीं पड़ता जितना कि हमारे स्वयं के विचारों का। यदि हम एक बार ठान लें और उसी के अनुसार कार्य सुनिश्चित करें तो निश्चित रूप से सफलता मिलेगी लेकिन इसके लिए मन पर काबू करना बहुत जरूरी है।

निष्कर्ष है कि अगर आप जीवन में सफलता प्राप्त करना चाहते हैं तो आपको अपने मन पर नियंत्रण करने की कला में पारंगत होना जरूरी है।

सामान्यत: लोग दो तरह से अपना जीवन व्यतीत करते हैं। एक जो मन चाहता है उसके मुताबिक काम करते हैं और दूसरे जो निश्चित करते हैं मन वही करता है। इससें पहले वाले लोगों की जिंदगी हताशा, निराशा व कामयाबी के बीच झूलती रहती है जबकि दूसरे श्रेणी के व्यक्ति अपने लक्ष्य को अर्जित करने में सफल रहते हैं। आत्मनियंत्रण के अभाव में परिश्रम, योग्यता तथा हमारी शिक्षा-दीक्षा सब व्यर्थ चले जाते हैं। जिन लोगों का मन नियंत्रित नहीं है, वे गुमराह होकर भटकते रहते हैं। ऐसे व्यक्ति आज को या तो कल के लिए टालते रहते हैं और अंतत: अपने लक्ष्य से भटक जाते हैं। खुद पर काबू करना कोई आसान काम नहीं है। लेकिन थोड़े से परिश्रम व लगातार कोशिशों से इस पर काबू पाया जा सकता है। स्वयं को नियंत्रित करने में यदि आप एक बार सफल हो जाते हैं तो फिर बड़ी-से-बड़ी अड़चनें भी आपको आपके लक्ष्य से डिगा नहीं पाएँगी।

अब्राहम लिंकन कहा करते थे कि 'आत्म संयम के गुण इतने प्रभावशाली होते हैं कि उसके सामने सभी गुण फीके पड़ जाते हैं। निष्कर्ष है कि अगर आप जीवन में सफलता प्राप्त करना चाहते हैं तो आपको अपने मन पर नियंत्रण करने की कला में पारंगत होना जरूरी है। मन की चंचलता को काबू करके हम बड़ी-से-बड़ी बाधाओं को जीत सकते हैं। ध्यान रखिए जो खुद पर शासन कर सकता है, वह पूरी दुनिया पर शासन कर सकता है।

□

41

सफलता के लिए लक्ष्य

आरोहणमाक्रमणमं जीवतो जीवतो यनम्

उन्नत होना और सफलता के लिए आगे बढ़ना प्रत्येक जीव का लक्ष्य है।

–अथर्ववेद

मत-मतांतरों के झगड़ों को छोड़ दीजिए। इस पुस्तक में हमें धार्मिक विचार पर विवेचना नहीं करनी है। हमें तो यहाँ केवल यह सिद्धांत प्रतिपादित करना है कि कठिनाइयों से सफलता प्राप्त होती है और वह सफलता औरों के लिए उदाहरण बन जाती है।

स्वामी दयानंद सरस्वती के ज्ञान का भारत को यह लाभ हुआ कि उन्होंने और उनके अनुयायियों ने कई कॉलेज, स्कूल और अनाथालयों का निर्माण किया। परंतु स्वामी जी को भी जीवन में सदा आपत्तियों का सामना करते रहना पड़ा। बाल्यावस्था में ही वैराग्य हो जाने के कारण वे घर से भाग निकले। सत्य की खोज में बड़ी-बड़ी कठिनाइयाँ सहन करते हुए जगह-जगह घूमते रहे। अंत में स्वामी विरजानंद के पास मथुरा पहुँचे। उन्हीं के पास रहकर वेदों की पढ़ाई शुरू कर दी। थोड़े ही दिनों में वे गुरु विरजानंद के कृपा पात्र शिष्य हो गए। ढाई वर्ष में ही वेदों की पढ़ाई समाप्त कर चुकने पर उन्होंने गुरु विरजानंद से देशाटन के लिए आज्ञा माँगी।

गुरु महाराज ने आज्ञा देते हुए गुरु दक्षिणा में अपने शिष्य से यही माँगा कि 'जाओ, देश का उद्धार करो।' बाल ब्रह्मचारी, योगिराज दयानंद रात-दिन भारत के उत्थान की चिंता करने लगे। उन्हें अपने सत्य के प्रचार में बहुत-बहुत आपत्तियाँ झेलनी पड़ीं, वे विरोधियों की परवाह न कर अपने ध्येय में लगे रहे। परिणाम यह हुआ कि आज संसार के प्राय: सभी प्रसिद्ध देशों में आर्य समाज की शाखा विद्यमान है। स्वामी जी के पास न धन था और न सेना थी; वे अकेले अपने मत के प्रतिपादन में डटे तथा अनेक प्रतिघातों को सहन करते रहे और अंत में उन्होंने चिरस्थायी सफलता प्राप्त की।

हमें तो यहाँ केवल यह सिद्धांत प्रतिपादित करना है कि कठिनाइयों से सफलता प्राप्त होती है और वह सफलता औरों के लिए उदाहरण बन जाती है।

रानाडे ने भारत की उन्नति में उस समय प्रयत्न किया, जिस समय लोग घोर अंधकार में फँसे हुए थे। महादेव रानाडे के पिता साधारण स्थिति के मनुष्य थे। महादेव रानाडे बचपन में प्राय: बहुत सुस्त रहा करते थे। उनकी उदासी के कारण उनकी माँ बहुत दु:खी रहा करती

थीं। गाँव के स्कूल की पढ़ाई समाप्त कर चुकने पर रानाडे 14 वर्ष की अवस्था में मुंबई, अंग्रेजी पढ़ने हेतु भेज दिये गए। कुछ वर्षों के प्रयत्न के बाद उन्होंने एम.ए. परीक्षा में प्रथम स्थान प्राप्त किया। इतिहास में बहुत अच्छे नंबर पाने के कारण उनको स्वर्ण पदक प्राप्त हुआ। फिर उन्होंने एल-एल.बी. की परीक्षा पास की, जिसमें उन्हें मुंबई विश्वविद्यालय की ओर से 400 रु. की पुस्तकें उपहार में दी गईं और 300 रु. की कीमत की एक सोने की घड़ी भी उन्हें दी गई। जब मुंबई सरकार ने 'कृषक-दुःख निवारण' कानून बनाने के लिए समिति बनाई तो महादेव रानाडे को उसका न्यायाधीश नियुक्त किया उस समय उनकी तनख्वाह कितनी थी 1433 रुपये।

किसे गुमान था कि वही रानाडे, जो बचपन में सुस्त बैठे रहते थे तथा जिनको सुस्त देखकर उनकी माता दुःखी रहती थीं, एक दिन जीवन में इतनी सफलता प्राप्त करेंगे कि वे 5000 रु. मासिक के पद को जो बड़ौदा के गायकवाड़ सरकार की ओर से उनको दिया गया था, अस्वीकार कर देंगे।

लक्ष्य बनाम लक्ष्मी

इस सूत्र को पुष्टि मिलती है कि जो महान् विभूतियाँ संसार में हुई हैं, उन्होंने गरीब घर में जन्म लिया। उन्हें प्रख्यात होने के लिए ही नहीं, अपने दैनिक खान-पान के लिए भी कठिनाइयाँ और दुःख झेलने पड़े हैं। यह भी कहा जाता है कि लक्ष्मी और सरस्वती दोनों देवियों में बैर होता है। अर्थात् योग्य व्यक्ति के पास धन नहीं होता।

इंगलैंड में अनेक कवि और लेखक हुए हैं और अब तो कहना ही क्या! इतनी पुस्तकें हर साल लिखी और छापी जाती हैं कि उनसे पुस्तकालय और वाचनालय भर गए हैं। परंतु लेखकों और पुस्तकों की भरमार होने पर भी विलियम शेक्सपियर, लॉर्ड टैनिसन, विलियम वर्ड्सवर्थ, मिल्टन, गोल्डस्मिथ और लॉर्ड ब्रायन की रचनाएँ काफी अच्छी समझी जाती हैं तथा उत्साह से पढ़ी जाती हैं। ये सब महापुरुष दुःख और प्रतिघात के शिकार रहे हैं।

जरा गोल्डस्मिथ का जीवन वृत्त सुनिए। चेचक से उनका चेहरा इतना बिगड़ गया था कि बच्चे उनका मजाक उड़ाते थे। जीवन-निर्वाह करने के लिए बाजार में फेरी देने वाले गवैयों के लिए वे छोटे-छोटे गीत लिखकर देते थे। दिन भर में कहीं 4 पैसे इन्हें गीतों की रचना से प्राप्त होते थे। फ्रांस और इटली की यात्रा उन्होंने माँगते-खाते की थी। काश्तकारों के घरों में जाकर बाँसुरी बजाकर वे भिक्षा माँगा करते थे। 28 वर्ष की उम्र में वे लंदन में पाई-पाई के लिए मोहताज थे और भिखारियों के मोहल्ले में रहते थे। दीनता ने जब बहुत सताया तो वे लंदन के निकटवर्ती स्थानों में चिकित्सा करने लगे। जब वे डॉक्टर बने फिरते थे, तब बाजार से सैकंड हैंड खरीदा हुआ कोट पहनते थे जिसमें फटे हुए स्थानों में जोड़ और पैबंद लगा रखते थे।

जब किसी के घर घुसते तो अपने कोट के फटे हुए स्थान को छिपाने में लगे रहते थे। एक बीमार को इन पर दया आ गई और उसने उन्हें अपना कोट देना चाहा, परंतु उन्होंने मना कर दिया। अपने वस्त्रों को भी उन्हें कई बार रोटियों के लिए गिरवी रखना पड़ता था। इस दीन दशा में भी उन्होंने अपनी लेखन-कला को मरने नहीं दिया।

गोल्डस्मिथ ने अपने 'वाल्टेयर' के जीवन चरित्र को 4 पौंड में बेच डाला। बड़ी कठिनाइयों से उन्होंने अपनी पुस्तक पोलाइट लर्निंग इन यूरोप (Polite learning in Europe) प्रकाशित कराई जिससे वे जनता में प्रख्यात होने लगे। तदनंतर उनका 'यात्री' नामक ग्रंथ छपा, जिससे भिखारियों के मोहल्ले में फटे-पुराने वस्त्र पहनने वाले गोल्ड स्मिथ की कीर्ति शिक्षित समाज में गूँज उठी। एक मकान की मालकिन ने, जिसकी कोठरी में वे किराए पर रहते थे, किराया न देने पर उनको गिरफ्तार तक करा दिया था और उनके एक मित्र डॉक्टर जॉनसन ने किराया देकर उन्हें छुड़ाया तथा उनकी पुस्तक 'विकार ऑफ वेकफील्ड' (Viecar of Wakefield) की पांडुलिपि उठा लाए। उस पुस्तक को 6 पौंड में बेच कर उन्होंने अपनी रकम की भरपाई की।

अपने प्रख्यात काव्य डिजर्टेड विलेज (Deserted Village) को गोल्डस्मिथ ने दो वर्ष तक अपने पास रखा और उसको दोहरा-दोहरा कर उसमें सुधार करते रहे। यह काव्य भारत में भी हाई स्कूल के पाठ्यक्रम में बहुधा पढ़ाया जाता

रहा है। इसका हिंदी अनुवाद पंडित श्रीधर पाठक (प्रयाग) ने किया था।

आत्म-गौरव, घमंड और अनाप-शनाप खर्च करने के कारण गोल्डस्मिथ ज्यादातर कर्जे से दबे रहते थे, हालाँकि उनके एक ग्रंथ हिस्ट्री ऑफ द अर्थ एंड एनिमेटेड नेचर (History of the earth and animated nature) के लिए उन्हें 800 पौंड मिले थे और उनकी दूसरी रचना शी स्टूप्स कंक्वर (She Stoops to Conqure) की बिक्री बहुतायत से हुई थी। इतने घात-प्रतिघात, दारिद्रय और विपत्ति का सामना करके भी वे सफल और प्रख्यात हो गए। उनकी गणना उच्च श्रेणी के लेखकों में हुई और उनका शव 'वेस्ट मिनिस्टर एबी' जहाँ महापुरुषों के शव दफनाए जाते हैं, में दफनाया गया।

विलियम शेक्सपियर का जीवन भी अवरोधों से भरा रहा। उन्हें भी सफलता मिली। उनका जन्म स्ट्रेटफोर्ड आन एवन नामक एक साधारण बस्ती में हुआ था। महारानी एलिजाबेथ उस समय इंगलैंड की रानी थीं। लड़कपन में शेक्सपियर को एक बार हिरन के शिकार की सूझी। हिरन मारते समय वे पकड़ लिए गए। जिस व्यक्ति के शिकारगाह से उन्होंने हिरन की चोरी की थी, उसने उनको दंड दिया। शेक्सपियर ने क्रोध में आकर उसकी बुराई में कुछ तुकबंदियाँ लिख डालीं, जिससे उसकी नाराजगी और भी बढ़ गई।

सावधानी से प्रतीक्षा करने वाले को लाभ अवश्य होता है। दौड़ने वाले फिसल पड़ते हैं, परंतु सँभलकर चलने वाले शीघ्र पहुँच जाते हैं।

शेक्सपियर वहाँ से लंदन भाग गए और एक थियेटर में उन्होंने साधारण नौकरी कर ली। साधारण नौकरी करते-करते उन्होंने नाटक लिखना आरंभ कर दिया। लिखते-लिखते नाटक रचना में वे ऐसे प्रवीण हुए कि उनके नाटक अत्यंत प्रशंसनीय समझे जाने लगे। उनकी ख्याति महारानी एलिजाबेथ तक पहुँच गई। आरंभ में उन्होंने अपने नाटक बहुत सस्ते दामों में बेचे थे। परंतु फिर भी उनके नाटकों का प्रचार हुआ तो ऐसा हुआ कि एक बृहत् नाटक-मंडली उन्हीं के नाटक खोजने के लिए बन गई।

आज इस संसार में ऐसी कोई भाषा नहीं हैं, जिसमें उनके प्रमुख नाटकों का अनुवाद न हुआ हो और संसार में कोई ऐसा देश ही नहीं हैं कि जहाँ उनके नाटक न खेले जाते हों। नाटक-रचना में वे इस तर्क-कुतर्क के समय में भी अद्वितीय समझते जाते हैं। अंग्रेजी भाषा पर तो उनके काव्य और उदाहरणों की ऐसी कुछ मोहर लग गई है कि उनके लिखे हुए वाक्य और पद हर प्रकार की लिखा-पढ़ी में प्रयुक्त होते हैं।

उन्होंने कुल 22 नाटक लिखे और वे ऐसे प्रासंगिक और चित्ताकर्षक हैं कि उनके भाषांतर भी रोचक हो जाते हैं। भारत के विद्वानों ने शेक्सपियर की तुलना महाकवि कालीदास से की है। यह किसको मालूम था कि हिरन चुराने वाला स्ट्रेटफोर्ड आन एवन में जन्मा हुआ बालक कठिनाइयों को पार करता हुआ संसार का महाकवि हो जाएगा और संसार को अपना काव्य स्वरूप बहुमूल्य धन सदा के लिए दे जाएगा।

महाकवि मिल्टन ने भी अपने महाकाव्य पैराडाइज लॉस्ट (Paradise Lost) और पैराडाइज रिगेंड (Paradise Regained) उस समय नहीं लिखे थे, जब क्राम्बल के समय में वे राजनीतिक और शारीरिक रूप से शक्तिमान थे, बल्कि उन्होंने तब इन ग्रंथों को लिखा था, जब वे बुढ़ापे और रुग्णावस्था के कारण बहुत अशक्त हो गए थे और उनके राजनीतिक समुदाय का पतन हो चुका था।

सँभलकर चलिए

हम जो कुछ जानते हैं यदि उसका अभ्यास करते हैं तो उससे हमारी ज्ञानवृद्धि होती है। सावधानी से प्रतीक्षा करने वाले को लाभ अवश्य होता है। दौड़ने वाले फिसल पड़ते हैं, परंतु सँभलकर चलने वाले शीघ्र पहुँच जाते हैं।

हमारी युवा पीढ़ी एक ही दिन में सर्वगुणसंपन्न होकर मालामाल होना चाहती है। इस संपूर्णता के लिए बहुत धैर्य और समय की आवश्यकता है। अब तक तो पढ़ते रहे, अब प्रतीक्षा करें? यह प्रश्न अधिकांश युवाओं के मुँह पर रहता

है। सब लोग यह चाहते हैं कि झटपट पढ़ाई खत्म हो, झटपट अच्छी नौकरी या व्यवसाय मिल जाए, जिससे झटपट धनवान हो जाएँ। याद रखिए—

'माली सींचे सौ घड़ा, पर ऋतु आए फल होय।'

महाकवि वड्र्सवर्थ से एक बार एक महिला ने कहा कि 'एक कविता लिखने में उसे छह घंटे लगे।' वड्र्सवर्थ का जबाव था कि 'वे उस कविता को लिखने में छह सप्ताह लगाते।'

आधुनिक युग में हमें शीघ्रता से कार्य संपन्न करने के लिए टेक्नोलॉजी का लाभ मिला है। आधुनिक युग के लाखों प्रकार के यंत्रों से हमारे समय और श्रम में बड़ी बचत हो गई है। आज से दो हजार वर्ष पहले ये सुविधाएँ कहाँ थीं? परंतु इतनी सुविधाएँ होने पर भी अधैर्य और शीघ्रता के मारे हम सब परेशान हैं। इस उतावलेपन से जरा उस धैर्य और संलग्नता की तुलना करें जब व्याकरण पढ़ने में 12 वर्ष लगते थे।

आगरा के ताजमहल को देखकर, बादशाह शाहजहाँ के धैर्य, प्रतीक्षा और कार्यतत्परता की प्रशंसा करनी चाहिए कि रेल, तार, मोटर, पक्की सड़क की सुविधा न होने पर भी बैलगाड़ियों द्वारा पत्थर लाए गए और उनसे ताजमहल बनाया गया। ताजमहल के सौंदर्य के साथ उसकी सुदृढ़ता की ओर भी ध्यान दीजिए और सोचिए कि आजकल की दौड़-धूप से जो मकान बनाए जाते हैं, उनसे वह मजबूत है या नहीं?

□

42

कष्ट से सँवरता है लक्ष्य

अपने जीवन का एक लक्ष्य बनाओ और इसके बाद अपना सारा शारीरिक और मानसिक बल, जो ईश्वर ने तुम्हें दिया है, उसमें लगा दो।

–कार्लाइल

जितने महाकवि और लेखक हुए हैं, उन सबके जीवन कष्ट में व्यतीत हुए हैं। प्रकृति ने उनकी क्षमता और मस्तिष्क शक्ति की परीक्षा ली है। सैमुअल जॉनसन, डैंटे इमर्सन (अमेरिकी), डेविड लीविंगस्टोन, जॉर्ज इलियट, फारलाइफ जोला, जे.एन. स्ब्रक्स, अधी फेनी क्रासबाई (अमेरिकी), जे.आर. ग्रीन, शिलर, राजरेकन, बेन जॉन्सन, जॉड ब्रायन आदि जितने भी अच्छे लेखक या कवि हुए हैं, सब ही दीन दशा में जन्मे और कष्टों में पले-बढ़े हैं।

इन सबको किसी-न-किसी प्रकार की घोर विपत्ति का लगातार सामना करना पड़ा है तथा सफलता प्राप्त करने में अनेक प्रकार के कष्ट झेलने पड़े हैं। दूसरे शब्दों में कहें तो श्रम और कठिनाई वास्तविक कामयाब जीवन के अंग-प्रत्यंग हैं।

हमारे देश के महान समाज सुधारक कबीर आदि के जीवन चरित्र को पढ़ने से हम इसी निष्कर्ष पर पहुँचते हैं कि सच्चा और चिरस्थायी महत्त्व दीनता और कष्ट में ही छिपा है।

दूसरे शब्दों में कहें तो श्रम और कठिनाई वास्तविक कामयाब जीवन के अंग-प्रत्यंग हैं।

प्रत्येक व्यवसाय के प्रमुख नेता, ज्ञान-विज्ञान के आविष्कारक दुख भरे जीवन में प्रगति करके ही सफलता को प्राप्त हुए हैं। उनके पास पर्याप्त सामग्री और साधन न थे, खाने-पीने और पहनने के लिए वस्त्रों की जरूरत को पूरा करने के लिए भी उन्हें दु:ख उठाने पड़े।

सर आइजक न्यूटन, जिन्होंने आकर्षण शक्ति के सिद्धांत की खोज की, वाष्प से चलने वाले इंजन का आविष्कारक जेम्सवाट, वस्तुओं की अंतर्गत उष्णता का पता लगाने वाले डाक्टर ब्लैक, हम्फ्री डेवी और फैराडे जिन्होंने विद्युत के सिद्धांत दिए, मारक्विस वोरसेस्टर (Marquis of Woresester) जिन्होंने कारावास में वाष्प के सिद्धांत पर अनुभव प्राप्त किया और जिन्होंने कैद से छुटकारा पाने पर 'आविष्कारों की शताब्दी' नामक पुस्तक लिखी, इलीह वाश वर्म, जो अमेरिका में राज्य-कोष के संरक्षक हुए।

बाल्यावस्था में फटे पायजामे में पिन लगाकर काम चलाने वाले गारफील्ड बाद में अमेरिका की राज्य परिषद के प्रेसीडेंट बने। माइकल एंजेलो, जिन्होंने पत्थर की मूर्तियाँ बनाकर अपने आपको अमर किया, आर्क राइट जो बचपन

में हजामत बनाने का काम करते थे और मरते समय करोड़ों की संपत्ति छोड़ गए। विलियम मर्डोक जिन्होंने 18वीं शताब्दी के अंत में कोयले की गैस को नलों द्वारा ले जाकर प्रकाश का आविष्कार किया, गैलीलियो जिन्होंने आकाश के दूरस्थ तारों की खोज की, अंधे हेनरी फास्ट जिनको इंग्लैंड के मंत्री ग्लैडस्टन ने पोस्ट मास्टर जनरल नियुक्त किया, विलियम मिलवर्न जो बाल्यावस्था से अंधे थे और जो बाद में अमेरिका के कांग्रेस से चेपलेन (धर्म-गुरु) नियुक्त हुए, चांसी जिन्होंने अपना बचपन और युवावस्था पेड़ों के काटने और बढ़ई के कार्य में व्यतीत की और जो बाद में पीतल के घंटे बनाकर 600 पाउंड प्रति दिन पैदा करने लगे, ये सब लोग अत्यंत कष्ट उठाकर सफल हुए।

संघर्ष और भी निखारता है

आप ही बताइए कि कड़े संघर्ष और कष्टों का सामना करते हुए सफलता प्राप्त करना श्रेष्ठतर है या दूसरों द्वारा उत्पन्न किए हुए धन से या सिफारिश से प्राप्त किए हुए पद से या पैतृक संपत्ति के सहारे उच्चपद और आमोद-प्रमोद का सामान एकत्रित करना अच्छा है?

शायद ईश्वर की यही इच्छा है कि अच्छे कार्य के संपादन के लिए कुछ वास्तविक पुरस्कार नहीं मिलता। महाकवि शेक्सपियर के हेमलेट नामक नाटकों के लिए उन्हें स्वयं को तो 5 पौंड मिले थे और उनकी मृत्यु के बाद उनका जीवन चरित्र एक हजार पौंड में बिका।

महान् पुरुष बहुत अच्छे अवसरों की प्रतीक्षा नहीं करते, जरा भी अनुकूल अवसर आने पर वे उसे अपने अनुसार बना लेते हैं।

भारत के कथा सम्राट मुंशी प्रेमचंद मुफलिसी में मिट्टी के तेल की डिबिया में धुएँ से भरी कोठरी में साहित्य गढ़ते रहे और उनके कथा संग्रह छापकर प्रकाशकों के वारे-न्यारे हो गए।

जितने बड़े-बड़े प्रशंसनीय और आश्चर्यजनक कार्य दिखाई देते हैं, वे सब संलग्रता की न थकने वाली शक्ति के प्रतीक हैं। इसी शक्ति द्वारा खान से निकले हुए एक-एक पत्थर के जोड़ने से एक अत्यंत उन्नत मीनार बन जाती है। दूर-दूर के देशों के मध्य में जो नहरें बनवाई जाती हैं। वे एक-दूसरे से संबद्ध हो जाती हैं।

अफ्रीका की स्वेज़ केनाल (नहर) अथक परिश्रम का ज्वलंत उदाहरण है। जिस किसी ने मीनार या नहर बनाने के लिए पहली बार फावड़ा या हथौड़ा चलाया होगा, उससे जो थोड़ी सी मिट्टी खुदी होगी या पत्थर का टुकड़ा उखड़ा होगा उसकी और संपूर्ण निर्मित मीनार या नहर की क्या तुलना हो सकती है? पहाड़ी जगह को मैदान बना दिया जाता है, जल की जगह थल कर दिया जाता है, ये सब कार्य धैर्य, संलग्नता और इच्छा शक्ति से होते हैं।

के.ए. अब्बास की फिल्म 'लव एंड गॉड' को बनाते-बनाते चार निदेशक भगवान को प्यारे हो गए तब कहीं जाकर वो पूरी हो सकी।

खूबसूरत 'ताजमहल' को बनाने वाले कारीगरों को यह इनाम मिला कि उनके हाथ काट दिए गए ताकि वे फिर कभी, कहीं और ऐसी अद्‌भुत कृति न बना दें। भला सम्राटों की बेवकूफी का कोई ठिकाना है?

अवसरों की प्रतीक्षा

महान् पुरुष बहुत अच्छे अवसरों की प्रतीक्षा नहीं करते, जरा भी अनुकूल अवसर आने पर वे उसे अपने अनुसार बना लेते हैं। उनको विशेष सामग्री की जरूरत नहीं होती है, जो साधारण सामग्री उन्हें मिल जाती है, उसी से वे अपना काम कर डालते हैं। बेंजामिन फ्रेंकलिन ने बिजली का सिद्धांत पतंग उड़ाने से ही ढूँढ़ निकाला था।

डॉक्टर जे.सी. बोस ने वनस्पति शास्त्र में वृक्षों और पौधों के श्वास लेने के सिद्धांत को प्रमाणित करने के लिए साधारण बढ़इयों से ही यंत्र बनवा दिए थे। संगमरमर के 10-15 मन बोझ की कोई विशेष कीमत नहीं लगती और उसकी तराशी के लिए जो लोहे के 5 या 7 औजार होते हैं, उनके कोई विशेष दाम भी नहीं लगते। परंतु आप हम सब उससे

एक जीती जागती मूर्ति का निर्माण नहीं कर सकते। माइकल एंजिलो या महातरे की सी हममें मूर्ति बनाने की न इच्छा है और न संलग्नता है। इसी कमी के कारण हम उस पत्थर की वैसी श्रेष्ठ मूर्ति नहीं बना सकते।

जितने भी आविष्कारक हुए हैं उन्होंने जो आविष्कार किए हैं, उनके लिए उनके पास पर्याप्त सामग्री नहीं थी। साधारण वस्तुओं के प्रयोग से ही उन्होंने गंभीर सिद्धांत खोज निकाले। अंतर केवल इतना ही है कि उनके जैसी संलग्नता और इच्छा शक्ति हमारे पास नहीं है। ऐसा कोई सिद्धांत नहीं है, जिसके सार्वजनिक मनन के लिए उनको खोज निकालने वाले को कष्ट, निंदा और विरोध न झेलना पड़ा हो। संसार का नियम है कि जहाँ किसी ने नई बात की या नया कथन किया तो उसका विरोध होने लगता है। बुरे या साधारण मनुष्य नई बात का विरोध करें तो उसमें आश्चर्य ही क्या है, किंतु ज्ञानी और विद्वान लोग भी उनका विरोध करने लग जाते हैं।

महानता का विरोध

जिस समय इंग्लैंड में वाष्प से चलने वाले जहाज जल सेना में शामिल करने की चर्चा चल रही थी और यह प्रस्ताव हाउस आफ कॉमंस में रखा गया, तब बहुत बड़े-बड़े आदमियों ने इसका तीव्र विरोध किया। यहाँ तक कि सर चार्ल्स नेपियर जैसे नामी व्यक्ति ने तो इस प्रस्ताव का खंडन करते हुए यहाँ तक कह डाला कि 'जब हम बादशाह की जल-सेना में भर्ती होते हैं, उस समय लड़ाई से नहीं डरते अपने शरीर के टुकड़े-टुकड़े कराने के लिए तैयार होकर जाते हैं, गोलियों से बेधे जाने के लिए कटिबद्ध रहते हैं, परंतु हम जीते-जागते भाप से उबाले जाकर मरने के लिए तैयार नहीं हैं। सर चार्ल्स नेपियर जैसे बुद्धिमान को भी यह भय था कि आलू की तरह व्यक्ति भाप में जीते जी उबाल न दिये जाएँ।

मध्य प्रदेश के कुचवाड़ा ग्राम में जन्मे रजनीश चंद्र मोहन जैन से आचार्य रजनीश तथा भगवान रजनीश व अंततः ओशो के रूप में विख्यात महा आत्मा, बीसवीं सदी के सबसे ज्यादा चर्चित एवं विवादास्पद व्यक्ति बने रहे। अमेरिका की जेलों में बिना किसी गुनाह के बारह दिन तक तरह-तरह की यातनाएँ भोगने के बाद जब वे वहाँ से मुक्त हुए तो वे इस युग को खतरनाक भी नजर आने लगे। वे सच्ची व अच्छी मनुष्यता को प्रतिष्ठित करने के अपने स्वप्न के साथ इस दुनिया के 64 देशों में कुछ गज जमीन की तलाश में भटकते रहे परंतु कोई भी देश उन्हें अपने यहाँ रखने को राजी नहीं हुआ।

वे मनुष्य को मनुष्य से दूर करने वाली जो भी दीवार है, चाहे वह संप्रदाय की हो, चाहे वह राजनीति की हो, चाहे वह परंपराओं की हो, चाहे वह विचारों की हो, चाहे वह जाति, वर्ग तथा वर्ण की हो, उसे गिराकर एक नये मानव समाज की रचना करना चाहते थे।

ओशो की इच्छा थी कि मनुष्य की आत्मा पर नाम, रूप और उपाधि के जितने भी परदे हैं, जितने भी घूँघट हैं, वे उन सबको उघाड़ फेंकें। वे हमें हमारे शुद्ध, निर्मल, चेतन स्वरूप के दर्शन कराने के हिमायती थे।

ओशो इस तथाकथित समाज को इसलिए भी खतरनाक लगे कि वे सड़ी-गली रूढ़ियों, बेदम परंपराओं तथा झूठे अंध विश्वासों के खिलाफ धर्मयुद्ध का शंख फूँक चुके थे। वे इसलिए भी चुभे कि वे आपकी आपसे मुलाकात कराना चाहते थे। अमेरिका की जेलों मे थेलियम (धीमी गति का विष) देने से बाद उनकी मृत्यु हुई। लेकिन आज तेजी से बढ़ती उनकी प्रासंगिकता उनके सच्चे व अच्छे होने का प्रतीक है। उन्होंने मनुष्यता के परिष्कार के लिए तथा जीवन के सर्वोच्च आनंद के लिए अपने संपूर्ण अस्तित्व का जो लक्ष्य निर्धारित किया, उसको उन्होंने पा लिया। सच्चाई सिर चढ़कर बोलती है, थोड़ा वक्त बीतने के बाद। आपके लक्ष्य भी पूरे होते हैं, आपके थोड़े इम्तहान के बाद। □

43

लक्ष्यशक्ति का परिष्कार

मनुष्य देवत्व का अंग और संसार में उसका प्रतिनिधि है। मानव जीवन का अंतिम लक्ष्य अपने देवत्व को पहचानकर उसकी समग्र शक्तियों का समुचित प्रयोग करना है ताकि निर्धारित लक्ष्यों की पूर्ति की जा सके।

—चाणक्य

जब कुदरत किसी व्यक्ति को कठिनाइयों में डालती है, तब उसके मस्तिष्क की शक्ति को पहले से कई गुना ज्यादा बढ़ा देती है। बहुत से मनुष्यों ने जो जीवन में महत्त्व और उन्नति प्राप्त की है, वह कठिनाइयों से और दु:खों से ग्रस्त होने पर ही की है। सुगंधित द्रव्य, मसाले इत्यादि जब तोड़े और पीसे जाते हैं तब अपनी सुगंध देते हैं। लहुसन, प्याज, जीरा, सौंफ इत्यादि का अनुभव हम सब लोग प्रतिदिन ही करते हैं। मेहँदी के पत्ते हरे-भरे होते हैं, परंतु जब पीसे जाते हैं और पानी में मिलाए जाते हैं, तभी लाल रंग उत्पन्न करते हैं।

उर्दू के किसी शायर ने क्या खूब कहा है—

'सुर्ख होता है इन्सां आफतें सहने के बाद,
रंग लाती है हिना पत्थर पे घिसे जाने के बाद।'

ज्यों ही मनुष्य पर आपत्ति आती है वह अपने विवेक से काम लेने लगता है। सोना बारंबार तपाए जाने पर ही अपना असली रंग प्रकट करता है। जब तक उसको तेज आँच में तपाया और पिघलाया नहीं जाता, तब तक उसमें आंतरिक मैल लगा रहता है और वह अलग नहीं होता।

ज्यों ही मनुष्य पर आपत्ति आती है वह अपने विवेक से काम लेने लगता है। सोना बारंबार तपाए जाने पर ही अपना असली रंग प्रकट करता है।

सूरदास, मिल्टन और होमर ने नेत्रहीन होने के बावजूद सुंदर काव्यों की रचना की थी। कतिपय महान पुरुषों के शरीर में किसी-न-किसी अंग-प्रत्यंग या कर्णेंद्रिय की हानि प्रकृति इसीलिए, उत्पन्न करती है कि वे अपनी समस्त शक्ति को बहुत से कामों में विभक्त न कर एक ही प्रयोजन में लगा दें।

एडीसन ने एक के बाद एक आविष्कार किए, वे बहरे थे। उन्होंने स्वीकार भी किया कि बहरा होने का उन्हें बड़ा लाभ हुआ, उन्हें लोगों की बातें कम सुनने के कारण अपने

प्रयोगों को करने के लिए अनुकूल समय व वातावरण मिला।

स्वीकृति का मंदिर

स्वीकृति के मंदिर में जाने के लिए कोई खुला द्वार नहीं है। जो उस मंदिर में प्रवेश करना चाहता है, उसे स्वयं ही अपने लिए द्वार बनाना पड़ता है। जब वह अंदर प्रवेश कर चुका है तो वह द्वार फिर बंद हो जाता है। जीवन का यह एक भेद है, जिसको सृष्टिकर्ता के सिवाय मनुष्य नहीं जानता कि कुशाग्र-बुद्धि सदा विरोध में उत्पन्न होती है और कष्टों से उसे सामना करना पड़ता है। संसार का अनुभव यही कहता है कि कुशाग्रबुद्धि लोग-चमकीले प्रासादों में तड़क-भड़क वाले सुसज्जित महलों में, जहाँ किसी भी बात का कष्ट न हो, उत्पन्न नहीं होते और यदि कहीं ऐसा हुआ भी है तो उस कुशाग्रबुद्धि को राग-रंग, महल, मजलिस, आमोद-प्रमोद त्यागने पड़ते हैं।

श्रीराम, महात्मा बुद्ध, महावीर का जीवन चरित्र अपने सामने रख लीजिए, उससे इस सिद्धांत का मर्म ज्ञात हो जाएगा। जितने महान् धर्माचार्य, आविष्कारक राजनीतिज्ञ हुए हैं, उन्हें कष्टों में ही जन्म लेना पड़ा है। आपत्तियों ने सदैव उन्हें घेरे रखा। इतना ही नहीं, किसी-किसी को अपनी जान भी कुर्बान करनी पड़ी।

> **जीवन का यह एक भेद है, जिसको सृष्टिकर्ता के सिवाय मनुष्य नहीं जानता कि कुशाग्र-बुद्धि सदा विरोध में उत्पन्न होती है और कष्टों से उसे सामना करना पड़ता है।**

कितने आश्चर्य की बात है कि महात्मा क्राइस्ट फाँसी पर चढ़ाए गए, जिनका प्रतिपादित धर्म आज करोड़ों स्त्री-पुरुष मानते हैं। सनातन धर्म का पुनरुत्थान करने वाले स्वामी शंकराचार्य का जन्म भी अच्छी दशा में नहीं हुआ था। परंतु आरंभ ही से सनातन धर्म की उन्हें ऐसी लगन लगी कि बड़े-बड़े धर्मज्ञों और पंडितों को उन्होंने परास्त कर दिया और अपने धर्म का प्रतिपादन सजगता के साथ करके दिग्विजयी हो गए। सबसे आश्चर्य की बात यह है कि वे 32वें वर्ष में ही अपना नाम अमर करके चले गए।

दृढ़ इच्छाशक्ति वाले मनुष्य के मार्ग में उसकी रुकावट के लिए यदि बड़े-बड़े पत्थर डाल भी दिए जाएँ तो भी उसकी प्रगति नहीं रुक सकती। वह उन्हें रुकावटें समझेगा ही नहीं, बल्कि उन्हें अपने मार्ग में अच्छे ढंग से जमाकर उन्हें अपनी सड़क या सीढ़ी बना लेगा, जिससे उसकी यात्रा और भी सरल हो जाएगी। ऐसे मनुष्य का यदि धन छीन लिया जाए तो वह पुनः धम कमाने के लिए अधिक परिश्रम करने लगेगा।

जॉन बेनियन जैसे लेखक को यदि कारावास में भी डाल दिया जाए तो उसकी लेखनी चले बिना नहीं रहेगी, बल्कि उसका हृदय संतप्त होने के कारण वह जो कुछ लिखेगा, पहले से भी अच्छा लिखेगा। पं. लोकमान्य तिलक भी अपने माँडले-जेल प्रवास के समय 'गीता-रहस्य' नामक ग्रंथ लिखकर अमर हो गए।

क्रिस्टोफर कोलंबस ने सन् 1436 में जेनेवा नगर में जन्म लिया था। बचपन से ही भूगोल की पुस्तकें पढ़ने का उसके मन में कुछ ऐसा प्रेम जगा कि 14वें वर्ष में ही पढ़ना-लिखना छोड़कर लिस्बन में जहाज चलाने की नौकरी स्वीकार कर ली।

उस समय यूरोप वालों की यह मान्यता था कि मडिरा और किनारों के द्वीपों के आगे पानी के अतिरिक्त भूमि नहीं है। परंतु भौगोलिक चित्रों से कोलंबस ने पता लगाया कि अटलांटिक महासागर के पश्चिम में और भी द्वीप हैं। उसने पुर्तगाल के महाराज को सहायता के लिए प्रार्थना पत्र भेजा, परंतु वह नामंजूर कर दिया गया। पुतर्गाल के अन्य लोगों ने भी उसकी खूब हँसी उड़ाई।

कोलंबस ने अपने दृढ़ विचार को नहीं छोड़ा। अपने बच्चों व पत्नी सहित उसने सन् 1484 में पुर्तगाल छोड़ दिया और अपने भाई को इंगलैंड के महाराज हेनरी अष्टम के पास सहायतार्थ भेजा। भाई को रास्ते में ही लूट लिया गया और इंगलैंड से उसे कोई मदद नहीं मिली।

अंततः उसने अपना प्रार्थना पत्र स्पेन के राजकुमार को भेजा। उन्होंने उसे जहाज के बेड़े से सहायता दी। कोलंबस

रवाना तो हो गया, परंतु जहाज पर खास वस्तुओं की पर्याप्त सामग्री न होने के कारण उसके साथी भी उससे नाराज हो गए। जहाज पर गदर मच गया, लोग वापस आना चाहते थे, परंतु इसी समय कुछ पक्षी उड़ते हुए दिखाई दिए। जहाज वाले मल्लाहों ने बेंत और पत्ते भी समुद्र पर तैरते देखे। रात्रि का कुछ उजाला भी नजर आने लगा जिससे मल्लाहों को संतोष हुआ। सवेरा होते-होते जहाज टापू के पास पहुँचा। वहाँ के लोगों के लिए जहाज एक नवीन वस्तु थी, जिसे देखकर वे जहाज वालों को अपनाने लगे। कोलंबस ने उनसे मेल बढ़ाया। वहाँ उन लोगों को कपड़े और अनेक वस्तुएँ बाँटी और स्पेन का झंडा वहाँ गाड़ दिया। उन्हेंने टापू का नाम सेस्साल वेडार रखा।

कोलंबस ने उत्तर-पश्चिम की फिर यात्रा की। रास्ते में उसे और भी अनेक द्वीपों का ज्ञान हुआ। 1494 में स्पेन पहुँचकर उसने अपनी समस्त यात्रा का वृत्तांत सबको बताया। महाराज ने बड़ी प्रसन्नता व्यक्त की और कोलंबस को खूब पुरस्कार दिए। कोलंबस ने इस कहावत को खूब चरितार्थ किया कि साहस के दूसरे किनारे पर विजय होती है। यहाँ पर यह स्पष्ट करना जरूरी है कि कठिनाइयों का पुरस्कार मात्र चाँदी और सोना ही नहीं है। प्रयत्न करने से अगर धन मिल जाए तो बड़ा अच्छा है, वरना सफलता और विजय धन से नहीं नापी जा सकतीं।

प्रतिकूलता भी शक्ति है

एक ही जाति के दो वृक्षों को देखो। एक ही प्रकार के दो बीज एक ही क्यारी में बो दिए जाते हैं, वही कुछ दिन बाद बड़े होते हैं। उनमें से एक पौधे को हम एक स्थान पर लगा देते हैं, जहाँ उसको जल, वायु, ऋतु अपने आप ही सहन करना पड़ता है। दूसरे पौधे को हम किसी वाटिका की क्यारी में लगा देते हैं। वहाँ उसको समय-समय पर पानी दिया जाता है, धूप और ठंड से उसकी रक्षा की जाती है और उसमें खाद दी जाती है। जब दोनों पौधे पूर्ण वृक्ष बन जाते हैं तब दोनों की लकड़ी, पत्ती, पुष्प और फल में बड़ा अंतर आ जाता है। जो अपने आप बढ़ता है और ऋतु, पानी हवा का कष्ट उठाता है, उसकी जितनी ठोस बनावट होती है, उतनी बाग में लगाए गए वृक्ष की नहीं होती, बल्कि बाग वाले वृक्ष में इतनी नरमी आ जाती है कि यदि उसको सर्दी, गर्मी और खुश्की से न बचाया जाए तो उसका अस्तित्व ही नष्ट हो जाता है।

जीवन का यह एक भेद है, जिसको सृष्टिकर्ता के सिवाय मनुष्य नहीं जानता कि कुशाग्र-बुद्धि सदा विरोध में उत्पन्न होती है और कष्टों से उसे सामना करना पड़ता है।

एक स्कूल की एक ही कक्षा में कई बालक पढ़ते हैं। एक बालक उसमें ऐसा है जो साधारण अन्न खाकर फटे-पुराने, मैले वस्त्र पहनकर, किताबें उधार लेकर, हर प्रकार का कष्ट उठाकर, बिना किसी गुरु या शिक्षक की सहायता के अध्ययन करता है और उसी का एक दूसरा साथी अच्छे कपड़े पहनकर, कमरों में बैठकर सुगंधित पदार्थ लगाकर, शान से स्कूल जाता है। शिक्षक भी उसका लिहाज करते हैं, घर पर किसी प्रकार का खाने-पीने, रहने आदि का उसे कष्ट नहीं है। एक बालक ने हर प्रकार का कष्ट उठाकर अपनी पढ़ाई की; दूसरे ने हर प्रकार का आराम, सहारा प्राप्त करके अध्ययन किया। परिणाम में इतना फर्क पड़ जाता है जो प्रतिदिन देखने में आता है। दीनदशा में रहने वाला बालक अधेड़ और वृद्ध होने पर जिस मानसिक और शारीरिक बल, आत्मविश्वास तथा आत्मसयंम का परिचय देता है, उतना आराम से पला हुआ बालक नहीं देता। जितने भी मानी, ज्ञानी, धनाढ्य, आविष्कारक, कवि, लेखक, नेता, सुधारक, महापुरुष हुए हैं और होते चले जा रहे हैं, उनमें अधिकांश कष्ट से पले हुए दु:खों से घिरे हुए साधारण वस्त्र पहने हुए, पुस्तकें बगल में दबाए हुए, विद्यालय को प्रतिदिन पाँव रगड़कर जाने वाले बालकों में से ही हुए। राग-रंग में पहले हुए वैभवसंपन्न बालकों में से कोई बिरला अपना जौहर दिखा पाता है।

जिस प्रकार हमारी आपत्तियाँ और क्लेश हमारी आंतरिक शक्तियों की वृद्धि करते हैं, उसी प्रकार जिनको हम अपना शत्रु समझते हैं, वे भी हमारे लिए कल्याणकारक होते हैं। जब तक हमारा कोई शत्रु न बनें, तब तक हमें हमारी बुराइयाँ और कच्चापन कौन दिखाएगा? जो मित्र होते हैं वे तो कृपा और प्रेम से ऐसे भरे होते हैं कि हमें कड़वी परंतु यथार्थ

बात नहीं कहते; वे सदा हमारे दोषों को क्षमा की दृष्टि से देखते हैं और उनको छिपाने का प्रयत्न करते हैं। परंतु जो शत्रु होता है, वह बुराई करने में नहीं हिचकिचाता, वह हमारी घोर-से-घोर निंदा करता है, हमारी पोल खोलता है, हर पल उचित-अनुचित प्रहार करता है। यदि सच पूछिए तो वह हमारे लिए एक अच्छे दर्पण का काम करता है। शत्रु-स्वरूप आरसी में हमें हमारी न्यूनता, हीनता, भ्रम, व्यर्थ व्यय इत्यादि दोष यथार्थरूप में दिखाई देने लगते हैं बल्कि जितने हममें दोष होते है, उनसे भी बढ़कर वह हमें दिखाता है। शत्रु का प्रहार क्या है मानो किसी डॉक्टर का नश्तर है। जैसे डॉक्टर का नश्तर हमारे शरीर के फोड़े को चीरकर उसकी जड़ तक का मवाद निकालकर उसे स्वच्छ कर देता है, उसी प्रकार शत्रु का प्रहार हमारी बुराइयों और अशक्तियों को चीरकर स्वच्छ कर देता है। तभी तो कहा भी गया है—'निंदक नियरे रखिए।'

आपत्तियाँ निखारती हैं—लक्ष्य

अच्छे-से-अच्छे शस्त्र और औजार तब तैयार होते हैं, जब वे कई बार अग्नि में तपाए जाते हैं, हथौड़े से पीटे जाते हैं और सान पर चढ़ाए जाते हैं। लोहा स्वयं एक बहुत दृढ़ धातु हैं। हीरे का तो कहना ही क्या है; वह अत्यंत कठोर पदार्थ है परंतु इनमें उपयोगिता और चमक-दमक कुटाई-पिसाई और रगड़ाई बिना नहीं आ सकती। इसी प्रकार मनुष्य में चाहे जितने गुण हों परतु जब तक वह आपत्तियों का शिकार नहीं होता, और उसको कष्ट के धक्के नहीं लगते, तब तक उसका गुण, उसका श्रेष्ठ रूप प्रकट नहीं होता।

पत्थर से मूर्ति बनाई जाती है वह मूर्ति उस पत्थर के ही अंतर्गत है। परंतु दृष्टिपथ में वह मूर्ति तभी आएगी जब शिल्पकार के छेनी-हथौड़े उस पत्थर पर लगातार चलेंगे। विद्युत की अग्नि पत्थर के अंदर लिप्त है। परंतु जब तक दूसरी वस्तु से रगड़ा न जाए तब तक उसमें अग्नि नहीं जलेगी। मल्लाह जब तक तूफान के थपेड़े नहीं खाता और भँवरों में नहीं फँसता, तब तक अपने व्यवसाय में प्रवीण नहीं होता। संसार की प्रत्येक वस्तु उपयोगी तभी बनती है, जब वह अग्नि में तपाई या पानी में भिगोई जाती है या कूटी-छानी या पानी से धोई जाती है या किसी न किसी प्रकार का उस पर प्रहार किया जाता है। इसी प्रकार मनुष्य भी न्यूनांश या अधिकांश में सच्चे मनुष्यत्व को तभी प्राप्त होता है, जब किसी- न-किसी प्रकार का उसे कष्ट, आपत्ति, दुःख वेदना या क्लेश पहुँचता है। यह प्रकृति का नियम है। मानो ईश्वर प्रत्येक प्राणी को संसार में कष्टों का अनुभव करने और उन्नत बनने के लिए भेजता है।

अमेरिका के भूतपूर्व राष्ट्रपति अब्राहम लिंकन हों या भारत के वैज्ञानिक डॉ. आर.ए. माशेलकर, इन सभी ने अपनी विपन्नता एवं तमाम मुश्किलों के बीच अपनी सफलता का मार्ग प्रश्स्त किया।

मनुष्य की शिक्षा स्कूल और कॉलेज में नहीं होती, किंतु कष्टों और आवश्यकताओं के अनुभव में होती है। कठिनाइयों पर विजय प्राप्त करने के लिए जो प्रयत्न और दौड़-धूप करता है, उसी को सफलता प्राप्त होती है। यदि कठिनाइयाँ न होतीं तो सफलता भी न होतीं। जय और पराजय संग्राम ही न हो तो जय या विजय कहाँ से प्राप्त हो? सफलता प्राप्त करने के लिए ही तो प्रयत्न किया जाता है, आपत्ति उठाई जाती है। उसी से मनुष्य की उन्नति होती है। जितनी भी अधिक आपत्तियाँ सहकर मनुष्य सफलता प्राप्त करता है, उसकी सफलता उतनी ही अधिक महत्त्व की होती है।

सच्चा मनुष्य वही है जो प्रसन्नता के साथ आपत्तियों को सहन करता है और उनके अनुभव से आगे के लिए अपने निर्दिष्ट मार्ग से सफलता उत्पन्न करता है। संसार के किसी भी मार्ग में मखमल नहीं बिछी हुई है। प्रत्येक मार्ग में काँटे, पत्थर, गड्ढे, अनेकानेक घात-प्रतिघात हैं। उनमें होकर पार हो जाने का ही नाम सफलता है। याद रखिए उन्हीं की किस्मत बदलती है जो इसे बदलना चाहते हैं।

□

44

लक्ष्य के प्रति धुन

लक्ष्य की सिद्धि अन्याय और अनीति से नहीं; सच्ची धुन और लगन से ही हो सकती है।

–प्रेमचंद

वास्तव में सफलता एक सापेक्ष शब्द है। एक ओर जहाँ कुछ लोग सफलता को जमीन जायदाद, रुपया-पैसा तथा कोठी-बंगलों के रूप में देखते हैं, वहीं कुछ लोग बैंक-बैलेंस व औद्योगिक प्रगति को सफलता का आधार मानकर चलते हैं। कुछ लोग ख्याति व पहचान के इतने अधिक भूखे होते हैं कि उनकी यही इच्छा सफलता के उत्प्रेरक का कार्य करती है। वे लोग जिन्होंने अपने देश में लक्ष्य के नये आयामों को स्पर्श किया है, यदि आप उनसे पूछें तो उनमें से ज्यादातर लोग अपनी कामयाबी पर आश्चर्यचकित होते हुए भी नजर आएँगे। मानो पहले उनकी मंजिलें कुछ और थीं और जैसे-जैसे वे पास आती गईं, वैसे-वैसे उनके नये आयाम उद्घाटित होते गए।

मुंबई की फिल्मी दुनिया में रातोंरात कामयाबी की नयी कहानियाँ बुनी जाने के अनेक उदाहरण हैं। सुनील दत्त व रजनीकांत मामूली से बस कंडेक्टर से फिल्मी दुनिया के बेताज बादशाह बन बैठते हैं। उधर शाहरुख खान पाँच हजार रुपये लेकर दिल्ली से मुंबई पहुँचते हैं और मात्र 10 साल बाद 30 करोड़ रुपये का सिर्फ घर ही खरीद लेते हैं।

कला फिल्मों के लाजवाब अदाकार ओमपुरी अपनी फिल्म 'अर्धसत्य' के रिलीज होने से पूर्व किसी मजदूर की तरह एक चॉल में रहते थे। फिल्म 'अर्धसत्य' से उन्होंने कमाई की उससे एक पुरानी फिएट कार खरीदने के लिए पूना चले गए। लौटकर आए तो चॉल में कार रखने की जगह नहीं थी। फलस्वरूप उन्होंने अपनी आखिरी पूँजी लगाकर एक कमरा किराये पर लिया। आज वे मुंबई में समुद्र के किनारे एक आलीशान वातानुकूलित घर में रहते हैं।

सफलता का दृष्टिकोण

वास्तविकता ये है कि सफलता के मामले में लोगों का दृष्टिकोण नितांत निजी व अभूतपूर्व होता है। राजनीति व व्यापार, कला और समाज सेवा, साहित्य और सिनेमा इन तमाम आयामों में अपने-अपने मंतव्य के मुताबिक सफलता अर्जित करने वाले लोगों की एक लंबी सूची बनाई जा सकती है। लेकिन हकीकत यह है कि सफलता कुल मिलाकर मन का मामला है। कुछ लोग एकांत में धूनी रमाकर अनजाने और अनचिह्ने रहकर भी खुद को नाकामयाब नहीं मानते

तो कुछ लोग धन-संपदा के अकूत शिखर पर बैठे होने के बावजूद अपने फायदे के लिए दूसरे को ओवरटेक करने की कोशिशों में जुटे रहते हैं।

सोचने-समझने की ताकत के बलबूते ही मनुष्य में आत्मनियंत्रण का कौशल पैदा होता है और यहीं आत्मसंयम हमें कामयाबी के शिखर तक ले जाता है।

लक्ष्य हेतु आत्मनियंत्रण

सभी प्राणियों में मनुष्य एकमात्र ऐसा प्राणी है जिसकी मानसिक विशेषाएँ सबसे अलग हैं। हम अपने सोचने-समझने की शक्ति तथा विचार करने की क्षमता के बल पर ही उचित-अनुचित का भेद कर पाते हैं। चीजों को नये दृष्टिकोण से देखने की क्षमता ने ही हमें अन्य प्राणियों से श्रेष्ठ बना दिया है। मानवीय अस्तित्व के सर्वशक्तिमान होने के पीछे हमारी यही विशिष्ट ऊर्जा कार्य करती है। सोचने-समझने की ताकत के बलबूते ही मनुष्य में आत्मनियंत्रण का कौशल पैदा होता है और यहीं आत्मसंयम हमें कामयाबी के शिखर तक ले जाता है। जिन व्यक्तियों ने जनसाधारण से ऊपर उठकर कामयाबी की बुलंदियों को छुआ है, उनका राज आत्मनियंत्रण भी है।

कुछ लोगों की धारणा रहती है कि सफलता-असफलता हमारी किस्मत पर निर्भर करती है, ऐसा सोचना गलत है। सच्चाई यह है कि कठिन मेहनत और लगन काम के करने का हुनर व आत्मनियंत्रण ही हमें कामयाबी की मंजिल तक ले जाते हैं। महाकवि गेटे के शब्दों में जिसने आत्मनियंत्रण कर लिया, मानो उसने सफलता प्राप्त कर ली। महान योद्धा सिकंदर ने दुनिया फतह करने से पहले अपने मन को काबू में किया था। नतीजतन वह महान उपलब्धियाँ हासिल कर सका और जैसे ही उसने आत्मनियंत्रण खोया और भोग-विलास में डूबा, वहीं से उसका पतन होना शुरू हो गया। एक बार आत्मनियंत्रण करने के बाद उसे बरकरार रखना भी बहुत महत्त्वपूर्ण है।

□

45

साहस से पूरे होते हैं लक्ष्य

साहस मानवीय गुणों में लक्ष्य प्राप्ति के लिए एक प्राथमिक गुण है, क्योंकि यह सभी अन्य गुणों की जिम्मेदारी लेता है।

–अरविंद

सफल लोगों का जीवन चमकदार होता है। हमारे व्यक्तित्व को चमक देने वाला गुण साहस है। सर्वगुणसंपन्न मनुष्य में अगर साहस नहीं है तो उसके गुण आधे रह जाएँगे। कोलिन कैम्पवेल स्काटलैंड के हाई लेंडर की 93 नंबर की कंपनी के ऑफिसर ने वैलकलावा की लड़ाई में ऐसे समय, जब बाजी उलटी जा रही थी, सिपाहियों से जोर देकर कहा कि जो सिपाही जहाँ खड़ा है वहीं मर जाए। इस पर प्रत्येक सिपाही ने यह उत्तर दिया कि 'सर कालवन, हम सब यहीं मरेंगे, यहीं मरेंगे।

यह साहस सिपाहियों और सेनापति में न आता तो रूस के साथ जो युद्ध हो रहा था, उसमें अंग्रेज सिपाहियों को सफलता कदापि न मिलती।

अलमा की लड़ाई में जो सिपाही झंडा लिए खड़ा था वह अपने स्थान पर डटा रहा, परंतु अन्य सिपाही वापस हट गए। कप्तान ने पीछे होते हुए सिपाहियों से जोर से चिल्लाकर कहा कि 'झंडा तो लेते आओ।' परंतु जो सिपाही झंडा लिए खड़ा था, उसने यह पुकार लगाई कि 'झंडे की रक्षा के लिए सब सिपाहियों को यहाँ ले आओ।' इसी साहसपूर्ण वचन से सिपाही आगे बढ़ गए और जीते।

सफल लोगों का जीवन चमकदार होता है। हमारे व्यक्तित्व को चमक देने वाला गुण साहस है। सर्वगुणसंपन्न मनुष्य में अगर साहस नहीं है तो उसके गुण आधे रह जाएँगे।

भारतवर्ष में हल्दीघाटी के संग्राम में जब लड़ते-लड़ते महाराणा प्रताप की सेना हताहत होने लगी और स्वयं महाराणा प्रताप के प्राण संकट में पड़ गये तो सादड़ी के वीर झाला सरदार ने महाराणा को हटाकर स्वयं उनकी जगह पर उनका मुकुट धारण कर चँवर, मोर, छत्र आदि राज चिह्नों समेत हाथी पर चढ़कर यवनों को दिखा दिया कि महाराणा समर से हटे नहीं है। झाला सरदार ने बरछों की मार सहते हुए समर में अपने स्वामी के प्राण बचाने के लिए अपने प्राण न्योछावर कर दिए। साहस और वीरता का उन्होंने ज्वलंत उदाहरण दिया।

फ्रांस में राज्य विप्लव हो चुका था। राज्य परिषद् में प्रजा इकट्ठी हो गई। उनको हटाने के लिए 23 जून, 1789 ई. को डेब्रीज राजदूत जो संदेश लाया उसे सुनकर लोग घबरा गए। परंतु माराबो नामक एक साहसी व्यक्ति ने फौरन उत्तर दे दिया, 'तुमने राजा के नाम से जो बातें सुनाईं, हमने सुन लीं, परंतु इस परिषद् में हम तुम्हें राजदूत नहीं मान सकते। इस परिषद् में तुम्हारी कोई स्थिति नहीं है। तुम्हें कुछ कहने का हक नहीं है। चले जाओ और जिन्होंने तुम्हें भेजा है उनसे कह दो कि फ्रांस की प्रजा संगीनों से कुचले बिना परिषद् से नहीं हट सकती।

धूले के राव दलेल सिंह का नाम बहुत प्रख्यात था। जयपुर नरेश महाराज माधव सिंह प्रथम उनसे नाराज रहते थे। दलेल सिंह वृद्ध हो चुके थे, इसलिए सांसारिकता से विरक्त हो गए थे। अतः उन्होंने अपने काम अपने कुँवर को सौंप दिए थे। उन्हीं दिनों भरतपुर के जवाहरमल जाट पुष्कर से वापस आते समय जयपुर की ओर बढ़ चले। दस-पाँच कोस पर ठहर कर उन्होंने जयपुर नरेश के साथ युद्ध की घोषणा भेज दी। महाराज जयपुर एकाएक युद्ध की तैयारी न कर सके, उन्होंने यही उचित समझा कि शत्रु को कुछ देकर उससे संधि कर ली जाए। अतः उन्होंने अपने कार्यकर्ताओं और सरदारों को बुलाकर उनसे संधिपत्र पर हस्ताक्षर करवा लिए।

धूले के कुँवर भी वहाँ उपस्थित थे। उन्होंने वहाँ हस्ताक्षर न करके अपने पिता से पूछकर हस्ताक्षर करने की बात कही। वे संधिपत्र पिता को दिखाने के लिए ले आए। राव दलेल सिंह ने पत्र को पढ़कर फाड़ डाला। कुँवर इस बात से बहुत घबराए और महाराज को यह वृत्तांत कह सुनाया। महाराज असमंजस में पड़ गए और उन्होंने राव दलेल सिंह को बुलाकर कहा—'आपने मेरे प्रस्ताव को तो रद्द कर दिया परंतु अब रियासत की रक्षा कैसे होगी?'

राव ने महाराज से कहा, 'आप निश्‍चिंत रहें, मुझे जवाहरमल से लड़ने जाने दीजिए।'

राव दलेल सिंह राज्य की सेना सहित जवाहरमल से लड़ने चल दिए। पूर्ण साहस, वीरता और पराक्रम से लड़कर शत्रु को भगा दिया। पर राव दलेल सिंह, उनके कुँवर, उनके पौत्र लड़ाई में शहीद हो गए।

तीन पीढ़ियों के बलिदान ने महाराज माधव सिंह के राज्य को शत्रुओं के पदार्पण से बचाया। यह साहस और पुरुषार्थ का ज्वलंत उदाहरण है।

साहस व सूझबूझ

सन् 1812 ई. में जब अंग्रेजों और अमेरिकियों में संग्राम चल रहा था, सीचिवे मास नामक बस्ती के समीप समुद्र में अंग्रेजों का जहाज दिखाई दिया। उसमें से कतिपय सिपाही उतरकर छोटी-छोटी नावों में बैठकर बस्ती में आग लगाने के लिए बढ़ने लगे। एक मकान के ऊपर की मंजिल में खिड़की से रेबिका वेसट्स नामक 12 वर्षीय एक लड़की यह दृश्य देख रही थी। सारा विंसर नामक एक युवक ने इस कन्या से कहा, 'क्या कहूँ मैं पुरुष नहीं हूँ। देखो, किस प्रकार सिपाही नाव में बैठकर हमारी बस्ती की तरफ आ रहे हैं, उनकी बंदूकों की तरफ देखो।'

सारा विंसर ने कहा, 'यदि तुम पुरुष होती तो क्या करती?' लड़की ने उत्तर दिया, 'मैं संग्राम करती और कुछ परवाह नहीं करती। अपने पिता की बंदूक उठा लेती। वहाँ अत्याचार होने वाला है और मैं यहाँ खिड़की में खड़ी रहूँ।' मुझसे यह अत्याचार सहन न होगा, पिता और चाचा गाँव में हैं, उनसे जो कुछ हो सकेगा करेंगे, परंतु मैं कैसे मैं चुप रहूँ? देखो तो बस्ती में कैसा सन्नाटा छाया हुआ है?'

सारा विंसर ने कहा कि कदाचित लोग इसलिए छिप रहे थे कि सिपाही पास आ जाएँ तो वे उन पर टूट पड़ें। रेबिकए ने कहा, 'अरे ढोल कहाँ है, वह जो बाबा कल मरम्मत के लिए लाये थे। मैं तो दौड़ कर अब उसको बजाऊँगी।' उधर शत्रुओं ने पहले ही जहाज में आग लगा दी थी। उसका धुआँ और लपटें बढ़ रही थीं। उधर रेबिका और कई लड़कियाँ मकानों के बाहर छिपकर निकल गईं और टीलों के पीछे छिपकर जोर-जोर से ढोल बजाने और हल्ला मचाने लगीं।

बस्ती के लोग जो डर से छिप रहे थे, ढोल के शब्द और चिल्लाहट सुनकर समझे कि पासगोस्ट नगर से सहायता

के लिए सिपाही आ गए। साहस करके नाव में बैठ कर नदी में आगे बढ़ गए और शत्रुओं पर हमला करने लगे। बाजी पलटते देख अंग्रेज सिपाही भयभीत हो गए और अपनी नावों को वापस कर अपने जहाज पर चले गए। एक छोटी सी लड़की के साहस व सूझबझ ने कितनी करामात दिखाई।

साहस का पुरस्कार

सन् 1725 में उत्तरी वर्जीनिया के जंगल में पैमाइश करने वालों की एक पार्टी भोजन कर रही थी। एक स्त्री के आर्तनाद ने उनको चौंका दिया। वे लोग उस ओर दौड़े। स्त्री ने इन लोगों में से एक युवक को देख कर कहा, 'देखिए ये लोग मुझे छोड़ते नहीं हैं। मेरा लड़का नदी में गिर गया है। मुझे इन लोगों से छुड़ा दीजिए, जिससे मैं अपना लड़का नदी में से निकाल लाऊँ। जिन लोगों ने स्त्री को पकड़ रखा था, उन्होंने सोचा कि यदि वे इसे छोड़ देंगे तो वह अवश्य पानी में कूद पड़ेगी और मर जाएगी। युवक ने फौरन अपना कोट उतार दिया और स्वयं एक पहाड़ी चट्टान पर जाकर नदी में कूद पड़ा, जहाँ बच्चे का वस्त्र दिखाई दे रहा था। जल प्रवाह को पार करता हुआ वह वहाँ जा पहुँचा। उसने बच्चे को हाथ से पकड़ तो लिया पर वह हाथ से फिर निकल गया। जल के वेग ने उन दोनों को डुबो दिया। ऊपर से लोग इस दृश्य को देख रहे थे और वह स्त्री अब भी 'हाय मेरा बच्चा, हाय मेरा बच्चा' कहकर रो रही थी।

बड़ी देर बाद साहस के साथ वह युवक अंत में उस लड़के को ऊपर उठाए चट्टान पर आ गया। वहाँ कुछ भूमि नीची थी। दर्शक और वह स्त्री दौड़कर दोनों के पास पहुँचे। बच्चा और युवक दोनों बेसुध और अशक्त हो गए थे। परंतु भगवान ने युवक के परिश्रम को सफल कर दिया। थोड़ी देर बाद दोनों को होश आया, स्त्री ने अपने बच्चे को छाती से लगाया और युवक को अनेकानेक धन्यवाद देती हुई कहने लगी, 'आपने मेरे बच्चे को बचाया, भगवान आपको इस कृपा और साहस का अवश्य पुरस्कार देगा, आज आपने वह काम किया है, जिसका बदला मैं नहीं चुका सकती।' आप जानते हैं वह युवक कौन था? वह जार्ज वाशिंगटन था, जो बाद में अमेरिका का राष्ट्रपति बना।

अमेरिका की एक बस्ती में जनरल जैक्सन एक जज थे। एक दिन जब वे काम कर रहे थे, एक बदमाश अदालत में घुस आया और कार्य में बाधा डालने लगा। जज ने गिरफ्तार करने की आज्ञा दी, परंतु उसको पकड़ने की ऑफिसर की हिम्मत नहीं हुई। जज ने सिपाहियों को आवाज दी। सिपाही आए पर उनकी भी हिम्मत नहीं पड़ी। जज जैक्सन ने कहा, मैं अब अपनी शक्ति को बुलाता हूँ, 'पाँच मिनट के लिए अदालत बंद रहे।' ऐसा कहकर जज की कुर्सी से वह नीचे उतर गए, उनके रूप को देखकर बदमाश डर गया और उसने अपने हथियार नीचे गिरा दिए। उसे गिरफ्तार कर लिया गया। उस खूनी ने बाद में स्वीकार किया कि जज साहब की आँखों में न जाने क्या था, जिसे वह सहन न कर सका।

अमेरिका में जब कतिपय फ्रेंच लोग पामहेंडूरेन लोड लाइन पर एक ट्रेन में बैठे हुए शिकागो जा रहे थे, तो जेनीकरी नामक एक दस वर्ष की कन्या ने रेल रोड के पास आग लगी हुई देखी। उस लड़की ने विचार किया कि ट्रेन आग लगाए हुए स्थान से निकलेगी तो ट्रेन में अवश्य आग लग जाएगी। इसलिए वह दौड़कर एक ऐसे ऊँचे स्थान पर जा पहुँची, जहाँ से वह ट्रेन में बैठे लोगों को दिखाई दे सके। वहाँ पहुँचकर उसने अपना लाल रंग का कोट उतार लिया और जब गाड़ी कुछ दूरी पर दिखाई दी तो उसने अपना कोट एक डंडे में फँसा कर घुमाना शुरू कर दिया। उसकी सूचना थी कि वहाँ पर खतरा है। इस शुभ अभिप्राय का परिणाम यह हुआ कि इंजन चलाने वाले ने दूर से उस लाल निशान को खतरे का सिग्नल समझ कर आग वाले स्थान तक पहुँचने वे पहले ही ट्रेन को रोक दिया। यदि उस लड़की में वह साहस न होता और वह दौड़कर अपने लाल कोट से आग लगे होने की सूचना न देती तो सैकड़ों लोग मर जाते।

फ्रेंच लोग जब अपने देश वापस पहुँचे तो उन्होंने इस घटना की सूचना प्रेसीडेंट कारनट को दी और उन्होंने उस लड़की के अद्‌भुत साहस और विचारशीलता के लिए अपने यहाँ से एक पदक भेजा, जिसे 'फ्रेंच लीजन ऑफ ऑनर' कहते हैं।

□

नेतृत्व

> **नेतृत्व को परिणाम द्वारा परिभाषित किया जाता है, विशेषता द्वारा नहीं।**
>
> —पीटर ड्रूकर

46

औरों के साथ आपके रिश्ते

दूसरों के साथ आपका व्यवहार और आपके संबंध ही आपके संस्कार और चरित्र के परिचायक हैं।

–ओशो

आदर्श नेतृत्व का पहला स्वर्णिम सूत्र है—औरों के साथ आपके रिश्ते।

'जीना तो है उसी का जिसने ये राज जाना
है काम आदमी का औरों के काम आना।'

सफलता की स्वर्णिम इबारतों में से एक है नेतृत्व क्षमता। नेतृत्व क्षमता के बलबूते ही दुनिया भर में विभिन्न लोग अपने-अपने लक्ष्यों को साध सके। जिन लोगों को आज हम विभिन्न क्षेत्रों में अपना आदर्श मानते हैं, उनके व्यक्तित्व में दूरदर्शिता और नेतृत्व क्षमता के गुण अवश्य ही विद्यमान थे।

मनुष्य एक सामाजिक प्राणी है, उसके प्रत्यक्ष व अप्रत्यक्ष कार्य परस्पर एक-दूसरे पर निर्भर करते हैं। कोई कितना भी सक्षम क्यों न हो, उसे कभी-न-कभी किसी-न-किसी की मदद की जरूरत अवश्य पड़ती है। कई बार हम औरों की मदद करने से इसलिए कतराते हैं कि हमें यह आशंका रहती है कि दूसरों की परेशानियाँ हमारे लिए मुसीबत का सबब न बन जाएँ।

मनुष्य एक सामाजिक प्राणी है, उसके प्रत्यक्ष व अप्रत्यक्ष कार्य परस्पर एक-दूसरे पर निर्भर करते हैं। कोई कितना भी सक्षम क्यों न हो, उसे कभी-न-कभी किसी-न-किसी की मदद की जरूरत अवश्य पड़ती है।

यह सत्य है कि एक समय के बाद एकांत सुखकर लगता है लेकिन जिंदगी की ऑरकेस्ट्रा में समाज के बाकी लोग ऐसे सुंदर साज हैं, जिनकी मधुरिम संगीत लहरियों के बिना जीवन का गीत पूरा नहीं हो सकता। यह भी सच है कि एकाकीपन की दुनिया में हम बहुत दिन तक बँधे नहीं रह सकते। जिंदगी को गति देने के लिए अपने प्रियजनों के बीच रहना ही पड़ता है। औरों को प्रेम दिए बिना व उनसे प्रेम लिए बिना हम अपने कार्यों को पूरा नहीं कर सकते। सफल नेतृत्वकर्ता की एक यह भी विशेषता है कि उसके रिश्ते औरों से कैसे हैं।

बहुत बार जो कार्य मोटी रिश्वत तथा ऊँची सिफारिशों के बाद भी नहीं हो पाते, वे

कुशल नेतृत्व एवं प्रेमपूर्ण संबंधों से सिद्ध हो जाते हैं। गिरकर उठने और आगे बढ़ने के लिए हमें नेतृत्व का सहारा लेना चाहिए। किसी विपत्ति के बाद जो वैराग्य पैदा होता है, उससे उबरने के लिए नेतृत्व क्षमता ही ऐसी ताकत है, जो हमें सक्रिय होने के लिए बाध्य करती है और हमें औरों से जोड़ती है।

जो औरों की सहायता करता है, उसकी सहायता स्वयं होती जाती है। यह एक ऐसा न दिखाई देने वाला लेन-देन है, जिसकी ताकत असीम होती है। जब हम औरों के लिए सच्चे मन से सहयोगी बन कर सामने आते हैं, तो जब कभी हमें सहायता की जरूरत पड़ती है, तो वे लोग बिना कहे हमारी मदद के लिए तैयार खड़े मिलते हैं। यही बात असहयोग व द्वेष भावना पर भी लागू होती है। जब हम औरों के बारे में गलत सोचते, कहते व आचरण करते हैं, तो कितना ही गुप्त क्यों न रखें वह बात संबंधित व्यक्ति पर प्रकट हो ही जाती है।

हम जिन लोगों के बारे में अच्छी भावनाएँ रखते हैं, हमारा पूरा शरीर उनकी उसी अच्छाई के बारे में हमें बताता है जबकि अगर हम किसी के बारे में भावना तो अच्छी नहीं रखते हैं, लेकिन ऊपर से अच्छा दिखने का ढोंग करते हैं, तो वह भी संबंधित व्यक्ति को पता चल जाता है।

आप याद कीजिए कि जब भी आपने कभी किसी की किसी भी प्रकार से कोई सहायता की है तो आपका मन कितनी ताजगी व अच्छाइयों से ओत-प्रोत हुआ होगा?

हमें यह भी ध्यान रखना चाहिए कि जो हम दूसरों को देते हैं, वही हमें लौटकर वापस मिलता है। यदि प्रेम देते हैं तो प्रेम और हिंसा देते हैं तो हिंसा।

जब भी आपने जाने-अनजाने में किसी का कुछ बुरा किया है, तो काफी समय तक वह बात आपको कचोटती रहती है। इसका अभिप्राय यह है कि हमारे जीवन का वास्तविक स्वभाव प्रेम, सहयोग व परस्पर सौहार्द है अत: हमें उन्हें पैदा करने, बढ़ाने व बाँटने की कोशिशों में लगे रहना चाहिए। हम दूसरों का ध्यान रखकर ही उनसे अपना ध्यान रखवा सकते हैं।

हमें यह भी ध्यान रखना चाहिए कि जो हम दूसरों को देते हैं, वही हमें लौटकर वापस मिलता है। यदि प्रेम देते हैं तो प्रेम और हिंसा देते हैं तो हिंसा। चौंकाने वाली बात यह भी है कि नकारात्मक भावों को जिस अनुपात में हम दूसरों को परोसते हैं, कई बार उससे कई गुना अधिक मात्रा में बढ़कर वे हमें वापस मिलते हैं। यही दु:ख और सुख का रहस्य है, इसी में सफलता और असफलता के अंकुर छिपे हैं।

विशाल वृक्ष अपने फूलों, फलों, पत्तों, शीतल छाया और कष्ट से असंख्य प्राणधारियों का उपकार करते हैं और फिर भी अपना जीवन खुद ही बनाए रखते हैं। आम वृक्ष अपनी ही जड़ों से जल और खाद को खींचता है और अपनी पुष्टि खुद करता है। अपनी छाल और पत्तों द्वारा वह वायु, जल और प्रकाश को अपने अंदर लेता है परंतु उसकी छाया में अनेक पशु-पक्षी और मनुष्य विश्राम करते हैं। उसके फलों से हजारों कीड़े-मकोड़े, पतंगे, गिलहरी, सूवे, मयूर, बुलबुल इत्यादि अपना निर्वाह आनंदपूर्वक करते हैं।

मनुष्य उसके फलों से कैसा आनंद उठाते हैं? वृक्ष पर पत्थर फेंके जाते हैं, परंतु वह पत्थर फेंकनेवालों को बदले में फल देता है। उसके सूखने पर उसकी लकड़ी भी काम में आती है। तालाब, नदी, समुद्र, पहाड़ ये सब दूसरों का उपकार करते हैं। इसी उपकार में इनका महत्त्व है।

इसी प्रकार मनुष्य का भी महत्त्व परोपकार व परसेवा से है। आपने अपना ही पेट पाला तो क्या, अपना ही शरीर वस्त्र से ढँक लिया तो क्या, अपने ही बच्चों को पढ़ाया तो क्या, अपने ही घर के लिए चिंता की तो क्या? दूसरों का भला करो, उन पर दया करो; उनका यथाशक्ति दु:ख निवारण करो; उनके साथ सहानुभूति रखो। तब आप देखेंगे कि आपके साथ-साथ दूसरों के जीवन में भी उम्मीद और विश्वास की एक नई किरण दिखाई देने लगी है।

आज बड़े-बड़े विश्वविद्यालयों और उच्च शिक्षा संस्थानों से बड़ी-बड़ी डिग्रियाँ लेकर जब युवा व्यावहारिक जीवन के प्लेटफॉर्म पर उतरते हैं, तो प्राय: उन्हें असुविधा और असफलता का सामना करना पड़ता है। इसकी एक वजह यह है कि वे साक्षर तो हो गए लेकिन शिक्षित नहीं हो पाए। साक्षर होने और शिक्षित होने में जमीन-आसमान का फर्क है। जो शिक्षा

नैतिक और सैद्धांतिक मूल्यों के बिना आती है, उसकी सफलता में संशय सदैव बना रहेगा। आपने उच्च शिक्षा तो अर्जित कर ली लेकिन उपकार का पाठ नहीं पढ़ा, तो यह शिक्षा अधूरी है। यह पाठ हमारे लिए नया नहीं है। यह तो हमारा धर्म है। बाहरी देश हमें कला-कौशल सिखाने का दावा कर सकते हैं। परंतु हमें श्रेष्ठ संस्कार वे क्या सिखा पाएँगे? इसी मामले में भारत की तरफ पूरा पश्चिम हमेशा देखता रहा है।

हमारा तो धर्म ही उपकार है। भारतीय नीति ने पंडित उसी को माना है, जो परस्त्री को माता तुल्य, पराए धन को मिट्टी समान, पराए की आत्मा को अपनी आत्मा के बराबर समझता है।

यथा—

'मातृवत् परदारेषु परद्रव्येषु लोष्ठवत्,
आत्मवत् सर्वभूतेषु य:पश्यति स: पण्डित।'

यदि इस एक ही नीति-वचन को हम अपने जीवन में उतार लें और उस पर चलें, तो हम किसी का बुरा नहीं कर सकते। फिर तो हमारे रोएँ-रोएँ से उपकार ही टपकेगा। लोगों का आपके प्रति नजरिया यहीं से बदलना प्रारंभ होता है। दूसरे शब्दों में, हम यह भी कह सकते हैं कि लोग आपको स्वीकार करना और आपकी नीतियों में विश्वास करना प्रारंभ करते हैं। दुनिया में बड़े-बड़े नेताओं का प्रारंभिक कार्य प्राय: इन्हीं विचारों से ओत-प्रोत रहा है।

कुछ लोग सोचते हैं कि उपकार सिर्फ धन-दौलत के माध्यम से ही किया जा सकता है। उपकार के लिए केवल धन ही नहीं चाहिए, उसके लिए मन भी चाहिए। यदि आपका हृदय सहानुभूति, दया, कृपा, क्षमा से रिक्त है, तो सिर्फ धन से आप क्या उपकार कर सकते हैं?

धन क्या चोर-लुटेरों के पास नहीं होता? क्या थोड़े धन से या बिना धन के हम उपकार नहीं कर सकते? किसी अनपढ़ के लिए पत्र लिख देना, उसका पत्र पढ़ देना, मार्ग भटके हुए को राह बता देना, पड़ोसी की बीमारी के समय उसकी देखभाल कर लेना, मार्ग में से काँटे इस भाव से उठा देना कि जैसे हमारे पाँव में ये चुभ गए, वैसे ही दूसरों के पाँवों में भी चुभेंगे, अपनी थाली में से अपने से भी ज्यादा भूखे को दो टुकड़े दे देना, प्यासे को जल पिला देना, बीमार के लिए अस्पताल से दवा ला देना, किसी पड़ोसी के यहाँ मृत्यु होने पर उसे आश्वासन देने के लिए घड़ी भर के लिए चले जाना इत्यादि छोटे-छोटे दया व कर्म क्या उपकार के कार्य नहीं हैं? जो लोग बिना स्वार्थ भाव के अपने व्यवहार में इन विचारों को लाते हैं, वे जानते हैं कि उनके साथ उनके मित्रों, साथी, परिचितों की तादाद क्रमश: बढ़ती ही चली जाती है। इन छोटे-छोटे कार्यों से हमारी आत्मा को कितना संतोष मिलता है! ऐसे दयापूर्ण लघु कार्यों से ही हमारा स्वभाव दयालु होता है और इन्हीं से हमारी उपकार-बुद्धि बढ़ती है।

भलाई का भाव

नेतृत्व क्षमता के प्राथमिक गुणों के दूसरों के प्रति भलेपन का भाव भी अपना अलग महत्त्व रखता है। इस दुनिया में इतना गिरा हुआ इनसान आज तक पैदा नहीं हुआ, जो उस आदमी का बुरा कर सके जिसने जीवन भर उसके साथ भलाई की हो। कई बार भला करते-करते जब उसका प्रतिफल मिलने की बारी आती है, तब तक हमारे धैर्य और विश्वास चूक जाते हैं। परिणाम यह होता है कि हम स्वार्थ वश भला करते-करते उस व्यक्ति से भी अपने लिए उपकार की परोक्ष कामना करने लगते हैं। कमोबेश यहीं से व्यवहार विज्ञान का गणित गड़बड़ाना शुरू होता है। जब व्यक्ति स्वाभाविक रूप से आपके भले का विचार कर रहा होता है, तब आपका स्वार्थ उसको उसके पथ से डिगा देता है। उस बदली हुई परिस्थिति में एक बार पुन: आपकी विचारधारा इस बात के प्रति परिपक्व होने लगती है कि भले आदमी का आज के समाज में गुजारा नहीं, जबकि ऐसा नहीं है।

कमीने-से-कमीने मनुष्य में भलाई का भाव होता है। अत्यंत कंजूस में भी उदारता के बीज विद्यमान होते हैं। कायर-

से-कायर पुरुष में भी वीरता छिपी रहती है। परंतु यह अंश दबा रहता है और इसका प्रादुर्भाव किसी विशेष अवसर की उपस्थिति होने पर होता है। इसलिए जब कभी किसी की सहायता करने का अवसर मिल जाए, उस अवसर को हाथ से जाने दें। एक बार उपकार करने से आपको जो प्रसन्नता होगी, उसकी याद आपको हमेशा बनी रहेगी। दुबारा अवसर मिलते ही आप फिर किसी की भलाई करने के लिए दौड़ पड़ेंगे। इसी प्रकार आपको अभ्यास हो जाएगा। आपका शरीर और मन आपकी संपत्ति है, उससे जितना उपकार हो सके करें।

पंडित मदनमोहन मालवीय जब हिंदू विश्वविद्यालय के लिए धन इकट्ठा कर रहे थे, तो कई छात्रों ने महीने-महीने तक घी खाना और दूध पीना छोड़कर बचत के पैसों को चंदे में दिया था। उन पैसों से विश्वविद्यालय का कोष तो नहीं भरा परंतु उन छात्रों में उपकार-बुद्धि की जागृति तो हो गई।

जितना शीघ्र हो उपकार करना सीखें। जब जीवन-संग्राम में पड़ेंगे, उपकार करने के अवसर तो अब से बहुत ज्यादा मिलेंगे; परंतु उपकार सीखने के अवसर कम मिलेंगे। जब तक आप युवा हैं तब तक उपकार, क्षमा, दया सीखने के अवसर बहुत हैं। यदि विद्याभ्यास के साथ आपका स्वभाव उपकारी और दयालु न बनेगा, तो फिर दुनियादारी के झगड़ों में पड़ने के पश्चात् इतनी कठिन स्थितियाँ आएँगी कि और भी कठोर हृदय हो जाएँगे।

> **क्षमा और दया के स्रोतों को बहने दें। थोड़े-थोड़े बहते रहने से वे बहुत मात्रा में बहने लग जाएँगे। आज एक निःसहाय की सहायता करेंगे, तो वयोवृद्ध होने पर हजारों की सहायता करने लगेंगे।**

'किसी की मुस्कराहटों पे हो निसार
किसी का गम भी मिल सके तो ले उधार
किसी के वास्ते हो तेरे दिल में प्यार
···जीना इसी का नाम है।'

क्षमा और दया के स्रोतों को बहने दें। थोड़े-थोड़े बहते रहने से वे बहुत मात्रा में बहने लग जाएँगे। आज एक निःसहाय की सहायता करेंगे, तो वयोवृद्ध होने पर हजारों की सहायता करने लगेंगे। आज एक दरिद्र को मुट्ठी भर अन्न देते हैं, तो भविष्य में कई दरिद्रों को ज्यादा अनाज देने लग जाएँगे। इस समय अपने साथियों के छोटे अपराधों को क्षमा करने लगेंगे, तो संसार के कार्य-क्षेत्र में उतरने पर बड़े-बड़े पापियों को भी बुरी दृष्टि से नहीं देखेंगे।

स्वयं को देखिए

आप दूसरों की बुराइयों को देखते है और कुपित होते हैं, परंतु कभी अपने को भी देखना चाहिए। हममें भी तो बहुत सी बुराइयाँ हैं—हमें भी तो लोग क्षमा करते हैं—याद रखिए—

'बुरा जो देखन मैं चला बुरा न मिलया कोय,
जो दिल खोजूँ आपना मुझसा बुरा न कोय।'

दक्षिण अफ्रीका में एक मूर्ख पठान ने महात्मा गांधी को मारते-मारते अधमरा कर दिया था। बाद में कुछ लोगों ने उनसे उस पर मुकदमा चलाने को कहा। लेकिन उन्होंने ऐसा करने से साफ इनकार कर दिया, उन्होंने उसे क्षमा कर दिया। बाद में उसी पठान ने अन्य आक्रमणकारियों से उनकी रक्षा की थी। इसी से आप समझ सकते हैं कि क्षमा में कितनी बड़ी शक्ति होती है। यहाँ यह भी कह देना आवश्यक है कि क्षमा को कायरता का आवरण नहीं बनाना चाहिए। सच्ची क्षमा चरित्र की उच्चता से उत्पन्न होती है। शक्तिशाली व्यक्ति ही किसी को क्षमा करने की ताकत रखता है। भगवान महावीर कहा करते थे कि सच्चा वीर वही है जो शक्तिशाली होते हुए भी दूसरों के प्रति क्षमा और दया का भाव रख सकता है। जो किसी का कुछ बिगाड़ ही नहीं सकता, वो क्रोध और हिंसा करके भी क्या कर लेगा?

'छोटा करके देखिए, जीवन का विस्तार
आँखों भर आकाश है, बाँहों भर संसार।'

□

47

परखिए समय को

गर्म तंदूर पर बैठे किसी मनुष्य को दो मिनट का समय भी दो घंटे जितना लगेगा, परंतु किसी सुंदर युवती के साथ बैठे युवक को दो घंटे का समय भी दो मिनट जैसा प्रतीत होता है।

–शेक्सपियर

आदर्श नेतृत्व का दूसरा स्वर्णिम सूत्र है—परखिए समय को।

नेतृत्व क्षमता के मूलभूत गुणों में समय की परख भी खास महत्त्व रखती है। जिन लोगों को समय के मूल्य का भान नहीं होता, वे प्राय: अच्छे नेतृत्वकर्ता नहीं हो सकते। वास्तव में समय का सीधा तात्पर्य हमारी कार्यक्षमता और हमारी जीवन अवधि से है। अपनी असफलता और दुर्भाग्य पर रोने वाले अधिकांश लोग समय के प्रति लापरवाह होते हैं। समय की नब्ज पर जिन लोगों की उँगलियाँ थमी हैं, उन्हें निश्चित ही सफलता मिलकर रहेगी।

हिंदी कथा जगत् के बेताज बादशाह मुंशी प्रेमचंद अपने कमरे में दो बहुत पुरानी घड़ियाँ लगा कर रहते थे, जिनमें से एक सदा तेज रहती थी और दूसरी बेहद सुस्त। उन घड़ियों की बाबत प्रेमचंद ने लिखा है कि 'ये घड़ियाँ मुझे स्मरण कराती है कि मेरा जीवन घड़ियों से नियंत्रित नहीं हैं, मैं अपनी इच्छा के अनुसार समय का चुनाव कर सकता हूँ।'

काफी हद तक हम सब घड़ियों के घेरे में कैद हैं। घड़ी का अलार्म बजता है, तो हमें याद आता है कि बच्चों को स्कूल भेजने का समय हो गया। स्कूल में भी हरेक पीरियड के बाद घंटा बजता रहता है। दरअसल घड़ी का अलार्म हमें काम पर जाने की भी याद दिलाता है और काम खत्म करने की भी। दफ्तरों में भी घड़ियाँ हम से दिन भर काम लेती रहती हैं।

नेतृत्व क्षमता के मूलभूत गुणों में समय की परख भी खास महत्त्व रखती है। जिन लोगों को समय के मूल्य का भान नहीं होता, वे प्रायः अच्छे नेतृत्वकर्ता नहीं हो सकते।

आपने बहुत से लोगों को देखा होगा, जो काम करने में कम तथा घड़ी देखने में ज्यादा दिलचस्पी रखते हैं।

थॉमस अल्वा एडिसन से एक बार एक महिला अपने बेटे को मिलवाने के लिए ले गई। महिला ने एडिसन से कहा कि मेरे बेटे को कामयाब होने का कोई नुस्खा बताइए। तब एडिसन का जवाब था- 'जब तक काम पूरा न हो जाए, तब तक घड़ी की तरफ मत देखो।'

सभी लोग जानते है कि एडिसन का विज्ञान की दुनिया में अत्यंत महत्त्वपूर्ण योगदान है।

बहुत से लोगों ने अपने जीवन को घड़ी की सुइयों के साथ बाँध लिया है। लेकिन वे अनभिज्ञ हैं कि घड़ी की सुइयों से बँधकर हम अपने उद्देश्य व लक्ष्यों की पूर्ति से भटकते हैं।

मैं यह यहीं कहता कि आप समय के पाबंद न हों लेकिन घड़ी को देखकर काम करते रहने से काम की गुणवत्ता व पूर्णता प्रभावित होती है।

एक गैर सरकारी संगठन द्वारा कराए गए आत्मविकास संबंधी वार्षिक परीक्षण के प्रश्नपत्र में एक सवाल पूछा गया था—'आप कितने घंटे काम कर सकते हैं?'

बहुत से कर्मचारियों ने अलग-अलग जवाब दिए, लेकिन जिस युवक को पुरस्कृत किया गया, उसका जवाब था 'जब तक काम पूरा नहीं हो जाता।'

यह एक रोचक तथ्य है कि प्रकृति का समय हमारी घड़ी के समय से प्राय: बहुत भिन्न होता है। वैज्ञानिकों ने निष्कर्ष निकाला है कि अधिकांश वयस्कों के लिए जीव विज्ञान की दृष्टि से एक प्राकृतिक घंटा लगभग 63 मिनट का होता है। इसका मतलब है कि अगर व्यक्ति ऐसे बंद कमरे में छोड़ दिया जाए कि उसके पास समय बताने वाली कोई चीज न हो, तो वह व्यक्ति रोजाना 24 से 25 घंटे तक काम करेगा और हर महीने उसका एक दिन घट जाएगा।

इस दुनिया में प्रत्येक जीवित प्राणी के पास अपनी-अपनी कुदरती घड़ियाँ होती हैं, जो प्रकृति की लय के साथ कदमताल करती रहती हैं।

इस दुनिया में प्रत्येक जीवित प्राणी के पास अपनी-अपनी कुदरती घड़ियाँ होती हैं, जो प्रकृति की लय के साथ कदमताल करती रहती हैं।

जिन्हें हम तुच्छ जीव-जंतु समझते हैं, उनकी उपलब्धियाँ आज भी तमाम प्रगति के बावजूद हमारे विज्ञान को ठेंगा दिखा रही हैं। आज भी बारिश आने का पता चींटियों को पहले चलता है और सूँघने में कुत्ते का कोई सानी नहीं है। आज भी जीव-जंतु हमारी तमाम वैज्ञानिक प्रगतियों से बहुत आगे हैं। समुद्र में रहने वाले केकड़ों को स्वाभाविक रूप से पता चल जाता है कि कब धारा बदलने वाली है। निशाचर चूहा तथा उल्लू रात होते ही जाग जाते हैं। भालू को कोई कहने नहीं जाता कि सर्दियों में अब उसे कुंभकरण की तरह सोना है। पक्षियों का कलरव सुबह तड़के व साँझ ढले पूर्ववत शुरू हो जाता है, उन्हें किसी का टेलीफोन नहीं जाता कि शाम हो गई है, चलो चहचहाना शुरू करो।

जापान में प्राय: भूकंप आते रहते हैं, वहाँ सामान्य रूप से पाई जाने वाली एक छोटी चिड़िया जब आवासीय बस्तियों से नदारद हो जाती है, तो लोगों को इस बात का आभास होने लगता है कि भूकंप आने वाला है। यह आभास सौ फीसदी सच होता है। भारत में भी पालतू पशु जिनमें गाय, भेड़-बकरियाँ शामिल हैं, किसी भी प्राकृतिक आपदा के आने से पूर्व उनकी जैविक गतिविधियों में आश्चर्यजनक परिवर्तन होने शुरू हो जाते हैं।

हमारे शरीर में विद्यमान जैविक घड़ियाँ कई मामलों में तकनीकी घड़ियों से बढ़िया काम करती हैं। ये जीती-जागती घड़ियाँ रोबोट मशीन की तरह बिलकुल निश्चित समय तो नहीं बताती परंतु वातावरण और परिस्थितियों में हुए परिवर्तन के अनुसार स्वयं को व्यवस्थित कर लेती है।

इन घड़ियों में सबसे अधिक परिचित 'सिरकैडियन लय' है, जो प्राय: 24 घंटों में शरीर के रासायनिक तापमान संबंधी तथा शरीर के अन्य परिवर्तनों के उतार-चढ़ाव में स्पष्ट दृष्टिगोचर होती है।

सब जानते हैं कि गर्मियों में दिन बड़े होते हैं और सर्दियों में रातें। हमारे शरीर में छिपी जैविक घड़ियाँ अपने आप उन परिवर्तनों के अनुरूप खुद को ढाल लेती हैं। यही नहीं प्रत्येक प्राणी में अपनी 24 घंटों की लय होती है। इस लय में वातावरण और परिस्थितियों के साथ ही नहीं बल्कि अपने व्यक्तिगत आंतरिक संकेतों के साथ भी अद्‌भुत तालमेल बना रहता है।

इन जीती-जागती घड़ियों का समय बार-बार कौन निश्चित करता है? अधिकांश जीवित प्राणियों की भाँति हमारा शरीर भी प्रकाश में होने वाले परिवर्तनों को पहचानता है। हमारे मस्तिष्क में तंत्रिका कोषों का एक छोटा सा गुच्छा आँखों से आने वाले प्रकाश का विश्लेषण करता है। यह गुच्छा 'सुप्राकियाजमेटिक न्यूक्लीइ' (एस.सी.एन.) कहलाता है। एस.सी.एन. न केवल दिन तथा रात के बीच होने वाले फर्क का बोध कराता है, बल्कि दिन की लंबाई और प्रकाश में होने वाले सूक्ष्म से सूक्ष्म परिवर्तनों से भी प्रभावित होता है।

तेज धूप व उमस भरे वातावरण में कुछ भी न कर पाने व आराम करने की इच्छा तथा बादलों भरे आसमान के मौसम में रिमझिम होती वर्षा के क्षणों में रूमानी होता हमारा मन, ऐसे ही परिवर्तनों के उदाहरण हैं। दरअसल एस.सी.एन. एक तरह के जैविक पेसमैकर की तरह कार्य करता है तथा शरीर के विभिन्न केंद्रों को संदेश भेजता और समय बतलाता है। ये केंद्र और बातों के अलावा सोने-जागने, विकास और कामेच्छा को भी नियंत्रित करता है। ज्यादातर चेतन पदार्थों में प्रकाश का ही सर्वाधिक तारतम्य होता है। परंतु मनुष्य में इससे भी अधिक प्रभावशाली तत्त्व होते हैं।

भौतिकशास्त्री एडमंड एम. ड्यूअन ने विचार किया कि महिलाओं के ऋतु चक्र और चंद्रमा के बीच प्राचीन काल से बताया गया संबंध संयोगवश है या मानव शरीर का पूर्ण चंद्र की कृत्रिम चाँदनी से कोई तारतम्य है। मासाचुसेट्स में किए गए परीक्षण में उन्होंने पाया कि अनियमित मासिक चक्र वाली जिन स्त्रियों को उनके प्रथम मासिक धर्म के बाद 14वीं रात्रि से प्रत्येक माह चार रात तक कृत्रिम चाँदनी में सुलाया गया, आश्चर्यजनक ढंग से उनका ऋतु चक्र नियमित होकर चंद्रमा के चक्र की भाँति लगभग साढ़े 29 दिन का हो गया।

हमारी आंतरिक लयें

पश्चिमी जर्मनी में अर्लिग-आडैक्स के मैक्स प्लांक आचरण मनोविज्ञान संस्था के डॉ. यूरगैन अशौफ तथा प्रो. रूटगर ए. वैवर ने अपने ढंग के अनोखे अध्ययनों में स्पष्ट किया है कि उन्होंने जब कुछ लोगों को एक साथ रखा, तो उन्हें प्रकाश, तापमान तथा नमी आदि समय का बोध कराने वाली बाह्य वस्तुओं से अलग कर दिया गया। तब इनका समय ठीक रखने वाली जटिल आंतरिक लयें अव्यवस्थित हो गईं। ऐसी अवस्था में उन्हें एक होकर पुन: तारतम्य स्थापित करने दिया गया। फलस्वरूप उनके शरीर का तापमान भी साथ-साथ चढ़ने और उतरने लगा। यह उस तथ्य का संकेत था कि प्रत्येक शरीर में परिवर्तन भी एक साथ हो रहे हैं। जीवलयात्मक (बायोरिदमिक) अध्ययन की भाषा में ये लोग किसी अदृश्य समय के प्रतिमान से जुड़ गए थे और आंतरिक नियंत्रण करने वाले उनके ताले एक अज्ञात दल संकेत के साथ संबद्ध हो गए थे। अशौफ और ए. वैवर ने शायद उन गुप्त शक्तियों में से किसी एक शक्ति का पता लगा लिया था, जो व्यक्ति में परिवर्तन कर उन्हें किसी दल, संप्रदाय अथवा भीड़ का सदस्य बना देती है।

मेसाचुसेट्स स्थित बोस्टन विश्वविद्यालय के मेडिकल सेंटर में मनोवैज्ञानिक विलियम एस. कौंडन और उनके साथियों ने जो अनुसंधान किए हैं, उनके अनुसार किसी भी नवजात शिशु का अपनी माता की जैव घड़ियों के साथ गहरा तारतम्य होता है। भ्रूण एक ही दिन के अंदर मनुष्य की भाषा सुनकर उसकी लय के अनुसार खुद को ढालने लगता है। परीक्षण में कौंडन ने पाया कि जब बड़े लोग बात करते हैं, तब उनकी बात सुनने वालों के शरीर की हरकतों में वक्ता के भाषण की लय के साथ उसी भाँति तारतम्य स्थापित हो जाता है, जिस तरह नर्तकों के पैर एक ही थाप पर साथ-साथ थिरकते हैं।

मनुष्य का मन दूसरे ढंग से भी समय के चाल में फेर-बदल कर लेता है। मरणासन्न परिस्थितियों से उबरने वाले लोगों का कहना है कि उनके सामने क्षण भर में जीवन की अनेक घटनाएँ एक फिल्म की तरह घूमती चली गईं। भयंकर दुर्घटनाओं से बच निकलने वाले लोग बताते हैं कि दुर्घटना के समय प्रत्येक बात अत्यंत धीमी गति से हो रही थी। लगता है, हमारे दिमाग में ऐसी कोई व्यवस्था या ऐसी कोई क्षमता विद्यमान है, जिससे मनुष्य की बोध क्षमता सामान्य से कई गुना अधिक बढ़ जाती है। उसी के परिणामस्वरूप संसार का घटनाचक्र धीमा पड़ जाता है। इसी के चलते दुर्घटना

में फँसे व्यक्ति को बचने के उपाय सोचने के लिए समय मिल जाता है।

जानलेवा परिस्थितियों में बच निकलने के जिस उपाय को हम आसान बनना कहते हैं, वह लगभग यही हैं। रेड एंड व्हाइट द्वारा दिए जाने वाले बहादुरी पुरस्कारों में से पुरस्कार पाने वाले एक व्यक्ति द्वारा अपनाया गया रक्षात्मक उपाय इसी की मिसाल है। यह व्यक्ति पिकनिक के लिए बच्चों को पहाड़ी पर्यटन स्थल पर ले जाने वाली एक बस का कंडक्टर था। ढलान पर धीमे-धीमे लुढ़क रही बस को रोकने के लिए जब उसे कोई उपाय नहीं सूझा, तो वह बस के पहिये के नीचे आड़ बन कर लेट गया। आश्चर्यजनक रूप से बस रुकी और उसमें सवार 55 बच्चे सकुशल नीचे उतार लिए गए। मामूली से इलाज के बाद वह व्यक्ति बच गया।

समय का पालन

साधारणत: हम जिस समय का पालन करते हैं, वह हमें स्वाभाविक रूप से जन्म के समय से ही सिखाया जाता है। ऐसा लगता है कि समय हमारे जीवन पर शासन कर रहा है। समय धन है, जिसे बचाना चाहिए। समय को बुद्धिमानी के साथ खर्च करना चाहिए। हमें कभी भी अपना समय बेकार नहीं गँवाना चाहिए।

जब घड़ी का समय हमारी स्वाभाविक आंतरिक लयों के अनुरूप नहीं रहता, तो तनाव पैदा होता है।

इलिनाय स्थित नार्थ वेस्टर्न विश्वविद्यालय में नृवंश विज्ञान के रिटायर्ड प्रो. एडवर्ड. टी. हॉल ने अपनी पुस्तक 'द डांस ऑफ लाइफ' में लिखा है कि मनुष्य संस्कृतियों की समय के बारे में क्या अवधारणा है, इसी के आधार पर संस्कृतियों में विभिन्नताएँ पाई जाती हैं। उनका कहना है कि उत्तरी अमेरिका और उत्तरी यूरोप के औद्योगिक देशों के मनुष्यों का जीवन निश्चित कार्यक्रमों में जकड़ा हुआ है। वहाँ किसी अनुशासित दृष्टिकोण के अभाव में औद्योगिक समानता का इतना अधिक विकास हो पाना संदेहास्पद था। साथ ही वैज्ञानिक अब इस बात पर भी राजी हैं कि इस विकासीय यात्रा के लिए हमने मानवीय मामले में बड़ी भारी कीमतें चुकता की हैं।

समय और काम के प्रति अनुशासित दृष्टिकोण के अभाव में औद्योगिक समानता का इतना अधिक विकास हो पाना संदेहास्पद था। साथ ही वैज्ञानिक अब इस बात पर भी राजी हैं कि इस विकासीय यात्रा के लिए हमने मानवीय मामले में बड़ी भारी कीमतें चुकता की हैं।

वैज्ञानिकों का मानना है कि जब शरीर की घड़ियों में परस्पर तारतम्य नहीं रहता, तो शारीरिक और मानसिक कार्यों में व्यवधान आने लगता है। जब घड़ी का समय हमारी स्वाभाविक आंतरिक लयों के अनुरूप नहीं रहता, तो तनाव पैदा होता है। घड़ी के समय के अत्याचार से ग्रस्त औद्योगिक समाज को अब पता चल रहा है कि हृदय रोग तथा इससे संबद्ध अन्य रोगों के कारण सबसे अधिक मृत्यु हो रही है। हम समय के बारे में अपने विचारों को परिवर्तित कर इस प्रकार के नुकसान से बच सकते हैं।

- जीवन में घड़ी का इस्तेमाल मत कीजिए। अल्बर्ट आइंस्टीन ने भी कलाई पर घड़ी बाँधना छोड़ दिया था, जब हम दीवार अथवा हाथ की घड़ी में समय देखते रहने की आदत को छोड़ देते हैं, तब हमें समय की बहुत ज्यादा फिक्र नहीं रहती और हमारी पूरी ऊर्जा काम को करने में खर्च होती है और हम परिणाम के निकट होते हैं।
- जो व्यक्ति घड़ी देखते रहते हैं, उन्हें समय की लत पड़ जाती है। परंतु जो लोग किसी लक्ष्य अथवा कार्य पर अपना ध्यान केंद्रित करते हैं, उनके लिए समय का अस्तित्व ही समाप्त हो जाता है। भले ही वो किसी निर्माणाधीन भवन का नक्शा बना रहे हों अथवा कोई अच्छी और प्रेरणादायक पुस्तक ही क्यों न पढ़ रहे हों। ऐसा करके आप अपनी आंतरिक लयों के साथ जीवन बिताने का अभ्यास कर लेते हैं। फलस्वरूप अपने आसपास के लोगों के साथ ही समन्वय स्थापित करने में सुगमता रहती है।

- प्रकृति के साथ दोस्ताना व्यवहार कीजिए। कुदरती चीजों से घुल-मिल जाइए। सूर्यास्त के समय डूबते हुए सूर्य की लालिमा को निहारिए अथवा आकाश में रेस लगाते बादलों को देखने में समय बिताइए।

हमें ध्यान रखना चाहिए कि मनुष्य ने घड़ी द्वारा जिस समय की रचना की है, उससे भी कहीं अधिक प्राचीन और अधिक स्थिर रहने वाला काम है। जो लोग प्रकृति के साथ एकरस होकर जीने के इच्छुक हैं, उन्हें यह बात स्पष्ट रूप से समझ लेनी चाहिए कि प्रकृति का समय ही इस संसार का निर्माता है और हमें उसकी कदापि उपेक्षा नहीं करनी चाहिए। हमने कलपुर्जों के सहारे चलने वाला समय बनाया है, जिसके द्वारा हमारा समाज स्वयं को घड़ियों के घेरे में बंद कर लेता है। अब ये हम पर निर्भर करता है कि हम समय के दास बन जाएँ अथवा समय को दास बना लें।

संसार में सबसे बड़ी बात जो मनुष्य कर सकता है, वह यह है कि जैसी भी व्यवस्था में वह रखा गया है और जैसी भी सामग्री उसके पास है, उसे अधिक-से-अधिक मात्रा में और उत्तम-से-उत्तम प्रकार से काम में लाए। इसी का नाम सफलता है। यही वास्तविक नेतृत्व क्षमता है।

हमारी व्यक्तिगत व्यवस्था या स्थिति का हमारे बहुत से कार्यों पर प्रभाव तो अवश्य पड़ता है; परंतु वह व्यवस्था हमारे विकास या बुद्धि को रोकती नहीं है। गेहूँ (अन्न) का पका हुआ एक खेत आपके सामने है। जैसी भी व्यवस्था जमीन, खाद और पानी की थी, उसी के अनुसार यह खेत पका है। परिस्थितियों का इतना प्रभाव गेहूँ पर अवश्य पड़ा, परंतु परिस्थिति ने गेहूँ को मक्का नहीं कर दिया—गेहूँ का गेहूँ ही रहा।

तात्पर्य यह है कि मनुष्य जिस परिस्थिति में है, उसी को अनुकूल बना सकता है। उसी स्थिति में अपना सर्वश्रेष्ठ योगदान देकर नाम व दाम अर्जित कर सकता है।

इसी प्रकार हमारी परिस्थिति हमारी प्रकृति को नहीं बदल सकती; प्रकृति हमारे व्यक्तित्व का एक अंग है और उस पर हमारा प्रभुत्व है। हमारी परिस्थितियाँ बदलती रहती हैं और हमारी व्यक्तिगत प्रकृति से लाभ उठाती रहती है। यदि हम गेहूँ हैं, तो मक्का नहीं हो सकते, यदि मक्का हैं, तो गेहूँ नहीं हो सकते। परंतु यदि हम गेहूँ हैं, तो यथाचित समय पर जमीन जोतने, खाद-पानी ठीक समय पर देने से उत्तम गेहूँ तो अवश्य हो सकते हैं। यदि हम ज्वार हैं, तो किसी प्रकार उत्तम ज्वार तो अवश्य हो सकते हैं। हम अपनी वास्तविक क्षमताओं एवं प्रकृति में थोड़ी सी सजगता के साथ क्रांतिकारी परिवर्तन कर सकते हैं।

तात्पर्य यह है कि मनुष्य जिस परिस्थिति में है, उसी को अनुकूल बना सकता है। उसी स्थिति में अपना सर्वश्रेष्ठ योगदान देकर नाम व दाम अर्जित कर सकता है। यही करना चाहिए। देश और दुनिया को बदलने वाले महान नेताओं ने यही किया है।

□

48

मनवाइए अपनी बात

लोगों की बात को मानना कोई कमाल नहीं, कमाल तब है, जब आप प्रतिकूल परिस्थितियों को परास्त करते हुए अपनी बात मनवाने में कामयाब हो जाएँ।

—सत्यार्थ सूत्र

आदर्श नेतृत्व का तीसरा स्वर्णिम सूत्र है—मनवाइए अपनी बात।

किसी भी संगठन अथवा देश के लिए नेतृत्व प्रदान करने वाले व्यक्ति के प्राथमिक गुणों में अपनी बात मनवाने का गुण भी शामिल है। समाज हो चाहे राजनीति, व्यापार अथवा सेल्स सभी जगह वही लोग कामयाब रहे हैं, जिन्हें अपनी बात मनवाने का हुनर आता है।

बहुत से अध्ययनों के बाद शोधकर्ता इस निष्कर्ष पर पहुँचे हैं कि अपनी बात मनवाने की कला को जाने-पहचाने तरीकों से पैदा किया जा सकता है। यह एक ऐसा हुनर है, जिसे कोई भी अपना सकता है और इसके प्रयोग से अपनी समस्याओं से निजात पा सकता है।

यहाँ सबसे जरूरी बात यह है कि हमें ध्यान रखना चाहिए कि बात मनवाने का तरीका अपने आप कोई तिकड़मबाजी नहीं है, यह अपने विचारों को सही वातावरण पैदा करके प्रभावपूर्ण तरीके से दूसरों के सम्मुख प्रस्तुत करना है। अपनी दिनचर्या में अपनी बात मनवाने के लिए हम निम्नलिखित उपायों को अमल में ला सकते हैं—

अपनी बात मनवाने की कला को जाने-पहचाने तरीकों से पैदा किया जा सकता है। यह एक ऐसा हुनर है, जिसे कोई भी अपना सकता है और इसके प्रयोग से अपनी समस्याओं से निजात पा सकता है।

संवाद बनाए रखिए

बहुत बार हमारी छोटी-छोटी समस्याएँ भी, उन पर ध्यान न दिए जाने की वजह से बड़ी होती चली जाती हैं। ये भी देखने में आया है कि जिस मुद्दे को शुरुआती दौर में मामूली सी बातचीत से सुलझाया जा सकता था, वह बाद में कोर्ट-कचहरियों तक खिंचा फिरता है और अंत में जब हमारे आस-पास के चार समझदार व्यक्ति मिल बैठकर उसका फैसला करते हैं, तब हमें अहसास होता है कि हमने अपना कितना समय व पैसा यूँ ही व्यर्थ में बर्बाद किया?

कल्पना कीजिए की आप अपने पड़ोसी से उस पेड़ के बारे में बातचीत करना चाहते हैं, जो आपके घर के पिछले हिस्से में झुक आया है। इसलिए आपके पास दो विकल्प हैं, उससे बातचीत करने के लिए या तो आप उसके घर जाएँगे अथवा उसे अपने यहाँ बुलाएँगे। दूसरों के घर जाने की अपेक्षा अपने घर में अपनी बात से दूसरे को ज्यादा अच्छी तरह कायल किया जा सकता है। इसलिए चतुर व्यक्ति महत्त्वपूर्ण बैठकें दूसरों के बजाय अपने ही घर में करना ज्यादा उचित समझते हैं। मनोवैज्ञानिक विषयों पर अध्ययन करने वाले व्यक्तियों ने भी यह सिद्ध किया है कि यह वास्तव में एक सफल युक्ति है।

बाल्टीमोर, मैरीलैंड में हाल ही में किए गए एक शोध में मनोवैज्ञानिक राल्फ टेलर तथा उनके सहयोगी जॉसफ लैनी ने दूसरों पर प्रभाव उत्पन्न करने की क्षमता का अध्ययन करने के लिए हापकिंस यूनिवर्सिटी के 60 विद्यार्थियों पर परीक्षण किया। उन्होंने विद्यार्थियों को तीन समूहों में बाँटकर अध्ययन किया। इन समूहों में से एक समूह दूसरे को प्रभावित करने की क्षमता की दृष्टि से हीन था। दूसरा साधारण कोटि का, जबकि तीसरा उच्चस्तरीय था।

इन विद्यार्थियों से कहा गया कि वे बहस के बाद यह सुनिश्चित करें कि यूनिवर्सिटी के बजट में की जाने वाली कटौतियों में से कौन सी 10 कटौतियाँ सर्वाधिक उपयुक्त होंगी। उनमें से आधे समूहों ने अपने उस सदस्य से घर पर बातचीत की, जो दूसरों को सर्वाधिक प्रभावित कर सकता था। शेष आधे सदस्यों ने उन सदस्यों के घर वार्तालाप किया, जो सबसे कम प्रभावित कर सकते थे।

दरअसल हमारी वेश-भूषा चाल-ढाल, बात करने का लहजा, एक-दूसरे के साथ पेश आने का तरीका, औरों को हमारे व्यक्तित्व के बारे में बहुत कुछ स्पष्ट बता देता है।

औसतन मेहमानों की राय पर मेजबानों की राय हावी रही, भले ही मेजबान वो रहे हों, जो दूसरों को सबसे कम प्रभावित कर सकते थे और जिनके विचारों का शुरू में ही विरोध किया गया था। यदि अपने घर अथवा कार्यालय में वार्तालाप करना संभव न हो तो हमें ऐसा स्थान चुनना चाहिए, जो न हमारा घर हो न ही दूसरे व्यक्ति का। ऐसे में किसी तीसरे स्थान पर अथवा किसी सार्वजनिक पिकनिक स्पॉट की बेंच पर बैठकर बातचीत की जा सकती है।

आप किसी याचिका पर हस्ताक्षर करने के लिए जा रहे हैं, तब क्या आप अपने बाल सँवारेंगे या टाई की मैचिंग का ख्याल रखेंगे। वस्तुत: हम सोचते हैं कि किसी भी प्रकार के दिखावे के बजाय हमारे विचारों का ज्यादा प्रभाव पड़ता है, परंतु शोध से आए नतीजे इस तथ्य के विपरीत हैं। मनोवैज्ञानिक शैली चैकन ने एक शोध के दौरान यूनिवर्सिटी ऑफ मासाचुसेट्स, ऐमहर्स्ट में स्वेच्छा से सम्मिलित 68 विद्यार्थियों से कहा कि उनमें से प्रत्येक चार-चार राहगीरों से मिलेगा और उन्हें इस बात पर राजी करने की कोशिश करेगा कि यूनिवर्सिटी के भोजन कक्ष में सुबह के नाश्ते और दोपहर के भोजन में मांस परोसने के विरोधी गुट का समर्थन करे। इन विद्यार्थियों के शारीरिक दिखाव-बनाव, बातचीत में प्रवाह, विश्वसनीयता तथा अपने सामने वाले को प्रभावित करने की क्षमता का जायजा पहले ही ले लिया गया था। अधिक आकर्षक विद्यार्थी कम आकर्षक विद्यार्थियों के मुकाबले दूसरों को प्रभावित करने में ज्यादा कामयाब रहे।

दरअसल हमारी वेश-भूषा चाल-ढाल, बात करने का लहजा, एक-दूसरे के साथ पेश आने का तरीका, औरों को हमारे व्यक्तित्व के बारे में बहुत कुछ स्पष्ट बता देता है। जिन व्यक्तियों ने वरिष्ठ अधिकारी पद के लिए आयोजित होने वाली विभिन्न परीक्षाओं अथवा साक्षात्कारों में हिस्सा लिया है, वे इस बात को भली-भाँति जानते हैं कि हमारे व्यक्तित्व में हमारी वार्डरोब (पहनावे) का कितना बड़ा हाथ है। सिर्फ सलीकेदार ढंग से पहने गए परिधान ही पर्याप्त नहीं हैं। हमें अपने रूप-रंग व शारीरिक कद-काठी के मुताबिक वस्त्रों के रंगों व उनकी क्वालिटी आदि के चयन में भी सतर्कता बरतनी चाहिए। प्रभावपूर्ण ढंग से नेतृत्व करने के अभिलाषी व्यक्तियों को चाहिए कि वे इस दृष्टिकोण से भी अपने व्यक्तित्व का मूल्यांकन करें। आवश्यकता पड़ने पर किसी विशेषज्ञ से व्यक्तित्व एवं रंग से संबंधित परामर्श लिया जा

सकता है। रंग थेरेपी पर काम करने वाले विशेषज्ञों की मान्यता है कि हम रंगों द्वारा किसी भी व्यक्ति की सोच, उसकी आदत, उसका व्यवहार, विश्वास, चरित्र व अन्य मामलों की सही-सही भविष्यवाणी कर सकते हैं।

दूसरों की रुचि परखिए

किसी की व्यक्तिगत रुचि को बदलने के मामले में अनेक शोधकर्ता इन नतीजों पर पहुँचे हैं कि इसके लिए कोशिश करने वाला व्यक्ति अपने श्रोता से जितना गहरा जुड़ाव स्थापित करने में कामयाब रहता है, श्रोता उतना ही अधिक प्रभावित होता है। दरअसल इसकी वजह हमारी सहज प्रवृत्ति है कि जब कोई अपना जो भी बात कहता है, हम उस पर सहज ही विश्वास कर लेते हैं।

एक शोध के बाद मनोवैज्ञानिक डोनाल्ड जे. मोनी ने अपनी रिपोर्ट के जिन अंशों को प्रकाशित किया है, उसकी चर्चा करना यहाँ उचित है। उन्होंने यह पता लगाया कि ऊँचे दर्जे के सेल्समैन अपने ग्राहक की आवाज के लहजे, सुर और बोलने के ढंग को अपना लेते हैं और वे उसी शारीरिक अभिव्यक्ति, भाव-भंगिमा और मन:स्थिति को प्रतिबिंबित करते हैं। अनजाने में वे ग्राहक की तरह साँस भी लेने लगते हैं। तथ्य यह है कि अच्छे सेल्समैन किसी सूक्ष्म जैव पुनर्निवेशन यंत्र की तरह काम करते हैं और ठीक वैसे ही संकेत प्रेषित करते हैं जैसे ग्राहकों की ओर से वे प्राप्त करते हैं।

दिलचस्पी को भाँपिए

दूसरों के अनुभवों को भी महत्त्व दें, आप अपने पड़ोस के नये दंपती को किसी सामाजिक अभियान में शामिल करने के लिए तैयार करना चाहते हैं परंतु उनको इस काम में दिलचस्पी नहीं हैं, उनकी दिलचस्पी जगाने का सबसे अच्छा तरीका क्या है?

आम आदमी तो एकदम से तर्क-वितर्क शुरू कर देंगे परंतु जो व्यक्ति इस कला में निपुण हैं, वो पहले संबंधित लोगों में विश्वास का वातावरण तथा कार्य के प्रति लगाव पैदा करने का काम करते हैं। सामने वाला व्यक्ति अगर किसी बात के बारे में ऐसी परेशानी जाहिर करता है, तो यह कहना चाहिए कि मैं समझता हूँ आप ऐसा क्यों महसूस कर रहे हैं, मुझे भी ऐसा ही लगता है।

ऐसा करके हम सामने वाले की भावनाओं के प्रति अपने आदर को व्यक्त करते हैं। इससे वह व्यक्ति शीघ्र ही हमारे प्रति अपने आदर को व्यक्त करता है। इससे वह व्यक्ति हमारे प्रति जुड़ाव महसूस करने लगता है। कोई भी कुशल प्रेरक दूसरे व्यक्ति द्वारा उससे तर्क पर किए गए एतराज की अवहेलना नहीं करेगा। वह उसकी दलील को दोहराएगा और कहेगा, उसमें सार है और इसके बाद ही वह अपने विचारों को बेहतर साबित करने की कोशिश करेगा। अनेक अध्ययनों के बाद जो निष्कर्ष निकले हैं, उनसे यह सिद्ध होता है कि जब भी किसी नतीजे पर पहुँचने से पहले बात के दोनों पक्षों को स्पष्ट कर दिया जाता है, तब बात आसानीपूर्वक मनवाई जा सकती है।

आप अपने स्थानीय विद्यालय की संचालन समिति के सदस्य हैं और आपको समिति की बैठक में स्कूल का बजट बढ़ाने का प्रस्ताव रखना है। स्पष्ट है कि यह प्रस्ताव अन्य सदस्यों को पसंद नहीं है, ऐसी स्थिति में आपको क्या करना चाहिए? इस स्थिति में आप का कार्य सिर्फ अपना मत प्रकट कर देने भर से नहीं चलेगा, आपको अपने पक्ष के समर्थन में ठोस तथ्य प्रस्तुत करने होंगे। आपको इस बात का भी ध्यान रखना चाहिए, जो व्यक्ति आपके तथ्य से प्रभावित होंगे, वे यह भी जानने को उत्सुक होंगे कि यह तथ्य आपने कहाँ से अर्जित किया, क्योंकि तथ्यों के साथ-साथ उनके स्रोतों की विश्वसनीयता का भी बराबर महत्त्व होता है।

बात सिर्फ इतनी सी नहीं है कि लोग कुछ स्रोतों पर विश्वास करते हैं, कुछ पर नहीं। वास्तविकता यह है कि जब वे ठोस और बहुत विश्वसनीय स्रोतों का जिक्र सुनते हैं, तो नई जानकारी के सामने अपने पूर्वाग्रहों से चिपके नहीं रह पाते परंतु विशेषज्ञों का हवाला देने के मामले में सीमा नहीं लाँघनी चाहिए। बहुत से लोग अपनी बात को अधिक

प्रभावशाली बनाने के लिए ऐसी बातों को कह देते हैं, जिन्हें सिद्ध करना संभव नहीं। तात्कालिक लाभ के लिए अपनाया गया यह दृष्टिकोण अंतत: नुकसानदायक साबित होता है। इसका एक पक्ष यह भी है कि एक बार झूठे व डींग हाँकने वाले के रूप में हमारी छवि बनने के बाद फिर हमारे द्वारा कही गई सही बातों पर भी लोगों को यकीन नहीं होता। यहाँ यह तथ्य भी याद रखने योग्य है कि जरूरत से ज्यादा सूचनाएँ भी श्रोताओं को विमुख करती हैं।

अपनी बात को प्रभावपूर्ण तरीके से प्रस्तुत करने के हुनर में यह भी शामिल होता है कि आप अपने विषय से संबंधित कितने प्रसंग व उदाहरण पेश कर पाते हैं। उदाहरण व कहानियों की मदद से अपने विचार व दृष्टिकोण के साथ लोगों को सुगमतापूर्वक सहमत किया जा सकता है। आप किसी अनजान व्यक्ति को अपनी कार बेचने की कोशिश कर रहे हैं। कौन सी बात अधिक प्रभावशाली रहेगी, आपके मॉडल की कार एक लीटर पेट्रोल में कितने कि.मी. चलती है या यह कि पिछली बार लंबी यात्रा में एक लीटर पेट्रोल में कितनी दूर तक चली?

दूसरों से अपनी बात मनवा लेने में कुशल लोग जानते हैं कि सबूतों, आँकड़ों और आम सिद्धांतों के बजाय व्यक्तिगत उदाहरणों और अनुभवों की चर्चा से लोग अधिक प्रभावित होते हैं।

दूसरों से अपनी बात मनवा लेने में कुशल लोग जानते हैं कि सबूतों, आँकड़ों और आम सिद्धांतों के बजाय व्यक्तिगत उदाहरणों और अनुभवों की चर्चा से लोग अधिक प्रभावित होते हैं। एक बार त्वचा संबंधी मामूली से रोग के लिए त्वचा रोग विशेषज्ञ एक डॉक्टर ने एक दवा लेने की सलाह दी। मैंने शंका प्रकट की यह खतरनाक तो नहीं रहेगी। डॉक्टर ने बहुत से प्रमाण दिए लेकिन मेरा संदेह बना ही रहा। अंत में डॉक्टर ने कहा—''मैं खुद इसे खाता रहता हूँ। बस मेरी शंका का समाधान हो गया।''

□

49

माफ कीजिए…!

माफ करना शक्तिशाली व्यक्ति का प्रतीक है।

—शेख सादी

नेतृत्व क्षमता के प्राथमिक गुणों में चौथा गुण है—माफ कीजिए।

बहुत बार हम सिर्फ इसलिए अस्वीकार कर दिए जाते हैं कि हम जाने-अनजाने में की गई अपनी त्रुटियों को पहचान नहीं पाते और इससे भी बड़ी भूल तब होती है, जब हम अपनी त्रुटियों को पहचानते हुए भी उन्हें दूसरों पर व्यक्त कर उनसे माफी नहीं माँग पाते। क्षमा माँगना तथा क्षमा करना दोनों ही हमारे व्यक्तित्व की विशालता को प्रकट करते हैं। सच्चे दिल से माँगी गई क्षमा सिर्फ अपनी कमी मान लेने भर से कहीं ज्यादा महत्त्वपूर्ण है। यह बात स्पष्ट करती है कि संबंधों में आने वाली दरार की आशंका से आप अशांत हैं और उसके लिए खुद को क्षमा पात्र समझते हैं। आपको मनोवैज्ञानिक रूप से वह बात पचती नहीं और आप इस अनबन के मूल को ही उखाड़ फेंकना चाहते हैं। तभी तो व्यवहार कुशल लोग एक पल भी गँवाए बिना कहते हैं 'आई एम सॉरी।'

तीन शब्दों का यह वाक्य बहुत असर दिखाता है। इसका इस्तेमाल आसान काम नहीं है। अपनी गलती मान लेने में काफी तकलीफ होती है लेकिन इसके साथ ही यह भी सच है कि एक बार हिम्मत करके जो इस तकलीफ को सह जाते हैं, वे समाज में सफल व लोकप्रिय व्यक्तियों की श्रेणी में आने लगते हैं। अपने अहंकार को ताक पर रखने का साहस जुटाइए तो बहुत जल्दी आपको देखने को मिलेगा कि आपका मन बहुत शांत और हृदय अत्यंत निर्मल हो गया।

दरअसल क्षमा माँगना और क्षमा करना दोनों ही विशिष्ट गुण हैं, जो हमें कामयाब लोगों की श्रेणी में शामिल करने में सहायक होते हैं। इनसान होने के नाते हमें दूसरों को माफ करने की कला भी आनी चाहिए।

दरअसल क्षमा माँगना और क्षमा करना दोनों ही विशिष्ट गुण हैं, जो हमें कामयाब लोगों की श्रेणी में शामिल करने में सहायक होते हैं। इनसान होने के नाते हमें दूसरों को माफ करने की कला भी आनी चाहिए। कभी एकांत में बैठकर ठंडे दिमाग से विचार कीजिए और अपने अतीत में झाँक कर देखिए, यदि आप का नजरिया स्वस्थ और ईमानदारीपूर्ण है, तो आपको लगेगा कि आपने कितनी बार अपने दोस्तों का दिल दुखाया है, निर्णय लेने में असावधानी बरती है तथा औरों के लिए कड़वे बोल बोले हैं। आगे निकलने की होड़ में आपने अपनों से ही दगाबाजी की है।

जरा यह भी याद करने की कोशिश कीजिए कि अपनी परिस्थितियों में आपने कितनी बार पश्चात्ताप किया है अथवा अपनी भूलों के लिए माफी माँगी है? क्या सोचने लगे आप? क्योंकि मैंने यह पूछ लिया है, है न दिल में किसी गलती का कोई दाग बाकी? आपको तो पता भी नहीं! फिर यह दाग कहाँ से आया?

वास्तव में होता क्या है, इधर हम अन्याय करते हैं उधर हमें पता भी नहीं चल पाता। हमारे अंतर्मन में हमारी चेतना उस अन्याय को दर्ज कर लेती है। कुछ गड़बड़ हुई है। इसके साथ ही मानसिक शांति भंग हो जाती है और नैतिक मूल्यों का संतुलन डगमगा जाता है और यह तब तक रहता है, जब तक गलती में सुधार नहीं हो जाता और आपको बता दूँ कि गलती में सुधार का सबसे अच्छा तरीका है खुले तौर पर उसे स्वीकार करना तथा उसके लिए खेद जताते हुए माफी माँगना।

प्रायश्चित्त एक दवा

मेरे एक चिकित्सक मित्र ने मुझे एक घटना सुनाई, जिसका जिक्र करना मैं यहाँ जरूरी समझता हूँ। उन्होंने बताया कि एक मरीज उनके क्लीनिक पर आया। उसे तरह-तरह की बीमारियाँ थी। सिर दर्द, अनिद्रा, गैस की परेशानी तथा चक्कर आना आदि परंतु चिकित्सक उसकी इन सब बीमारियों का कोई शारीरिक कारण नहीं खोज सके थे। हारकर चिकित्सक मित्र ने उससे कहा, ''आप स्पष्ट रूप से बताइए कि आपके मन में क्या बात दबी है, तब मैं शायद आप का सही-सही इलाज कर सकूँगा।''

पहले तो वह मरीज टाल-मटोल करता रहा लेकिन अंततः उसने उगल ही दिया कि वह अपने भाई को धोखा देने में लगा हुआ है। उसका भाई अमेरिका में रहता था और वह मरीज पैतृक संपत्ति की देखभाल करता था। इसके अलावा विभिन्न मदों में मिलने वाले पैसों का हिसाब-किताब भी वही रखता था, मौके का फायदा उठाकर उसने भाई के हिस्से में भी हेरा-फेरी करनी शुरू कर दी।

मेरे चिकित्सक मित्र को सामाजिक व्यवहार का गहरा अनुभव है तथा वे अत्यंत सुलझे हुए व्यक्ति हैं। वे एकदम से समस्या की गहराई में जा पहुँचे और उसी वक्त उस मरीज से उसके भाई के नाम पत्र लिखवाया। पत्र के मजमून में उस व्यक्ति ने अपने सभी कारनामों को स्वीकार करते हुए अपने भाई से क्षमा याचना की थी। चिकित्सक ने उससे पश्चात्ताप के रूप में घोटाले की राशि का एक चेक भी साथ ही में रखवा दिया। इतना ही नहीं चिकित्सक अपने साथ ही मरीज को कोरियर एजेंट तक ले गए और अपने सामने ही कोरियर भी करवाया। कोरियर वाले को लिफाफा सौंपते समय वह व्यक्ति फूट-फूट कर रोने लगा, रुँधी आवाज और भरे हुए गले से उसने डॉक्टर साहब का धन्यवाद अदा किया। साथ ही उसने अब तक यह बात किसी को न बताने का भी अफसोस जाहिर किया।

तीन दिन बाद वह फिर डॉक्टर से मिला। उसका कहना था कि 'मेरी सब बीमारियाँ दूर हो गईं।'

वास्तव में वह अच्छा हो गया था। साफ दिल से अपनी गलतियों के लिए माँगी गई माफी हमें दो तरह से लाभ देती है। एक ओर जहाँ हमारे टूटे हुए संबंध फिर से पक्के हो जाते हैं, वहीं हम मानसिक रूप से भी खुद को अधिक ताकतवर व अधिक शांत अनुभव करते हैं।

बहुत बार हम अपनी गलतियाँ इसलिए स्वीकार नहीं कर पाते कि हमें भय होता है कि कहीं सामने वाला व्यक्ति हमारी भावनाओं को अस्वीकार न कर दे। परंतु ऐसा बहुत कम होता है।

रहीम ने इसी परिप्रेक्ष्य में बड़प्पन को प्रतिपादित करते हुए लिखा है—

'क्षमा बड़न को चाहिए, छोटन को उत्पात।'

ईसा मसीह ने भी क्षमा के महत्त्व को इन शब्दों में व्यक्त किया है—'क्षमा सिर्फ सात बार ही नहीं, सात की सत्तर गुणा बार करनी चाहिए।'

हमारे हिंदू धर्म ग्रंथों में भी धर्म के 10 लक्षणों में से प्रथम लक्षण क्षमा है। जैन धर्म में क्षमावाणी के रूप में बाकायदा

एक पर्व का आयोजन किया जाता है, जिसमें व्यक्ति अपनी जानी-अनजानी भूलों के लिए अपने मिलने-जुलने वाले दोस्तों से क्षमा प्रार्थना करता है। सभी धर्मों में क्षमा को अत्यधिक महत्त्व दिया गया है। तभी तो प्रत्येक महान व्यक्ति ने क्षमा का इतना गुणगान किया। क्षमा में बहुत ताकत है। यह हमारे हृदय से हर तरह के दुर्भाव को हटाती है, क्योंकि जब तक मन में दुर्भावना रहेगी, तब तक शांति नहीं मिल सकती है। जैन धर्म में क्षमा के लिए बाकायदा एक पर्व मनाया जाता है, जिसमें व्यक्ति सभी लोगों से अपने जाने-अनजाने कार्यों के लिए लिखित क्षमा याचना करता है।

यह बात सभी जानते हैं कि अशांति व क्रोध हमारे जीवन के सबसे बड़े शत्रु हैं। बहुत से लोगों को अपनी भूलों का जब अहसास होता है, तो हृदय में माफी माँगने की भावना उठती है। लेकिन वे अपनी बात नहीं कह पाते। कुछ लोगों को इस बात में भी दुविधा होती है कि ये महत्त्वपूर्ण शब्द कैसे कहे जाएँ, 'सॉरी, मुझे खेद है, माफ कीजिए, क्षमा कीजिए, क्षमा प्रार्थी हूँ, आशा है आप माफ करेंगे।'

जो लोग अपनी भावनाओं को शब्दों द्वारा व्यक्त करने में असमर्थता महसूस करते हैं, वे अपना काम संकेतों द्वारा भी चला सकते हैं। कलह व झगड़े के दौरान कही गई कँटीली बातों की चुभन कम करने का सबसे अच्छा उपाय किसी को फूल भेंट करना है। तकिये के नीचे अथवा भोजन की थाली के साथ रख दिया गया छोटा सा उपहार खुद ही पूरी कहानी कह देता है।

गलतियों के लिए अफसोस, एक सहज स्नेह की आकांक्षा, हाथ से स्नेहमयी स्पर्श टूटे संबंधों को जोड़कर उनमें नई पुलक भर सकते हैं। हृदय का यह मौन प्रेम सदैव प्रभावशाली व तीव्र असरकारक रहा है।

गलतियों के लिए अफसोस, एक सहज स्नेह की आकांक्षा, हाथ से स्नेहमयी स्पर्श टूटे संबंधों को जोड़कर उनमें नई पुलक भर सकते हैं। हृदय का यह मौन प्रेम सदैव प्रभावशाली व तीव्र असरकारक रहा है। हमें यह भ्रम भी मन से निकाल देना चाहिए कि क्षमा माँगने पर हम दूसरों से छोटे हो जाएँगे अथवा इसमें हमारा अपमान है। सच्चाई तो यह है कि ऐसा करके आप कहीं अधिक ईमानदार और कहीं अधिक मानसिक रूप से परिपक्व होने का सबूत देते हैं। जो झुकते हैं, वही दूसरों को दे पाते हैं।

'जो अहले जर्फ़ हैं, वे सबसे झुक के मिलते हैं,
सुराही सर के बल झुकती है, तब भरता है पैमाना।'

दूसरे शब्दों में कहें तो जिनमें कुछ होता है, वही झुकते हैं। आपने फलों से लद कर झुकने वाले वृक्षों को तो देखा ही होगा।

गिट्सबर्ग के भयंकर रक्तपात के दुष्परिणामों पर रोबर्ट ई.ली. ने अपने थके-हारे सिपाहियों के सामने यह स्वीकार किया था कि विजय प्राप्त न कर सकने की सारी जिम्मेदारी उसकी खुद की है। हैरी टुमन के बारे में विंस्टन चर्चिल का नजरिया पहले बहुत अच्छा नहीं था परंतु जब उन्हें इस बात का अफसोस हुआ तो उन्होंने स्वयं टुमन से कहा 'मैंने आपकी प्रतिभा को बहुत कम आँका था।'

आपने देखा कि कितनी खूबसूरती से चर्चिल ने एक ओर जहाँ अपनी गलती का एहसास किया वहीं दूसरी ओर टुमन को उचित श्रेय भी दिया।

ध्यान रखिए, जब तक गलती मानने के पीछे सच्ची भावना नहीं होगी, तब तक उसका समुचित असर भी पैदा नहीं होगा। औपचारिकतावश सॉरी कह देने भर से काम नहीं चलता। हमारा रोम-रोम इस बात को कहते हुए प्रतीत होना चाहिए कि वास्तव में हम संबंधित बात के प्रति शर्मिंदा हैं। अत: सॉरी कहने से पहले अपना मन पक्का कर लें। जाँच-परख लें कि आपका मन और वचन एकाकार हैं भी या नहीं? कुछ लोग क्षमा माँगने को चाटुकारिता अथवा असम्मान की स्थिति तक ले जाते हैं। यह इसका विकृत रूप है। हमें पता होना चाहिए कि क्षमा माँगते समय हमारे स्वाभिमान पर कोई चोट न पहुँचे। आप क्षमा को पूरे मान-सम्मान के साथ माँगिए। इसके लिए किसी के पैरों पर गिरने की जरूरत नहीं। आप को पता होना चाहिए कि आप बिगड़ी हुई बात को बनाने की कोशिश कर रहे हैं। इसलिए आदर के पात्र हैं।

जैसे ही आपको यह स्पष्ट हो जाए कि माफी माँगना उचित है, तब जितनी जल्दी हो सके इस काम को कर डालिए, क्योंकि इसमें जितना विलंब होगा, यह काम उतना ही कठिन मालूम होगा। कई बार वक्त का फासला इस काम को नामुमकिन भी बना देता है। यदि आपको यह लगे कि किसी मित्र, रिश्तेदार या परिवार के किसी व्यक्ति को अपनी गलती के लिए आपसे माफी माँगनी चाहिए थी परंतु वह ऐसा नहीं कर रहा है, तब आप शांत रहिए, आपको नाराजगी जाहिर नहीं करनी चाहिए। आपका समझदारीपूर्वक किया गया व्यवहार आपको सम्मानीय बनाता है। आप चाहें तो छोटा सा नोटस लिखकर, टेलीफोन द्वारा अथवा संदेश भेजकर अपनी राय जाहिर कर सकते हैं कि उनकी क्या बात आपको अखरी या पसंद नहीं आई।

यह एक निश्चित सत्य है कि दुनिया के सबसे शक्तिशाली शब्दों को सूचीबद्ध करने बैठें, तो उनमें सबसे ऊपर होंगे–'सॉरी, क्षमा कीजिए, मैं माफी चाहता हूँ!'

ध्यान रखिए, आपकी नसीहत में शिष्ट शब्दों का सामंजस्य होना चाहिए। आपके संदेश से यह भी स्पष्ट होना चाहिए कि आप इस भावना को समाप्त करना चाहते हैं। परिणामस्वरूप सामने वाले के लिए माफी माँगने का मार्ग सरल हो जाएगा। इसमें ज्यादा संभावना यही है कि वह बहुत जल्द आप से कहे कि 'आई एम सॉरी।'

यहाँ यह बात भी ध्यान रखने योग्य है कि मात्र यह सोच कर क्षमा माँग लेना उचित नहीं कि इससे शांति बनी रहेगी। आधारहीन बातों का कोई मूल्य नहीं होता। खेद की भावना और क्षमा माँगने की आवश्यकता दोनों में बहुत फर्क है और आपको यह फर्क स्पष्ट दिखाई देना चाहिए।

मसलन आप किसी विभाग में प्रमुख अधिकारी हैं और अपने किसी कर्मचारी के काम पूरा न कर पाने के लिए आपको शर्मिंदगी झेलनी पड़ी हो, तो आपको इसका खेद अवश्य हो सकता है। परंतु इसके लिए अपने सीनियर से माफी माँगने की जरूरत नहीं। बहुत बार हम अपनी भावनाओं को दूसरों के भले के लिए काम करके अथवा उसे उपहार देकर भी पूरा कर सकते हैं। यह एक निश्चित सत्य है कि दुनिया के सबसे शक्तिशाली शब्दों को सूचीबद्ध करने बैठें, तो उनमें सबसे ऊपर होंगे–'सॉरी, क्षमा कीजिए, मैं माफी चाहता हूँ!'

□

50

जीतिए खुद को

जिसने खुद को जीत लिया, उसने जग को जीत लिया।

—भगवान बुद्ध

नेतृत्व क्षमता के प्रभावशाली गुणों में पाँचवाँ गुण है—जीतिए खुद को।

भौतिकी के एक प्रकांड विद्वान सर आइजक न्यूटन ने वर्षों के परिश्रम के बाद कतिपय भौतिकी सिद्धांत निकाले। एक रात्रि जब वे भोजन करके वापस आए, तो उन्होंने अपने सब लेखों को भस्म पाया। जाते वक्त वे लिखने के स्थान पर जलती हुई मोमबत्ती छोड़ गए थे। उनके पालतू कुत्ते डायमंड ने मोमबत्ती गिरा दी और उसी से यह सब उत्पात हुआ। कुत्ते को संबोधित करके उन्होंने केवल यही कहा—'डायमंड, तू नहीं जानता कि तूने मुझे क्या हानि पहुँचाई है।'

उन्होंने दोबारा परिश्रम किया और अपने सिद्धांतों को फिर से लिपिबद्ध किया।

यूनान देश के सुप्रसिद्ध पैरीकीज के मकान पर एक क्रोधी पुरुष गया और उन पर गालियों का प्रहार करने लगा। वह दोपहर से सायंकाल तक गालियाँ देता रहा, अंत में वह थक-हारकर अँधेरा होने पर अपने घर जाने लगा। पैरीकीज ने अपने एक नौकर को उसके साथ रोशनी देकर भेज दिया कि वह अँधेरे में भटक न जाए। आपने पैरीकीज की सहनशीलता देखी।

सन् 1772 में रूस के बादशाह पीटर ने एक कानून बनाया कि जो कोई सरदार अपने किसी गुलाम पर हाथ उठाएगा, वह पागल समझा जाएगा और उसे जनता और जायदाद की निगरानी के लिए राज्य की ओर से संरक्षक नियुक्त कर दिया जाएगा। इस नियम का पालन होने लगा। एक दिन बादशाह पीटर ने खुद अपने माली को पीटा। अधिक चोट आने पर कुछ दिन वह खाट पर पड़ा रहा और मर गया। जब यह समाचार बादशाह पीटर को ज्ञात हुआ तो उनकी आँखों से अश्रुधारा बह निकली और वे कहने लगे, ''मैंने अनेक राज्य जीते, अपनी जनता को सुधारने के लिए मैंने नियम बनाए और मैं अपने आपको नहीं जीत सका।''

सबसे उत्तम और महत्त्वपूर्ण विजय अपने आप पर अधिकार कर लेना है। सच्चे अर्थों में इंद्रियजनित वासनाओं, लालसाओं, क्रोध, मोह, भय इत्यादि भावों को वश में कर लेना ही आत्मविजय है।

सबसे उत्तम और महत्त्वपूर्ण विजय अपने आप पर अधिकार कर लेना है। सच्चे अर्थों में इंद्रियजनित वासनाओं, लालसाओं, क्रोध, मोह, भय इत्यादि भावों को वश में कर लेना ही आत्मविजय है। वस्तुत: हमारी वासनाएँ हमारी हीनताएँ हैं। जब तक हम अपनी वासनाओं पर विजय प्राप्त न कर लें, तब तक हम संपूर्ण मनुष्य कहलाने

के अधिकारी नहीं हैं। अगर हममें क्रोध है, तो फिर शत्रु की क्या आवश्यकता है? अगर हममें ईर्ष्या है, तो हमें जलाने के लिए अग्नि की क्या जरूरत है? हम बाहरी शत्रुओं और विद्रोहियों को परास्त करने के लिए दिन-रात तकरीबें ढूँढ़ा करते हैं, तंत्र और मंत्र तक जपा करते हैं; परंतु जो शत्रु हमारे अंदर ही बैठे हमारी जड़ें काटते रहते हैं, उनसे हम अपनी रक्षा नहीं कर पाते।

जीवन को सफल बनाने के लिए जितना स्वावलंबन आवश्यक है, उतना ही आत्मसंयम भी है। मनुष्य की इंद्रियाँ उसे रात-दिन अपनी ओर खींचती रहती हैं। जिह्वा चाहती है कि अच्छे-अच्छे स्वादिष्ट भोजन और तरल द्रव्य, शर्बत, शराब खाने-पीने को मिलते रहें। कान सदा मधुर वचन और गायन सुनने के लिए हमें प्रेरित करते रहते हैं। हमारी नासिका यही चाहती है कि हमें अच्छी-अच्छी सुगंधित वस्तुएँ सूँघने के लिए मिलें। इसी प्रकार कामेंद्रिय हमें व्यभिचार की ओर प्रवृत्त करती रहती हैं। इसमें संदेह नहीं कि इंद्रियजनित वासनाओं की पूर्ति में हमें सुख मिलता है और सुख के हेतु ही संसार में सबकुछ किया जाता है। परंतु प्रश्न तो यह है कि जिसका समाधान करने को समस्त ज्ञानी संसार सदा से लगा हुआ है, वह इंद्रियजनित सुख स्थायी है या अल्पकालीन? वस्तुत: वह सुख यदि स्थायी हो तो उसको प्राप्त करने के लिए जितना भी परिश्रम किया जाए कम है परंतु यदि वह थोड़ी देर में ही समाप्त हो जाए और वह हमें किसी कष्ट में छोड़ जाए, तो वह सुख किस काम का?

क्रोध शांत करना नहीं है, बल्कि यह दूसरे के क्रोध को भी शांत कर देता है। ध्यान की ऊर्जा भी क्रोध को भस्म करने का काम करती है।

चटोरी जबान स्वादिष्ट वस्तुओं के सेवन से संतुष्ट होती है। परंतु वह संतुष्टि उतनी ही देर तक है जितनी देर तक स्वादिष्ट वस्तु गले के नीचे नहीं उतरती। किसी ने कहा भी है—उतरा घाटी हुआ माटी।

इस क्षणिक जिह्वा तृप्ति से यदि यह परिणाम निकले कि हमारी पाचन शक्ति में गड़बड़ हो जाए तो उस क्षणिक सुख से हमें देर तक ठहरने वाला दु:ख भोगना पड़ जाता है। एक मधुर स्वर से गाने वाली वेश्या का हमने किसी उत्सव में गाना सुन लिया। उससे जो कुछ कानों को क्षणिक आनंद प्राप्त हुआ, उतना तो ठीक है। परंतु यदि हमारी कर्णेंद्रिय हमारे ऊपर इतना अधिकार जमा ले कि हम उस वेश्या के मधुर गीत सुनने के लिए उसके घर जा पहुँचें और उससे परिचय प्राप्त कर गाना सुनने के लिए बार-बार जाने लगें, तो उसके संपर्क से जो परिणाम निकलेगा, वह कितना दूषित होगा। इसकी आप कल्पना कर सकते हैं।

संसार में जितने भी दु:ख होते हैं, उनमें से अधिकांश इंद्रिय-लोलुपता के कारण ही होते हैं। जब तक हम इंद्रियों की उत्तेजना से दबते या प्रेरित होते रहेंगे, तब तक हमें लालसाएँ सताए बिना नहीं रहेंगी और जब तक मन संतप्त रहेगा, उसे स्थायी सुख नहीं मिल सकता।

हमारी इंद्रियाँ चंचल घोड़े की तरह हमें मनमानी राह पर ले जाना चाहती हैं। जब तक कि इस घोड़े को हम वश में करके राह पर नहीं लगाएँगे, तब तक अपनी जीवन यात्रा को सफल नहीं बना सकते। अनेकानेक धर्मों में जो कुछ तप, व्रत, योग इत्यादि की साधनाएँ निर्धारित की गई हैं, वे जीवन यात्रा को सफल बनाने के लिए ही की गई हैं। अपने पुरुषार्थ, उद्यम, साहस, संलग्नता, विवेक इत्यादि गुणों से जो कुछ भी हम आर्थिक या आध्यात्मिक लाभ उठाते हैं, उसे इंद्रिय लोलुपता नष्ट कर देती है।

महर्षि विश्वामित्र की तपस्या का अंत इसी इंद्रिय लोलुपता ने कर दिया था। लखनऊ के नवाबों की संपत्ति और वैभव इसी इंद्रिय लोलुपता में भस्म हो गए। हम करोड़ों रुपये कमा लें या बिना परिश्रम के ही हमें लाख रुपये कहीं से मिल जाएँ किंतु यदि हम इंद्रियों के वशीभूत हैं, तो उतना अधिक रुपया भी नष्ट होने में देर नहीं लगेगी।

इंद्रिय लोलुपता के बराबर ही मनुष्य का शत्रु क्रोध है। पाँच मिनट का क्रोध जन्म भर की मित्रता को नष्ट कर देता है। जिस समय क्रोध का वेग आता है, हम अपने आपे से बाहर हो जाते हैं। हमारे विचार कुछ-के-कुछ हो जाते हैं। क्रोध को एक प्रकार का पागलपन भी समझा जाए तो अतिशयोक्ति नहीं होगी। क्रोध को रोकना महाव्रत है। जितना

क्रोध स्वरूप शस्त्र से बचने के लिए शांति एक ढाल है। क्रोध आने पर यदि हम चुप रहना सीख लें, तो हमारे जीवन की आधी तकलीफें मिट सकती हैं।

ही यह रोका जाएगा उतनी मनुष्यत्व की उन्नति होगी।

क्रोध को रोकने के लिए यदि कोई उत्तम उपाय है तो वह मौन है। जबान पर काबू करना अपना ही क्रोध शांत करना नहीं है, बल्कि यह दूसरे के क्रोध को भी शांत कर देता है। ध्यान की ऊर्जा भी क्रोध को भस्म करने का काम करती है।

यदि हमें कोई अपवचन या गाली देता है तो हमें उस पर क्रोध आता है। उस समय यदि हम शांति से उस विचार को रोक लें और अपनी क्रोधाग्नि को अंदर-ही-अंदर रहने दें तो दूसरे का क्रोध घटकर स्वतः ही न्यून हो जाता है। क्रोध से क्रोध नहीं जीता जा सकता; बल्कि उलटा बढ़ता है। क्रोध स्वरूप शस्त्र से बचने के लिए शांति एक ढाल है। क्रोध आने पर यदि हम चुप रहना सीख लें, तो हमारे जीवन की आधी तकलीफें मिट सकती हैं।

संस्कृत में कहावत हैं, 'मौनं सवार्थ साधकम्।'

□

51

निर्णय क्षमता का विकास

आपके फैसले आपके भविष्य के परिचायक हैं।

—स्वामी विवेकानंद

आदर्श नेतृत्व का छठवाँ स्वर्णिम सूत्र है—निर्णय क्षमता का विकास।

खूब सोच-विचार किए बिना कोई भी कार्य करना उचित नहीं। परंतु विचार ही करते रहना और कार्य न करना और भी बुरा है। लगातार विचार करना और कार्य न करना या उसे देर से करने को ही दीर्घसूत्रता कहते हैं। दीर्घसूत्रता और आलस्य में अधिक अंतर नहीं है। हम चाहे जितना विचार करें, अंत में हमें 'हाँ' या 'ना' कहना ही पड़ेगा। 'ना' करने में हमें बहुत शर्म मालूम होती है, बहुत देर लगती है और बहुत दु:ख मालूम होता है परंतु कई बार 'ना' कहना भी बड़ा लाभदायक होता है।

किसी काम को करने या न करने का झमेला हमें बुरी तरह से सताता है। हम उस एक ही काम के विचार के कारण जीवन के साधारण दैनिक कामों को भी करने में शिथिल पड़ जाते हैं। वह एकमात्र विचार हमारे सिर पर भूत की तरह सवार हो जाता है और हमें डाँवाडोल कर देता है। मैं इस काम को करूँ या न करूँ? यदि इसे करूँगा तो अमुक लाभ होंगे, यदि न करूँगा तो अमुक हानियाँ होंगी आदि।

डाँवाडोल विचार हमें कुछ भी नहीं करने देते और आलसी बना देते हैं। बिना विचारे काम करना जितना बुरा है, उतना ही बुरा उस पर बहुत समय तक विचार करते रहना है। विवेक के साथ फैसला करने की क्षमता का होना अत्यंत महत्त्वपूर्ण है। अच्छे और बुरे का पता काम किए बिना कहाँ से चलेगा? जब तक कुछ करेंगे नहीं, तब तक क्या पता चलेगा कि अच्छा क्या है और बुरा क्या है? हाथ पर हाथ रखे बैठे रहने से काम कैसे पूरा होगा? संसार कार्य क्षेत्र है, अकर्मण्य बन कर बैठने के लिए नहीं है।

तभी तो भगवान श्रीकृष्ण ने गीता में कर्म पर इतना अधिक जोर दिया।

आदर्श नेतृत्व के धनी व्यक्ति दीर्घसूत्रता से बचते हैं। जो दीर्घसूत्री हो जाता है, वह स्वावलंबी नहीं रह पाता। जब मनुष्य स्वयं निर्णय नहीं कर सकता कि अमुक कार्य किया जाए या नहीं, तो उसे दूसरों का आश्रय लेना पड़ता है। फिर तो दूसरों की सहायता के

लगातार विचार करना और कार्य न करना या उसे देर से करने को ही दीर्घसूत्रता कहते हैं। दीर्घसूत्रता और आलस्य में अधिक अंतर नहीं है।

बिना वह कुछ भी नहीं कर सकता।

सौ वर्ष भी दीर्घसूत्रता और आलस्य के साथ जीवन व्यतीत करने की अपेक्षा पचास वर्ष करते रहकर मरना श्रेष्ठ है।

सफलता प्राप्त करने के लिए निर्णय शक्ति का होना आवश्यक है। यह सफल नेतृत्वकर्ता का अनिवार्य गुण है। वह मनुष्य जो निश्चय करने में रुकता है, घबराता है, डाँवाडोल होता है, छोटे-छोटे घात-प्रतिघातों से विकृत होता है, पूरा पड़ने और पूरा न पड़ने के विचार से कार्य आरंभ नहीं करता, दूसरों की सम्मति लेता फिरता है, कुछ भी नहीं कर पाता। ऐसे मनुष्य को चाहे जितने अच्छे अवसर प्राप्त हों, वह अपने डाँवाडोल स्वभाव के कारण, निर्णय-शक्ति के अभाव के कारण, अनेक सुअवसरों के लाभ नहीं उठा पाता। उसमें निर्णय बल नहीं होता। वह दूसरों के हाथ की कठपुतली हो जाता है। उसका अस्तित्व और व्यक्तित्व ही नष्ट हो जाता है।

उसमें निर्णय बल नहीं होता। वह दूसरों के हाथ की कठपुतली हो जाता है। उसका अस्तित्व और व्यक्तित्व ही नष्ट हो जाता है।

ऐसा कौन सा पेशा है, ऐसा कौन सा व्यवसाय है, जिसमें अड़चनें उपस्थित नहीं होतीं? जो किसी पेशे को करेगा, उसको उस पेशे को करने में अड़चनों का सामना किए बिना कैसे सफलता मिलेगी?

चाहे जियो या मरो। शीघ्र निर्णय करो और उन अड़चनों से मुठभेड़ करो।

जिसमें निर्णय शक्ति नहीं होती, उसको लोग अपनाते भी नहीं हैं। उसका विश्वास नहीं करते। जहाँ किसी कार्य के करने से पूर्व उस मनुष्य का नाम आया कि लोग कह उठते हैं कि उसके पास जाकर क्या करोगे? वह 'हाँ' या 'ना' कहने में ही खूब समय लगा देता है।

कहावत प्रसिद्ध है कि—'दाता से सूम भला जो तुरंत ही देत जवाब।'

शीघ्र निर्णय करने से समय की बहुत बचत होती है। काम करने वालों को समयाभाव की शिकायत नहीं होती, क्योंकि निर्णय शक्ति से प्रेरित होकर वे अपने कार्यों को तुरंत शुरू करते हैं। परंतु आलसी और दीर्घसूत्री मनुष्यों का अधिक समय विचार करने में ही नष्ट हो जाता है और उन्हें समयाभाव की सदैव शिकायत बनी रहती है। असमंजस से उबरिए अपने फैसले तुरंत और सही समय पर करने की क्षमता का विकास कीजिए, आपके व्यक्तित्व में आने वाला परिवर्तन सभी को चौंका देगा।

□

52

सेवक सच्चा नेतृत्वकर्ता

नेतृत्व व्यक्ति की प्रभावशीलता का दूसरा नाम है।

—जॉन मैक्सवेल

एक अच्छा नेतृत्वकर्ता या लीडर बनने के लिए यह जानना बहुत जरूरी है कि क्या करना है और क्यों करना है। किसी काम को पूरा करने के लिए सिर्फ उत्साह, कौशल और सही तरीके का ज्ञान ही पर्याप्त नहीं होता। यह जानना भी उतना ही जरूरी है कि हम सही काम कर रहे हैं या नहीं।

एक ब्रिटिश सैनिक टुकड़ी दिनभर की थका देनेवाली और लंबी लड़ाई के बाद अपनी बैरक में लौटकर आई। सैनिकों के हथियार मुड़े-तुड़े थे, हेलमेट टेढ़े हो गए थे, उनके घोड़े लँगड़ा रहे थे। सैनिक भी थके-हारे और पस्तहाल लग रहे थे।

उनका मुखिया उनके खेमे में उनसे मिलने पहुँचा। उसने योद्धाओं से पूछा, ''सबकी हालत इतनी खराब क्यों लग रही है? क्या हुआ?''

किसी काम को पूरा करने के लिए सिर्फ उत्साह, कौशल और सही तरीके का ज्ञान ही पर्याप्त नहीं होता। यह जानना भी उतना ही जरूरी है कि हम सही काम कर रहे हैं या नहीं।

एक योद्धा ने कहा, ''महाराज! हम पूरा दिन युद्ध करते रहे। हमने शत्रुओं से युद्ध कर उन्हें हराया और पश्चिम दिशा में उनके कई कस्बे जलाकर नष्ट कर दिए।''

मुखिया ने आश्चर्यचकित होकर पूछा, ''क्या? पश्चिम दिशा में? लेकिन उधर तो हमारा कोई शत्रु ही नहीं है। उसने लगभग चिल्लाते हुए कहा।

योद्धा यह सुनकर चुप हो गए। फिर उनमें से एक कुछ देर सोचने के बाद बोला, ''यदि अभी तक नहीं थे, तो अब हो जाएँगे।''

नेतृत्व देने के लिए नैतिक नेतृत्व की जरूरत होती है। नैतिक नेतृत्व के दो मुख्य पहलू हैं—पहला अपने आपको समझना और दूसरा-दूसरों को अपनी सेवाएँ देना। एक सच्चे नेता को सबसे पहले अपनी पहचान होनी चाहिए, ताकि वह अपने भीतर मौजूद नैतिक पास की दिशा देख सके। इसीलिए सदियों से हमारे गुरुजन कहते आए हैं—पहले अपने आप को जानो।

जब आप अपने आप को जानने लगते हैं, तो आपकी पहुँच उस नैतिक पास तक हो जाती है, जो आपके भीतर है। जब आपके भीतरी दिशा का ज्ञान होता है तो वह बाहर आपके आचरण में दिखता है और दूसरे लोग आपके अनुयायी

बनने लगते हैं। जब हम यह जान जाते हैं कि हमें क्या करना है तो यह उन लोगों को भी दिशा प्रदान करता है जो हमारा अनुसरण करते हैं। इसीलए जब कभी हम नेतृत्व ट्रेनिंग करते हैं, तो हमें यह कहा जाता है कि वैसा व्यवहार करो जैसा कि नेता करते हैं। यह जरूरी है कि हमारा दिल, दिमाग और व्यवहार भी सच्चे लीडर की तरह हों।

हममें से ज्यादातर लोग सवेरे उठने से लेकर रात को सोने तक दिनचर्या के विभिन्न काम करते हैं। जैसे बिस्तर से उठना, तैयार होना, नाश्ता करना, ऑफिस जाना, जीविका के लिए काम करना, घर आना और फिर उन्हीं सब कामों को दोहराना। हम जिंदगी की शुरुआत करते हैं, बड़े होते हैं, नौकरी करते हैं, परिवार बढ़ाते हैं, रिटायर होते हैं और फिर मर जाते हैं।

क्या यही मनुष्य होना है? क्या यही मानव जीवन की उपयोगिता है? सोच-विचार के बाद हम इस नतीजे पर पहुँचते हैं कि हमारे अंदर एक ऊर्जा का स्रोत है। यह स्रोत हमें मार्गदर्शन व प्रेरणा देता है। हमारी अंदरूनी आध्यात्मिक शक्ति ही हमारे नैतिक चरित्र, हमारी शक्ति, यहाँ तक कि हमारे जीवन का स्रोत है। इससे कोई फर्क नहीं पड़ता कि इसे किस नाम से पुकारा जाता है—चाहे इसे आप ईश्वर कहें या चेतन मन, आत्मा कहें या कुछ और मगर यह शक्ति हममें से हर एक में निहित रहती है।

नेतृत्व के लिए दूसरा जरूरी गुण सेवा भाव है। जो सेवा करता है, वही नेतृत्व दे सकता है। दूसरे शब्दों में नेता का सेवक होना जरूरी है।

नेतृत्व के लिए दूसरा जरूरी गुण सेवा भाव है। जो सेवा करता है, वही नेतृत्व दे सकता है। दूसरे शब्दों में नेता का सेवक होना जरूरी है। जिनके भीतर सेवा की भावना नहीं है, जो सेवा के लिए समर्पित नहीं हैं, वे जब नेतृत्व देते हैं तो वह झूठा और निरर्थक होता है। ऐसा इसलिए होता है, क्योंकि सेवा ही वह कार्य है जो आपके भीतर ऐसी आध्यात्मिक चेतना जगाता है कि आप अपने भीतर तक देख सकें, आप अपने नैतिक के पास तक पहुँच सकें और उसकी दशा से अपनी दिशा निर्धारित कर सकें।

थोड़े बुरे हो जाएँ

अमेरिका के नेब्रास्का यूनिवर्सिटी और लिंकन्स कॉलेज ऑफ बिजनेस एडमिनिस्ट्रेशन का ताजा अध्ययन कहता है कि आपको बेशक लीडर वही पसंद हो जो ईमानदार हो, व्यावहारिक हो और शांत दिमाग से काम करता हो, लेकिन उपर्युक्त अध्ययन कह रहा है कि अगर नेतृत्व का सवाल आता है तो व्यक्तित्व के कुछ नेगेटिव पहलू भी कारगर साबित हो सकते हैं, मसलन अहंकारी, आत्ममुग्ध या अति नाटकीय होना।

क्वाटर्ली जनरल के ताजा अंक में प्रकाशित यह अध्ययन वेस्ट पाइंट की यू.एस. मिलिट्री अकादमी के दूसरे, तीसरे और चौथे साल के 900 ऑफिसर कैडेट्स पर किया गया। यह निष्कर्ष हफ्ते-दो-हफ्ते की मेहनत से नहीं पूरे तीन साल के अध्ययन के बाद निकला है कि व्यक्तित्व के स्याह पक्ष का भी अपना महत्त्व होता है। अध्ययन के चीफ को ऑर्डिनेटर और यू.एन.एल. में मैनेजमेंट के असिस्टेंट प्रोफेसर पीटर हार्म्स ने इस संबंध में प्रसिद्ध अमेरिकी एक्ट्रेस माई वेस्ट के चर्चित कथन को खास तौर पर उद्धृत किया कि ''जब मैं अच्छी होती हूँ, अच्छा काम करती हूँ, लेकिन जब मैं बुरी होती हूँ तो और भी अच्छा परफॉर्म करती हूँ।''

पहले जितने भी अध्ययन या सर्वे हुए थे, उनमें यही उभरकर आया था कि बहिर्मुखी व्यक्तिव, भावुकता के स्तर पर स्थिर होना और सजगता, ऐसे गुण हैं जो लीडर के विकास और प्रदर्शन, दोनों पर ही बहुत अच्छा प्रभाव डालते हैं लेकिन इन अध्ययन या सर्वे में व्यक्तित्व के स्याह पक्ष पर बहुत कम गौर किया गया कि क्या वे वाकई लीडर के विकास में बड़े बाधक होते हैं? क्या वे कभी फायदेमंद भी हो सकते हैं? ताजा अध्ययन का जवाब है— हाँ, स्याह पक्ष भी किन्हीं खास परिस्थितियों में मददगार हो सकते हैं, मसलन हर कोई मानता है कि जरूरत से ज्यादा शक्की मिजाज का होना विकास और परफार्मेंस दोनों के लिहाज से बुरा होता है, लेकिन ताजा अध्ययन में पाया गया कि अति सतर्क होना और अनिश्चितता की स्थिति में रहना भी नेतृत्व कौशल को बढ़ाने में सहायक साबित हुए।

अध्ययन में हॉगन डवलपमेंट सर्वे का इस्तेमाल किया गया। इसमें अकादमी के कैडेट्स के नेतृत्व प्रदर्शन के बदलाव में सबक्लिनिकल ट्रेट्स (छुपे हुए कारक) पर बारीकी से नजर रखी गई। अध्ययन में पाया गया कि कुछ डार्क साइड माने जाने वाले कारक जैसे कि आत्ममुग्ध होना, अति नाटकीय होना, दूसरों का आलोचक होना, नियमों को लेकर हद से ज्यादा अड़ियल होना आदि हकीत में नेतृत्व क्वालिटी के विकास में अच्छा प्रभाव छोड़ते देखे गए। चीफ को ऑर्डिनेटर हार्म्स के मुताबिक इन कारकों को अकेले-अकेले देखा जाए तो उनका असर बेहद कम था लेकिन जब इन सबको जोड़कर देखा गया तो यह जानने में बड़ी मदद मिली किकिस कैडेट ने कितनी नेतृत्व क्वालिटी अपने अंदर विकसित की। व्यावहारिक दृष्टि से देखा जाए तो किसी खास तरह के जॉब या रोल में ये नेगेटिव गुण (या दुर्गुण) बड़े कारगर साबित होते दिखे। हार्म्स ने ये भी साफ किया कि यह न समझा जाए कि इन सभी स्याह पक्षों की ओवरडोज किसी को बढ़िया लीडर बना सकते है। यह सब परिस्थितियों या माहौल की माँग पर निर्भर करता है।

अपनी क्षमता बढ़ाएँ

कुशल नेतृत्व बहुत लंबे समय से माँग में रहा है। नेतृत्व विकास पर बहुत सारी किताबें, सेमिनार, पाठयक्रम, वीडियो और प्रशिक्षक इस विषय पर अपने नजरिए से अपनी बात रखते हैं। नेतृत्व हासिल करने के लिए जब आप कठिन अभ्यास करते हैं तो दिन-ब-दिन यह आपके हित में होता है। नेतृत्व क्या है?

नेतृत्व एक प्रक्रिया की तरह है। नेतृत्व जैसा कोई पद नहीं होता है। यह व्यक्तिगत क्षमता की उपयोगिता पर पूरी तरह निर्भर करता है। इसलिए इसे कई चरणों में संपन्न किया जाता है। नेतृत्व हासिल करने के लिए दृष्टिकोण के निर्माण की जरूरत होती है। उद्देश्य और लक्ष्य निर्धारित करने की जरूरत होती है। दिशा-निर्देशित करने की जरूरत होती है। दूसरे चरण के तौर पर अपने से नीचे के लोगों को प्रभाव में लेना बहुत जरूरी होता है। वैसे कार्यों को सफल बनाने की कोशिश करनी चाहिए जिनमें दृष्टिकोण की खास जरूरत होती है। पूरी क्षमता के साथ काम में लगें।

नेता, समाज को है नेतृत्व दिया करता
संकट आएँ, वह उनको स्वयं झेलता है,
वह झोंक नहीं देता लोगों को भट्टी में
खतरे आते, वह उनसे स्वयं खेलता है।
योग्यता अपेक्षित होती है हर नेता में
अपने समाज को सही दिशा में ले जाए,
पहचान समय की नब्ज, सही निर्णय ले वह
ले सूझबूझ से काम, सफलता वह पाए।
नेतृत्व न रहता पीछे 'बढ़े चलो' कहकर
नेतृत्व सदा आगे चलकर दिखलाता है,
नेतृत्व न खाता पीछे रह शीतल बयार
वह खाता तो, छाती पर गोली खाता है।
केवल कुछ लोगों को हाँके, नेतृत्व न वह
अपने समाज को दिशा-दान वह देता है,
नेतृत्व न देता लच्छेदारी बातों को
निज आन-बान के लिए जान वह देता है।
पिछलग्गू पैदा कर लेना नेतृत्व नहीं
नेतृत्व नहीं हूँ-हूँ कर पत्थर फिकवाता,

नेतृत्व एक प्रक्रिया की तरह है। नेतृत्व जैसा कोई पद नहीं होता है। यह व्यक्तिगत क्षमता की उपयोगिता पर पूरी तरह निर्भर करता है।

नेतृत्व देश के दीवाने पैदा करता
नेतृत्व, लाठियों से अपने सिर सिकवाता।
नेतृत्व देखता देश-देश की खुशहाली
नेतृत्व नहीं देखता स्वयं को, अपनों को,
नेतृत्व, हमेशा खुदी मिटाकर चलता है
पालता नहीं आँखों में सुख के सपनों को।

सबसे पहले लक्ष्य तय करें और उसे पूरा करने के लिए दृष्टिकोण तैयार करने पर ध्यान दें। आपके भीतर नेतृत्व के गुण हैं या नहीं, इसकी जाँच आप कैसे करेंगे? आप अपने आपसे कुछ सवाल करें और उसका जवाब जानने की कोशिश करें।

- क्या मेरे पास कोई दृष्टिकोण है?
- मेरी इच्छाएँ क्या हैं?
- क्या मुझे उनका पता है?
- उन्हें पूरा करने की इच्छा मेरे भीतर कितनी है?
- क्या मेरे सहयोगी काम को अच्छी तरह निबटा पा रहे हैं?
- उनकी परफॉरमेंस कैसी चल रही है?
- क्या वे अपनी पूरी क्षमता के साथ काम कर पा रहे हैं या नहीं?
- मुझे अपने नजरिए के विकास के लिए किनसे मिलना चाहिए?
- क्या मुझे उन लोगों की दरकार होती है जो अच्छी परफॉरमेंस देते हैं?

इन सवालों को कसौटी मानकर आप अपनी नेतृत्व क्षमता का पता कर सकते हैं। लेकिन यह काम आपको निश्चित तौर पर नेतृत्व की नौबत आने से पहले चैक कर लेना चाहिए। उदाहरण के तौर पर, कोई व्यक्ति एक विभाग में काम करता है या किसी संगठन में काम करता है तो वहाँ उसके नजरिए का निर्माण होता है। ऐसे मामलों में किसी भी सहयोगी के बारे में कुछ अनुमान लगाना ज्यादा कठिन नहीं होता है। एक कंपनी या संगठन में काम करने वाले सभी कर्मचारियों के लक्ष्य में समानता होती है।

नेतृत्व का मकसद चुनौतियों से पार होना होता है। चुनौतियाँ नेतृत्व का अभिन्न हिस्सा होती हैं।

हम सब इस बात से सहमत हैं कि नेतृत्व का मकसद चुनौतियों से पार होना होता है। चुनौतियाँ नेतृत्व का अभिन्न हिस्सा होती हैं। महान् नजरिए ही नेतृत्व को जन्म देने का काम करते हैं। सामान्य तौर पर हर कोई बहुत कल्पनाशील नहीं होता। लोगों में प्रतिस्पर्द्धी भाव का घोर अभाव होता है। आपकी मेधा लोगों को प्रभावित करने का काम करती है। कुछ लोग बहुत कल्पनाशील नहीं होते हैं लेकिन बहुत प्रभाव छोड़ने वाले और प्रेरणा से भरे होते हैं।

बहुत-थोड़े लोग ही ऐसे होते हैं जिन्हें हर चीज वरदान के तौर पर मिलती है और साथ ही मेधा भी। बहुत महान् लोग अपने को लेकर हमेशा सजग रहते हैं। वे अपनी प्रतिभा को लेकर सजग रहते हैं। वे आत्मविश्वास को लेकर भी सजगता बरतते हैं। वे किसी जगह अपने कौशल को लेकर कमी महसूस करते हैं तो उसे दूसरी बातों से पूरा करने की कोशिश करते हैं।

लड़कियाँ नेतृत्व में भी नंबर वन

यूनिवर्सिटी ऑफ फ्लोरिडा के हालिया शोध में पाया गया है कि लड़कों के मुकाबले लड़कियों में नेतृत्व अर्थात नेतृत्व की क्षमता अधिक होती है, फिर चाहे वह कोई भी क्षेत्र क्यों न हो। लड़कियों ने लड़कों को हर क्षेत्र में पछाड़ा

है और एक बेहतरीन लीडर के रूप में अपने आप को साबित भी किया है। इस शोध में यह भी पाया गया है कि एक अच्छा लीडर बनने के लिए जितने भी गुणों की जरूरत होती है, वे सारे गुण लड़कियों में स्वाभाविकरूप से मौजूद होते हैं। जैसे-जैसे वे टीनएज में प्रवेश करती हैं उनके अंदर दूसरों को लीड करने की क्षमता बढ़ जाती है।

यदि सही समय पर उनकी इन खूबियों की पहचान कर ली जाती है, तो वे एक बेहतरीन लीडर के रूप में पहचान बना सकती हैं। इस रिसर्च के प्रमुख डॉ. एनरिक सैमुअल ने अपने शोध के लिए लड़के-लड़कियों का समूह तैयार किया था। तीन महीनों तक आयोजित विभिन्न मनोवैज्ञानिक टेस्ट्स के नतीजे में यह पाया गया कि अपने विचारों को दूसरे के समक्ष प्रस्तुत करने में और दूसरों को उन विचारों से सहमत करवाने में लड़कियाँ आगे हैं।

शार्पनेस : यह बहुत ही रोचक बात है कि किसी भी क्षेत्र की बारीकियों को समझने में लड़कियाँ ज्यादा शार्प होती हैं। साथ ही वे हर सिचुएशन की बारीकी को समझकर अपनी सूझबूझ से बेहतर परिणाम निकालती हैं। यह शार्पनेस लड़कों में कम होती है।

कमिटमेंट : किसी भी काम के प्रति प्रतिबद्धता या कमिटमेंट लड़कियों में ज्यादा होता है। वे एक बार जब किसी काम को करने का निश्चय कर लेती हैं, तो उसे परिणाम तक जरूर पहुँचाती हैं।

इच्छा शक्ति : मनोवैज्ञानिक रूप से लड़कियों की इच्छा शक्ति लड़कों से ज्यादा मजबूत होती है और एक लीडर में यह गुण होना बहुत जरूरी है। बिना दृढ़ इच्छा शक्ति के कोई भी लीडर अपनी किसी भी योजना को कार्यान्वित नहीं कर सकता।

को-ऑर्डिनेशन : हर काम में सबसे ज्यादा जरूरी होता है तारतम्य स्थापित होना। एक लीडर के लिए यह जरूरी होता है कि वह अपने साथियों के साथ तारतम्य बैठा सके। इस मामले में भी लड़कियाँ लड़कों से काफी आगे हैं।

प्रोत्साहन की क्षमता : एक लीडर के लिए यह बहुत जरूरी होता है कि वह अपने साथियों का मनोबल बढ़ाते हुए सदा उनका प्रोत्साहन करता रहे। इस मामले में लड़कियाँ एक्सपर्ट होती हैं। वे अपने हर साथी का समय-समय पर आत्मविश्वास बढ़ाती रहती हैं।

मल्टी डायमेंशनल स्वभाव : लड़कियों में कई भावों और विचारों को समझने की बेहतर क्षमता मौजूद होती है। सही निष्कर्ष निकालने का तरीका और उस पर सबकी सहमति दर्ज करवाने की कला भी वे जानती हैं।

> **एक अच्छा लीडर बनने के लिए जितने भी गुणों की जरूरत होती है, वे सारे गुण लड़कियों में स्वाभाविकरूप से मौजूद होते हैं। जैसे-जैसे वे टीनएज में प्रवेश करती हैं उनके अंदर दूसरों को लीड करने की क्षमता बढ़ जाती है।**

एना विंटोर : दुनिया की सबसे मशहूर स्टाइल मैगजीन को लीड करना कोई आसान बात नहीं है। इस मुश्किल काम को आसान बनाया है एना विंटोर ने। एना के स्टाइल को दुनिया भर की टींस फॉलो करती हैं और हैरत की बात तो यह है किए स्टाइल दीवा एक बेहतरीन लीडर के रूप में पूरी दुनिया में नेतृत्व का कार्य सँभाल रही हैं। एना कहती हैं कि 'आई एम लीडर ऑफ स्टाइल'।

अंबिका हिंदुजा : अंबिका को बचपन से हर फील्ड में आगे रहने का शौक रहा है। अंबिका खुद कहती हैं कि "टीनएज से ही मुझमें दूसरों को लीड करने की आदत रही है। यह मेरा घमंड नहीं, बल्कि मेरा आत्मविश्वास है। हिंदुजा प्रोडक्शन हाउस का संचालन करना कोई आसान बात नहीं है, पर अंबिका ने अपनी समझदारी और नए विचारों के दम पर इसे आसान कर दिया है।"

प्रिया चटवाल : प्रिया चटवाल विश्व की टॉप सुपर मॉडल्स में से एक रही हैं, लेकिन प्रिया कहती हैं, "एक मॉडल होने के नाते मुझे हमेशा अपने डिजाइनर की बात माननी होती थी और मैं चाहती थी कि मैं सबको लीड करूँ। इसलिए मैंने ताज जैसे बड़े ब्रांड में अपना बुटिक खोला, लेकिन मैंने हिम्मत नहीं हारी और आज मैंने नए सिरे से अपने काम को लीड करना शुरू किया है।"

इंदिरा नुई : पेप्सी को कंपनी को लीड करना कोई आसान बात नहीं हैं, लेकिन अपनी कमाल की मैनेजमेंट स्किल्स और तकनीकी समझदारी को इस्तेमाल करके इंदिरा ने पूरी दुनिया में सर्वश्रेष्ठ ग्लोबल लीडर का उदाहरण पेश किया है।

युलिया टाइमोशैंको : यूक्रेन जैसे कृषि प्रधान देश को दुनिया के सबसे अमीर राष्ट्रों की सूची में शामिल कैसे करवाया जाता है, यह कोई युलिया से पूछे। अपनी टीनएज से ही युलिया में दूसरों को गाइड करने की क्षमता रही है। आज वे दुनिया की सबसे प्रभावशाली लीडर्स में से एक हैं। खास बात यह है कि युलिया की पर्सनैलिटी भी स्टाइलिश है।

- नेतृत्व वह है जो अंतत: लोगों के लिए एक ऐसा मार्ग बनाना जिसमें लोग अपना योगदान देकर कुछ असाधारण कर सकें।

—एलन कीथ गेनेंटेक

सूचना और जागरुकता किसी भी स्तर पर नेतृत्व की दो अहम बाते हैं। यदि आप अपनी भूमिका अच्छी तरह समझते हैं, टीम संरचना में अपनी जगह और उद्देश्यों को समझते हैं तो आप अपने कार्य का निर्वहन सही ढ़ंग से कर पाते हैं।

यदि आपको लगता है कि आप में टीम लीडर बनने की क्षमता है, तो इस बारे में एक बार फिर अवश्य सोचें। लगातार बदलते बिजनेस परिदृश्य, सूचना क्रांति और वैश्विक अर्थव्यवस्था में आए बदलावों के कारण विभिन्न संगठनों की कार्यपद्धति में बदलाव आ रहा है। इसी के साथ लीडर की भूमिका में भी। किसी भी स्तर पर पहुँचने के लिए क्षमता के साथ-साथ एटीट्यूड होना जरूरी हो गया है। विप्रो टेक्नोलॉजी इंडिया में कंसल्टेंट एस. मारिया प्रीथी के अनुसार, नेतृत्व का मतलब केवल पद से नहीं है, यह किसी व्यक्ति द्वारा किया जाने वाला चुनाव है और किसी भी स्तर पर इसका इस्तेमाल किया जाता है।

आपने कुछ कर्मचारियों को यह शिकायत करते सुना होगा कि उन्हें नेतृत्व करने का मौका नहीं मिलता। पर जब हम इस संदर्भ में कोई अपना खुद का आकलन करते हैं तो पता चलता है कि उन्होंने किसी विषय में पहल करना नहीं चाहा अथवा ऐसे अवसरों का निर्माण नहीं किया जहाँ वे टीम का प्रतिनिधित्व कर सकते थे।

बार्को के प्रबंध निदेशक नलिन अडवानी के अनुसार सूचना और जागरुकता किसी भी स्तर पर नेतृत्व की दो अहम बाते हैं। यदि आप अपनी भूमिका अच्छी तरह समझते हैं, टीम संरचना में अपनी जगह और उद्देश्यों को समझते हैं तो आप अपने कार्य का निर्वहन सही ढ़ंग से कर पाते हैं। इस स्थिति में किसी बहाने से काम नहीं चल सकता।

निजी जीवन में आपका एटीट्यूड काम पर आपके प्रदर्शन के बारे में दर्शाता है। नेतृत्व करने के अवसर हर जगह हैं। प्रश्न है क्या आप अपने आस-पास और अधीनस्थ लोगों का ध्यान रखते हैं और पहल करने में यकीन करते है?

- अपनी असफलताओं के लिए दूसरों को ब्लेम करना छोड़ें। हमारा अपना विलंब इसका कारण हो सकता है। जिस वक्त आप अपने काम के प्रति जवाबदेह हो जाते हैं, आप नेतृत्व की राह पर होते हैं।
- मजबूत पक्ष उभारें। अपने मजबूत पक्षों और क्षमताओं को जानें।
- अपने लक्ष्य बड़े बनाएँ। इसका नतीजा होगा कि आप उन्हें हासिल करने की दिशा में अपने कदम आगे बढ़ाएँगे और अपनी सीमाओं का विस्तार करेंगे।
- अपने डर को पहचानें और उससे दूरी बनाने का प्रयास करें। अपनी असुरक्षा दूर करें। उत्साह और जोश सफलता दिलाते हैं। ऐसे में कदम आगे बढ़ना आपकी क्षमताओं को बढ़ाता है।
- किसी नए कार्य को करने का मन बनाएँ और इसके लिए पहल करें। कितने ही लोग अपनी क्षमताओं पर यकीन न करने के कारण अपने अच्छे विचारों को बेकार और अनुत्पादक साबित कर देते हैं।

- आदर्श समय कुछ नहीं होता। यदि आपके पास कोई अच्छा विचार है तो उस पर आगे की योजना बनाने के लिए तत्पर हों।
- जो भी काम करें, भरपूर आनंद के साथ करें। कई बार हम खुद को दयनीय बना देते हैं यह सोचकर कि हम अच्छा काम नहीं कर रहे हैं। कन्फ्यूशियस ने कहा है ''जहाँ भी जाएँ पूरे दिल के साथ जाएँ। जितनी अधिक अंदरूनी खुशी होगी, उतना ही हम सफलता के लिए प्रेरित होंगे।''
- दूसरों को उनके उद्देश्य हासिल करने में सहायता करें। अधीनस्थों को अपनी भूमिकाएँ निभाने के लिए सही स्पेस और अधिकार दें। खुद तक सीमित न रहें।
- गलतियों को तर्कपूर्ण तरीके से सोचना और स्वीकार करना बड़ा अंतर लाता है। गलतियों पर भावुक प्रतिक्रिया हमारे निर्णयों को बदल देती है और अपराधबोध पैदा करती हैं।
- असफलताओं से घबराने की आवश्यकता नहीं, सफलता इसमें है कि आप कितनी जल्दी दोबारा खड़े होकर आगे बढ़ने के लिए तैयार हो जाते हैं।
- दूसरों से प्रेरित होना अच्छी बात है पर उनकी सफलता की नकल करना हमेशा काम नहीं आता। खुद को स्वीकार करें। जोखिम लें, इस प्रक्रिया में अनुभव होंगे। कुल मिलाकर प्रत्येक व्यक्ति लीडर है और लीडर बनने की क्षमता रखता है।

सफलता प्राप्त करने के लिए नेतृत्व का गुण आवश्यक है, जिससे किसी कार्य को करने की पहल कर सकें। साथ ही उस पर नियंत्रण रखें और उस कार्य को बीच में न छोड़ें।

अपने असफल नेतृत्व से हार न मानह्य

सफलता प्राप्त करने के लिए नेतृत्व का गुण आवश्यक है, जिससे किसी कार्य को करने की पहल कर सकें। साथ ही उस पर नियंत्रण रखें और उस कार्य को बीच में न छोड़ें। नेतृत्व अच्छे-बुरे की समझ देता है और विपरीत परिस्थितियों में नियंत्रण करने में सहयोग देता है, जिससे हार का मुँह न देखना पड़े। जीवन में ऐसे ही मोड़ आते हैं, जब हम परिस्थितियों और प्रयासों के बीच संतुलन स्थापित नहीं कर पाते और ऐसे में हमारा नेतृत्व कभी-कभी असफल हो जाता है। युवाओं को याद रखना चाहिए कि कोई भी पूर्ण नहीं होता है। यदि कभी असफलता हाथ भी लगे तो समस्या को गंभीर होने से रोकने का प्रयास करें और कार्य को पूरा करने की सामर्थ्य रखें। यही वास्तविक नेतृत्व है।

□

इच्छा शक्ति

जिसमें आगे बढ़ने की इच्छाशक्ति होती है,
वही आगे बढ़ पाता है।
नदी किनारे स्थित खड़ी नाव कभी आगे नहीं बढ़ती।

—डेल कारनेगी

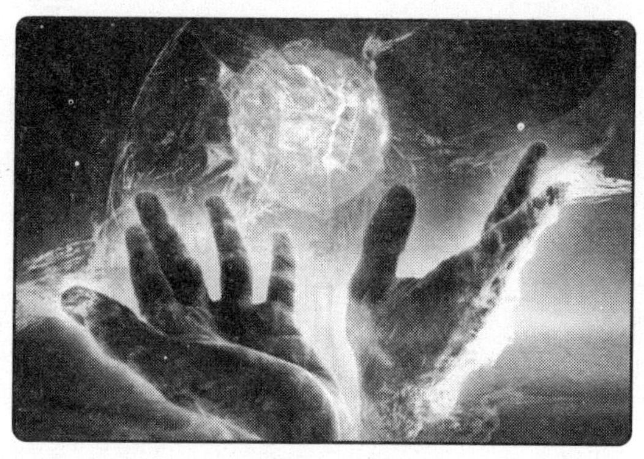

53

इच्छा शक्ति ही जीवन

जैसी हमारी इच्छाएँ होती हैं, जैसे हमारे हार्दिक भाव होते हैं, ठीक उन्हीं की झलक हमारे जीवन में दिखाई देने लगती है।

–स्वामी रामतीर्थ

'मेरी ताकत जवाब दे चुकी है, आँखों की रोशनी चली गई है···, मैं टूटने ही वाला हूँ तथा दर्द तो जिंदगी भर के लिए मेरे पीछे ही पड़ गया है!'

आज से तकरीबन तीन हजार साल पहले बाइबल में शोक और कष्ट के प्रकरण में राजा दाऊद द्वारा अभिव्यक्त की गई इस संताप भावना को हम सब अच्छी तरह से जानते हैं। शायद ही कोई ऐसा व्यक्ति हो, जिसने जीवन में दुःखों व कष्टों का सामना न किया हो। कई बार हमें लगता है कि हम ही सबसे बड़े बदनसीब हैं तथा दुनिया भर के दुःख-दर्द हमारे ही हिस्से में लिखे हैं। हो सकता है कि आपका कोई प्रियजन आपको छोड़कर चला गया हो अथवा मृत्यु ने उसे आपसे छीन लिया हो। ये भी हो सकता है कि जिस काम को आप अपने जीवन का सर्वाधिक महत्त्वपूर्ण काम समझते हों, वह आपकी सोच के अनुरूप पूरा न हो सका हो या फिर आपकी सबसे प्यारी संतान ही किसी मुसीबत में फँस गई हो। ये भी हो सकता है कि आपसे जाने-अनजाने में कोई ऐसा काम हो गया हो, जिसे आप नैतिक व सामाजिक रूप से गलत समझते हों और जिसके कारण आप खुद को अपराध बोध से घिरा हुआ महसूस करते हों।

कहने का अभिप्राय यह है कि तमाम दुःख, कष्टमय वातावरण, अस्वस्थ शरीर, कार्य में विफलता अथवा किसी खास व्यक्ति द्वारा विश्वासघात किए जाने के सदमे से हम लंबे समय तक उबर नहीं पाते, लेकिन जिंदगी का मतलब उदासी नहीं। जो लोग पूरे उत्साह, आशा तथा ईश्वर पर भरोसा करके अपने मन, वचन तथा कर्म से सत्य कार्यों में संलिप्त रहते हैं, उनके कष्ट चुटकी बजाते ही खत्म हो जाते हैं। इन्हीं परिस्थितियों को देखते हुए किसी शायर ने क्या खूब कहा है—

> 'जिंदगी जिंदादिली का नाम है
> मुर्दा दिल क्या खाक जिया करते हैं?'

जो लोग पूरे उत्साह, आशा तथा ईश्वर पर भरोसा करके अपने मन, वचन तथा कर्म से सत्य कार्यों में संलिप्त रहते हैं, उनके कष्ट चुटकी बजाते ही खत्म हो जाते हैं।

इन तमाम परिस्थिति में सबसे दुखद पहलू यह है कि हम ऐसे संकटों से उबरने का मार्ग नहीं खोज पाते। बहुत से लोग इसे अपनी तकदीर का फैसला तो बहुत से 'ऐसा तो होना ही था' कहकर अपना दामन झाड़ लेते हैं। ऐसे भी लोग हैं जो पलायन के लिए कभी-कभी शराब का सहारा लेते हैं तो कभी थोथे प्रेम-प्रसंगों को पालते हैं। आधुनिक युग में पश्चिमी संस्कृति की देखादेखी क्लबों तथा देर रात तक चलने वाली पार्टियों में जमा रहने वाले लोगों की तादाद इसी तरह की मानसिकता का प्रतीक है।

मानव शरीर की प्रत्येक कोशिका, प्राकृतिक संरचना कुछ इस तरह की है कि वह जीवित रहने के लिए संघर्ष करती रहती है।

इस धरा पर हमारा आगमन इसलिए हुआ है कि हम जिंदा रहें तथा जिंदा रहने के लिए सदैव संघर्ष करते रहें। जीवन में होने वाली प्रत्येक घटना का अनुभव करें तथा उस अनुभव के आधार पर यथा शक्ति अच्छा आचरण करें। हम इस प्रकार अपने आपको विकसित करें कि हमारा जीवन एक जगमगाता हुआ दीपक बन जाए और उसके निकट में जो भी व्यक्ति आए, वह नई ऊर्जा, नए प्रकाश एवं नये आलोक से अलोकित हो जाए। हमारा उद्देश्य होना चाहिए अधिकाधिक प्रकाश बिखेरते रहना।

'जहाँ रहेगा वहीं रोशनी लुटाएगा,
चराग का कोई अपना मकां नहीं होता।'

जीवन एक वरदान

वेदों में हमारे जीवन को अग्नि भी कहा गया है। अग्नि का अभिप्राय है 'ऊर्ध्वगामी' अर्थात् ऊपर की ओर चलने वाली। अग्नि का उद्देश्य यह भी है कि 'अनेक ज्वालाएँ प्रदीप्त करते रहना।'

ऐसे इंसान भी खोजना मुश्किल है, जिसने कभी कोई गलती न की हो, लेकिन एक बार की गलती से सबक लेकर जीवन में दोबारा उसे न दोहराने वाले लोग ही बुद्धिमान कहलाते हैं।

जीवन वरदान है और आने वाली पीढ़ियों के लिए उत्तराधिकार है। कभी आप उन लोगों को देखिए जो महाकवि 'दाँते' के अनुसार 'जीवन के अँधियारे जंगलों' में से भी सकुशल गुजर गए हैं। ऐसे लोग हमारे समाज, देश व पुस्तकों में सर्वत्र बिखरे पड़े हैं। इन साहसी लोगों ने जीवन की हर चुनौती को मुसकराते हुए स्वीकार किया तथा पूरे जोशोखरोश के साथ अपने लक्ष्य की प्राप्ति की। ये शूरवीर इसकी मिसाल हैं कि जीवन जीने के लिए है तथा तमाम बाधाओं के बाद विजय पाने वाले लोग ही इतिहास के पन्नों में अपना नाम दर्ज कराते हैं।

विलियम जेम्स ने अपनी जीवनी में लिखा है कि 'एक बार आपके हृदय में जीवन के प्रति, जीत के प्रति विश्वास जम जाए, फिर ये विश्वास ही आपको वास्तविकता तक पहुँचा देगा।'

हमारे दु:खों की वजह कुछ भी हो, बहुत बार हम खुद को ही इसका दोषी ठहराते हैं। बहुत बार यह अपराधबोध एक कल्पना से ज्यादा नहीं होता। आपको जीवन में ऐसे बहुत से लोग मिल जाएँगे जो ऐसे बहुत से कामों के लिए अपनी सफाई देते फिरते हैं, जो उन्होंने कभी किए ही नहीं।

ऐसे इंसान भी खोजना मुश्किल है, जिसने कभी कोई गलती न की हो, लेकिन एक बार की गलती से सबक लेकर जीवन में दोबारा उसे न दोहराने वाले लोग ही बुद्धिमान कहलाते हैं। हमें जहाँ तक संभव हो अपनी गलतियों में सुधार कर लेना चाहिए। टाल-मटोल छोड़कर परिस्थितियों का सामना करना चाहिए, फिर ईश्वर को तथा स्वयं को साक्षी मानकर सत्य को स्वीकार करना चाहिए। हमें अपने मन में यह भी ठान लेना चाहिए कि अब से ऐसी गलती नहीं करेंगे। कई बार हमारे संबंध आर्थिक लेन-देन को लेकर बिगड़ जाते हैं, ऐसे में हमें यह खयाल रखना चाहिए कि हमारे लिए पैसा अधिक मायने रखता है या संबंध।

यदि आपके संबंध स्वस्थ व मधुर हैं तो बिना पैसे के भी आपके काम रुकेंगे नहीं, जबकि जेब में कितने ही नोट क्यों न भरे हों, उनसे आप किसी की भावनाएँ, सहयोग तथा विश्वास नहीं खरीद सकते। आपने देखा होगा कि समाज में ऐसे लोगों की कमी नहीं जिन्होंने जीवन भर अच्छे-बुरे सभी हथकंडे अपनाकर खूब धन अर्जित किया। बाद में उन्हें कोई पूछता भी नहीं। एक समय आने पर ऐसे लोग समाज में अपनी पहचान के लिए कुछ भी करने को राजी रहते हैं। ऐसे भी धन कुबेरों की कमी नहीं जो खुद ही तो किसी कार्यक्रम को आयोजित करते हैं और खुद ही उसके मुख्य अतिथि या अध्यक्ष बन बैठते हैं।

दरअसल हमारी जिंदगी का मकसद सिर्फ धन कमाना नहीं है। यदि धनवान ही सबसे सुखी हो तो मंदिरों में बैठकर शांति पाने के उपाय खोजने वाले लोग कौन हैं? विभिन्न धार्मिक संस्थाओं को लाखों-करोड़ों रुपए गुप्तदान में देने वाले व्यक्ति निर्धन नहीं हो सकते। मखमल के बिस्तरों पर नींद की गोली खाने के बाद भी जिन्हें नींद नहीं आती, उनकी तिजोरियाँ नोटों से भरी पड़ी हैं—

'जिनके महलों में हजारों रंग के फानूस थे
झाड़ उनकी कब्र पर हैं और निशां कुछ भी नहीं।'

याद रखिए हम खुद के बारे में जो कहते हैं, वहीं औरों को याद रहता है तथा उसे ही लोग अलग-अलग मौकों पर हमारे संदर्भ में वक्त पड़ने पर जाहिर करते हैं।

जीवन का उद्देश्य

वस्तुतः हमारे जीवन का संपूर्ण उद्देश्य सम्मान प्राप्ति है। इस सम्मान को पाने के लिए ही हम तमाम उपाय करते हैं। कोई अधिक-से-अधिक शिक्षित होना चाहता है, कोई युवती सुंदर दिखना चाहती है, कोई व्यक्ति खूब अच्छे वस्त्र पहनना चाहता है, किसी को कसरत करने का शौक है ताकि उसका शरीर सुंदर लगे। कोई आलीशान व राजसी ठाठ-बाट से जिंदगी को जीना चाहता है। हमारे जितने भी आदर्श हैं, उनकी सबकी सब धाराएँ सम्मानरूपी सागर में जाकर गिरती हैं। हममें से अधिकांश व्यक्ति रक्षात्मक मुखौटे धारण करके दुनिया का मुकाबला करने की कोशिश करते हैं। लेकिन हमें नहीं भूलना चाहिए कि आत्मप्रतिष्ठा पाने के लिए सबसे पहले इन बनावटी चेहरों को उतार फेंकना होगा। जिन भी मूल्यों में आपकी आस्था है, उन पर आपका विश्वास अडिग होना चाहिए। स्वयं पर विश्वास कीजिए, स्वयं अपने मन में तथा समाज के समक्ष खुद के बारे में सदैव अच्छा दृष्टिकोण रखिए।

याद रखिए हम खुद के बारे में जो कहते हैं, वहीं औरों को याद रहता है तथा उसे ही लोग अलग-अलग मौकों पर हमारे संदर्भ में वक्त पड़ने पर जाहिर करते हैं।

हम जितना दूसरों के प्रति उदार होना चाहते हैं, स्वयं के प्रति भी उतना ही उदार होने की आवश्यकता है। बहुत से लोगों को यह संशय रहता है कि हम कहीं असफल न हो जाएँ।

किसी सम्राट ने अपने वजीर से एक सवाल किया था कि 'कौन है जो कभी नहीं हारता?' तो वजीर का जवाब था कि 'जो कभी कोशिश ही नहीं करता।'

वस्तुतः हमारी जितनी भी असफलताएँ हैं, वे यह नहीं बतातीं कि हममें प्रतिभा की कमी है अपितु वे इस ओर इशारा करती हैं कि हमारी कोशिशों में कहीं-न-कहीं कोई कमी रही है। कई बार हमारी असफलता का कारण अपनी सामर्थ्य से बड़ी चीज के लिए इच्छा रखना भी होता है। हमें पहले 'डिजर्व' (पात्रता) करना चाहिए फिर 'डिजायर' (इच्छा) का स्थान आता है।

यह प्रयत्न कीजिए कि जो चीज आपके पास नहीं है, उसके बारे में न सोचें। असफलता की गहन निराशा में प्रायः हम ऐसा सोचते हैं कि दुनिया को देने के लिए हमारे पास कुछ भी नहीं है। ऐसा सोचकर चलिए कि आप जीवन को ऐसी मोहक छवि दे सकते हैं, जिसकी कभी परिकल्पना भी नहीं की गई है। यही जीने की सच्ची राह है।

'जीवन क्या है एक वहम है
शबनम के मोती होने का,
और जिंदगानी है जैसे
पीतल पर पानी सोने का।'

अपनी कमजोर से कमजोर उमंगों को भी सजाइए, सँवारिए तथा औरों के लिए जीने का लुत्फ उठाइए। अँधेरी जिंदगी में चमकने वाली आशा की छोटी-से-छोटी किरण की भी उपेक्षा मत कीजिए, आनंद व प्रसन्नता की मामूली सी बात पर भी पूरा ध्यान दीजिए। सामान्य सी प्रतीत होने वाली प्रसन्नता की ये बातें हम सबकी स्मृतियों की अमूल्य निधि बन जाती हैं।

कृतज्ञ जीवन

प्रकृति सभी के लिए एक समान दृष्टिकोण रखती है। सूर्य कभी नहीं कहता कि तुम झूठे हो, मैं तुम्हें प्रकाश नहीं दूँगा। हवा नहीं सोचती कि मैं बुरे व्यक्ति को ऑक्सीजन क्यों दूँ, गंगा की जलधारा प्यासे से उसका किरदार नहीं पूछती। ये सब देते हैं बिना कुछ पाने की उम्मीद से। हम इन तत्त्वों से बने हैं फिर भी कृतघ्न क्यों हो जाते हैं?

सर्वत्र बिखरी प्रकृति की सुदरतम छवि को निहारिए अनगिनत पेड़ों में, फूल-पौधों में, नदी-नालों, पंछी-पखेरुओं में जीवन का असीम सागर लहलहाता है। सभी चीजों को बारीकी से देखिए। पक्षियों की उड़ान का कोण देखिए, पेड़ों के बीच से सरसराती नटखट हवा की चाल को परखिए और सबसे महत्त्वपूर्ण बात कृतज्ञता अभिव्यक्त करना सीखिए।

हर्ष हो या विषाद प्रभु प्रेम के पथ पर धन्यवाद के दीप जलाइए, ईश्वर को धन्यवाद दीजिए, इन विविध ऋतुओं के लिए जो कितने सारे रंग बदल-बदल कर आती हैं। उमड़ते-उमड़ते काले मेघों के लिए, चाँदी सी बरसती धवल बूँदों के लिए, सुरमई सर्दियों की मदभरी शामों के लिए, पुष्पों के लिए, मधुरिम संगीत की स्वर लहरियों के लिए तथा उस धड़कन के लिए जो हमारे बिना किसी योगदान के हमारे हृदय में सदैव धड़कती रहती है। उस इच्छा के लिए भी धन्यवाद दीजिए, जो हम जैसे हैं वैसे ही हमें जीने के लिए बाध्य करती है।

अभ्यास कीजिए और आप आश्चर्य करेंगे कि कुछ ही दिनों बाद आपके मुँह से अनायास ही निकलने लगेगा 'जीवन जैसा है, वैसा बनाने के लिए ईश्वर तेरा धन्यवाद।'

'दु:खों के साथ सुख से भरा ये अनूठा जीवन देने के लिए भी तेरा धन्यवाद।'

थोड़े ही समय में निश्चित रूप से आप ये विचार करने लगेंगे कि जन्म लेना और जीवन पाना मात्र अपने आप में कितना सुखद है, कितना अद्‌भुत!

जीवन एक वरदान है, इसका महत्त्व जानिए। एक कमजोर व रोते-पीटते इनसान के बजाय जिंदादिल व बहादुर व्यक्ति के रूप में जिंदा रहिए। यही सुख-सफलता का सूत्र है। यही दृढ़ इच्छा शक्ति बढ़ाने की तरफ पहला कदम है।

जो लोग अपने इरादों में मजूबती को बरकरार रखते हैं, निश्चित रूप से वे कामयाब रहते हैं। जो लोग अपने उद्‌देश्यों के प्रति सदैव जागरूक एवं प्रतिबद्ध रहते हैं, वे धीरे-धीरे अपने इरादों में मजबूती हासिल करते चले जाते हैं। ऐसा नहीं है कि कामयाब लोगों के लिए हालात हमेशा उनके मुताबिक ही रहते हैं। वास्तविकता तो यह है कि बिलकुल उलटे हालातों में लोगों ने संघर्ष करते हुए अपनी मंजिलें तय की हैं। मुश्किलों से घबरा कर पीछे लौट जाने वालों के हिस्से में कामयाबी कभी नहीं आती।

□

54

इच्छाएँ जगाती हैं आशाएँ

पवित्र और दृढ़ इच्छा सर्वशक्तिमान है।

–स्वामी विवेकानंद

हमारा पूरा जीवन आशा और उम्मीद की अदृश्य डोर से बँधा रहता है। जो लोग जीवन में आशावादिता को प्रश्रय देते हैं, वे बहुत सी बाधाओं को पार करते हुए अपने गन्तव्य तक सुगमतापूर्वक पहुँच जाते हैं, जबकि निराशा में डूबे रहने वाले व्यक्ति एक ओर जहाँ अपने कीमती समय को बर्बाद करते हैं, वहीं दूसरी ओर अपने मंसूबों को कभी भी पूरा होते हुए नहीं देख पाते।

हमारे जीवन के प्रत्येक क्षण में आशारूपी महत्त्वपूर्ण ऊर्जा छिपी है। जो लोग इस ऊर्जा के विश्वास का सहारा लेते हैं, निश्चित रूप से कामयाबी उनके कदम चूमती है।

मान लीजिए आप किसी गंभीर बीमारी के ऑपरेशन के लिए अस्पताल जाने वाले हैं। उस समय आप किस तरह का नजरिया अपनाते हैं? निराशाजनक अथवा आशाजनक? हो सकता है आपके मन में विचार उठे कि मुझे इस ऑपरेशन के बारे में पहले ही पता कर लेना चाहिए, या फिर यह भी हो सकता है कि आप सोचने लगें कि मुझे इसकी तफसील में जाने की क्या जरूरत है? जो होगा अच्छा ही होगा।

सामान्य तौर पर दूसरे तरह के विचार को गलत समझा जाता है। मनोवैज्ञानिक इसे 'नकारने' की संज्ञा देते हैं। उनका मानना है कि यह 'नकार' एक तरह का रक्षा कवच है, जिससे अप्रिय जानकारी का आघात बहुत हलका हो जाता है। कुछ लोग यह भी मानते हैं कि यह दृष्टिकोण मूर्खतापूर्ण, आत्मघाती और अंततः खतरनाक साबित होता है। परंतु अनुसंधानों से यह स्पष्ट हो गया है कि शीघ्र-से-शीघ्र स्वास्थ्य लाभ के लिए दूसरे तरह के विचारों का अनुसरण ही अच्छा है। किन्हीं विशेष परिस्थितियों में पहले वाला दृष्टिकोण ठीक हो सकता है, परंतु अधिकांश परिस्थितियों में वह उलझाव व भटकाव की तरफ मोड़ने के सिवा कुछ नहीं करता।

हमारे जीवन के प्रत्येक क्षण में आशारूपी महत्त्वपूर्ण ऊर्जा छिपी है। जो लोग इस ऊर्जा के विश्वास का सहारा लेते हैं, निश्चित रूप से कामयाबी उनके कदम चूमती है।

बर्कले स्थित कैलिफोर्निया यूनिवर्सिटी में मनोविज्ञान के प्रोफेसर रिचर्ड एस. लैजरेस के अनुसार, 'पूर्ण रूप से नकारात्मक नजरिया ऑपरेशन के लिए अच्छा विकल्प हो सकता है।' लैजरेस ने एक अन्य वैज्ञानिक फ्रांसिस कोहन के साथ ऐसे 61 रोगियों का अध्ययन

किया, जिन्हें चिकित्सकों ने हार्निया, गॉलब्लैडर तथा थाइराइड से संबंधित बीमारियों के लिए ऑपरेशन कराने का मशविरा दिया था। ये सब सामान्य ऑपरेशन हैं, इनमें से कुछ रोगियों ने, साधारण रूप से टाल-मटोल करने वाले व्यक्तियों ने, अपने ऑपरेशन के बारे में किसी से कोई बातचीत नहीं की। उन्होंने ऑपरेशन की बाबत कुछ जानने का प्रयास भी नहीं किया तथा उसके खतरों पर भी कोई सोच-विचार नहीं किया, जबकि सतर्क किस्म के लोगों ने इस मामले की तह में जाने की कोशिश की। उन्होंने अपने रोग के बारे में संबंधित पुस्तकें पढ़ीं तथा महत्त्वपूर्ण लोगों से विचार-विमर्श किया। वे ऑपरेशन के खतरों के बारे में ज्यादा-से-ज्यादा जानने के इच्छुक थे। उनकी एक जिज्ञासा यह भी थी कि यदि ऑपरेशन कराया ही न जाए तो उसके क्या परिणाम होंगे? ये व्यक्ति चीरा लगने से लेकर ऑपरेशन के बाद तक की समस्त प्रक्रियाओं, जटिलताओं व रोग के दोबारा होने की आशंकाओं के बारे में जानने को उत्सुक थे।

ऑपरेशन के बाद फ्रांसिस कोहन तथा रिचर्ड एस. लैजरेस ने दोनों वर्गों की तुलनात्मक रिपोर्ट सार्वजनिक की तो उसमें चौंकाने वाले तथ्य सामने आए। उन्होंने पाया कि टाल-मटोल करने वाले व्यक्ति ज्यादा अच्छे रहे। ऑपरेशन के बाद ऐसे लोगों में स्वास्थ्य संबंधी कुछ कम शिकायतें आईं, उनमें उलटी, सिर दर्द तथा बुखार जैसी बीमारियों का प्रतिशत अत्यंत कम था। फलस्वरूप उन्हें जल्द ही अस्पताल से घर भेज दिया गया। कोहन और लैजरेस ने अपना निष्कर्ष प्रस्तुत करते हुए लिखा है कि 'एक बार जब कोई व्यक्ति अस्पताल में आ जाता है और एक अच्छे डॉक्टर की देख-रेख में उसका इलाज शुरू हो जाता है, तब उसके लिए सबसे अच्छा रास्ता यही है कि वह भूल कर भी किसी अनिष्ट की कल्पना न करे।' यहाँ यह भी जान लेना जरूरी है कि वास्तविकता यह होती है कि अनिष्ट हो भी जाए तो भी रोगी इस स्थिति में नहीं होता कि उसके संबंध में कोई रक्षात्मक कदम उठा सके। हृदय संबंधी रोगियों के भी इसलिए बहुत बार सकारात्मक परिणाम सामने आते हैं और रोगी शीघ्र ही स्वस्थ होने लगते हैं।

आशंका से उबरिए

हॉर्वर्ड मेडिकल स्कूल में मनश्चिकित्सा के प्रो. डॉ. टॉमस पी. हैकेट ने 'मासाचुसेट्स जनरल हॉस्पिटल' के 'कोरोनरी केयर यूनिट' में हृदय रोगियों पर अनेक अध्ययन किए। उनका मानना है कि जो रोगी बिना वजह आशंकाओं व भय से ग्रस्त नहीं थे, वे बराबर चिंतित होने वाले तथा हर समय विचार में डूबे रहने वाले रोगियों की अपेक्षा अधिक स्वस्थ रहे तथा अधिक समय तक जीवित रहे।

एक कारण यह भी हो सकता है कि उनके नकारात्मक दृष्टिकोण से आशा व उम्मीद की नई किरण फूटी हो। फलस्वरूप भयंकर-से-भयंकर स्थितियों में भी उनका सकारात्मक दृष्टिकोण बना रहा।

'एनाटमी ऑफ एनइलनेस' तथा 'द हीलिंग हार्ट' के लेखक नार्मन कजिंस ने लिखा है कि 'किसी भी बीमारी की डॉइनोसिस को कभी भी नकाराना नहीं चाहिए। हाँ, ये हमारे ऊपर है कि हम उसके फैसले को कितनी गंभीरता से लें।'

इसकी एक वजह है यह भी है कि बीमारियों के बारे में भयंकर चेतावनियाँ औसत मामलों में एकत्रित आँकड़ों द्वारा निकाली जाती हैं। कजिंस का मानना है कि जिन रोगियों को उम्मीद व दृढ़निश्चय बना रहता है, वे औसत से ऊपर उठ जाते हैं। डॉ. हेकेट का कहना है कि सकारात्मक नजरिये वाले रोगी ऑपरेशन में इस्तेमाल की जाने वाली मशीनों से डरते नहीं। उनकी सोच होती है कि ये मशीनें उनकी सहायता करने के लिए हैं। इस तरह के विश्वास व उम्मीद के साथ अपना इलाज कराने वाले रोगी जल्दी स्वस्थ होते हैं। निश्चित रूप से कोई भी अनुसंधानकर्ता इस निष्कर्ष की वकालत नहीं करेगा कि नकारना ही हर मर्ज की दवा है। डायबटीज के मरीज को ब्लड शुगर का ध्यान रखना ही पड़ेगा, जबकि गुर्दे के रोगी को डायलसिस पर रहना ही होगा, यही उनके स्वास्थ्य के लिए लाभप्रद है।

डॉ. लैजरेस कहते हैं कि रोगी को स्वयं से यह सवाल करना चाहिए कि वह जो जानकारियाँ इकट्ठी करेगा, उनसे उसकी समस्या का हल करने में कोई मदद मिलेगी या नहीं? बहुत बार अनावश्यक सोच-विचार एवं चिंता करते रहने

से स्वास्थ्य और भी बिगड़ जाता है। 'हॉर्वर्ड मेडिकल स्कूल' में मेडिसन के एसोसिएट प्रोफेसर डॉ. हरबर्ड बैसन इस बारे में कहते हैं कि 'जब रोगी अधिक सतर्क होता है, तब उसके संघर्ष अथवा पलायनवादी प्रवृत्ति से केंद्रीय तंत्रिका प्रणाली भड़क उठती है। चूँकि बीमार व्यक्ति लेटे रहने के अलावा कुछ नहीं कर सकता अत: इस तरह की सोच से जो तनाव पैदा होता है, उससे स्वास्थ्य को हानि पहुँचती है।'

उम्मीद का दामन थामे रहिए

जो लोग खदानों में काम करते हैं, उनको इस बात का प्रशिक्षण दिया जाता है कि कभी अगर वे खान दुर्घटना में फँस जाएँ तो किस तरह अपनी शक्ति को बचाए रख सकते हैं। खान में ऑक्सीजन की कमी होती है, इसीलिए सुरंग बनाने में उसे खर्च करना अकसर बेकार साबित होता है। जो लोग उम्मीद का दामन नहीं छोड़ते, उनकी रक्षा हो जाती है। प्रतिकूल परिस्थितियों में भी उनके जिंदा रहने की उम्मीदें अधिक रहती हैं। उस वक्त उनके पास आशा के सिवा कोई विकल्प होता ही नहीं। असंख्य चिकित्सीय परिस्थितियों पर मनुष्यों का कोई वश नहीं होता परंतु फिर भी उम्मीद अपना काम करती रहती है। स्थितियाँ कितनी भी नकारात्मक क्यों न हों, हमें उनमें उज्ज्वल पक्ष खोजना चाहिए। जो लोग कोरोनरी केयर यूनिट (हृदय परिचर्या विभाग) में दाखिल हैं, उन्हें सोचना चाहिए कि यहाँ भर्ती होने का मतलब यह नहीं है कि वे जिंदा नहीं बचेंगे। बहुत से लोगों का यह रोग ठीक हो जाता है। इस तरह की उम्मीद के साथ जीवन के सकारात्मक पक्ष पर विचार करना गंभीर से गंभीर रोगी की जिंदा रहने की संभावनाओं को बढ़ाता है। पूर्ण विश्वास व उत्साह के साथ की गई आशा से चमत्कारिक परिवर्तन आते हैं, जो रोगों के प्रतिरोध करने की क्षमता को बढ़ाते हैं।

पूर्ण विश्वास व उत्साह के साथ की गई आशा से चमत्कारिक परिवर्तन आते हैं, जो रोगों के प्रतिरोध करने की क्षमता को बढ़ाते हैं।

हाइफा विश्वविद्यालय (इजरायल) में मनोवैज्ञानिक तनाव अध्ययन केंद्र के निदेशक श्लामो ब्रॅजनिट्स ने अपने अध्ययन में स्पष्ट किया है कि हमारे शरीर में 'कार्टिसोल' तथा 'प्रोलेक्टिन' नामक दो हारमोंस पाए जाते हैं। इन हारमोंस पर हमारे आशावादी दृष्टिकोण का अत्यंत गहरा प्रभाव पड़ता है। उन्होंने लिखा है कि हालाँकि हम अभी इन हारमोंस का ठीक-ठाक संबंध नहीं जानते लेकिन प्रमाणों से इतना जरूर मालूम होता है कि ऐसे 'न्यूरोकेमिकल' (स्नायविक कोशिका से युक्त रसायन) में और रोग तथा छूत आदि से बचाव करने वाली प्रणाली में गहरा संबंध है। संभवत: यही वजह है कि दबाव व चिंता में हम शीघ्र ही रोगग्रस्त हो जाते हैं, जबकि अच्छी मन:स्थिति में हमारी प्रतिरोधक क्षमता सक्रिय रहती है।

लाचारी और बेबसी की अवस्था में उम्मीद पर इमारत खड़ी करना बेहद जरूरी है। यह निष्क्रिय किस्म का सामना करना कहलाता है। जो लोग आस्थावान होते हैं, चाहे धार्मिक विश्वासों के कारण हों और चाहे उन्हें आस्था का अच्छा अनुभव हो, वे बुरी-से-बुरी परिस्थितियाँ भी झेल जाते हैं। उनका रवैया कुछ इस तरह का होता है 'मुझे पता है, मैं मुसीबत में से कैसे निकलूँगा, इससे पहले भी मुसीबतें आईं और चली गईं। अत: इस बार भी किसी-न-किसी तरह मैं इससे उबर जाऊँगा।' यह आस्था किसी के लिए जिंदा रहने की जुस्तजू अथवा मुहब्बत की इतहां भी हो सकती है। इसी भाव को ध्यान में रखते हुए मिर्जा गालिब ने कहा था—

'उनके देखे से जो आ जाती है मुँह पे रौनक,
वे समझते हैं कि बीमार का हाल अच्छा है।'

उम्मीद की शक्ति

मानवीय संस्कृति का एक शाश्वत पहलू यह है कि नियंत्रण खो देने का अर्थ है, सबकुछ खो देना परंतु गंभीर

बीमारी अथवा दुर्घटना ऐसी समस्याएँ हैं, जिनमें हम बाहरी रूप से असहाय होते हैं। ऐसे में सबसे अच्छा उपाय यह मालूम करना है कि उसके साथ कैसे जिया जाए? यदि आप हालात बदल सकते हों तो लड़ते रहना अच्छा होता है लेकिन जब हालात पर बस न चले, तथ्यों में बदलाव की स्थिति न हो, तो उन्हें स्वीकार कर लेना ही बुद्धिमत्ता है। यह संपूर्ण स्वास्थ्य और ज्ञान की पूँजी है। इसी विचार को व्यक्त करते हुए किसी शायर ने लिखा है—

'गर मुन्तजिम हो तो बदल डालो जमाने का निजाम,
गर मुन्तसिर है तो मरो, शोर मचाते क्यों हो?'

नकारने का लाभ

टेंपल विश्वविद्यालय की मनोवैज्ञानिक डॉ. सूजन मिलर तथा गायनेकोलॉजिक, आनकालोजिस्ट (महिलाओं के अर्बुद विज्ञानी) चार्ल्स ई. मैंगेन ने 40 बीमार महिलाओं का अध्ययन किया। इन महिलाओं का गर्भाशय ग्रीवा परीक्षा के लिए कोल्पोस्कोपी यानी योनिच्छेदन किया जाना था। ये गायनेकोलॉजिकल पद्धति है।

इस अध्ययन से भी नकारने के लाभों की पुष्टि हुई है। मिलर की इस बात में अधिक दिलचस्पी थी कि अगर किसी स्त्री को रोग के संबंध में अधिक जानकारी हो तो क्या वह दूसरे की अपेक्षा रोग का ज्यादा अच्छी तरह सामना कर सकेगी। मिलर ने प्रत्येक समूह की आधी स्त्रियों को यह जानकारी प्रदान की कि उनके साथ क्या-क्या होगा और उन्हें क्या-क्या लगेगा लेकिन बाकी स्त्रियों को उन्होंने केवल बुनियादी बातें ही बताईं। यहाँ रोचक तथ्य यह है कि जिन स्त्रियों को कम जानकारी दी गई थी, वे ऐसी जानकारी पाने वाली स्त्रियों के मुकाबले समूची प्रक्रिया के दौरान अधिक निश्‍िचत रहीं। मिलर के अनुसंधान से यह स्पष्ट हो गया है कि अलग-अलग लोगों पर अपनी स्थिति के अनुसार प्रतिक्रिया भी अलग-अलग ही होती है। इसका अर्थ यह है कि अपनी सामर्थ्य के मुताबिक लोगों को ज्यादा या कम जानकारी मिलनी चाहिए।

हमें ध्यान रखना चाहिए कि दूषित व बुरे विचार हमारी कार्यक्षमता को तो प्रभावित करते ही हैं, हमारे मार्ग में अनेक बाधाओं व कष्टों को भी आमंत्रित करते हैं।

नकारने के अध्ययन का क्या यह मतलब है कि हमें उन दिनों में लौट जाना चाहिए, जब डॉक्टर कहा करते थे कि मरीज को कुछ मत बताओ क्योंकि वह दरअसल कुछ नहीं जानना चाहता। यह बात नहीं है, लोगों को यह जानने का पूरा-पूरा अधिकार है कि उनके साथ क्या-क्या होने वाला है? मरीज को अपने इलाज के बारे में जानने का पूरा हक है। मरीज जरूरी जानकारी पा सकते हैं। हाँ, उन्हें यातनादायक जानकारी देने की कोई आवश्यकता नहीं है। जब हम चिकित्सकीय खतरों और चिंताओं के बारे में कुछ नहीं कर सकते, तो उनको नकारना ही ठीक है। जब हमने यह निश्‍चित कर ही लिया है कि हमें ऑपरेशन कराना ही है, तब हमें अनिष्ट की कल्पना करते रहने का कोई लाभ नहीं। भयानक बातों को मन में रखने से उलटे परिणाम प्राप्त होते हैं, जबकि शुभ एवं अच्छे विचारों से हमारी जीवन शक्ति अधिक ऊर्जावान बनती है। सकारात्मक दृष्टिकोण हमारे स्वास्थ्य व चिकित्सा की दृष्टि से अत्यंत प्रभावकारी हैं।

जीवन सुंदर, सूक्ष्म, अर्थपूर्ण तथा सुखों से परिपूरित हो, इसका काफी दारोमदार हमारी मानसिकता पर रहता है। जिन लोगों ने अपने जीवन में कामयाब होने का ख्वाब देखा है, उन्हें यह बात निश्‍चित कर लेनी चाहिए कि सकारात्मक विचारों के पंख लगाकर ही वे सफलता के स्वच्छंद गगन में उड़ान भर सकते हैं। नकारात्मक विचारों से अपना दामन छुड़ाए बिना हम सफलता की मंजिल तक नहीं पहुँच सकते।

हमें ध्यान रखना चाहिए कि दूषित व बुरे विचार हमारी कार्यक्षमता को तो प्रभावित करते ही हैं, हमारे मार्ग में अनेक बाधाओं व कष्टों को भी आमंत्रित करते हैं। नकारात्मक विचार उत्साह व आत्मविश्वास को घटाते हैं। परिणामस्वरूप हम लक्ष्य से दूर होते चले जाते हैं और असफलता हमारे जीवन को घेर लेती है।

आज के समय में शायद ही कोई ऐसा व्यक्ति होगा, जिसके पास अपनी समस्याएँ न हों लेकिन उन्हें बोझ मानकर अपने ऊपर लादे रखना बुद्धिमान् लोगों का काम नहीं। हमारे आशाजनक प्रयास व योजनाएँ हमें इन समस्याओं से पार उतार सकती हैं। आसान व सुखमय जीवन तो कोई भी व्यक्ति जी सकता है। इनसान की असली परीक्षा तो प्रतिकूल परिस्थितियों में ही होती है। जो लोग इन परिस्थितियों में स्वयं को बेहतर प्रदर्शित करते हैं, निश्चित रूप से कामयाबी उन्हें ही मिलती है।

संलग्नता और एकाग्रता

हमारा जीवन तीर है। इसलिए यह जानना आवश्यक है कि हमें तीर किस निशाने पर लगाना है। यदि धनुष चलाया भी और निशाने पर तीर न लगा तो परिश्रम व्यर्थ गया। लक्ष्य निश्चित किए बिना तीर छोड़ें तो किस पर छोड़ें? धनुष है, बाण है, हाथ है और परिश्रम करने की शक्ति है; परंतु यदि लक्ष्य नहीं है, तो बाण चलाना निरा खेल है। लक्ष्य एवं दृढ़ मंतव्य बिना, जीवन-क्रीड़ा मात्र है; नित नए मंतव्य बनाते जाओ, कुछ भी सिद्ध नहीं होगा। दो खरगोशों के पीछे दौड़ने से एक भी हाथ नहीं आता। जिस व्यक्ति के अनेक मंतव्य होते हैं, वह प्रत्येक कार्य में विचलित रहता है।

प्रत्येक व्यक्ति को चाहिए कि वह एक ही व्यवसाय को चुनकर उस पर अपनी समस्त शक्ति लगा दे। संलग्नता के बिना सफलता नहीं मिलती। अपने स्वीकृत व्यवसाय से विचलित होना इतना भयंकर है, जितना बेकार बैठना। जो मनुष्य अपने व्यवसाय पर सावधानी से विचार करता और उसे संलग्नता के साथ करता रहता है, वही प्रतिभा-सम्पन्न हो जाता है। प्रतिभा और एकाग्रता भिन्न नहीं है, एक ही हैं। अपने स्वीकृत पेशे को अपनी प्रेमिका समझना चाहिए। भला प्रेयसी कभी पसंद करेगी कि आप किसी अन्य को अपना प्रेम दें? ऐसा करोगे तो वह ईर्ष्या से, सौतिया डाह से मर मिटेगी।

प्रत्येक व्यक्ति को चाहिए कि वह एक ही व्यवसाय को चुनकर उस पर अपनी समस्त शक्ति लगा दे। संलग्नता के बिना सफलता नहीं मिलती। अपने स्वीकृत व्यवसाय से विचलित होना इतना भयंकर है, जितना बेकार बैठना।

कैप्टन और मल्लाह सुसज्जित होकर जहाज को बंदरगाह से बाहर लाकर समुद्र में उसे चलाते हैं। पर निश्चित स्थान का लक्ष्य किए बिना वे जाएँगे कहाँ? क्या केवल जहाज के चलने से यात्रा सफल हो जाएगी? यह भी तो देखना पड़ेगा कि नक्शे के अनुसार वे चल रहे हैं या नहीं। जो मार्ग में, टापू-पहाड़ी इत्यादि चिह्न आएँगे, वे देखते रहेंगे कि यात्रा निश्चित स्थान के लिए ठीक मार्ग से हो भी रही है या नहीं! बड़ी यात्रा को छोड़िए लक्ष्य के बिना दो फर्लांग जाना भी मुश्किल हो जाएगा।

रणक्षेत्र में उसी सेनापति की विजय होती है, जो पहले से अपना मंतव्य बना लेता है। सेना चाहे जितनी बड़ी हो, फौज को इधर-उधर लिए फिरने, स्थान-स्थान पर प्रहार करने और शत्रु से जगह-जगह मुठभेड़ करने से किसी सेनापति को विजय प्राप्त नहीं हुई। इतिहास इसी सिद्धांत की पुष्टि करता है। सेनापति स्वयं युद्ध नहीं करता, उसकी दिव्य-शक्ति और उसका एकाग्रचित्त मन अपने लक्ष्य बनाने में ही लगे रहते हैं।

नेपोलियन बोनापोर्ट में अदम्य साहस और वीरता के अलावा ऐसी कौन सी शक्ति थी, जिसके द्वारा उसकी अद्वितीय और अत्यंत विस्तृत विजय हुई? उसके जीवन-चरित्र का अवलोकन करने से पता चलता है कि उसकी 'एकाग्रता' और 'लक्ष्य बुद्धि' ही विजय का रहस्य थी।

सफलता प्राप्त करने के लिए आवश्यक है, मनुष्य अपने तन, मन, धन की शक्तियाँ एक ही दृढ़ संकल्प को पूरा करने में लगा दे। पचासों मनोहर और ललचाने वाले कार्य और व्यवहार हमें दिखाई देते हैं। और हमारा मन उनसे ऐसा डाँवाडोल हो जाता है कि कभी हम एक काम को छोड़ दूसरे को, फिर किसी तीसरे को करने लग जाते हैं। उसका परिणाम यह होता है कि मुख्य लक्ष्य हाथ से जाता रहता है।

किसी कवि ने कहा है—

'मन लोभी, मन लालची, मन चंचल, मन चोर,
मन के मते न चालिए, पलक-पलक मन और।'

एक लक्ष्य को पकड़कर उसकी पूर्ति के लिए एकाग्रचित्त हम तब हो सकते हैं, जब अन्य प्रभोलनों की ओर ध्यान न दें। जो व्यक्ति एक ही काम को अपना जीवन-संकल्प बनाकर कार्य करता है, उसकी संपूर्ण विजय होती है। किसी काम पर मस्तिष्क की समस्त शक्तियों को केंद्रित करने से उस कार्य की सिद्धि के लिए सब साधन ज्ञात हो जाते हैं। जो त्रुटियाँ सिद्धि में बाधा डालती हैं, उनका भी शनै:-शनै: भान हो जाता है। उसी अनुभव से हम उन त्रुटियों से कालांतर में बच जाते हैं। परंतु नित नया कार्य करने से उसके भेद हमें कहाँ से मालूम होंगे? उसके संपादन में जो नित नई त्रुटियाँ आती हैं, उन पर पूर्ण विचार कर भी नहीं पाते हैं कि उतने में हम दूसरा कार्य आरंभ कर देते हैं। यह गलत है।

आधुनिक शिक्षा प्रणाली में जो टैक्निकल ट्रेनिंग (विशिष्ट शिक्षा) की व्यवस्था की गई है, उसका भी सिद्धांत एकाग्रता की शक्ति को प्राप्त करना है। स्कूली पढ़ाई में जो शिक्षा दी जाती है, वह साधारण प्रकार की तथा इस सिद्धांत के आधार पर दी जाती है कि शुद्ध लिखना, बोलना, हिसाब करना और विचार करना विद्यार्थी सीख जाएँ।

अमेरिका और यूरोप में तो विशेष प्रकार की शिक्षा देने का यहाँ तक ध्यान रखा जाता है कि बचपन में बालक को कई प्रकार के खिलौने दे दिए जाते हैं और अध्यापक सावधानी से नजर रखते हैं कि उस बालक का किस खेल पर अधिक ध्यान जाता है। उसको फिर उसी व्यवसाय में लगाने की चेष्टा की जाती है। जब तक किसी व्यवसाय की कठिनाइयाँ और हानियाँ न अनुभूत की जाएँ, तब तक यह कैसे ज्ञात हो सकता है कि वह व्यवसाय लाभदायक है अथवा हानिकारक? दूसरों का बताया हुआ अनुभव हमें संपूर्णत: लाभ नहीं दे सकता।

एकाग्रता के सिद्धांत का प्रतिपादन करते हुए हमें और भी दो बातों पर ध्यान देना है। एक प्रश्न तो यह उठता है कि जब मनुष्य वर्षों तक एक काम को एकाग्रता और संलग्नता के साथ अनेक कठिनाइयाँ झेलता हुआ करता रहे और फिर भी अपने और दूसरों के अनुभव से यह देखे कि इस विशिष्ट कार्य में सफलता नहीं मिलती तो उसको दूसरे काम में हाथ डालना चाहिए या नहीं? या हमेशा उसी काम में उसे लगा रहना चाहिए? यदि उस कार्य की सफलता का वर्षों के अनुभव के बाद कारण ज्ञात हो जाए और फिर हम इसी परिणाम पर पहुँचे कि यह कारण ऐसा मजबूत है कि इसे नहीं हटा सकते तो उस समय दूसरा कार्य कर लेना उचित है। परंतु एक मंतव्य को छोड़कर दूसरा मंतव्य ग्रहण करने के पूर्व बारंबार विचारने और धैर्य तथा प्रतीक्षा की आवश्यकता है, क्योंकि प्राय: देखने में आता है कि मनुष्य जब तक व्यवसाय से नितांत थककर और आपत्तिग्रस्त होकर मारे घबराहट के दूसरे काम में हाथ डालने लगता है, तब तक उसे अपने पहले कार्य में भी विजय मिल जाती है।

दूसरा प्रश्न यह उठता है कि एक ही लक्ष्य या व्यवसाय जब अच्छा प्रतीत नहीं होता तो उसी कार्य या लक्ष्य के लिए दूसरा साधन या मार्ग ग्रहण करना चाहिए या नहीं? इस प्रश्न का भी उत्तर यही प्रतीत होता है कि लक्ष्य तो यही रखा जाए, परंतु उसकी सिद्धि के लिए दूसरा मार्ग चयन करने में कोई नुकसान नहीं है। उदाहरणार्थ—एक व्यापारी अनाज का व्यापार वर्षों तक करता रहा और इस व्यवसाय में वह अनेकानेक कष्ट और घाटे उठाता रहा। अनुभव से जब उसने अच्छी तरह जान लिया कि अनाज के व्यापार में उसे कोई लाभ नहीं है तो उचित यही है कि इस अनाज के क्रय-विक्रय को छोड़कर वह किसी दूसरी वस्तु का व्यापार करने लग जाए। इसी प्रकार स्थान परिवर्तन से भी सफलता मिल सकती है।

याद रखिए, सभी तरह के भाव हमारी इच्छाओं के अनुरूप ही प्रतिफलित होते हैं।

□

55

इच्छा शक्ति बनाम दृष्टिकोण

यदि हमारा दृष्टिकोण क्षुद्र और कमजोर होगा तो हमारी इच्छा शक्ति के परिणाम भी वैसे ही होंगे।

–हेबर

मार्गरेट प्रेस्कोट मान्टेग्यू ने अपनी '20 मिनट्स ऑफ रियलिटी' (वास्तविकता के 20 मिनट) नामक पुस्तक में यात्रा के उस धूमिल दिन के विषय में लिखा है, जब वे लंबी बीमारी के बाद पहली बार 20 मिनट के लिए घर से बाहर निकली थीं। उनके चारों ओर जाड़े का अवशेष था। पत्तों से खाली पेड़ और अधगली बर्फ के ढेर। अचानक वह साधारण सा दिखने वाला दृश्य उनके लिए बिलकुल बदल गया था। उस अनुभूति के विषय में उन्होंने लिखा है, "सहसा मैंने वास्तविकता के मर्म में झाँककर देखा जीवन को पहली बार उसके समस्त सौंदर्य के साथ देखना अत्यंत अद्‌भुत था। इसके आनंद, सौंदर्य एवं महत्त्व का वर्णन नहीं किया जा सकता।"

जीवन के अद्‌भुत सौंदर्य, उसकी व्यापकता एवं उसकी गरिमा को अनुभूत करना हरेक के वश में नहीं होता लेकिन यह ऐसा अनुभव है, जिन्हें सिर्फ मनुष्य ही कर सकता है।

ईश्वर ने मनुष्य को समस्त प्राणियों में सर्वश्रेष्ठ इसलिए बनाया है कि वह उन समस्त ऊँचाइयों का संस्पर्श करे, जिनके लिए वह अवतरित हुआ है। गहरे अर्थों में देखें तो हम अनंतकाल से इस ब्रह्मांड के एक अटूट हिस्सा बने हुए हैं। अलग-अलग समय व देश-काल में हमारा आगमन होता रहा है। हमारे सभी धर्मग्रंथों में कहीं-न-कहीं इस बात के संकेत मिलते हैं।

हमारा जीवन नृत्य तो ऐसी अविरल निर्मल जलधारा है, जो विभिन्न स्थानों से होते हुए अंततः प्रभु रूपी सागर में विलीन हो जाती है।

> हमारा **जीवन नृत्य** तो ऐसी **अविरल** निर्मल **जलधारा है,** जो विभिन्न **स्थानों** से होते हुए अंततः प्रभु रूपी सागर में विलीन हो जाती है।

इच्छा शक्ति की प्रेरणा

एक साधारण मनुष्य रोटी, कपड़ा और मकान को अपने जीवन का अंतिम उद्‌देश्य मानकर ही इस समस्त जीवन को चुकता कर देता है। इस पृथ्वी पर उँगलियों पर गिनने लायक व्यक्ति हुए हैं, जिन्होंने मनुष्यता के उच्चतम आयामों को परिभाषित किया। हम भले

ही उस अवस्था तक न पहुँच पाएँ, परंतु हम जहाँ भी, जो भी, जिस भी कार्य में संलग्न हैं, उसे श्रेष्ठ से श्रेष्ठतम रूप में संपन्न करने का हमारा फर्ज है।

बहुत बार अनायास ही हमें प्रतीत होता है कि कोई हमसे कुछ काम लेना चाहता है। यह बिलकुल ठीक इस तरह है जैसे एक मोबाइल फोन से दूसरे मोबाइल फोन पर एस.एम.एस. भेजे जाते हैं। जो लोग सर्जनात्मक प्रतिभा के धनी हैं, उन लोगों को इस तरह के अधिक अनुभव होते हैं। कई बार तो स्पष्ट ऐसा महसूस होता है कि कोई अदृश्य ताकत हमें किसी कार्य को करने के लिए प्रेरित कर रही है।

सत्त्व गुणों से युक्त व्यक्ति इन भावनाओं को ग्रहण कर क्रियान्वित करने का प्रयास करता है। संभवतः रवींद्रनाथ टैगोर की अमर कृति गीतांजली ऐसे ही किसी भाव को व्यक्त करने का परिणाम है। तभी तो गीतांजली को साहित्य के क्षेत्र में नोबल पुरस्कार से अलंकृत किया गया।

इस तरह की भावनाएँ अधिकांशतः सूफियाना अथवा आध्यात्मिक पुट लिए हुए रहती हैं। गीतांजली की प्रथम कविता की बानगी देखिए—

सरस्वती के उपासकों में जिन लोगों ने ख्याति व सम्मान के चरमोत्कर्ष को छुआ है, वे लोग ऐसे हैं, जिनका विधायक व चित्त सात्त्विक रहा है। श्रेष्ठ मन में ही सत्य व शुद्ध विचारों का जन्म संभव है।

'मेरा शीश झुका दो अपनी
चरण धूलि के तल में।
प्रभु! डुबा दो अहंकार मन
मेरे अश्रु जल में।
अपने को गौरव देने को
अपमानित करता अपने को।
अपने आप में घूम-घूम कर
मरता हूँ क्षण-क्षण में।
प्रभु! डुबा दो अहंकार मन
मेरे अश्रु जल में।'

सरस्वती के उपासकों में जिन लोगों ने ख्याति व सम्मान के चरमोत्कर्ष को छुआ है, वे लोग ऐसे हैं, जिनका विधायक व चित्त सात्त्विक रहा है। श्रेष्ठ मन में ही सत्य व शुद्ध विचारों का जन्म संभव है।

ऐसे ही एक दिन कवि रूपर्ट ब्रुक को अपने प्रियजनों के साथ चाय पीते हुए लगा था। सहसा वे कहीं ऊपर उठ गए और उन्होंने लिखा—

'तारों से शून्य असीम आकाश तले
मैंने उस अमर क्षण को अनुभव किया
एक क्षण, सिर्फ एक क्षण के लिए,
मैं सर्वज्ञ बन गया
जैसे ईश्वर सर्वज्ञ है।'

ईश्वरीय सत्ता को सवालिया नजर से देखने वाले वैज्ञानिक भी इस अनुभूति से अनजान नहीं हैं।

गर्मियों के मौसम में एक दिन दोपहर को भौतिक विज्ञानी फ्रिटयोफ़ कैपरा को अपने चारों ओर की वस्तुएँ ब्रह्माण्डीय नृत्य करती सी प्रतीत हुईं। उन्होंने अपने अनुभव को शेयर करते हुए लिखा है कि 'मुझे लगा कि ऊर्जा अंतरिक्ष से झरने के समान गिर रही है और उसके लयबद्ध स्पंदनों में कणों का सृजन और विध्वंस हो रहा है। मैंने तत्त्वों और अपने शरीर के अणुओं को ऊर्जा के उस ब्रह्माण्डीय नृत्य में भाग लेते हुए देखा।'

इच्छाओं में हस्तक्षेप

पश्चिमी के ही नहीं, भारत के ही अनेक वैज्ञानिकों ने ईश्वरीय सत्ता के हस्तक्षेप तथा मार्गदर्शन को अंगीकार किया है। अपने परिश्रम, बुद्धिमता, सूझ-बूझ व योग्यता के बलबूते फर्श से अर्श तक पहुँचे पूर्व राष्ट्रपति ए.पी.जे. अब्दुल कलाम ने अपनी जीवनी में लिखा है कि जिन उपलब्धियों पर पूरा देश गौरवान्वित है, उन सबको पूरा करने में ईश्वर का बहुत बड़ा हाथ है, यथा—

'ईश ने कहा कि दूँगा
सदा स्वच्छ नीला आकाश।
फूल भरी राहें जीवन भर
बिन बादल और बिना बरसात।
बिन दुःख के आनंद न होगा
और न शांति बिना प्रलाप
ईश ने दी सदा पुरुष को
शक्ति जीवन के हरेक दिन
शांति हरेक श्रम के संग बाँधी
और रोशनी राहें चुन-चुन।'

इंद्रियातीत क्षणों की अनुभूति रोज-रोज नहीं होती लेकिन ये उतनी ही स्वाभाविक हैं, जितना कि देखना और सुनना। ये अनुभूति कई माध्यमों से आती है—प्रार्थना से, कविता से, दिव्य गुणयुक्त व्यक्तियों की संगति से, सुख या दुःख के अतिरेक से, साहस और प्रेम से।

ये अनुभूतियाँ हमें रोजमर्रा के जीवन के ढर्रे से ऊपर उठाती हैं, हमारे जीने और सोचने के ढंग को बदल देती हैं। हम सब क्यों हैं और हमारा जीवन किन उद्देश्यों के लिए है? ये अनुभूतियाँ इन प्रश्नों के उत्तर देती हैं। वे उतना ही अभिभूत करती हैं, जितना कि ईश्वर के अस्तित्व की अनुभूति—

'वह जोड़ता, तोड़ता
फिर बनाता
उस रूप में
जो कोई नहीं जानता
कोई नहीं पहचानता।'

—अल्वकाह (कुरान शरीफ, 56:61)

महान् संगीतकार हैंडल की रचना 'मसीहा' के असाधारण और प्रेम के समान सार्वभौमिक अनुशक्तियाँ हमें जीवन के उज्ज्वल पथ पर अग्रसारित करती हैं। एक ऐसा जीवन जिसके कण-कण में उत्सव एवं आनंद की निर्मल छटाएँ प्रतिबिंबित होती हैं और जिसकी सुंदर आभा में जीवन का संपूर्ण अस्तित्व नृत्य करने लगता है।

इन्द्रियातीत अनुभव

प्रत्येक काम, हरेक खुशी और प्रत्येक संबंध का एक इंद्रियातीत आयाम होता है। मसलन एक नव प्रसूता माँ अपनी बच्ची को सुलाने की कोशिशों में जुटी है तथा उसे नींद नहीं आते देख परेशान हो रही है। कुछ ही क्षणों बाद वह उसे मार्मिक दृष्टि से देखती है और बाँहों के झूले में उसे प्यार करती है। बच्ची की बंद आँखें पल भर में यह स्पष्ट कर

देती हैं कि प्रेम का एक क्षण रोजमर्रा के काम-काज से अधिक महत्त्वपूर्ण है। उस मर्मस्पर्शी दृष्टि में अतीत, वर्तमान एवं भविष्य का संगम होता दिखाई देता है। शरीर के उपयोग से ही इंद्रियातीत अनुभव हो सकता है। भारत के महान् संत श्री श्री रविशंकर द्वारा आविर्भूत की गई एक नई ऊर्जा शक्ति 'सुदर्शन क्रिया' भी ऐसी ही अद्‌भुत अनुभूति है, जिसे वे अपने 'आर्ट ऑफ लीविंग' प्रोग्राम के बेसिक कोर्स के अंतर्गत करवाते हैं।

इन समस्त अनुभवों का सार यह प्रतीत होता है कि हम जब अपनी सुरक्षित ऊर्जा का प्रयोग करते हैं तो शरीर और मन जैसे उन्मुक्त हो जाते हैं और हम इस प्रकार देख-सुन और समझ पाते हैं, महसूस कर पाते हैं, जैसा पहले कभी नहीं किया था।

वास्तव में ये अनुभव ब्रह्माण्ड में छिपी संरचना की झलक को पाने की एक ललक हैं। हाथ में तिरंगा झंडा लेकर अपने मैले-कुचैले कपड़ों में एक छोटी मजदूर बालिका जब माथे पर अपनी नन्ही हथेली लगाते हुए 'माँ तुझे सलाम' गीत में दिखाई देती है तो कोई भाव अंदर तक झकझोरता है। प्रकृति के मनोरम दृश्य, कल-कल कर बहती गंगा की स्वच्छ निर्मल जलधारा, ईश्वर की सुंदर मूर्ति अथवा राष्ट्र पर बलिदान होने वाले महान् सपूतों को फाँसी के फंदे पर झूलते देखना भी इस प्रकार की अनुभूति कराता है।

इंद्रियातीत अनुभूति प्रकृति के विशेष उपहार के रूप में भी हो सकती है। जाड़ों में बर्फ पर गिरी चाँदनी या शिशिर ऋतु की गोधूली में हंसों की पंक्ति को स्वच्छंद आकाश में उड़ते देखकर या किसी अनजाने समुद्र तट पर अनजानी फेनिल तरंगों की ध्वनि की तरंगें अपने से परे किसी रहस्यात्मक अस्तित्व की अनुभूति कराती हैं।

'ये पृथ्वी, ये आकाश
ये जल ये आकार
सब उसके हैं, बनाए उसने
तीनों लोक समाए उसमें
फिर भी रहता है वह
एक छोटे से तालाब तल में।'

—अथर्ववेद (ग्रंथ 4, श्लोक 16)

अपने शिमला प्रवास से लौटने के दौरान रात्रि में बस की खिड़की से गगनचुंबी पर्वत शृंखलाओं के मध्य झिलमिलाती रोशन छटाओं को देखने का अनुभव कुछ ऐसा ही था, उस समय कुछ पंक्तियाँ मैंने लिखीं—

'मेरे अहम के मेरे वहम के
जीवन से सारे पल गए,
अबकी अगन अजीब थी,
रस्सी के सारे बल गए।
क्या रूप था, क्या रंग था,
सब बात थी तेरी बेहिसाब।
कुछ दीवाने हम से थे,
बेबात यूं ही छल गए।
न वो ताब है, न वो आब है,
न ही पहले जैसा जुनूं रहा।
मेरे इल्म का भी पता नहीं

सब हवाओं के साथ ढल गए।
तेरे प्यार के समुद्र से,
मैं तृप्त हूँ सरों पाँव तक।
जाने वो कैसे लोग थे?
जो खाली हाथ मल गए।
प्रभु प्रेम के सन्मार्ग पर,
रख तो दिए मैंने कदम।
सिर्फ कर्म का ही भाव है,
इच्छा के सारे फल गए।'

सर्वाधिक इंद्रियातीत अनुभूति उन चरम क्षणों में होती है, जब मनुष्य स्वयं को ईश्वर के समीप अनुभव करता है। विभिन्न धर्म-समुदाय तथा संस्कृति के मानने वाले लोगों ने इन रहस्यात्मक शक्तियों को लगभग कुछ ऐसा ही अनुभव किया है। यह आनंद जीवन के किसी भी आंनद से सर्वोपरि है तथा संसार के पीछे अदृश्य व्यवस्था से साक्षात्कार है।

विश्वास की ऊर्जा

हमें किसी भी आश्चर्यपरक उपलब्धियों को अर्जित करने हेतु एक विश्वास को जगाने की आवश्यकता होती है। यह विश्वास ही हमें हमारे लक्ष्य तक ले जाता है।

हमें किसी भी आश्चर्यपरक उपलब्धियों को अर्जित करने हेतु एक विश्वास को जगाने की आवश्यकता होती है। यह विश्वास ही हमें हमारे लक्ष्य तक ले जाता है।

दूसरे शब्दों में कहें तो हमारे पास दृष्टि ही नहीं होगी तो सृष्टि के खुलते हुए द्वारों को हम नहीं देख पाएँगे। लोगों के सामने तैरने, भाषण देने, गीत सुनाने या अभिनय करने हेतु स्वयं को पूर्णतया समर्पित कर देना पड़ता है। ऐन-मोरे लिंडबर्ग ने लिखा है कि 'जैसे समुद्र से उपहार पाने की आशा समुद्रतट करता है, उसी तरह हमें अपने आपको खाली, खुला एवं निर्विकल छोड़ देना चाहिए।' हम निश्चित रूप से इस तरह के विश्वास को फलीभूत होते देख सकते हैं। रचनात्मक लेखन की बाबत प्रशिक्षण देने वाले संस्थान भावी लेखकों को अकसर यह परामर्श देते हैं कि वे स्वयं से पूछें—'मैं इस समय क्या देख रहा हूँ?, क्या सुन रहा हूँ? क्या छू अथवा सूँघ रहा हूँ?' ये अच्छे प्रश्न हैं अपने मस्तिष्क से घिसे-पिटे तरीकों को विसर्जित करने के लिए, अपनी जिज्ञासा की क्षमता में वृद्धि के लिए।

श्रद्धा की निकासी

धार्मिक अनुभवों का स्थान महत्त्वपूर्ण है। इंद्रियातीत अनुभूति तथा धार्मिक भावनाएँ गहरे अर्थों में परस्पर एक-दूसरे से जुड़ी हैं। मंदिर, मस्जिद, गिरजा तथा गुरुद्वारे हमारी जिज्ञासा और श्रद्धा की निकासी का काम करते हैं। धार्मिक अनुष्ठानों में सहभागिता से हृदय के कपाट खुलते हैं।

मुझे 'खुल जा सिमसिम' जैसा कोई जादुई शब्द नहीं मालूम जो व्यक्ति को सत्य और आनंद की प्राप्ति के लिए चुटकी बजाते ही तैयार कर दें, परंतु मेरा स्पष्ट मंतव्य है कि जल्दबाजी तथा खीझ, क्रोध एवं अहंकार, कटुता और ईर्ष्या, घृणा एवं निंदा, महत्त्वकांक्षा तथा स्वयं को पूर्णतः समा देने की अनिच्छा से ईश्वरीय शक्तियाँ मुँह फेर लेती हैं।

वस्तुतः इंद्रियातीत अनुभूतियाँ उन्हीं मनुष्यों को हो सकती हैं, जो विकसित होने तथा निरंतर कुछ नया सीखने के लिए आतुर रहते हों। जो पानी में उतरने से डरते हों, निश्चित रूप से वे कभी तैरना नहीं सीख सकते। यदि हम सागर की भव्यता से अनभिज्ञ रहेंगे तो उसके गहरे जल में उस सर्वशक्तिमान की आवाज हमें कभी सुनाई नहीं देगी।

जैसी दृष्टि : वैसी सृष्टि

कई बार होने वाली अनुभूतियाँ सत्य के अत्यंत निकट होती हैं परंतु हम अपनी हठधर्मिता, अहंकार अथवा अज्ञानतावश उस पर ध्यान नहीं दे पाते।

कल्पना कीजिए आज प्रात: अनायास आपको कार्य के बारे में कोई अंतर्दृष्टि प्राप्त हुई...यह तीव्र अंतर्दृष्टि, जो आपकी साधारण विचारधारा से ऊपर थी या मान लीजिए आपने किसी दुकान की खिड़की में किसी निर्जन सड़क का चित्र देखा और एक पल के लिए आप उस सड़क पर चलते हुए किसी कल्पनालोक में पहुँच गए या अकारण ही आप को ईश्वर का आभास हुआ, तब उस अनुभूति की गहराई में जाने की कोशिश कीजिए, लेकिन तीसरे पहर वह अनुभूति तिरोहित हो जाती है। दूसरे शब्दों में कहें तो यह अविश्वास करने के मजबूत इरादे में खो गई।

हम सबने ऐसा होता देखा परंतु स्वीकार नहीं करते, सुनते हैं और भुला देते हैं। महान् अनुभूति के पास पहुँचकर भी हम उसकी तरफ से पीठ फेरकर खड़े हो जाते हैं। आप जानते हैं ऐसा क्यों होता है? ये बस होता है अविश्वास के कारण।

याद रखिए संशयवादी लोग इंद्रियों द्वारा यह साबित करना चाहते हैं जो इंद्रियों की अनुभूतियों के परे है। ऐसे लोगों के विचारों पर ध्यान नहीं देना चाहिए। अपनी दृष्टि तथा अपनी सृष्टि में विश्वास रखें, उसका स्वागत करें और उसका उपयोग करें।

□

56

जो चाहिए, वह पाइए

पतंगे की नक्षत्र के लिए इच्छा, रात्रि की दिवस के प्रति चाह और अपने दुःख से एक अज्ञात सुख की कामना—यही तो जीवन की चिर-अतृप्त इच्छाएँ हैं।

—शेली

जिस तरफ रास्ता दिखलाई देता है उधर ही जाने की इच्छा होती है। जहाँ मार्ग दृष्टिगत नहीं होता वहाँ जाने के लिए विचार भी नहीं होता। यह व्यवहार साधारण इच्छा रखने वाले व्यक्ति के लिए है। परंतु इच्छुक और साहसी मनुष्य इस सामान्य नियम को बदल डालते हैं।

महाराज भगीरथ ने भारतभूमि पर गंगा का किस प्रकार अवतरण कराया, आप जानते ही हैं।

यूरोप में हॉलैण्ड एक छोटा सा देश है। अन्य देशों के मुकाबले में हॉलैण्ड, बेल्जियम और स्विट्जरलैण्ड आपको छोटे-छोटे धब्बे नजर आएँगे। हॉलैण्ड एक बहुत नीचे तल का देश है। जिस समय स्पेन ने हॉलैण्ड को अधिकृत किया था, उस समय हॉलैण्ड के राजा विलियम ऑरेंज थे। वे शत्रु को अपने देश से निकालने के लिए बहुत प्रयत्न कर रहे थे। उन्होंने एक प्रयत्न यह सोचा था कि यदि समुद्री देश मिला दिया जाए तो शत्रु का बहिष्कार हो सकता है।

जिस तरफ रास्ता दिखलाई देता है उधर ही जाने की इच्छा होती है। जहाँ मार्ग दृष्टिगत नहीं होता वहाँ जाने के लिए विचार भी नहीं होता। यह व्यवहार साधारण इच्छा रखने वाले व्यक्ति के लिए है। परंतु इच्छुक और साहसी मनुष्य इस सामान्य नियम को बदल डालते हैं।

सन् 1574 ई. में 4 माह बाद हॉलैण्ड को स्पेन के सैनिकों ने घेर लिया। जब स्पेन के सैनिकों ने सुना कि हॉलैण्ड की जहाजी सेना महासरे (घेरे) को उठाने के लिए प्रवृत्त हो रही है तो उन्होंने ढिठाईपूर्वक उपहास किया और कहा, ''ऑरेंज महाराज आकाश के तारे तोड़कर पृथ्वी पर ला सकते हैं, परंतु हॉलैण्डवासियों के बचाव के लिए लीडन नगर की दीवारों तक समुद्र को खींचकर नहीं ला सकते। महाराज विलियम ऑरेंज उस समय राटरडैम में ज्वर की पीड़ा से बिस्तर पर करवटें बदल रहे थे। उन्होंने वहीं से आदेश दिया, ''बाँधों और खाइयों को तोड़ डालो और हॉलैण्ड को समुद्र की भेंट कर दो।''

राजाज्ञा का उत्तर भी साहसी हॉलैण्डवासियों ने यही दिया था कि एक परास्त देश की अपेक्षा जल में डूबा हुआ देश अच्छा है। उसी समय से वे बाँध तोड़ने लगे

और समुद्र के किनारे से 15 मील तक उन्होंने खाइयाँ खोद डालीं, हालाँकि कार्य बड़ा कठिन था।

महासरे (घेरे) के अंदर जो हॉलैण्ड निवासी थे वे भूखों मर रहे थे और महासरा (घेरा) देने वाले स्पेनियार्ड उनकी हँसी उड़ाते थे कि मंदगति से काम करने वाले हॉलैण्ड के मच्छर किस प्रकार समुद्र की लहरों पर अधिकार प्राप्त करेंगे। परंतु कहावत सत्य है कि परमात्मा उसकी सहायता करता है जो अपनी सहायता स्वयं करता है। 1 और 2 अक्तूबर को समुद्र में हॉलैण्ड की ओर एक ऐसी हवा चली कि जो उसके जहाजों को उनके पड़ाव तक अंदर की ओर ले गई। प्रात: काल घिरे हुए लोगों ने शत्रु के प्रति हथियार उठाए। परंतु घेरा देने वाली स्पेनी फौज मारे डर के रात को ही भाग गई थी। दूसरे दिन हवा का रुख पलट गया अर्थात् वायुवेग हॉलैण्ड देश की ओर से समुद्र की तरफ हो गया जिसका परिणाम यह हुआ कि हॉलैण्ड देश की तरफ से स्पेन की सेना और उनके जहाज समुद्र की तरफ बह गए। बाहर की खाइयाँ खोल दी गईं और उत्तरीय (नार्थ) समुद्र अपनी पुरानी सीमा पर ठहर गया।

जब बसंत ऋतु आई और पुष्प खिलने लगे तो हॉलैण्डवासियों ने विजय समारोह यात्रा निकाली और अपनी विजय को चिरकालपर्यंत स्मरण रखने के लिए लीडन नगर में एक विश्वविद्यालय की स्थापना की।

असंभव भी संभव

सन् 1837 में न्यूयॉर्क में चांसलर केन के घर पर एक प्रीतिभोज दिया गया था। उसमें बड़े-बड़े और प्रख्यात व्यक्ति आमंत्रित किए गए थे। उनमें फ्रांस निवासी एक युवक भी था, जो उदास, शांत और चुपचाप प्रतीत होता था। प्रोफेसर मिर्स भी मेहमानों में थे। सायंकाल के समय मि. गैलिटिन नामक एक प्रख्यात राजनीतिक व्यक्ति को संबोधित करके उन्होंने उस फ्रेंच युवक की ओर आकृष्ट किया और कहा कि 'इसके सिर की बनावट से यह बहुत बुद्धिमान् प्रतीत होता है।'

मि. गैलिटिन अपने सिर पर हाथ रखकर प्रो. मिर्स का समर्थन करते हुए कहने लगे, ''इस युवक के दिमाग में एक बड़ा विचित्र खयाल है; इसके मस्तिष्क में यह धुन समाई है कि यह एक दिन फ्रांस का सम्राट होगा। क्या इससे भी असंभवतर कोई कल्पना हो सकती है?''

उस समय उस युवक की हीनता को देखते हुए यह जानते हुए कि वह फ्रांस से निर्वासित होकर अमेरिका में एक निर्धन और असहाय व्यक्ति था, यह कौन कह सकता था कि वह सचमुच ही फ्रांस का सम्राट होगा? गैलिटिन की घोषणा सचमुच सत्य हुई। 14 वर्ष के पश्चात् उस दीन-हीन निर्वासित युवक का स्वप्न सही निकला। वह फ्रांस में नेपोलियन तृतीय के नाम से सम्राट हुआ। इससे पूर्व उसको वर्षों कारागार में रहना पड़ा। परंतु उसने अपनी स्वप्न लता को अपने साहस, धैर्य और दृढ़ इच्छा से सींचे रखा। एक दिन उसने वहीं कर दिखाया जो दिल में ठान रखी थी। इसमें संदेह नहीं कि इस फ्रेंच युवक ने अपना संकल्प पूरा करने के लिए अच्छे और बुरे सभी प्रकार के कार्य किए परंतु वह एक ज्वलंत उदाहरण हमारे सामने है कि हिम्मत और परिश्रम असंभव को संभव बना देता है।

जब इंग्लैण्ड और अमेरिका के बीच में वाष्प से चलने वाले जहाजों द्वारा आवागमन शुरू हुआ तो डॉक्टर लार्डनर ने रॉयल सोसायटी के सम्मुख व्याख्यान दिया कि वाष्प से चलने वाले जहाज अटलांटिक महासागर को पार नहीं कर सकते, क्योंकि उनमें इतने कोयले का बोझ नहीं रह सकता जितना कोयला उस कुल यात्रा के लिए वाष्प बनाने को पर्याप्त होगा। परंतु सीरियक नामक वाष्प से चलने वाला जहाज इंग्लैण्ड से अमेरिका 19 दिन में पहुँच गया और इससे लार्डनर का सिद्धांत असत्य प्रमाणित हो गया।

जब लोहे का जहाज बनाने की बात उठी तब बहुत से लोगों ने कहा कि लोहा जल में डूब जाने वाली धातु है; पानी पर तो केवल लकड़ी ही तैर सकती है। बाद में अनुभव करने से यह भली-भाँति प्रमाणित हो गया कि लकड़ी ही नहीं अपितु लोहा भी पानी पर तैर सकता है। जो बात उस समय असंभव और असत्य प्रतीत होती थी वह बात अब इतनी सुगम, संभव और सत्य हो गई है कि अमेरिका और इंग्लैण्ड के बीच में अटलांटिक महासागर के उर-स्थल पर रोज लोहे के बने हुए जहाज आसानी से आते-जाते हैं।

राह दिखलाई नहीं देती थी, परंतु एक प्रबल इच्छा दिखलाई देती थी। यहाँ प्रबल इच्छा आगे चलकर साकार हो गई और चाह ने राह बना डाली।

इच्छा मेव जयते

लंदन इलस्ट्रेटेज न्यूज समाचार-पत्र को छापने वाले मिस्टर इनग्राम 15 कि.मी. तक केवल इसलिए पैदल चले जाते थे कि उन्हें अपने एक ग्राहक को नियत समय पर समाचार-पत्र की एक प्रति देनी थी। उन्होंने अपने वायदे को पूरा करने के लिए 15 कि.मी. पैदल चलने के श्रम को एक खेल समझा। एक बार रात्रि 2 बजे वे शैय्या से उठ बैठे और पैदल लंदन चले गए क्योंकि वहाँ से छपे हुए समाचार-पत्र की प्रतियाँ उन्हें अपने ग्राहकों के पास यथासंभव पहुँचानी थी और डाक का प्रबंध नहीं था। ऐसे ही दृढ़ इच्छा वाले व्यक्तियों को सफलता और श्रेय मिलता है।

हेनरी फास्ट नामक एक अंग्रेज युवक की जीवनी भी बड़ी उज्ज्वल और रोमांचकारी है। हेनरी फास्ट शिकार के लिए गया था। दुर्भाग्य से उसकी दोनों ही आँखों पर बंदूक का छर्रा लग गया, जिससे दोनों आँखें जाती रहीं। पुत्र की ऐसी दशा देखकर पिता के दुःख का ठिकाना न रहा। परंतु हेनरी फास्ट ने अपने संतप्त पिता से कहा, ''पिताजी आप कुछ भी विचार न करें; मुझे जीवन में जो सफलता प्राप्त करनी है, उसमें मेरे अंधे होने से कोई बाधा नहीं पड़ेगी।'' इस घटना के बाद एक हृदय कंपाने वाला दृश्य लंदन की सड़कों पर देखने में आता था कि पार्लियामेंट के मेंबर हेनरी फास्ट को उसकी पितृ भक्त पुत्री सहारा दिए घुमाया करती थी।

हेनरी फास्ट अंधे होने पर भी इंग्लैंड के महान् पुरुषों में गिने गए। अपनी बेटी के सहारे नगर में घूमने वाला यदि एक नेत्रहीन मनुष्य पार्लियामेंट का मेंबर हो जाए और जिस कार्य में हाथ डाल दे, उसी में सफल हो जाए तो क्या कम महत्त्व की बात है यह!

कर्त्तव्य-परायण, निर्भीक और साहसी पुत्री भी अपने पिता की आँखें ही नहीं बनी, अपितु उसने ऑक्सफोर्ड कॉलेज में सीनियर रेंगलर का अत्यंत प्रतिष्ठित पद भी प्राप्त किया, जिसे ग्लैस्टन जैसे महान् पुरुषों ने ही प्राप्त किया था। उस समय तक यह पद किसी स्त्री को प्राप्त नहीं हुआ था; इसलिए फास्ट की बेटी की यह अद्वितीय सफलता समस्त संसार की दृष्टि में एक ज्वलंत उदाहरण बन गई।

क्या ऐसे उदाहरण प्राप्त होते हुए भी कोई कह सकता है कि 'चाह में राह नहीं है?' महाकवि मिल्टन ने कहा कि जितने भी महान् पुरुष हुए हैं, उनकी व्यवस्था प्रारंभ से ही प्रतिकूल रही है और वे घात-प्रतिघात से लड़ते-झगड़ते ही शिखर पर पहुँचे हैं। बुरी व्यवस्था पर विजय प्राप्त करने के लिए आपको एक गुरुत्तर व्यवस्था बनानी पड़ती है; परंतु उस कुंजी को साफ करना, उसे ताले में बंद करना और उसमें घुमाना और ताले में अगर कोई खराबी हो तो उसे दूर करना आवश्यक है। केवल प्रबल इच्छा मात्र से ही हम नेपोलियन, पिट, लिंकन, प्रताप, शिवाजी, रानाडे और गांधी नहीं बन सकते।

स्वप्न रूपी लता को श्रम-स्वरूप जल से सींचना चाहिए, उसमें विवेक-स्वरूप खाद डालनी चाहिए और उस लता को विस्तृत होने के लिए ज्ञान-स्वरूप लकड़ी के सहारे पर रखना चाहिए। तब कहीं वह बेल फलती-फूलती है।

प्रतिकूल व्यवस्था को अनुकूल बनाने के लिए ज्ञान और विवेक की आवश्यकता है। राह में काँटे पड़े हुए हों तो विवेक यह कहता है कि उनको हटा दो, जला दो, या जमीन में गाड़ दो; उन काँटों पर पाँव से या अन्य अंग से खून मत बहाओ। प्रतिकूलता का अभाव हुए बिना उसका स्थान अनुकूलता ग्रहण नहीं कर सकती। जब तक अनुकूलता उत्पन्न न होगी तब तक मार्ग में आगे बढ़ना नहीं हो सकता। प्रतिकूलता अनुकूलता में तभी परिवर्तित हो सकती है जब विवेक और ज्ञान से कार्य किए जाए। अंधे होकर भागने से मार्ग नहीं

प्रतिकूलता अनुकूलता में तभी परिवर्तित हो सकती है जब विवेक और ज्ञान से कार्य किए जाए। अंधे होकर भागने से मार्ग नहीं कट सकता।

तात्पर्य यह है कि उत्तम व्यक्तियों को सदैव उत्तम पद नहीं मिलते। स्थिति और व्यवस्था का प्रभाव हमारे पद, वेतन और जीवन पर बहुत पड़ता है।

कट सकता। विवेक और ज्ञान के साथ उद्यम करने से मार्ग में पहाड़ भी हो तो वह हटाया जा सकता है या उसके ऊपर मार्ग बनाया जा सकता है परंतु उस पर्वत से सर फोड़ने से कोई लाभ नहीं हो सकता, वहाँ मार्ग नहीं बन सकता।

आरंभ से ही वकीलों को मुवक्किल और डॉक्टरों को बीमार प्राप्त नहीं होते। महीनों के धैर्य और प्रतीक्षा के पश्चात कार्य शुरू होता है। धनिक लोग कम योग्यता और कम अनुभव के होते हुए भी अपनी व्यवस्था के अनुसार बड़े-बड़े व्यवसाय और पदों पर नियुक्त हो जाते हैं और प्रथम दिन से ही अच्छे वेतन और अच्छा अधिकार प्राप्त कर बैठते हैं। पर जिनकी व्यवस्था अच्छी नहीं होती वे दीन-हीन युवक अच्छी बुद्धि, अच्छी शिक्षा, अच्छा चरित्र और पर्याप्त अनुभव रखते हुए भी वर्षों तक झक मारते फिरते हैं, तब कहीं बड़े पदों पर नियुक्त होते हैं।

यह कौन नहीं जानता कि हजारों सुयोग्य युवक नगरों और गाँवों में अपनी खराब व्यवस्था के कारण छोटे-छोटे पदों पर और अल्प वेतन पर नियुक्त होते हैं। इनसे आधी योग्यता रखने वाले लोग अपनी अनुकूल स्थिति के कारण अच्छे पदों पर नियुक्त हो जाते हैं। तात्पर्य यह है कि उत्तम व्यक्तियों को सदैव उत्तम पद नहीं मिलते। स्थिति और व्यवस्था का प्रभाव हमारे पद, वेतन और जीवन पर बहुत पड़ता है। कई उदार प्रकृति और गुणी युवक छोटे-छोटे पदों पर काम करते हैं : हालाँकि उनके अधिकारी भी अपने दिल में जानते हैं कि उनके मातहत उनसे अधिक बुद्धिमान और विवेकी हैं।

□

57

इच्छा की अभिव्यक्ति

इच्छाओं में मनुष्य की आत्मा का प्रतिबिंब होता है।

–पतंजलि

हम अपनी इच्छाओं को बता न पाने के कारण भी बहुत बार उलझनों व दुविधाओं को निमंत्रण देते हैं। हमें अपने मंतव्य को स्पष्ट रूप से दूसरों को बताना चाहिए। अपनी इच्छा को अभिव्यक्त करना शुरू में जरूर अटपटा लग सकता है, लेकिन बहुत जल्दी आपको यह अनुभव होने लगेगा कि आपका यह निर्णय एकदम दुरुस्त था। आप किसी व्यक्ति को अपनी इच्छा बताने के लिए चुनिए। ध्यान रखिए आप को ऐसा व्यक्ति पकड़ना चाहिए जो अपनों की परवाह करता हो। यह व्यक्ति ऐसा होना चाहिए जिस पर आप को यह विश्वास हो कि वह गंभीरतापूर्वक अपनों की बात को सुनेगा तथा उस पर विचार करेगा। यह व्यक्ति आपका कोई घनिष्ठ मित्र, सखी-सहेली अथवा जीवनसाथी भी हो सकता है। अपने इस विश्वासपात्र दोस्त अथवा साथी के समक्ष अपनी इच्छाओं को प्रकट करते हैं तो बहुत बार इच्छाएँ वास्तविकता में बदल जाती हैं। उस इच्छा की पूर्ति के लिए हमारे भीतर दूसरे व्यक्ति के प्रति जवाबदेह होने की जो भावना पैदा होती है, उसकी ऊर्जा के फलस्वरूप नतीजों को पाने में मदद मिलती है।

इस दुनिया में ऐसी बहुत सी चीजें हैं जिनके बारे में सोचने भर से हमारे दिल की धड़कनें तेज हो जाती हैं। यह भी हो सकता है कि कोई ऐसा पेशा हो जिसे हमने अपने जीवन का उद्देश्य समझा था या ऐसा कोई पाठ्यक्रम जिसे पूरा करने के लिए हम स्कूली दिनों में मंसूबे बाँधा करते थे।

हम अपनी इच्छाओं को बता न पाने के कारण भी बहुत बार उलझनों व दुविधाओं को निमंत्रण देते हैं। हमें अपने मंतव्य को स्पष्ट रूप से दूसरों को बताना चाहिए।

ऐसी कोई भी चीज जिसके विषय में सोचने भर से हम अपनी सुध-बुध खो बैठते हैं, वह हमारे जीवन निर्माण की पूँजी बन सकती है। हम एक कापी व पेंसिल लेकर अपनी उन चीजों को प्राथमिकता के आधार पर सूचीबद्ध कर सकते हैं। इन इच्छाओं को एक साथ लिखने का लाभ यह होगा कि हमें अपने स्वभाव, अपनी अपेक्षाओं, अपनी आकांक्षाओं तथा अपने सपनों से परिचित होने का मौका मिलेगा।

सामान्य जीवन में होता यही है कि जो हम बनना चाहते हैं, वह नहीं बन पाते। एक सर्वेक्षण के मुताबिक लगभग 80 प्रतिशत लोगों ने इस बात से सहमति जताई थी कि वे आज जिस पेशे में हैं उसमें कभी आना नहीं चाहते थे। होता क्या है कि कई बार माता-पिता की इच्छा, वातावरण तथा दूसरों की देखा-देखी हम उन व्यवसायों को चुन लेते हैं

जिनमें हमारी रत्ती भर भी दिलचस्पी नहीं होती। इसका नतीजा यह होता है कि हम बेमन से जब कामों को अनजाम देते हैं तो वे आधे-अधूरे ही हो पाते हैं।

याद रखिये आधे-अधूरे मन से किया गया कोई भी काम कभी भी हमें निर्धारित लक्ष्य तक नहीं पहुँचा सकता।

दरअसल जब हम मानसिक स्तर पर कई भागों में बँट जाते हैं, तब स्वाभाविक रूप से हमारी शक्ति विकेंद्रित हो जाती है। इसका परिणाम यह होता है कि कई दिशाओं में शक्ति बँट जाने से उसके परिणाम भी बँटे हुए रूप से मिलते हैं। इसलिए जिस भी कार्य को हम करें, उसमें अपनी शत-प्रतिशत शक्ति इस्तेमाल करने का हुनर आना चाहिए।

जिन लोगों ने अपने जीवन मे कभी स्कूल का मुँह तक नहीं देखा, उन लोगों पर आज सभ्य व शिक्षित समाज के लोग शोध करने में जुटे हैं।

याद रखिये आधे-अधूरे मन से किया गया कोई भी काम कभी भी हमें निर्धारित लक्ष्य तक नहीं पहुँचा सकता।

कबीरदास ने लिखा है 'मसि कागद छूओ नहीं'। इसी प्रकार सूरदास भी तालाब के किनारे बैठकर ऐसे अद्वितीय ग्रंथों की रचना कर गए, जिसकी बराबरी कर पाना आज भी असंभव है। आप जानते हैं कि यह सब कैसे संभव हुआ? यह उसी सौ प्रतिशत समर्पण का परिणाम है जो किसी भी साधारण कार्य को असाधारण की श्रेणी में ला खड़ा करता है।

जिन इच्छाओं को हम पूरी होते देखना चाहते हैं, उनके लिए हमें सौ प्रतिशत क्षमताओं के उपयोग का कमाल अपने व्यक्तित्व में पैदा करना होगा, तब कोई ऐसी वजह नहीं कि जो आपने सोचा हो वह पूरा न हो, देर-सवेर आप अपने सपनों को सच कर ही ले जाएँगे।

आप अपनी समस्या अथवा इच्छा को बताने के लिए अपने विश्वासपात्र व्यक्ति को कह सकते हैं कि आपको पत्रकारिता बहुत अच्छी लगती है तथा इसे अपनाने के लिए कोई-न-कोई मार्ग खोजना ही होगा। संभवत: आपका मित्र आपको सुझाव दे।

'हाँ, ऐसा करो। तुम अपने शहर के किसी छोटे-मोटे समाचार-पत्र में लिखना शुरू करो अथवा पुस्तकालयों की सदस्यता तथा पत्रकारिता की दुनिया में सक्रिय लोगों से निकटता बढ़ानी शुरू करो।'

कई अखबारों का ध्यानपूर्वक विश्लेषण करने से उनमें प्रस्तुत सामग्री में फर्क आपकी पकड़ में आने लगेगा।

एकांत में आप अपनी इच्छा पूरी करने के लिए विभिन्न विकल्पों पर विचार कर सकते हैं। जो भी विचार आपके मन में आए, चाहे वह कितना भी बेसिर-पैर का क्यों न हो उसे कागज पर उतार लीजिए। जब आप अपनी मित्र मंडली के साथ बैठकर चर्चा करेंगे तब उसके अच्छे नतीजे आने की पूरी संभावना है।

ध्यान रखिए हम औरों के लिए जितने अच्छे तरीके से सोच सकते हैं, उतना अपने लिए कभी नहीं, अत: अपने मित्र आदि से अपने लिए अच्छे सुझाव प्राप्त कीजिए।

इच्छाओं का इस्तेमाल

जिस क्षेत्र या विषय में हमारी गहरी दिलचस्पी है, उसमें स्वयं को पूरी तरह झोंक दीजिए। सच्चाई यह है कि हम किसी भी काम को करने के लिए सोच-विचार व अटकलें ज्यादा लगाते हैं, जबकि उस दिशा में हमें कोशिश करके देखना चाहिए। हमें यह सब शुरू करने के लिए निपुणता, कोई प्रमाण-पत्र अथवा खूब धन जमा करने का इंतजार नहीं करना है। ज्यादातर व्यक्तियों की सोच यह होती है कि काम के शुरू होने का एक मात्र उपाय परंपरागत पद्धति है।

शायद आप कहें, मैं जीव विज्ञान में डिग्री लिए बिना वन्य जीवन के संरक्षण का काम शुरू नहीं कर सकता। परंतु अपनी पसंद के किसी भी क्षेत्र में काम शुरू करने के कुछ बुनियादी और कम खर्चीले तरीके भी हैं, मसलन आपको वन्य जीवन संरक्षण का काम बहुत पसंद हो तो आप उसकी किसी समिति के सदस्य बन सकते हैं।

हो सकता है आपको फिल्म बनाने में दिलचस्पी है। इसके लिए आप अपने किसी परिचित को अपने साथ जोड़कर

या किसी से 8 एम.एम. का मूवी कैमरा उधार लेकर उसका इस्तेमाल करना सीख सकते हैं। आप अपने दोस्तों या बच्चों से मनगढ़ंत फिल्म की पटकथा लिखवाइए तथा उन्हें उस फिल्म में एक्टिंग भी कराइए। आपके द्वारा किए गए कामों के नतीजे आपको ही नहीं, आपके मिलने-जुलने वाले को भी चौंका देंगे।

हो सकता है कि आपकी राजनीति में दिलचस्पी हो तब आप अपने मनपसंद उम्मीदवार अथवा पार्टी के चुनाव कार्यक्रमों में सक्रिय रूप से भाग लीजिए। आपको इस बात की परवाह नहीं करनी चाहिए कि इसके नतीजे क्या होंगे, बस काम शुरू कर दीजिए।

अपनी इच्छाओं व इरादों को पूरा करने के लिए आप कला-कौशल का आदान-प्रदान कर सकते हैं। अपनी जरूरत के मुताबिक उपकरण उधार अथवा किराये पर लिए जा सकते हैं।

सस्ते पाठ्यक्रमों में आप अपना नाम लिखवा सकते हैं। घर में फालतू पड़ी चीजों को बेचकर पैसा इकट्ठा कर सकते हैं तथा अपनी समय, शक्ति और योग्यता के सहारे ऐसे किसी भी क्षेत्र में अपना नाम रोशन कर सकते हैं, जो आपको सबसे ज्यादा पसंद हो।

दृढ़ विश्वास, सूझ-बूझ, थोड़े से प्रोत्साहन तथा भावनात्मक सहारा पाकर कोई भी सपना वास्तविकता में बदला जा सकता है।

हमें अपने व्यक्तित्व में ऐसी खूबियों को विकसित करते रहना चाहिए जिनसे अधिक-से-अधिक लोग हमारे साथ जुड़ सकें। मसलन आप स्वयं लिखना शुरू करने या फोटोग्राफी करने के बजाय उनसे संबंधित किसी पाठ्यक्रम में भाग ले सकते हैं। ध्यान रखिए जब हम अलग-थलग होकर एकदम व्यक्तिगत स्तर पर कोशिश करते हैं तब हमारे स्वप्न जल्दी भंग होने की गुंजाइश बची रहती है।

ऐसा हो सकता है कि आपको ऐसा विचार सूझ जाए जिस पर आप तत्काल अमल कर सकते हैं, तब उस पर बिना किसी हीला-हवाली के कोशिश करना ही बुद्धिमानी है। दरअसल यह वह सीमा रेखा है, जहाँ व्यक्ति आमतौर पर भयभीत हो जाता है। बहुत बार यह भय असफलता मिलने या परिवर्तित परिस्थितियों में खुद को समायोजित न कर पाने का होता है। इसका एकमात्र उपाय उस दिशा में पहला कदम उठाने का है। आपके विश्वासपात्र व्यक्ति इसमें आपके सहायक सिद्ध हो सकते हैं।

प्रेरणा की जरूरत

न्यूयॉर्क शहर के मनोवैज्ञानिक और व्यावसायिक सलाहकार बारबरा शैर ने अनेक लोगों को अपने सपने साकार करने में मदद दी है। जीवननिर्माण की दिशा में उन्होंने तब से रुचि लेनी शुरू की, जब मनोचिकित्सक होने के नाते उन्हें इस बात का एहसास हुआ कि उनके रोगियों को बहुत दिनों तक इलाज कराने की उतनी जरूरत नहीं है, जितनी कि एक ऐसे लक्ष्य, दिशा तथा लालसायुक्त भावना की जो उन्हें सुबह-सवेरे बिस्तर छोड़ने के लिए प्रेरित कर सके। यहाँ पर सबसे बड़ी मुश्किल यह थी कि ज्यादातर लोगों ने या तो अपने सपनों से नाता तोड़ लिया था या फिर वे समझ बैठे थे कि वे अपने सपने साकार नहीं कर पाएँगे। बारबरा शैर उनकी मानसिकता को समझती तो थीं लेकिन इसे स्वीकार करने के लिए वे कतई तैयार न थीं। उनकी एक वजह यह भी थी कि उन्होंने स्वयं अपने सपने को सच कर दिखाया था।

वे एक तलाकशुदा महिला थीं तथा अपना व अपने बच्चों का गुजारा सरकारी आर्थिक सहायता से कर रही थीं। उन्होंने नृवंशशास्त्र में स्नातक तक की शिक्षा अर्जित की थी। अत: उन्हें नौकरी भी नहीं मिल पाती थी परंतु इन सब बाधाओं की परवाह न करते हुए उन्होंने अपने पसंदीदा काम को कामयाबी के साथ अंजाम दिया। उन्होंने अपने दोनों बच्चों को उच्चस्तरीय निजी स्कूलों में पढ़ाया।

बारबरा का मानना था कि दृढ़ विश्वास, सूझ-बूझ, थोड़े से प्रोत्साहन तथा भावनात्मक सहारा पाकर कोई भी सपना वास्तविकता में बदला जा सकता है। उनका मानना है कि अपना जीवन बदलना, अपना मनपसंद काम करने की हिम्मत

करना थोड़ा डरावना और उत्तेजनापूर्ण कार्य है। इसलिए हम ऐसे इसे अकेले करने की हिम्मत नहीं जुटा पाते। इसके अलावा हमें ये भी पता नहीं होता कि इस काम को कैसे किया जा सकता है? फलस्वरूप बारबरा ने ऐसी पद्धति ईजाद की जिसकी मदद से लोगों को अपने मनपसंद उद्देश्य चुनने में सहायता मिलती है।

इच्छुक लोग अपने लक्ष्य की पूर्ति हेतु व्यावहारिक मार्ग अपनाते हैं और ऐसे साधनों का उपयोग करते हैं जो हम सबके पास पहले से ही हैं लेकिन उनका उपयोग हम अभी तक नहीं कर सके हैं। यह साधन है 'विश क्राफ्ट' अर्थात् 'कामना कौशल'।

मनोरंजन की दुनिया में अपने नाम का सिक्का चलते देखने की इच्छा को मार चुकी एक वृद्ध दादी माँ ने रेडियो पर अपने प्रोग्राम देने शुरू किए। एक बिजनेस मैनेजर जिसे प्रकृति से अगाध लगाव था, अब पशु-पक्षियों के अभयारण्य के प्रबंधक हैं।

सही प्रोत्साहन मिलने पर हमारा मस्तिष्क कहीं ज्यादा तेज और बुद्धिमान हो जाता है, अर्थात् हम पहले से ज्यादा तीक्ष्ण बुद्धिवाले और क्रियाशील हो जाते हैं।

अपनी इच्छा को पूरा होते देखने के लिए तथा अपने सपनों को हकीकत में बदलने के लिए किन्हीं चमत्कारों की जरूरत नहीं होती। हमें जिन साधनों की आवश्यकता पड़ती है, वे सब या तो हममें हैं या हमारे आस-पास मौजूद हैं। इन साधनों तथा उपायों को अमल में लाकर हम अपने जीवन तथा अपने भाग्य को बदल सकते हैं।

आप कामना कौशल के इस बुनियादी सिद्धांत पर अमल करने में अभ्यस्त हो जाएँगे कि व्यक्तियों के साथ संपर्क का दायरा सक्रिय रखना बहुत फायदेमंद है। आप ऐसे किसी व्यक्ति को ढूँढ़िए जो अमेरिका जा चुका हो अथवा मेडिकल कॉलेज में पढ़ चुका हो या फिर कंप्यूटर से संबंधित आयात-निर्यात में जुटा हो, आप शीघ्र ही समझ जाएँगे कि साधन, संपदा तथा सहायता देने के इच्छुक व्यक्तियों का उपयोग किस प्रकार किया जा सकता है।

आप उन अवसरों के उपयोग तथा संपर्क को लाभ में बदलने की कला में निपुण हो जाएँगे और सबसे बढ़िया बात यह होगी कि आपकी आँखों में आत्मविश्वास व सफलता की एक अनोखी चमक होगी। आपकी चाल-ढाल में एक नया उत्साह होगा। आपको दिन के 24 घंटे बहुत कम प्रतीत होंगे तथा आप सुबह-सवेरे ही अपना बिस्तर छोड़कर काम पर उठ खड़े होने के लिए तैयार रहेंगे, लगभग यह वो समय होगा जब सफलता के सूर्योदय की स्वर्णिम बेला में आपके सभी जाने-अनजाने सपने सच या सच होने के करीब होंगे।

मस्तिष्क को प्रखर बनाइए

ऐसा माना जाता रहा है कि मस्तिष्क की शक्ति जन्मजात होती है, अर्थात् या तो आप पैदाइशी बुद्धिमान होते हैं या नहीं होते हैं, किंतु अद्यतन शोधों से पता चलता है कि सही प्रोत्साहन मिलने पर हमारा मस्तिष्क कहीं ज्यादा तेज और बुद्धिमान हो जाता है, अर्थात् हम पहले से ज्यादा तीक्ष्ण बुद्धिवाले और क्रियाशील हो जाते हैं।

मस्तिष्क की संरचना को देखते और समझते हुए वैज्ञानिकों ने पता लगाया कि मस्तिष्क की प्रत्येक कोशिका की अपनी एक कार्य-प्रणाली होती है, किंतु ये कोशिकाएँ अपने आस-पास की कोशिकाओं के साथ संबद्ध होकर अधिक शक्तिशाली हो जाती हैं और इनकी स्थिति एक शिकंजे जैसी हो जाती है जिसे 'सेनैप्सिस' कहते हैं।

जब भी हम सोचते हैं या अन्य कोई कार्य करते हैं तो हमारे अंदर विद्युत चुंबकीय व जैव-रासायनिक प्रतिक्रिया उत्पन्न होती है। यह प्रतिक्रिया या प्रभाव एक कोशिका के 'सिनैप्सिस' से गुजर कर कोई भी संदेश पास की दूसरी कोशिका तक पहुँचाता है।

हम जितना अपने मस्तिष्क को प्रोत्साहित करेंगे, इसमें उतने ही ज्यादा 'सिनैप्सिस' उत्पन्न होंगे, जिसका अर्थ है कि प्रत्येक कोशिका ज्यादा संकेत को अधिक दिशाओं तथा तीव्र गति से भेजने में समर्थ हो सकेगी। यह कार्य जितना

अधिक होगा, हमारा मस्तिष्क उतना ही बेहतर कार्य करेगा और हमारी सोचने व मानसिक कार्य करने की क्षमता अधिक बढ़ेगी।

आधुनिक शोध यह भी प्रमाणित करते हैं कि मस्तिष्क को अधिक मानसिक व्यायाम कराने से इसकी कोशिकाएँ अधिक फैलती हैं, जिससे उन कोशिकाओं के बीच अधिक 'सिनैप्सिस' एक बड़े मेमोरी बोर्ड का काम करते हैं। अधिक बड़े मेमोरी बोर्ड से आप ज्यादा और शीघ्रता से काम कर सकते हैं।

मस्तिष्क की दक्षता, कार्यकुशलता के लिए मानसिक ही नहीं, वरन शारीरिक व्यायाम भी बहुत आवश्यक है। एक शोध के अनुसार जो लोग नियमित रूप से व्यायाम करते हैं मानसिक परीक्षाओं में बेहतर अंक पाते हैं। इसका कारण है कि मस्तिष्क में भी रक्त संचार बढ़ता है। जब आप शारीरिक व्यायाम करते हैं तो मस्तिष्क में रक्त संचार बढ़ता है और यह अधिक काम करने तथा जटिल समस्याओं को सुलझाने में अधिक सक्षम होता है।

मानसिक व्यायाम के लिए आप निम्न उपाय करके देखें—

- शास्त्रीय संगीत सुनें। भारतीय शास्त्रीय संगीत के साथ-साथ यदि आप पश्चिमी शास्त्रीय संगीत-मोजार्ट, बाक, बीथोवन, स्ट्रेवित्सिकी सुनेंगे तो आपका मस्तिष्क प्रभावित होगा, ऐसा शोधों में पता लगा है।
- व्यावहारिक, किंतु महत्त्वाकांक्षी चुनौती की कल्पना कीजिए। चाहे वह व्यावसायिक, सांस्कृतिक, खेल-कूद संबंधी हो या कोई नया शौक। आप कुछ भी नया करने की चेष्टा करें- नृत्य सीखना, नई भाषा सीखना या पेटिंग कक्षाओं में जाना आदि। मुख्य बात है अपने मस्तिष्क को सक्रियता प्रदान करना।
- 'मस्तिष्क का खेल' सीखने की कोशिश करें, जैसे- शतरंज, ताश में ब्रिज या क्रॉस वर्ड। इन सबसे आपके मस्तिष्क को समस्या सुलझाने का प्रशिक्षण मिलता रहता है।
- नये तरीकों से अपने मस्तिष्क को प्रोत्साहित करें। कोशिश करें उन सभी व्यक्तियों का नाम याद रखने की, जिनसे आपका परिचय कराया गया हो। उनके व्यक्तित्व को उनके नाम के साथ जोड़ें या उनके विषय में कोई विशेष या स्मरणीय बात ढूँढ़ें। इससे आपको उनका नाम याद करने में सुविधा होगी।
- ऐसे क्षेत्रों में स्वयं को सक्रिय करें, जिनसे आप अनभिज्ञ हों अथवा पूर्वपरिचित न हों। बौद्धिक स्तर पर कुछ भी चुनौतीपूर्ण हो, वह मानसिक विकास में सहायक हो सकता है।

शारीरिक व्यायाम करते हैं तो मस्तिष्क में रक्त संचार बढ़ता है और यह अधिक काम करने तथा जटिल समस्याओं को सुलझाने में अधिक सक्षम होता है।

सदैव याद रखें कि कुछ नया सीखने या शुरू करने के लिए कोई आयु सीमा निर्धारित नहीं। जीवन में अनुभव कुछ कर गुजरने से ही होते हैं।

□

आत्मविश्वास

> आत्मविश्वास हमारे उत्साह को जगाकर हमें जीवन में महान् उपलब्धियों के मार्ग पर ले जाता है।
>
> —अमृतलाल नागर

58

आत्मविश्वास का महत्त्व

सर्वप्रथम आत्मविश्वास करना सीखो।

–स्वामी विवेकानंद

जीवन में सफलता अर्जित करने के लिए आत्मविश्वास सबसे पहली व अनिवार्य शर्त है। आपको अपने गिरेबान में झाँककर देखने तथा फिर खुद पर यकीन करने का हौसला पैदा करना होगा फिर कोई ताकत नहीं है जो आपको आपके लक्ष्य से डिगा दे। कामयाबी के बुलंद आसमान पर उपलब्धि भरे हस्ताक्षरों के रूप में निश्चित रूप से आप चमकेंगे। अपनी कीमत जानिए तो सही।

चीन की एक लोकप्रिय कहावत है कि जो अपनी कीमत नहीं लगा सकता वह दूसरे की कीमत भी नहीं जान सकेगा। अत: हमें अपने महत्त्व को पहचानना चाहिए।

ऐसे लोग जिनमें आत्मविश्वास की कमी होती है, वे अपने लक्ष्य की प्राप्ति के लिए भरे मन से प्रयास करते ही नहीं। संकोच करते रहने तथा सहमे-सहमे रहने वालों की किस्मत में सफलता नहीं होती।

प्रख्यात लेखक स्वेट मार्डेन कहा करते थे कि 'आत्मनिर्भरता और आत्मविश्वास सदा से मित्रता, वंश, सिफारिश तथा धन से अधिक प्रभावशाली रहे हैं। संसार में आत्मविश्वास सर्वोत्तम पूँजी है। इससे अधिकांश बाधाएँ दूर हो जाती हैं, अधिकतर कठिनाइयों पर विजय प्राप्त होती है। आत्मविश्वास द्वारा जितने महान् साहस के कार्य संपन्न होते हैं, उतने अन्य किसी भी मानवीय गुण के कारण नहीं होते।'

वे लोग जो आत्मविश्वास की जीती-जागती मिसाल हैं, वे इतिहास बन जाते हैं। आपको लोकप्रिय टी.वी. सीरियल 'कौन बनेगा करोड़पति' में खेलने वाले कोलकाता के मामूली से साड़ी विक्रेता रमेश चंद्र दुबे का प्रसंग याद होगा।

जो इस सीरियल के सूत्रधार अमिताभ बच्चन से सहज वार्तालाप करते हुए कुछ ही क्षणों में पचास लाख रुपये जीतकर ले जाते हैं। जिसने भी यह कड़ी देखी उसी ने रमेश चंद्र दुबे के आत्मविश्वास की सराहना की। वास्तव में यह उनका आत्मविश्वास ही था, जिसने पलक झपकते ही उन्हें फर्श से अर्श तक पहुँचा दिया था। इसे कहते हैं आत्मविश्वास का चमत्कार।

संसार में आत्मविश्वास सर्वोत्तम पूँजी है। इससे अधिकांश बाधाएँ दूर हो जाती हैं, अधिकतर कठिनाइयों पर विजय प्राप्त होती है।

इसी शृंखला में दूसरी कड़ी का नाम है हर्षवर्द्धन नवाठे जो बेहद संयत व सौम्य रहकर के.बी.सी. के सभी सवालों के जवाब देते हैं। आत्मविश्वास से लबरेज यह युवक भारतीय टेलीविजन के इतिहास में एक करोड़ रुपये के जैकपॉट को जीतने वाला प्रथम नागरिक बना। इस सबके पीछे आत्मविश्वास की जबरदस्त ऊर्जा कार्य कर रही थी।

आत्मविश्वास की पूँजी

बौना कद सूखी लकड़ी सी टाँगे उनमें भी लँगड़ाहट, कंधे ढलके तथा कूबड़ निकला हुआ, कुल मिलाकर अजीबोगरीब शक्ल-सूरत का था वह लड़का। कार्ल स्टीन मिट्ज दसवीं कक्षा में जब प्रथम स्थान पर आया तो उसकी बदसूरती और कुबड़ेपन के कारण उसे सबके साथ सनद नहीं लेने दी गई। विद्यालय के लोग ऐसे लड़के का पहले नंबर पर पास होना स्कूल की बदनामी समझते थे। अच्छी पोशाक पहने जब कार्ल स्टीन मिट्ज को समारोह में नहीं जाने दिया गया तो वह बहुत रोया। उसके पिता ने धैर्य बँधाते हुए कहा, 'तुम दु:खी क्यों होते हो, तुम्हारा शरीर ही तो खराब है, दिमाग तो बहुत बढ़िया है। तुम्हारे पास आत्मविश्वास की अमूल्य संपदा है, इन सब गुणों से शरीर की कमी को पूरा करो।' कार्ल ने आँसू पोंछ डाले।

उसने बहुत सी खोजें कीं। विज्ञान की दुनिया में कार्ल स्टीन मिट्ज का नाम बहुत ऊँचा है। उसी की खोजों से बिजली की मशीनों का युग शुरू हुआ।

मात्र विचार बदलने से ही जीवन नियंत्रण की प्रक्रिया की शुरुआत हो जाती है। यदि हम सोचने लगे कि हम स्वयं ही अपने भाग्य विधाता एवं निर्माता हैं, तो वास्तव में ऐसा होना प्रारंभ हो जाएगा। विश्वास से बड़ी कोई शक्ति नहीं है।

वे लोग जिनके मन में आशा के फूल-ही-फूल खिले हुए हैं, जिनके मस्तिष्क में शुभ व सकारात्मक विचारों की सुगंध रची-बसी है, आज नहीं तो कल सफलता निश्चित रूप से उनके कदम चूमेगी। वे लोग जो जीवन में सफल होने के सपने देखते हैं तथा जिनके हृदय आत्मविश्वास के खजाने से लबरेज हैं, उन्हें नकारात्मक विचारों से सदैव बचना चाहिए। साथ ही ऐसे व्यक्तियों से भी दूर रहें जो आपको हमेशा हतोत्साहित करने की फिराक में रहते हों। समाज में ऐसे बहुत से लोग मिल जायेंगे, जो खुद तो परिश्रम करना नहीं चाहते, दूसरों को भी किसी लक्ष्य विशेष की साधना में तल्लीन देखकर मन-ही-मन कुढ़ते रहते हैं। ऐसे 'शुभचिंतकों' से बचिए। वे न तो स्वयं ही जीवन में कुछ बन पाए हैं और न ही किसी और को कुछ बनते देख राजी होंगे।

हम चेतन मन एवं विचारों से अपने अवचेतन विचारों, विश्वासों एवं अनुभवों को नियंत्रित कर सकते हैं। विचारों के निर्माता हम ही हैं। अत: हमें इन पर नियंत्रण रखना आना चाहिए। मात्र विचार बदलने से ही जीवन नियंत्रण की प्रक्रिया की शुरुआत हो जाती है। यदि हम सोचने लगे कि हम स्वयं ही अपने भाग्य विधाता एवं निर्माता हैं, तो वास्तव में ऐसा होना प्रारंभ हो जाएगा। विश्वास से बड़ी कोई शक्ति नहीं है।

पक्का इरादा बड़े-से-बड़े कार्य को छोटा बना देता है। आत्मविश्वास स्वयं अपने आप में आस्था है। जब भी हम अपने मन में इस संकल्प को दोहराते हैं कि 'मैं अमुक कार्य को कर डालूँगा' तो आप निश्चित मानिए आधा काम तो तभी पूर्ण हो जाता है। आत्मविश्वास बाधाओं की तेज आँधी में भी अपने मार्ग पर डटे रहने की शक्ति का आधार है। यह सर्वमान्य सत्य है कि ऐसी कोई मुश्किल नहीं जिसका कि कोई हल न हो सके। बाधाएँ अपने संग समाधान के संकेत भी लेकर आती हैं।

अपने प्रगति पथ पर निरंतर आगे बढ़ते रहने वाले आत्मविश्वासी व्यक्तियों के लिए मदद के अनसोचे व अनचाहे झरने बहते हैं। अनापेक्षित व्यवधानों के चलते यदि थोड़ी सी देर के वास्ते रुकना या पीछे हटना भी पड़े तो कोई हताश होने की आवश्यकता नहीं। आत्मविश्वास के धनी मनुष्यों को पता है कि जरा पीछे हटकर पुन: दौड़ लगाकर कूदने

से ही लंबी छलाँग लगाई जा सकती है। लक्ष्य प्राप्ति के मार्ग के तहत यदि थोड़ा सा पीछे हटना भी पड़े तो वह संघर्ष में विजय प्राप्ति हेतु व्यूह रचना का एक अंग है।

किसी भी खेल में एक बाजी हारने को हारना नहीं कहते। हिम्मत हारने का नाम हारना है। तभी तो कहा भी गया है—'हिम्मते मर्दां, मददे खुदा।'

जो स्वयं हिम्मत करते हैं उनकी मदद ईश्वर करता है।

सत्य तो यह है विचार शक्ति का अभाव, निराशा, अनिश्चय और भय से उद्विग्न रहना, आत्मविश्वास की कमी और काहिली ने भी हमें दरिद्र बना रखा है। यदि आप धनवान बनने का प्रयत्न कर रहे हैं और आपने अपनी योग्यता और शक्ति को पूर्ण रूप से संपत्तिवान बनाने में लगा रखा है, तो फिर दरिद्रता तथा अभाव का नाटक क्यों? आप अपनी मनोवृत्ति को धनिकों-जैसी बनाइए।

अपने हृदय को विशाल बनाइए और धनी आदमी जैसी ही आदतें बनाइए। आपकी किसी भी चेष्टा से दूसरों पर गरीबी प्रकट नहीं होनी चाहिए। आपके चारों ओर का वातावरण जब तक दरिद्रता तथा अभाव की दूषित वायु से प्रदूषित रहेगा, तब तक दूसरे लोगों पर आपके दरिद्र होने का ही प्रभाव पड़ेगा। ऐसी दशा में आपकी कोई साख नहीं बन सकेगी और न ही आप समृद्धि को, ऐश्वर्य को अपनी और आकर्षित करने में सफल हो पाएँगे।

मशहूर है कि जैसे ही लोमड़ी की मीठी बातों के लोभ में आकर चिड़िया मुँह खोलती है, वैसे ही चोंच में अटके हुए रोटी के टुकड़े को खो देती है। जब आप अपने अभावों का रोना रोते हैं, तो जैसे आप ढोल पीट-पीटकर लोगों को बताते हैं कि आप गरीब हैं। 'मैं तो बहुत ही दरिद्र हूँ, मेरी कार्य शक्ति बिल्कुल शून्य है। जैसा दूसरे कर रहे हैं, वह मैं हरगिज नहीं कर सकता। मैं कभी अमीर नहीं बन सकता।

मुझमें वे विशेषताएँ नहीं, जो अन्य लोगों में है। मैं सदा ही असफल रहा हूँ, मेरा भाग्य कभी साथ नहीं देता'—यदि आपकी विचारधारा इसी रूप में बह रही है तो समझ लीजिए कि अपने मार्ग में आप स्वयं ही झाड़-झंखाड़ खड़े कर रहे हैं। ऐसा कर आप न सिर्फ अपनी शांति और संतोष गँवा रहे हैं, बल्कि बीमारियों, कष्टों और भाग्यहीनता को भी निमंत्रण दे रहे हैं।

आत्मविश्वास एक ऐसा प्रकाश है, जो भयंकर अंधकार में भी हमें उचित मार्ग दिखाता है। आत्मविश्वास के कारण ही सफलता मिलती है तथा सफलता का पूरक आत्मविश्वास है।

जीवन में आत्मविश्वास का कोई विकल्प नहीं। यह वो मास्टर चाबी है, जो सभी मनुष्यों के लिए भाग्यरूपी महल के स्वर्णद्वारों को खोलने का काम करती है। ध्यान रखिए सबसे पहले हमारी सोच बड़ी बनती है, उसके बाद हम।

आत्मविश्वास का कोई विकल्प नहीं

आत्मविश्वास एक ऐसा प्रकाश है, जो भयंकर अंधकार में भी हमें उचित मार्ग दिखाता है। आत्मविश्वास के कारण ही सफलता मिलती है तथा सफलता का पूरक आत्मविश्वास है। जब भी हम कोई कार्य प्रारंभ करते हैं, तो उसमें सफलता की पूरी-पूरी गारंटी हमें कतई नहीं मिल सकती। हाँ, कार्य पूर्ण रूप होने तक मार्ग में आत्मविश्वास का दामन यदि हमने नहीं छोड़ा तो सफलता की संभावनाएँ निश्चित रूप से बढ़ जाती हैं। यहाँ यह भी जान लेना बेहद जरूरी है कि सफलता से ही आत्मविश्वास बढ़ता है। हमारे कार्यों तथा प्रयासों में सफलता की सुखद अनुभूतियाँ हमारे आत्मविश्वास को बढ़ाती हैं। पैसे की तरफ से आत्मनिर्भरता, संपूर्ण स्वास्थ्य, सौंदर्य, भौतिक सुख-सुविधाएँ, उपलब्धियाँ, शांतिपूर्ण जीवन हमारे आत्मविश्वस को पंख लगाने वाले तत्त्व हैं। बहुत से लोग जो जीवन की सच्चाई से आँखें चार करते हैं तथा मुश्किलों से दोस्ती का जिन्हें जुनून रहता है, वे भी आत्मविश्वास के धनी पाए जाते हैं। सीधे, सच्चे तथा अच्छे लोगों में भी भरपूर आत्मविश्वास होता है।

गलत कार्यों में लगे रहने वाले, आपराधिक मामलों में संलिप्त, फर्जी हथकंडों से उन्नति करने वाले, कम शिक्षित,

झूठे, मक्कार व स्वार्थी लोगों में आत्मविश्वास की ऊर्जा नहीं होती। आत्मविश्वास के धनी व्यक्ति जहाँ-जहाँ जाते हैं, सभी के दिलों पर राज करते हैं। लोगों का उन पर विश्वास होता है। सभी उन पर भरोसा करते हैं। वे जो चाहते हैं मामूली से प्रयासों से प्राप्त कर लेते हैं। तभी तो कहा भी गया है-

''खुदी को कर बुलंद इतना
कि हर तकदीर से पहले,
खुदा बंदे से खुद पूछे
बता तेरी रजा क्या है?''

हमारे आत्मविश्वास को बढ़ाने में दो तरह के कारण महत्त्वपूर्ण भूमिका निभाते हैं। एक 'अनर्जित कारक' अर्जित किए जाने वाले कारकों में शिक्षा-दीक्षा, व्यावसायिक उपलब्धियाँ, खानपान, नौकरी अथवा व्यापार में अर्जित कामयाबी, किसी विशेष गुण, शौक अथवा प्रतिभा का विकास शामिल हैं, जबकि अनर्जित कारकों में पारिवारिक स्थिति, शारीरिक सौंदर्य, सामाजिक वातावरण, जाति, धर्म, लिंग व संप्रदाय आदि आते हैं।

प्राय: अर्जित की जा सकने वाली दशाओं को आत्मविश्वास की वृद्धि के लिए अधिक महत्त्वपूर्ण माना जाता है। यह इसलिए भी उचित जान पड़ती है कि सामाजिक व संवैधानिक दृष्टिकोण से इसके लिए हम पात्रता भी रखते हैं।

आत्मविश्वास पैदा करने के लिए अनिवार्य तत्त्व यह भी है कि हमें खुद अपना महत्त्व आँकना आना चाहिए।

बहुत से मनोवैज्ञानिकों का मानना है कि व्यक्तित्व निर्माण तथा आत्मविश्वास के उन्नयन में अर्जित तथा अनर्जित दोनों कारकों की महत्त्वपूर्ण भूमिका होती है। भले ही हम अर्जित कारकों को ज्यादा सामाजिक महत्त्व देते हैं। लेकिन फिर भी ये दोनों कारक पूर्णतया अलग नहीं हैं।

अच्छा व्यक्तित्व अर्जित करके हम शारीरिक सौंदर्य की कमी को पूरा कर सकते हैं। इसी भाँति उच्च पारिवारिक स्थिति होने पर भी क्षणात्मक मन:स्थिति हमारे आत्मविश्वास को घटाने का कार्य करती है। मनुष्य हेतु आत्मविश्वास को बनाए रखने के दो मार्ग हैं, एक तो वह जो पाना चाहता है, उसे प्राप्त कर ले अथवा अपनी अपेक्षाओं-आकांक्षाओं में कटौती कर ले। आत्मविश्वास सिर्फ एक मानसिक स्थिति (अवस्था) के रूप में प्रकट नहीं होता, अपितु व्यक्ति के बाह्य व्यक्तित्व में भी परिलक्षित होता है।

जो व्यक्ति आत्मविश्वास से भरे हैं, उनकी बोलचाल, उठने-बैठने, रहन-सहन अन्य क्रियाकलापों से भी उसकी झलक अभिव्यक्त होती है।

जो मनुष्य आत्मविश्वास की उच्च अवस्था को प्राप्त होते हैं, उनकी मानसिक क्षमताएँ व कुशलताएँ खुद-ब-खुद बढ़ जाती हैं। उनके फैसलों में विश्वास की खनक होती है, जबकि आत्मविश्वासहीन व्यक्ति किंकर्त्तव्यविमूढ़ होकर बिना पैंदी के लोटे की भाँति इधर से उधर लुढ़कते रहते हैं।

आत्मविश्वास की कमी तथा निराशा से पूर्ण मानसिक अवस्था हमारे स्वास्थ्य व सौंदर्य पर भी प्रतिकूल प्रभाव डालती है। इससे अनेक मनोवैज्ञानिक विकृतियाँ भी उत्पन्न हो जाती हैं। नींद में कमी, भूख न लगना, किसी भी कार्य में मन न लगना तथा चिड़चिड़ापन व खीझ आत्मविश्वास की कमी से ही उत्पन्न होते हैं। आत्मविश्वास पैदा करने के लिए अनिवार्य तत्त्व यह भी है कि हमें खुद अपना महत्त्व आँकना आना चाहिए। कोई भी मनुष्य पैदा होते समय अधिक या कम आत्मविश्वास लेकर नहीं आता। हमारा स्वयं का कृतित्व, व्यक्तित्व तथा हमारे मन, मस्तिष्क व जीवन को प्रभावित करने वाले कारक ही हमारी इस ऊर्जा को घटाने या बढ़ाने का काम करते हैं।

बहुत से लोग जिनके जीवन के शुरुआती पारिवारिक अनुभव पूरे तौर पर धनात्मक या ऋणात्मक रहे हों, अपने बाद के जीवन में आत्मविश्वास की कमी के अधिक शिकार हो जाते हैं। यह इसलिए भी होता है कि क्योंकि पूर्ण रूप

से धनात्मक अनुभव वाला बच्चा जब बड़ा होकर अपने सामाजिक जीवन में ऐसी ही इच्छाएँ धारण करता है, तो उन्हें पाने में नाकामयाब हो जाता है। इसी तरह नकारात्मक अनुभवों वाला बालक समाज में स्वयं को हीन मानकर लोगों से ठीक से घुल-मिल नहीं पाता और आत्मविश्वास की कमी का शिकार हो जाता है।

यहाँ यह भी जान लेना बेहद जरूरी है कि जब तक हम खुद के व्यक्तित्व तथा उपलब्धियों को महत्त्व प्रदान करना नहीं सीखेंगे, तब तक बाहरी लोगों द्वारा दी गई मान्यताएँ भी हममें आत्मविश्वास पैदा करने में नाकाम रहेंगी। दुष्यंत कुमार की जुबानी कहें तो—

'कौन कहता है आसमां में सुराख हो नहीं सकता?
एक पत्थर तो तबियत से उछालो यारो।'

जिस काम को पूरा करने में, जिसके विषय में आपको अपनी शक्तियों पर पूरा विश्वास होता है, आप उसी काम को कर सकते हैं। जो व्यक्ति यह सोचता है कि संसार में सभी व्यक्ति धनी नहीं हो सकते और अधिकांश व्यक्तियों को गरीब ही रहना पड़ेगा और मैं भी उन्हीं में से एक हूँ, तो वह व्यक्ति कभी भी धनी नहीं हो सकता। आपने प्राय: देखा होगा कि अधिकांश व्यक्ति कॉलेज से पहले ही पढ़ाई छोड़ बैठते हैं। इसका एक ही कारण उनका यह सोचना है कि वह इस योग्य कहाँ?

भला सोचिए, इस प्रकार के विचारों को मन में लाकर यदि कोई व्यक्ति कॉलेज जाता है, तो वह कितना भी अधिक धन खर्च करे, कितने भी लोग उसकी सहायता करें, उसके सामने कितने सुअवसर आएँ, लेकिन वह परीक्षा में उत्तीर्ण नहीं हो सकता, वह प्रगति नहीं कर सकता, क्योंकि उसमें आत्मविश्वास का अभाव है, उसको अपनी योग्यता पर संदेह है। जो नवयुवक यह सोचते हैं कि वे कभी अफसर नहीं बन सकते, वाकई कभी अफसर नहीं बन सकेंगे।

उनके लिए तो क्लर्क की कुर्सी ही खाली है। ठीक है कि कुछ व्यक्ति जोश में आकर वकील, डॉक्टर या व्यापारी बनने का निश्चय करते हैं, पर उनमें दृढ़ संकल्प नहीं होता, उनमें स्थिरता नहीं होती, उनका निश्चय डगमगाता रहता है, इसलिए वे कुछ भी नहीं बन पाते हैं, उन्हें अवसर मिला था कि वे दृढ़ निश्चयपूर्वक अपने उद्देश्य को चुनते और उसे पूरा करते। इसके लिए चाहे उन्हें रात-रात जागना पड़ता, चाहे कितना कठोर परिश्रम करना पड़ता, वे करते तो संभव था कि वे सफल होते, तब यदि चाहते तो अपनी दुनिया को बदल सकते थे। लेकिन उस समय उन्होंने अपनी जिम्मेदारी नहीं समझी, उस समय वे लापरवाह रहे, उस समय उन्होंने नहीं सोचा कि कठोर परिश्रम करें, फलस्वरूप वे सफल नहीं हो सके।

ऐसे भी नौजवान हैं, जो अपने उत्साह और उल्लास से भर कर अपने कार्य-व्यापार में लगे रहते हैं। उनका निश्चय अटल होता है। सतत् प्रयत्न करना उनका स्वभाव बन जाता है। ऐसे ही नवयुवक उन्नति के शिखर पर पहुँच जाते हैं। महान् तथा सफल लोगों का विश्लेषण कीजिए, उनके महान् बनने का पहला कारण होगा—आत्मविश्वास और सिर्फ आत्मविश्वास।

□

59

मानसिक संवेगों से प्रभावित होता है आत्मविश्वास

आत्मविश्वास, आत्मज्ञान और आत्मसंयम, केवल यही तीन तथ्य जीवन को परम शक्ति संपन्न और सफल बना देते हैं।

—टेनिसन

हमारे मन में कई तरह के संवेग उठते रहते हैं। यही मानसिक संवेग हमारी कार्य प्रणाली, जीवन शैली, सोच-विचार तथा हमारे आत्मविश्वास को प्रभावित करते हैं।

संवेगों को मुख्यत: दो श्रेणियों में रखा गया है—

1. नकारात्मक संवेग
2. सकारात्मक संवेग

नकारात्मक संवेग: नकारात्मक अथवा निराशाजनक संवेगों के अंतर्गत-ईर्ष्या, द्वेष, चिंता, तनाव, दु:ख, भय, हीनभावना, क्रोध, असुरक्षा, हिंसा, लोभ, कपट, मोह, अहंकार, शोषण, दोषारोपण, अपराध, निंदा, आलस्य, असंयम, छल, प्रपंच, षड्‌यंत्र तथा दुर्भावना आदि भावनाएँ आती हैं।

इसे सहेज कर रखिए, ये आपको औरों से अलग दिखने व बनने में बड़ी भारी भूमिका अदा करेगी। सकारात्मक मानसिकता हमारे जीवन के संपूर्ण पथ को आलोकित करती है।

सकारात्मक संवेग: सकारात्मक या आशाजनक संवेग हमें शांति, स्नेह, सौहार्द, प्रेम, आनंद, सुख, आत्मविश्वास, ईश्वर के प्रति श्रद्धा, त्याग, दान की भावना, कर्मठता, विनम्रता, प्रशंसा, समर्पण, गुणों का अनुकरण, समय का सदुपयोग, निर्भीकता, निष्पक्षता, उत्साह, संयम, सफलता आदि के मार्ग पर प्रशस्त करते हैं।

अब यहाँ यह सवाल पैदा होता है कि हम अपने विचारों को सकारात्मक अथवा आशाजनक कैसे बनाए रखें ताकि हमारे मानसिक संवेग सकारात्मकता की तरफ उन्मुख हो सकें? इसके लिए हमें अपने विचारों को शुद्ध रखना होगा। हमारी वैचारिक संपदा ही हमारी सबसे बड़ी पूँजी है। इसे सहेज कर रखिए, ये आपको औरों से अलग दिखने व बनने में बड़ी भारी भूमिका अदा करेगी। सकारात्मक मानसिकता हमारे जीवन के संपूर्ण पथ को आलोकित करती है।

हमारे विचार : अपने जीवन के कार्यकलापों को ठीक समझने के लिए हमें पहले विचारों के महत्त्व को समझना होगा। आखिरकार विचार है क्या?

हमारी हरदम यही इच्छा होती है कि आने वाले दिन सुखों से भरे हों। हम सबसे बेहतर जिंदगी के मालिक बनें। हमारे पास सुख-सुविधाओं के तमाम साधन हों, खूब धन-दौलत हो, हमारी अभी मृत्यु न हो। ये सब हमारे विचार ही तो हैं। हम जो भी नजरिया अख्तियार करते हैं, वास्तव में वह हमारा विचार ही तो है। इस वर्तमान का निर्वहन हमारे विचार ही तो हैं। इस समय के टलने के बाद हमारा भविष्य क्या और कैसा होगा? सबके पीछे विचार का प्रकाश छिपा है।

समाज में लोगों से हमारे ताल्लुकात कैसे हैं? कौन हमारे लिए बुरे हैं, कौन अच्छे हैं? सब विचारों का ही तो खेल है।

लोगों को अपना बना लेने की लालसा, सफलता प्राप्ति की कामना, सबके पीछे विचार का चक्र चलता रहता है। हमारे अच्छे तथा बुरे जीवन का निर्णय यह संसार या समाज नहीं करता, अपितु हमारे विचार करते हैं। हमारी समूची गतिविधियाँ, हमारे सपनों की समग्र दुनिया हमारे विचारों के इर्द-गिर्द परिक्रमा करती रहती है।

इसी विचार की महत्ता को वेदों में बार-बार प्रमाणित किया गया है—

पाकत्रा स्थन देवा, हृत्सु जानीथ मर्त्यम।
उप द्वयुं चा द्वयुं च वासवः॥

(ऋग्वदे-8/15-15)

अर्थात् जहाँ शुभ विचार हैं, वहाँ ईश्वर का वास है। ईश्वर क्या है? मानव शरीर में विद्यमान दिव्य शक्तियाँ ही देव हैं। मनुष्य के मन में देवता तथा राक्षस दोनों का वास है। आत्मा इन दोनों तत्त्वों को देखती व जानती है। जैसे हमारे विचार होते हैं, वैसी हमारी स्थिति हो जाती है।

दैवी सम्पत् विमोक्षाय, निवद्धायासुरी मताः॥

कहा गया है कि तुम विचार द्वारा भाग्य पर विजय प्राप्त करते हो। यदि तुम यह समझ लो कि मनुष्यों के भाग्य निर्माण में विचार ही एकमात्र कारण है, तो तुम्हें हाथ में तलवार नहीं लेनी पड़ेगी।

यदि मनुष्य आत्मोन्नति तथा अपने व्यक्तित्व को विकसित करना चाहता है, तो शुभ विचारों तथा सात्त्विकता को आश्रय देकर जीवन में पवित्रता का संचार करे। पवित्रता में देवों का वास है। यहीं पर उन्नति तथा विकास का अभ्युदय है।

कहा गया है कि तुम विचार द्वारा भाग्य पर विजय प्राप्त करते हो। यदि तुम यह समझ लो कि मनुष्यों के भाग्य निर्माण में विचार ही एकमात्र कारण है, तो तुम्हें हाथ में तलवार नहीं लेनी पड़ेगी। जैसा विचार होगा, अनिवार्य रूप से वैसा ही परिणाम होगा।

हमारी जीवन पद्धति पर हमेशा श्रेष्ठ विचारों एवं सदगुणों का शासन होना चाहिए। हमें इस दिशा में सदा प्रत्लयशील, सतर्क रहना चाहिए कि बुरे विचार कभी हमारे मन पर प्रभावी न हों। हमें रचनात्मकता या धनात्मकता के विपरीत विचारों से सदा ही अपनी रक्षा करनी चाहिए। जब हम भूमि में अच्छा बीज बोते हैं, अच्छा खाद और उचित पानी देते हैं, मौसम भी ठीक रहता है तो पौधे के अंकुर फूटने से लेकर फलयुक्त होने तक की सभी क्रियाएँ, भली प्रकार संपन्न होती हैं।

पौधे के सूखने या नष्ट होने की संभावना तभी होती है, जब भूमि की उर्वरता कम हो जाती है या मौसम एकदम प्रतिकूल हो जाता है, पौधे को धूप या पानी ठीक से नहीं मिलता है। इसी प्रकार जब किसी व्यक्ति के विचार निष्क्रियता से बोझिल हो जाते हैं, कर्म-शक्ति कम हो जाती है, उत्साह और उल्लास मंद पड़ जाते हैं, साहस और आत्मविश्वास का अभाव हो जाता है, तब उसका व्यक्तित्व एकदम नकारा तथा प्रभावहीन हो जाता है। यदि हमारी चित्तवृत्ति शुद्ध और सत्य मार्ग का अवलंबन करती है, तो हम पर दूसरों के गलत विचारों का कुछ भी प्रभाव नहीं होगा।

लोग तो उल्टे-सीधे सुझाव दिया ही करते हैं। यदि आपका मन सुपठित और सुशिक्षित नहीं है तो अपने लक्ष्य से विचलित होते आपको देर नहीं लगेगी। यदि आपको गलत बातें सुनने को विवश किया जाता है, किंतु आप अपने मन पर उनका कुप्रभाव न होने देने के संकल्प पर दृढ़ हैं, तो वैसे गलत परिवेश में रहते हुए भी आप उन गलत एवं दूषित विचारों से अपनी रक्षा भली-भाँति कर सकेंगे। यदि आप घातक सलाहों का निराकरण करने के अपने प्रण पर अटल हैं, तो उसका प्रभाव आप पर नहीं हो सकता।

इसके विपरीत यदि आप गलत या दूषित सलाहों को ध्यान से सुनते हैं, उन पर आचरण कर अपने मन को चंचल बनाये रखते हैं, दूसरों के द्वारा लक्ष्य से भ्रमित होने को तैयार हो जाते हैं, तो अपने जीवन को आप संपूर्ण रूप से नष्ट कर देते हैं।

गलत परामर्शों को सुनने वाला, उनसे उत्साहित होने वाला तथा इनका स्वागत करने वाला व्यक्ति अवश्य ही अपने मार्ग से भटक जाता है। हम संकल्प कर लें, अपने लक्ष्य को निरंतर दोहराते रहें, बार-बार अपने लक्ष्य की पूर्ति का प्रण करते रहें, तभी हम अपने पथ पर आरूढ़ बने रह सकते हैं और शनै:-शनै: उस लक्ष्य के लिए कार्य करना हमारा आचरण बन सकता है। वह हमारा स्वभाव बन सकता है। तब हम अपने जीवन के प्रभाव को पूर्णतया अपने लक्ष्य की ओर मोड़ सकते हैं। अपनी सब शक्तियों को उसी की सिद्धि के लिए लगा सकते हैं। कुछ समय के उपरांत हम से कर्म-संबंधी हमारी योग्यता और परिश्रम की ऐसी प्रचंड तरंग प्रवाहित होगी जो न केवल सब विघ्न-बाधाओं को बहा ले जाएँगी अपितु हमें भी हमारे लक्ष्य के निकट ले जाकर खड़ा कर देगी।

हमारे विचारों का प्रभाव

हमारी धारणा रहती है कि विचार मात्र हमारे भीतर हैं। परंतु ऐसा नहीं है। विचार सर्वत्र व्याप्त हैं। विचार हमारे भीतर हैं, बाहर हैं, प्रत्येक स्थान पर हैं। जिस घर में हम जनमे, जहाँ से हमें संस्कार मिले। वास्तव में हमारा जन्म विचारों में ही तो हुआ। आज हम जो भी कुछ हैं, अपने विचारों के ही कारण हैं।

हमारी धारणा रहती है कि विचार मात्र हमारे भीतर हैं। परंतु ऐसा नहीं है। विचार सर्वत्र व्याप्त हैं। विचार हमारे भीतर हैं, बाहर हैं, प्रत्येक स्थान पर हैं। जिस घर में हम जनमे, जहाँ से हमें संस्कार मिले।

वस्तुत: हम हैं ही क्या? हम और कुछ भी नहीं, अपने और अपने से जुड़े लोगों के विचारों का प्रतिबिंब हैं, प्रतिफल हैं। राल्फ फल्डो एमरसन ने लिखा है—'न कुछ अच्छा होता है और न ही कुछ बुरा, केवल हमारा सोचने का ढंग ही उसे वैसा बना देता है।' जबकि नार्मन विन्सेंट पील कहा करते थे—'अपने विचारों को बदल कर हम अपनी दुनिया बदल सकते हैं।'

सफल, प्रसन्न, स्वस्थ एवं प्रभावशाली व्यक्ति सोचते समय सकारात्मक ऊर्जायुक्त विचारों का ही प्रयोग करते हैं। अब तो मेडिकल अनुसंधानों से भी यह प्रमाणित हो गया है कि सकारात्मक विचार वाले मस्तिष्क में 'इंडोफीन' नामक हारमोन अधिक पाया जाता है। इसी प्रकार शांति की मन:स्थिति में 'न्यूरोपेपटाइड' नामक हारमोन पैदा होता है जिससे हमें प्राकृतिक एवं मानसिक सुख, शांति का अनुभव होता है। शेलडन कोहेन कार्नेगी मेलन, विश्वविद्यालय के शोधों से यह साबित होता है कि नकारात्मक विचार वाले व्यक्तियों में रोग प्रतिरोधक क्षमता क्रमश: कम होती जाती है। अत: अपनी सोच एवं विचार को सकारात्मक बनाइए, दुनिया आपकी अपनी होगी।

सकारात्मक विचार वाले लोग समाज के अन्य व्यक्तियों के मुकाबले अधिक सफल, लोकप्रिय व प्रभावशाली होते हैं। लोग उनकी स्वयं ही मदद करने को उत्सुक रहते हैं। उनके बड़े-से-बड़े व जटिल कार्य भी मामूली से प्रयासों से सिद्ध होते जाते हैं।

सभी व्यक्तियों को ज्ञात होना चाहिए कि उनके भीतर कुछ विशिष्ट चीज हैं, जिनके माध्यम से वे अपने आपको

भीड़ से अलग खड़ा कर सकते हैं। प्रत्येक व्यक्ति की सोच, उसके विचार अलग-अलग होते हैं। मसलन एक व्यक्ति की खूबियाँ और उसकी आंतरिक विशेषताएँ अलग-अलग होती हैं। ऐसा इसलिए होता है क्योंकि प्रत्येक व्यक्ति के हृदय में भिन्न विचार विद्यमान होते हैं।

व्यक्ति में विचारों की पूरी शृंखला विकसित होने के साथ ही उसके विचारों में परिपक्वता आती है। बहरहाल विचारों में शृंखला का विकास प्रत्येक व्यक्ति के हृदय के साथ उसके मस्तिष्क में भी होता है। इन्हीं विचारों से मनुष्य की प्रवृत्ति तथा प्रकृति विकसित होती है। तभी एक साहित्यकार, वैज्ञानिक, संत-महात्मा और विशिष्ट विभूतियों का जन्म होता है। ऐसी ही विभूतियों द्वारा संसार में नेक काम हेतु साहित्य सृजन और वैज्ञानिक कर्म के कार्य किए जाते हैं।

सृजन और खोज का सीधा और सार्थक संबंध मानवीय विकास से होता है। ऐसी खोजें या सृजन को अद्वितीय उपलब्धियों में शामिल किया जाता है। शायद यही वजह है कि ऐसी महान् विभूतियों ने दूसरों के सेवार्थ अपने संपूर्ण जीवन को लगा दिया। ऐसी क्या विशेषताएँ थीं जिनकी वजह से इन्होंने बड़ी खोजों के साथ इतना अकल्पनीय सृजन किया? इन महान लोगों में से किन्हीं दो ने एक जैसी खोज या एक जैसा सृजन नहीं किया है। ये बातें सिर्फ महान् लोगों पर ही लागू नहीं होती हैं कि किन्हीं दो की उपलब्धियाँ एक-दूसरे से नहीं मिलती हैं बल्कि दो सामान्य व्यक्तियों की सोच भी आपस में एक जैसी नहीं होती है। इसका मतलब यही है कि एक आम व्यक्ति में भी एक खास किस्म की विशिष्टता होती है। वैज्ञानिक अध्ययन भी बतलाते हैं कि एक व्यक्ति के बालों की प्रकृति दूसरे व्यक्ति के बालों की प्रकृति से कतई मेल नहीं खाती है।

मनोविज्ञान भी इस बात को स्वीकार करता है कि एक व्यक्ति की बाहरी (शारीरिक) संरचना मिल सकती है लेकिन उनके विचार, उनकी सोच आपस में कतई मेल नहीं खा सकती है। इसलिए संसार में वैज्ञानिक और साहित्यकार क्रमशः अद्वितीय खोज और रचना कर पाते हैं।

□

60

रचनात्मकता से बढ़ता है आत्मविश्वास

आत्मविश्वास बढ़ाने की रीति यह है कि तुम वह काम करो, जिसे तुम करते हुए डरते हो। इस प्रकार ज्यों-ज्यों तुम्हें सफलता मिलती जाएगी, तुम्हारा आत्मविश्वास बढ़ता जाएगा।

–महात्मा गांधी

प्रत्येक व्यक्ति के सीने में यह अरमान होता है कि वह बड़ा काम करे। कुछ नया करे। जब हम सुनियोजित तरीके से अपने लक्ष्य निर्धारित कर लेते हैं, तो संघर्ष करने के लिए एक अच्छा-खासा रास्ता मिल जाता है। जब हम लक्ष्य को छू लेते हैं, तो हमारा संघर्ष भी स्वतः पुरस्कृत हो जाता है। उधर प्रतिफल की आशा हमें अंत तक कार्य करने तथा संघर्ष करने के लिए मदद प्रदान करती है।

जिन लोगों के व्यक्तित्व में रचनात्मकता की चिंगारी सुलग रही होती है, वे प्रत्येक कार्य अच्छी तरह से करते हैं। ऐसा करके उन्हें वास्तव में आनंद की अनुभूति होती है। यह परिस्थिति कार्य की गुणवत्ता के दृष्टिकोण से एक आदर्श अवस्था कही जा सकती है। यह वो वक्त होता है, जब काम हमारे लिए बन जाता है—

एक हक, न कि एक फर्ज
एक मौज, न कि एक बोझ
एक खुशी, न कि एक सदमा।

जब हम सुनियोजित तरीके से अपने लक्ष्य निर्धारित कर लेते हैं, तो संघर्ष करने के लिए एक अच्छा-खासा रास्ता मिल जाता है। जब हम लक्ष्य को छू लेते हैं, तो हमारा संघर्ष भी स्वतः पुरस्कृत हो जाता है।

इस सबकी वजह है कि इसकी पृष्ठभूमि में रचनात्मक आत्म अभिव्यक्ति छुपी रहती है। प्रत्येक व्यक्ति का कार्य उसके अपने स्वरूप का चित्रण होता है।

यदि आप समाज पर यह छाप डालना चाहते हैं कि आपका चरित्र, आपकी क्रियाशक्ति, व्यक्तित्व प्रबल है, तो प्रत्येक दशा में आपके विचार रचनात्मक होने चाहिए। आपके मन पर इन्हीं रचनात्मक विचारों का प्रभाव होना चाहिए।

अपने भविष्य का निर्णय करने वाली सामग्री आपको कहीं बाहर से नहीं जुटानी पड़ती, बल्कि वह तो आपके भीतर ही होती है। आपको करना केवल यह होता है कि उस भीतर

की सामग्री का सही-सही उपयोग करना सीख लें। आप अपनी रचनात्मकता की लौ को कभी बुझने मत दीजिए। आप अपनी शारीरिक तथा मानसिक शक्ति का जिस मात्रा में उपयोग करेंगे, उसी अनुपात में आपके काम में पूर्णता आएगी।

सब कलाओं में सबसे श्रेष्ठ कला अपने मनुष्य-जीवन को सफल एवं विजयी बनाना मानी गई है। इस कला का ठीक ढंग से प्रयोग कर कोई भी व्यक्ति कुशल बन सकता है। जो विद्यार्थी विद्याध्ययन पूर्ण करने के बाद, सफल होने की कला में पारंगत हुए बिना जीवन-यापन के क्षेत्र में आता है, जिस युवक को किसी ने यह न बताया हो कि धनात्मक और ऋणात्मक विचार किन्हें कहते हैं, इनमें क्या अंतर है तथा इन दोनों का स्वरूप क्या है, वह शीघ्र ही असफल हो जाता है। उसके मन में आत्मविश्वास की कमी और निषेधात्मक विचार पैदा होते हैं। उत्साह से शून्य भावनाओं के कारण उसकी स्वाभाविक रचनाशीलता मंद पड़ जाती है तथा धनात्मक प्रतिभा मंद हो जाती है। वह जहाँ भी काम करता है, लोग उसे एक 'बोझ' की तरह समझते हैं। इस प्रकार एक दक्ष व्यक्ति होते हुए भी वह आकस्मिक रूप से क्रियाहीन विचारों का शिकार हो जाता है।

कॉलेज या विश्वविद्यालय की शिक्षा व्यक्ति के हित में आवश्यक है या अनावश्यक—यह विवाद का विषय है, पर किसी भी युवक के लिए यह जानना कि मन और मस्तिष्क की शक्तियाँ रचनात्मक, जाग्रत, प्रचंड और प्रभावशाली कैसे बनती हैं, अत्यंत आवश्यक है। वह असंदिग्ध रूप से विवाद का विषय नहीं हैं। प्रत्येक सफलता के आकांक्षी युवक के लिए यह जानना भी आवश्यक है कि मन को कैसे सदा निषेधात्मक स्थिति में रखा जा सकता है तथा विघातक विचारों से कैसे रक्षा की जा सकती है।

इस बात का कोई महत्त्व नहीं कि मनुष्य मरता किस प्रकार है, अपितु महत्त्वपूर्ण बात यह है कि वह जीवित किस प्रकार रहता है।

—मोहम्मद हजरत

खूबियों का विकास

हमारे भीतर जो भी खूबियाँ हैं, हमें उनका दिल खोलकर उपयोग करना चहिए। हम जिस वस्तु को उपयोग में नहीं लाते वह धीरे-धीरे समाप्त होती चली जाती है। हम यदि अच्छे हैं, हमारी सोच अच्छी है तथा हम लोगों की भलाई के बारे में विचार करते हैं तो उसको प्रकट करना भी सीखिए।

जार्ज कैथोलिन के शब्दों में—'हमारा दृष्टिकोण हमारे कार्य को खेल से भी ज्यादा रोचक बना देता है। किसी ने कहा है कि अंदरूनी धूप तब खिलती है, जब हमें यह महसूस हो कि हमने अपनी प्रतिभा और सामर्थ्य का किसी अच्छे और नेक काम के लिए सही ढंग से उपयोग किया है।'

मनोवैज्ञानिकों का कहना है कि हम दिन भर में जो सोचते हैं और करते हैं, वही निर्बाध रूप से हमारे भविष्य को शक्ल दे रहा होता है। वास्तव में सच्ची उपलब्धि न तो संग्रह में है, न प्राप्ति में है, अपितु सर्जनशीलता में है। हम सही मायनों में अपने मस्तिष्क तथा अपनी आंतरिक ऊर्जा पर ही निर्भर करते हैं। सच तो यह है कि मनुष्य अपना सितारा खुद है और वह आत्मा जो इनसान को ईमानदार तथा परिपूर्ण बना दे, उसके आगे नतमस्तक हो जाते हैं—सारी ज्योति, सारा प्रभाव, सारा भाग्य। हमें रचनात्मकता की जलधारा को खूब वेग से बहाना चाहिए, फिर वह दिन भी आएगा, जब यही गंगा उपलब्धियों के महासागर से जा मिलेगी।

मनोवैज्ञानिकों का कहना है कि हम दिन भर में जो सोचते हैं और करते हैं, वही निर्बाध रूप से हमारे भविष्य को शक्ल दे रहा होता है। वास्तव में सच्ची उपलब्धि न तो संग्रह में है, न प्राप्ति में है, अपितु सर्जनशीलता में है।

प्रत्येक प्रगतिशील मनुष्य को अपने मानसिक, सामाजिक तथा नैतिक गुणों के विकास के प्रति गंभीर रहना चाहिए। अपनी रचनात्मकता को धार देने के लिए हमें प्रयासों को गति देने में परहेज नहीं करना चाहिए। पुस्तकों तथा यात्राओं पर पैसा खर्च

करना फिजूल खर्च नहीं, यह तो एक तरह का सुरक्षित निवेश है, जो आपके जीवन को अधिक कारगर तथा कामयाब बनाने में महत्त्वपूर्ण साबित होगा।

मनुष्य को यह भी ध्यान रखना चाहिए कि वह खुद ढाल ले अपने वातावरण को, अपने घर को और मित्रों के दायरे को, अपने रोजगार को तथा सारे काम-काज को। इस तरह मनुष्य अपने जीवन का संपूर्ण उपयोग कर सकता है। इस स्वर्णिम सूत्र को सदैव स्मरण रखिए कि—

'एक उपयोगी जीवन ही सुखी हो सकता है।'

ईश्वर ने मनुष्य को रचनाधर्मिता के गौरव से नवाजा है। हमें इसके महत्त्व को नजरअंदाज नहीं करना चहिए। हमें ज्यादा से ज्यादा रचनात्मक होना चाहिए। परमेश्वर की रचना का उपयोग कीजिए तथा अपनी खूबियों से सजा-सँवार कर बेहतरीन चीजों का निर्माण कीजिए। बेहतरीन परिस्थितयाँ बनाने वाले लोगों की जिंदगी भी खुद-ब-खुद बेहतरीन हो जाती है।

रचनात्मकता का अभिप्राय है, नये संबंधों में नये विचार देखना, चिंतन करना, कुछ नया सोचने या पैदा करने की कल्पना करना। सारी रचनात्मकता उसी व्यक्ति में निहित रहती है, जो कुछ बनाए जाने की ऊर्जा से भरा है। रचनात्मकता सर्वोच्च दर्जे का गुणात्मक अनुभव है। यह वह शक्ति है, जिसके प्रभाव से समूचा व्यक्तित्व सक्रिय हो उठता है।

रचनात्मकता में वृद्धि

अपने गुणों में इजाफा करके हम अपनी रचनाधर्मिता का संपोषण कर सकते हैं। सद्‌भावना, आशावादिता तथा अध्यवसाय सरीखी विशेषताएँ हमारे व्यक्तित्व में रचनात्मकता का संचार करती हैं।

अपने गुणों में इजाफा करके हम अपनी रचनाधर्मिता का संपोषण कर सकते हैं। सद्‌भावना, आशावादिता तथा अध्यवसाय सरीखी विशेषताएँ हमारे व्यक्तित्व में रचनात्मकता का संचार करती हैं। कुछ लोगों में रचनात्मकता स्वभाविक रूप से होती है, जबकि कुछ लोग थोड़ी सी तैयारी से इसे विकसित करने में सफल हो सकते हैं।

रचनात्मक लोगों को चाहिए कि जब उनके मन में नये-नये विचार आएँ तो वे उन्हें खोने न दें। यह स्वभावगत विशेषता होती है कि जब एक दिशा विशेष में हम सोच रहे हों तो उसी तरह के और विचार भी आते हैं। उन्हें नोट कर लेना चाहिए। उन्हें सँभालकर रखिए। हो सके तो उनके लिए कोई खास डायरी अथवा फाइल बना लीजिए। क्रमबद्ध संयोजन तथा समुचित व्यवस्था से सफलता का मार्ग सुनिश्चित होता है। मात्र संयोग से कभी भी कोई चीज अच्छी नहीं बन जाती।

प्रशिक्षित व रचनाशील मस्तिष्क का साथ भाग्य भी देता है। रचनात्मक क्षमता वाले व्यक्ति भीड़-भाड़ तथा प्रतिस्पर्धा से परिपूर्ण माहौल में सबसे अलग, सबसे जुदा दिखाई देते हैं।

न्यूयॉर्क में एक महान् संगीतकार था। वह लड़कियों को ऑपेरा के लिए प्रशिक्षित किया करता था। उसकी शिष्याओं में एक ऐसी लड़की थी, जिसमें संगीत की महान् योग्यता छिपी थी, पर उस लड़की में आत्मविश्वास नाममात्र का भी नहीं था। संगीत शिक्षक ने उसे परामर्श दिया कि वह झिझक त्यागे, आत्मविश्वास जगाकर अपना व्यक्तित्व प्रकट करे। इस कार्य के लिए उसने उसे उपाय सुझाया कि वह प्रतिदिन दर्पण के सम्मुख खड़ी होकर पूरी ताकत से बार-बार दोहराया करें कि 'मैं स्वयं संगीत हूँ। मैं ईश्वर की संगीत-शक्ति की प्रतिमा हूँ। मैं स्वर-झंकार से परिपूर्ण हूँ, मैं अपना अभिनय बहुत उत्तम रूप से कर सकती हूँ। मैं अपनी भूमिका करते समय सभी को मुग्ध कर दूँगी। मैं सबसे श्रेष्ठ अभिनेत्री हूँ। अपने अभिनय को और सम्माननीय और गौरवपूर्ण बनाऊँगी।' उस लड़की ने अपने शिक्षक की इस बात का अक्षरश: पालन आरंभ किया। वह लड़की, जो संकोच, लज्जा में डूबी रहती थी, लोगों के सामने झिझकती, कतराती थी, अपने शिक्षक के परामर्श से उसने वह काम कर दिखाया, जो अनेक प्रयासों द्वारा संगीत और अभिनय का पाठ पढ़ाने से भी नहीं हो सकता था। शिक्षक के बताए मार्ग से उसका आत्मविश्वास इतना अधिक बढ़ गया कि उसकी शंका और संदेह

मिट गए, उसका संकोच दूर हो गया और वह रंगमंच पर बिजली-सी चमक उठी।

आप उच्च स्वर से दर्पण के सम्मुख खड़े होकर प्रतिज्ञा कीजिए, संकल्प कीजिए—यह आत्मविश्वास बढ़ाने का एक महान् उपाय है। इस प्रकार अपने आपको सुझाव देना, पूर्ण उत्साह भरकर अपने मन के साथ वार्तालाप करना, सच्चाई के साथ स्वयं से बात करना, ऐसे उपाय हैं, जिनके द्वारा मनुष्य अपने अचेतन मन में छिपी हुई शक्ति को जगा सकता है। केवल विचार करने से इतनी शक्ति जाग्रत नहीं होती, जितनी अपनी आत्मा को सुझाव देने और प्रण करने से उत्पन्न होती है। सब जानते हैं कि पूर्ण उत्साह में भरकर किसी काम को पूरा करने का संकल्प कर लिया जाता है, तो शान अद्‌भुत रूप से बढ़ती है।

□

61

साहस से बढ़ता है आत्मविश्वास

आत्मविश्वास की कमी ही हमारी बहुत सी असफलताओं का कारण होती है, शक्ति के विश्वास में ही शक्ति है। ऐसे व्यक्ति सर्वाधिक कमजोर हैं, चाहे वे कितने ही शक्तिशाली क्यों न हों, जिन्हें अपने आप तथा अपनी शक्ति पर विश्वास नहीं है।

–सरदार पटेल

समाज में अनेक लोग आपको इस तरह का ढोंग करते मिल जाएँगे कि जैसे वे संपूर्ण हैं, उनसे उनके जीवन में कभी कोई गलती हुई ही नहीं। परंतु हमारे मन में हरदम यही खयाल रहता है कि किसी दूसरे से अधिक गलतियाँ हम स्वयं कर रहे हैं। गलत होने का एक हौवा हमारे ऊपर हावी रहता है। हम सच्चे व अच्छे होने की हिम्मत नहीं जुटा पाते और बहुत मर्तबा यह डर हमें बहुत महँगा पड़ता है। आप अपने क्षेत्र विशेष या कारोबार में अपनी कोई खास जगह बनाना चाहते हैं, लेकिन मन-ही-मन डरते रहते हैं कि कहीं हम फेल तो नहीं हो जाएँगे। बहुत से व्यक्ति जो प्रेम में निराश हो जाते हैं, वे फिर नया नाता जोड़ने से डरते हैं। उन्हें वहम होता है कि वे एक बार फिर मायूस हो जाएँगे।

क्या आप एक बार भाषण देते वक्त बीच में कोई गलती कर बैठे थे, जिससे आपकी बात लोगों ने अनसुनी कर दी थी, उसी डर के चलते आप दुबारा भाषण देने की हिम्मत नहीं जुटा पाते?

क्या आपकी कोई रचना, कार्टून अथवा लेख संपादक ने नहीं छापा और धन्यवाद सहित वापस लौटा दिया, उसी के भय से आप अन्य रचना भेजने में संकोच कर रहे हैं? आप एक स्वर्णिम सूत्र सदैव स्मरण रखिए कि जो व्यक्ति प्रतिकूल परिस्थितियों में भी अपनी हिम्मत नहीं खोते, उनकी मदद स्वयं ईश्वर करते हैं। तभी तो कहा गया है—

'हिम्मते मर्दां, मददे खुदा।'

आपको जटिल से जटिल हालातों में भी हिम्मत नहीं हारनी चाहिए।

दुबारा उठिए और सफलतापूर्वक सफल रहिए। महाकवि मिल्टन का यह वाक्य हमेशा याद रखिए।

'जागो, उठो, नहीं तो फिर हमेशा के लिए खत्म!'

रमन ने बाँस कूद प्रतियोगता में कीर्तिमान स्थापित किया। उसका मित्र चकित था। वह पूछ बैठा—'20 फुट ऊँची छलाँग लगाते समय तुम्हें डर नहीं लगा, यदि बाँस टूट जाता तो हड्डी-पसली बराबर हो जातीं।'

रमन का जवाब था—'बिना जोखिम उठाए सफलता मिल ही नहीं सकती।'

वास्तव में देखा जाए तो जिन कार्यों पर सभी लोग अभिभूत हो जाते हैं, वे सब जोखिम भरे हैं। यह भी सत्य है कि हम खुद को दाँव पर लगाते हुए जितना गहरा गोता लगाते हैं, उतने ही बेशकीमती रत्न बटोर ले आते हैं। चारों तरफ से अपनी सुरक्षा का घेरा निर्मित करके चलने वाले लोग ही सर्वाधिक असुरक्षित होते हैं। यहाँ सुरक्षा घेरे से मतलब किसी सशस्त्र दल या विशेष अंगरक्षकों की टोली से नहीं है। हमारा अभिप्राय उन लोगों से है, जो बिना जोखिम लिए टॉप पर पहुँचता चाहते हैं। यह बात ठीक ऐसी ही है जैसे कि कोई विद्यार्थी उच्च अंकों से उत्तीर्ण तो होना चाहता हो परंतु परीक्षा के जोखिम से बचना चाहता हो, यह असंभव है। कार्यशील तथा कर्मठ व्यक्ति की अनेक गलतियाँ भी निकम्मेपन की एक अच्छाई से बढ़ कर हैं, इसकी एक वजह यह भी है कि कर्मठ व्यक्ति में संभावना छिपी है कि वक्त पड़ने पर वह अपनी गलती में सुधार कर लेगा, जबकि निकम्मे व्यक्ति अपनी अच्छाई भी कायम नहीं रख पाते।

वास्तव में जोखिम उठाना जीवन जीने का एक तरीका है। कहा भी गया है कि बिना जोखिम उठाए लाभ नहीं मिलता। जितना बड़ा खतरा होता है, उतना ही अधिक लाभ होता है—

'जिन खोजा तिन पाइयाँ गहरे पानी पैठ,
मैं नारी डूबन डरी, रही किनारे बैठ।'

वास्तव में जोखिम उठाना जीवन जीने का एक तरीका है। कहा भी गया है कि बिना जोखिम उठाए लाभ नहीं मिलता। जितना बड़ा खतरा होता है, उतना ही अधिक लाभ होता है।

गहरे पानी में उतरने की तैयारी ही इस बात की सूचना है कि हम जोखिम उठाने के लिए मन बना चुके हैं। खतरा मोल लिये बिना समुद्र के गहरे पानी से मछली नहीं पकड़ी जा सकती। हिमालय की चोटी पर नहीं पहुँचा जा सकता, चाँद के घर मेहमाननवाजी नहीं की जा सकती। जोखिम उठाने वाले लोग जीवन में उत्साह से भरे होते हैं। जोखिम से बचने का मतलब है, अपनी जगह खड़े रहना, कुछ करना नहीं, कुछ सीखना नहीं···भला ये भी कोई जीवन है?

जोखिम उठाने की आदत डालने के लिए किसी खतरे में पड़ने या अवसर की तलाश करने की जरूरत नहीं पड़ती। अवसर तो हर समय, हर जगह आते ही रहते हैं। हर निर्णय में जोखिम का हिस्सा रहता है। अत: किसी भी कार्य को पूर्ण मनोभाव से करना चाहिए। डरने की आदत छोड़नी होगी, तभी हम अपने निश्चित लक्ष्यों की प्राप्ति कर सकेंगे।

जिसने जोखिम उठाना नहीं सीखा, वह संकट के समय घबरा जाता है। जोखिम उठाने की आदत डालकर आत्मविश्वास पैदा कीजिए तथा अपने व्यक्तित्व को प्रभावशाली बनाइए।

ध्यान रखिए जितने अधिक परिश्रम व शक्ति के साथ कोई कार्य किया जाएगा, उसके सफल होने के अवसर भी उतने ही गुना बढ़ जाएँगे।

''शिव है असि का, नहीं संकल्प का है,
हर प्रलय का कोण कायाकल्प का है,
फूल गिरते, शूल सिर ऊँचा किए हैं,
रसों के अभिमान को नीरस किए हैं,
खून हो जाए न तेरा देख पानी
मरण का त्योहार जीवन की जवानी!''

मानव के जीवन में लक्ष्य का होना अनिवार्य है। बस में सफर करते समय जब तक आप यह नहीं जानते हैं कि बस कहाँ जा रही है तब तक आप उसमें सफर नहीं करते हैं, फिर आप अपनी जिंदगी को बिना लक्ष्य तय किए कैसे जी सकते हैं?

लक्ष्य का निर्धारित होना अत्यंत आवश्यक है और इसमें परिवार, आर्थिक, शारीरिक, मानसिक, सामाजिक, आध्यात्मिक तत्त्वों का समावेश होना अपना महत्त्व रखता है। परिवार हमारे जीने और जीविका का महत्त्वपूर्ण पक्ष है। आर्थिक बिंदु जीविका का सहायक पक्ष है। स्वस्थ शरीर के बिना आप कोई काम नहीं कर सकते।

लक्ष्य का निर्माण जाँच-परख कर करें एवं हमेशा स्पष्ट दृष्टि रखें। लक्ष्य हमेशा बड़ा बनाइए और उस पर समुचित ढंग से प्लान कर के कार्य कीजिए। इस संबंध में डेनियल एच. बर्नहम का कथन उल्लेखनीय है—

> 'छोटी योजनाएँ न बनाएँ, उनमें इनसान के दिलों में जोश भरने वाला जादू नहीं होता··बड़ी योजनाएँ बनाएँ, पूरी आशा के साथ ऊँचाई की ओर बढ़ें और काम करें।'

अपना एक निश्चित लक्ष्य बनाएँ, उसको लिखें, रोजाना दो बार पढ़े और समय-समय पर उसकी जाँच करते रहें। इससे आपको सतत् अपने लक्ष्य का ध्यान रहेगा, साथ ही आप को मूल्यांकन का भी मौका मिलता रहेगा।

प्रख्यात साहित्यकार डॉ. हरिवंश राय बच्चन जब विदेश में अपनी पी-एच.डी. की पढ़ाई कर रहे थे, उस समय मानसिक, पारिवारिक एवं आर्थिक कठिनाई का सामना वे स्वयं और उनका परिवार इलाहाबाद में कर रहा था। उस वक्त वे इस कथन से अपना विश्वास प्राप्त करते थे—

'लक्ष्य प्राप्त हो न हो, लक्ष्य पर पहुँचना अपने हाथों में नहीं होता, पर लक्ष्य बनाकर ही चला जाता है। यह कम सौभाग्य की बात नहीं है कि हमारे सामने लक्ष्य है। वह आकर्षक है—प्रेरक भी।'

लक्ष्य का निर्धारित होना अत्यंत आवश्यक है और इसमें परिवार, आर्थिक, शारीरिक, मानसिक, सामाजिक, आध्यात्मिक तत्त्वों का समावेश होना अपना महत्त्व रखता है।

अपने जीवन की सार्थकता को समझते हुए अपने जीवन को सक्षम बनाइए, भोक्ता और कर्ता बनिए। जीवन के मार्ग में दर्शक की क्या स्थिति हो सकती है? सोचिए! जिंदगी जीनी पड़ती है। अपने लक्ष्य को कर्म नियोजित करके अपने जीवन को सफल बनाइए।

अपने लक्ष्य की प्राप्ति हेतु उस क्षेत्र से संबंधित शिक्षक, छात्रों से संपर्क बनाइए। अच्छी-अच्छी किताबों को पढ़ने की आदत डालिए।

आदर्श व्यक्तियों की जीवनियाँ पढ़िए। हमेशा अच्छे लोगों के साथ रहिए एवं अच्छी आदतों को सीखिए। कर्म पर अपना ध्यान केंद्रित करिए एवं सतत कर्मशील रहने का प्रयत्न कीजिए। भाग्यवादी रवैया न अपनाकर अपने अंदर योग्यता का विकास कीजिए।

असफलता से निराश मत होइए। मसलन आप परीक्षा के उपरांत परीक्षाफल का इंतजार कर रहे हैं और परीक्षाफल आने के उपरांत आप सफल होते हैं, इसलिए उस क्षण को सफल बनाने के लिए यह आवश्यक है कि आप अपने को पूरी तरह सक्षम बनाएँ एवं परीक्षा में उत्तीर्ण हों। अपने लक्ष्य को ध्यान में रखते हुए अपने अंदर से आलस को दूर भगाएँ एवं हमेशा नीतिशतक की यह पंक्ति याद रखें—

> आलस्य हि मनुष्याणां शरीरस्थो महान रिपुः।

अर्थात् 'आलस्य मनुष्यों के शरीर में रहने वाला महान् शत्रु है।'

अनिश्चितता से घटता है आत्मविश्वास

दीर्घसूत्रता काम करने न करने की स्थिति का अंतर्द्वंद है, जिसको लेकर व्यक्ति निश्चित नहीं होता, पर यह भी नहीं कह सकते कि वह अनिश्चित है। लेकिन मानसिक स्तर पर निरंतर संघर्ष जारी रहता है। कुछ लोग इसकी व्याख्या एक ऐसी प्रतिबद्धता के रूप में करते हैं, जिससे पूर्णतः इनकार नहीं किया जा सकता। दीर्घसूत्रता या विलंबता की स्थिति में व्यक्ति स्वयं से वायदा करता है, लेकिन इसमें स्पष्टता व सुनिश्चितता का अभाव बना रहता है। परिवर्तन की संभावना

भी हमेशा बनी रहती है। कहने का तात्पर्य है कि काम टालने की इस प्रवृत्ति में व्यक्ति प्रतिबद्ध नहीं हो पाता।

इस संबंध में सामान्य धारणा यह है कि व्यक्ति में इच्छा शक्ति की कमी के कारण ऐसा होता है। पर ऐसी बात नहीं है। अगर इस बात को मान भी लिया जाए तो मनोवैज्ञानिक इस बात से साफ तौर पर इनकार करते हैं कि इच्छा की कमी के कारण ऐसा होता है। व्यक्ति जो कुछ करना चाहता है कि उसे लेकर करें या न करें या अब करते हैं, तब करेंगे। अर्थात् व्यक्ति की स्वयं की चल रही भावनात्मक उलझन की स्थिति होती है। नतीजा काम में विलंब होता है। यही वजह है कि लोग इन स्थितियों मे कहीं-न-कहीं इच्छा शक्ति में कमी को ही इसका कारण मानते हैं।

ऐसी स्थिति में व्यक्ति अपने लिए जो लक्ष्य निर्धारित करता है, वह समय पर पूरा नहीं हो पाता है एवं निश्चित लक्ष्य की प्राप्ति बार-बार आगे के लिए खिसकती रहती है। कई बार तो यह निरंतरता में तब्दील हो जाती है। यह इसलिए होता है कि व्यक्ति जब भी कुछ करना चाहता है तो वह जिन बातों का पहले से आदी हो चुका है, वह प्रवृत्ति उसे अतिशीघ्र काम निपटाने नहीं देती।

□

62

असफलता और आत्मविश्वास

जिस मनुष्य में आत्मविश्वास नहीं है, वह शक्तिमान होकर भी कायर है और पंडित होकर भी मूर्ख है।

–रामप्रताप त्रिपाठी

बहुत से व्यक्ति जब एक बार नौकरी खो देते हैं, तो दोबारा काम माँगने से डरते हैं। कुछ लोग प्रोमोशन की माँग करने पर जब फटकार दिए गए, उसके बाद मैनेजर के केबिन में जाने से घबराते हैं। वे महिलाएँ जिनके बालक डूबते-डूबते बच गए, अब कभी बच्चों को पानी के निकट जाने या तैराकी सीखने की अनुमति नहीं देती। बदकिस्मती तथा आपत्तियों से पीड़ित ऐसे लोगों की धारणा रहती है कि ऐसी घटनाओं का होना अटल है और वे सदा दुःखी रहते हैं। इस तरह की मानसिकता वाले व्यक्ति बहुधा पश्चात्ताप करते रहते हैं, वे सोचते हैं हमारा जीवन बर्बाद हो गया। कुछ साल पहले ही हमें कोई अन्य मार्ग अपना लेना चाहिए था। अब बहुत देर हो चुकी है। हार लज्जा की बात नहीं है।

महात्मा गांधी कहा करते थे 'कुछ युद्ध ऐसे भी हैं, जिनमें हारना ही विजय है।' एक कहावत यह भी है कि कोशिश न करने से कोशिश करके हार जाना कहीं बेहतर होता है। दरअसल कोई भी हार हमें यह नहीं बताती कि हममें योग्यता की कमी है। वो बताती है कि कमी थी हमारे प्रयासों में, जिसे हम चाहें तो दूर कर सकते हैं।

महात्मा गांधी कहा करते थे 'कुछ युद्ध ऐसे भी हैं, जिनमें हारना ही विजय है।' एक कहावत यह भी है कि कोशिश न करने से कोशिश करके हार जाना कहीं बेहतर होता है।

थियोडोर रूजवेल्ट अपने अनुभवों में लिखते हैं कि 'श्रेय उस व्यक्ति को मिलता है, जो वस्तुतः संघर्ष में कूदता है। जिसका चेहरा धूल-पसीने तथा रक्त से धूसरित हो जाता है। जो बहादुरी से लड़ता है, जो बार-बार गलतियाँ करता है और बार-बार चूकता है, जो उत्साह का आनंद लेता है और एक उचित ध्येय के लिए प्रयास में जुटा रहता है। जो जानता है कि यदि ठीक रहा तो उसे उपलब्धि की अपूर्व सफलता हासिल होगी और अगर नाकाम हो गया तो उसकी हार इस बात का प्रतीक होगी कि हाथ-पर-हाथ रख बैठने से उसने जूझना मुनासिब समझा। उसका चेहरा उन भीरू व्यक्तियों जैसा भी नहीं दिखेगा जो न हार जानते हैं और न जीत।'

उपलब्धि तथा श्रेय कोशिश तथा नाकामी के स्वाभाविक मार्ग पर उगे हरे छायादार वृक्षों जैसे हैं। बहुत कम लोग समझ पाते हैं कि हमारी साहसिक गलतियाँ ही सफलता की सीढ़ियाँ बन जाती हैं। पराजय हमारी असफलता का कारण नहीं हैं, बल्कि पराजय में जो सीख, नसीहत तथा अनुभव छिपा है उसे न पहचान पाना ही हमें असफल बनाता है। हमें चाहिए कि हम स्वीकारना सीखें—अपनी गलतियों तथा उपलब्धियों के साथ जुड़ी जिम्मेदारियों को।

अपने प्रयासों में पूर्णता तथा इरादों में पवित्रता लेकर कार्य करने वाले लोग एक हजार बार हार कर भी अंतत: जीत जाते हैं। अपनी मौलिकता को बचाए रखकर कार्य करने वाले लोगों की विजय सुनिश्चित है।

अपना सौ प्रतिशत दीजिए

हम सब की कमजोरी ये है कि हम खेलने में कम, उसकी हार-जीत में अधिक दिलचस्पी रखते हैं। हम जमकर खेलना नहीं चाहते और सपने देखते हैं कि सुरक्षित तरीके से जीत को कोई आकर हमारी गोद में रख जाए। बहुत से लोग हैं, जो अपनी गलतियों को रोमांचक नहीं बना पाते। हमें अपने बारे में, अपने प्रयासों के बारे में विचार करना चाहिए। हमें बिना किसी हील-हुज्जत के अपनी खूबियाँ, खामियाँ कबूल करनी चाहिए।

फ्रांसिस बेकन का अमर कथन है कि 'बुरे लोग अपने दोषों को माफ किए रहते हैं। अच्छे लोग उनको छोड़ बैठते हैं। गलती नहीं करने के डर से लोग अपनी प्रतिभाओं को दफना देते हैं।'

जिस कब्रिस्तान में हमारी गलतियाँ दफन हैं, वहीं पर हमारी कामयाबी के दुश्मन भी दफन हैं। उनकी हमें जरा भी परवाह नहीं करनी चाहिए। परंतु सबसे दर्दनाक कब्रिस्तान वह है, जहाँ उन लोगों की पार्थिव देह खामोशी से आराम कर रही है, जो गलतियाँ करने से डरते थे।

हम अनेक पराजयों को जीत सकते हैं—

अध्ययन के शस्त्र से
योग्यता के बाण से तथा
तैयारी की हुंकार से।

अपने प्रयासों में पूर्णता तथा इरादों में पवित्रता लेकर कार्य करने वाले लोग एक हजार बार हार कर भी अंततः जीत जाते हैं। अपनी मौलिकता को बचाए रखकर कार्य करने वाले लोगों की विजय सुनिश्चित है।

हमें जीवन के प्रति खिलाड़ी जैसा रुख अपनाना चाहिए क्योंकि जोखिम उठाने का भी अपना मजा है। शिक्षाविद् प्रेमचंद्र शर्मा इसी बात को बड़े सुंदर ढंग से कहते हैं-

'हार कर भी हार मैंने, आज तक मानी नहीं है,
हार तो उसके लिए है हार को जो हार माने
जीत तो उसके लिए जो हार को उपहार माने।'
यह दौर मशीनों का है,
अब चलेगा राज कंप्यूटर और रोबोट का

मशीनों के बारे में धारणा है कि वे अपना कार्य परिपूर्ण ढंग से करती हैं।
अत: गलतियों के लिए अब आने वाले दिनों में कोई खाना नहीं होगा?
परंतु हमें प्रतिभावान व्यक्तियों की भाँति आचरण करना चाहिए।
हमें रहना, सोचना व करना चाहिए वह सब जो सच्चे इनसानों को शोभा देता है।

मनुष्य गलतियों का पुतला है
और हमेशा रहेगा।

जितनी शीघ्रता से हम खुद को इसके लिए माफ कर देंगे उतनी ही जल्दी से हमारा जीवन सुख तथा संपन्नता की ओर उन्मुख हो जाएगा।

'हार और जीत के बीच की रेखा
अकसर होती है, इतनी महीन
लोगों को अकसर पता ही नहीं चलता
वे कब छू देते हैं वो लीक।
ऐन वक्त जब मोती हाथ में आने वाला था
अगर एक गोता और लगा लेते
कितने ही बहादुर गोताखोर
तभी हिम्मत छोड़कर हार मान लेते हैं।'

भय और चिंता की भावना हमारे अचेतन मन को कार्य करने से रोक देती है। जिस कार्य को हम पूर्ण करना चाहते हैं, उसके संबंध में हमारी यह चिंता कि यह कार्य पूर्ण होगा या नहीं, हमारे उस कार्य के पूर्ण होने में बाधक बन जाया करती है, क्योंकि जिस समय मन में संदेह बस जाता है, उस समय उससे कोई भी रचनात्मक कार्य प्रभावशाली ढंग से नहीं हो सकता है। हमें चाहिए कि हम भय को तुरंत त्याग दें, क्योंकि वह हमारे सामने उसी संकट को ला खड़ा करता है, जिससे हम भयभीत रहते हैं। भय हमारी संकट-निरोधक शक्ति को क्षीण करता है, उसकी कमर तोड़ देता है। हमें जिस चिंतन की आवश्यकता है, वह उसकी शक्ति को कमजोर कर देता है। जब तक मन अशांत है, तब तक वह कभी भी प्रभावशाली ढंग से नहीं सोच सकता है। वह किसी भी रचनात्मक विचार या कार्य को जन्म नहीं दे सकता। भय स्वाभाविक रूप से हमारे मनन अथवा चिंतन करने की प्रक्रिया को भी निष्क्रिय बनाता है और हमारी शक्ति को भी कम करता है।

पुरुषार्थ से बढ़ता है आत्मविश्वास

मशहूर अमेरिकी दार्शनिक हेनरी डेविड थोरो के अमर शब्द हमें सम्यक् दिशाबोध कराते हैं। थोरो का कथन है कि- 'क्या आपने कभी ऐसे आदमी के बारे में सुना है, जिसने जिंदगी भर एक ही लक्ष्य को सामने रखकर पुरुषार्थ किया हो, श्रद्धा से, एकाग्रता से, और उसे जरा भी नहीं पा सका हो? अगर मनुष्य सतत् प्रयास में लगा रहता है तो क्या वह ऊपर नहीं उठ जाता? क्या कोई मनुष्य ऐसा है, जिसने वीरता, उदारता, सत्यता, निष्कपटता के साथ कोशिशें की हों और देखा हो कि उनमें कोई फायदा नहीं हैं, कि वह सारी कोशिश बेकार थी?'

किसी ने सत्य कहा है—

'अपने सपनों को सलामत रखिए
क्योंकि उन्हीं में वह आनंद है
जो सयाने लोगों को नसीब नहीं होता।
अब भी हवा में किले बनाते रहिए
अब भी अपने सफेद जहाज को पानी में तैराते रहिए
अब भी किसी धुन में लगे रहिए
और आकाश के तारों को देखते रहिए।'

कहा भी गया है पुरुषार्थ तथा भाग्य एक ही सिक्के के दो पहलू हैं। उठिए और अपने पुरुषार्थ से भाग्य के क्षितिज

पर अपनी एकाधिकारिता तथा अनन्यता के स्वर्णिम हस्ताक्षर अंकित कर दीजिए।

आत्मा में वह शक्ति है कि जो शरीर को भयंकर यंत्रणाओं से भी बचा सकती है। यदि आत्मा की उस शक्ति का प्रयोग न किया जाए तो किसी भी तीव्र विचार से रोग हो सकते हैं और मृत्यु भी हो सकती है। एक महिला कई वर्षों से बीमार थी। वह हर समय खाट पर पड़ी रहती थी। मल-मूत्र त्यागने के लिए उठने भर की शक्ति उसमें न थी। एक दिन अचानक उसके घर में आग लग गई। पति उस समय बाहर गया हुआ था और उसके तीन बच्चे घर की ऊपर की मंजिल में थे। आग की बात सुनते ही वह 'हाय मेरे बच्चे, हाय मेरे बच्चे' चिल्लाती हुई भागी और बारी-बारी से तीनों बच्चों को बचा लिया।

आत्मा में वह शक्ति है कि जो शरीर को भयंकर यंत्रणाओं से भी बचा सकती है। यदि आत्मा की उस शक्ति का प्रयोग न किया जाए तो किसी भी तीव्र विचार से रोग हो सकते हैं और मृत्यु भी हो सकती है।

यह सब कैसे हो गया? यह इस प्रकार हुआ कि आग के भय से उस महिला के मस्तिष्क में एक प्रबल विचार उठा और उस विचार से उस महिला में यह भावना उत्पन्न हुई कि वह कुछ भी कर सकती है। मस्तिष्क के जो विचार अंगों को काम करने का आदेश देते हैं, उन्होंने उसमें यह विश्वास भर दिया कि वह उठकर बच्चों को बचा सकती है, हालाँकि उसके अंग-प्रत्यंगों में कोई भी परिवर्तन नहीं हुआ था। अंगों व मांसपेशियों में कार्य करने की शक्ति बाद में आती है, सबसे पहले मस्तिष्क में ही यह विश्वास दृढ़ होता है कि मैं इस काम को कर सकता हूँ। आग भड़क जाने पर उस महिला को खतरा दिखाई दिया। उस खतरे ने महिला को बच्चों की प्राण-रक्षा के लिए ललकारा। साहस ने उसे सहारा दिया।

□

63

सर्वप्रियता बढ़ाता है आत्मविश्वास

यह आत्मविश्वास रखो कि तुम पृथ्वी के सबसे महत्त्वपूर्ण मनुष्य हो।

—मैक्सिम गोर्की

प्रत्येक व्यक्ति अपने जीवन में सफलता अर्जित करना चाहता है। सफलता को अनेक तरह से परिभाषित किया जा सकता है। सीधे-सपाट शब्दों में कहें तो सफलता का तात्पर्य लक्ष्य की प्राप्ति है। किसी उद्‌देश्य को पूरा करना भी सफलता का परिचायक है। हालाँकि प्रत्येक व्यक्ति कामयाबी की कामना करता है, सफल व सुखी होने के स्वप्न संजोता है, परंतु सभी के हिस्से में सफलता की सुनहरी किरणें नहीं लिखीं। उपलब्धियों का सूर्य नहीं उगता और जीवन की विसंगतियों के अंधकार में मनुष्य स्वयं को दीन-हीन समझने लगता है। हम अपने व्यक्तित्व में परिवर्तन करके बड़ी-से-बड़ी उपलब्धि को अर्जित कर सकते हैं। छोटे-छोटे उपायों को अमल में लाकर तथा मामूली समझी जाने वाली बातों को ध्यान में रखकर हम सभी के 'प्रिय' तथा 'खासमखास' हो सकते हैं।

व्यक्तित्व क्या है, यदि यह सवाल समाज में अनेक लोगों से किया जाए तो उसके उत्तर भी अलग-अलग तरह से मिलेंगे। साधारणतया: देखा जाए तो ज्यादातर लोग व्यक्तित्व का अभिप्राय, व्यक्ति के बाहरी पक्ष के आकर्षण से समझते हैं। गौर से देखा जाए तो हमें अपने इर्द-गिर्द ऐसे अनेक उदाहरण मिल जाएँगे जब एक सुगठित शरीर, आकर्षक चेहरे-मोहरे वाले तथा कीमती व अच्छे वस्त्र पहने व्यक्ति को देखकर लोग उससे प्रभावित हुए बिना नहीं रहते।

वस्तुत: किसी भी व्यक्ति को देखने भर से उसके व्यक्तित्व के समस्त पक्षों का आकलन नहीं किया जा सकता है। 20वीं शताब्दी के अंतिम दशक में विश्व भर के चिंतकों व विचारकों ने व्यक्तित्व को लेकर गहन शोध किए हैं। मानव व्यवहार विज्ञान विशेषज्ञ तथा मनोवैज्ञानिक भी अब 'व्यक्तित्व' शब्द को नये मापदंडों की कसौटी पर रखकर परखने लगे हैं।

> **सीधे-सपाट शब्दों में कहें तो सफलता का तात्पर्य लक्ष्य की प्राप्ति है। किसी उद्‌देश्य को पूरा करना भी सफलता का परिचायक है।**

मनोवैज्ञानिकों का मानना है कि व्यक्तित्व का सीधा सा मतलब किसी भी व्यक्ति विशेष की उसके कार्यक्षेत्र व सामाजिक स्तर पर पहचान के स्तर से है। व्यक्ति का वैचारिक मत, जनसामान्य से व्यवहार, कार्यशैली, जीवन को जीने का ढंग, जिंदगी के प्रति उसका नजरिया आदि तत्त्वों से किसी भी व्यक्ति का व्यक्तित्व निरूपित होता है। व्यक्तित्व को परखने का एक तरीका यह भी है कि किसी भी व्यक्ति के संपर्क में आने वाले लोग उसके

बारे में अपना क्या दृष्टिकोण रखते हैं। यही नहीं यह बात भी खास मायने रखती है कि हम दूसरों की बाबत किस तरह की राय बनाते हैं। अब मनोचिकित्सक इस तथ्य पर भी सहमत हो रहे हैं कि व्यक्ति के व्यक्तित्व का कुछ पक्ष आनुवांशिक गुणों-अवगुणों से भी प्रभावित हो सकता है। हमारे व्यक्तित्व विकास के क्रमिक चरणों में हमारा पारिवारिक परिवेश, सामाजिक स्तर, हमारा रहन-सहन, हमारी शिक्षा-दीक्षा तथा संस्कारों का भी महत्त्वपूर्ण योगदान होता है। जिस वातावरण में हमारा लालन-पालन होता है। जिस भाँति हमारे माता-पिता या अभिभावक हमारा पालन-पोषण करते हैं, ये समस्त तथ्य हमारे जीवन की नींव के पहले पत्थर हैं, इन्हीं के कंधों पर बाद में सुदर्शन व प्रतिभाशाली व्यक्तित्व की शानदार इमारत खड़ी होती है।

सफलता का राजमार्ग

कर्तव्य पालन को सबकुछ मानें। असीम महत्त्वाकांक्षाओं के रँगीले महल न बनाएँ। ईमानदारी से किए गए पराक्रम से ही संभव है सफलता और उतने भर से संतुष्ट रहना सीखें। कुरूपता नहीं, सौंदर्य निहारें। आशंकाग्रस्त, भयभीत, निराश न रहें। उज्ज्वल भविष्य के सपने देखें। याचक नहीं, दाता बने। आत्मावलंबन सीखें। अहंकार तो हटाएँ, पर स्वाभिमान जीवित रखें। अपने समय, श्रम, मन और धन से दूसरों को ऊँचा उठाएँ, सहायता करें। पर बदले की अपेक्षा न रखें। बड़प्पन की तृष्णाओं को छोड़ें और उनके स्थान पर महानता अर्जित करने की महत्त्वाकांक्षा सँजोएँ।

स्मरण रखें, हँसते-हँसाते रहना और हलकी-फुलकी जिंदगी जीना ही सबसे बड़ी कलाकारी है।

—पं. श्रीराम शर्मा आचार्य

किसी भी व्यक्ति के नैसर्गिक, मनोवैज्ञानिक व व्यावहारिक तत्त्वों का समन्वय व्यक्तित्व को प्रभावित करता है। बाल्यावस्था में हमें अपने सामाजिक महत्त्व का पता नहीं होता, परंतु जैसे-जैसे हम बड़े होते जाते हैं, हमें अपने प्रति लोगों के रवैये का एहसास होने लगता है। लोगों का हमारे बारे में कहना, सोचना तथा अनुभव करना हमें सजगता की ओर अग्रसर करता है।

व्यक्तित्व विकास के मामले में आत्मानुशासन की भी महत्त्वपूर्ण भूमिका है। आत्मानुशासन से अभिप्राय व्यक्ति द्वारा अपने कार्यकलापों, अपनी प्रवृत्तियों, अपनी आदतों, विचारों, तथा दिनचर्या पर नियंत्रण रखना है।

स्थिर व गतिहीन होना व्यक्तित्व की नियति नहीं, हम अपनी इच्छाओं, आदर्शों व मनोकामनाओं के अनुरूप अपने व्यक्तित्व में परिवर्तन कर सकते हैं। वस्तुतः हमारी समग्र शिक्षाएँ व अवधारणाएँ हमारे व्यक्तित्व को निर्मित करती हैं। हालाँकि हमारे व्यक्तित्व के कुछ पक्ष ऐसे भी हो सकते हैं, जिनमें बदलाव लाना मुश्किल जान पड़े, परंतु ज्यादातर मामलों में आत्म-अनुशासन द्वारा हम स्वयं को अधिक काबिल तथा प्रभावशाली बना सकते हैं।

प्रमुख विचारक सुकरात कहा करते थे कि विभिन्न व्यक्तियों के व्यक्तित्व में कुछेक समानताएँ हो सकती हैं, परंतु किन्हीं दो व्यक्तियों का व्यक्तित्व बिलकुल एक जैसा नहीं हो सकता।

एक वक्त था जब लोग जो हैं, जैसा है के आधार पर अपना जीवन यापन कर देते थे। परंतु बदलते परिवेश में सबकुछ बदल गया है, यहाँ तक कि जीवन के प्रति दृष्टिकोण भी। आज युवा वर्ग अपने व्यक्तित्व के प्रति बेहद संजीदा है। वास्तव में देखा जाए तो हमारी कामयाबियों के पीछे हमारी सकारात्मक प्रवृत्ति बेहद मायने रखती है। इस दुनिया में खोजने से भी ऐसा व्यक्ति पाना कठिन है जो यह दम भरता हो कि वह संपूर्ण व्यक्तित्व का स्वामी है। हम प्रयास करें तो क्रमशः व्यक्तित्व में उत्कृष्टता ला सकते हैं। अपने व्यक्तित्व को प्रभावशाली बनाने तथा अपनी मौजूदगी भर से दूसरों को सम्मोहित करने का स्वप्न सँजोनेवाले लोगों को चाहिए कि वे अपने व्यक्तित्व में ऐसे गुणों, इस तरह की प्रवृत्तियों का समावेश करें, जो उनके व्यक्तित्व को सर्जनात्मक, सकारात्मक व सफल बनाने का साधन सिद्ध हों।

व्यक्तित्व विकास के मामले में आत्मानुशासन की भी महत्त्वपूर्ण भूमिका है। आत्मानुशासन से अभिप्राय व्यक्ति द्वारा अपने कार्यकलापों, अपनी प्रवृत्तियों, अपनी आदतों, विचारों, तथा दिनचर्या पर नियंत्रण रखना है। मसलन आप प्रतिदिन पौ-फटे उठना तो चाहते हैं परंतु उठ नहीं पाते हैं तो इसका तात्पर्य यह है कि आप में आत्मानुशासन का अभाव है। यही नहीं कई बार तय कर चुकने व संकल्प साधने के बावजूद आप यदि किसी बुरी आदत को अलविदा नहीं कह पा रहे हैं तो यह आपके आत्म नियंत्रण की बेचारगी का द्योतक है।

जो लोग अपने जीवन में सफल होना चाहते हैं, उन्हें चाहिए कि वे अपनी भावनाओं, आवेश, उद्वेग, विचारों तथा क्रोध आदि पर पूर्ण नियंत्रण रखें। अपने इर्द-गिर्द के वातावरण में पूर्ण रुचि लेने की आदत विकसित करना भी व्यक्तित्व विकास का सहायक तत्त्व है। दुनिया इतनी विस्तृत है कि उसके बारे में सबकुछ समझना-जानना तो मुश्किल है, लेकिन जहाँ तक संभव बन पड़े, हमें अपने देश, काल तथा परिवेश से अच्छी बातों व श्रेष्ठ संस्कारों को अंगीकार करने के लिए सदैव उद्यत रहना चाहिए। समाज में हमारी प्रतिष्ठा स्थापित हो, इसके लिए जरूरी है पहले हम स्वयं को पहचानें। हमें अपनी अच्छाइयों व बुराइयों का भली-भाँति ज्ञान होना चाहिए। हमें अपनी योग्यताओं एवं कमियों का स्पष्ट अंदाज रहना चाहिए। तभी हम अपनी खामियों को खूबियों में तब्दील करके हरेक नजर के नूर हो सकते हैं। इसके लिए एक बेहतरीन उपाय यह भी है कि अपना मूल्यांकन करते वक्त हमें स्वयं को उस रूप में देखना चाहिए जिस रूप में हम हैं न कि जैसा हम बनना चाहते हैं।

> **सकारात्मक विचारधारा के लोगों को समाज में सामंजस्य स्थापित करने में कोई अड़चन नहीं होती। यदि हम अपने जीवन से विरोधाभासों को तिरोहित करने में कामयाब हो जाएँ तो यह सामंजस्य और भी बेहतर हो सकता है।**

जीवन में कामयाबी अर्जित करने के लिए हम अपना मूल्यांकन करें तो हममें अपने निकट संबंधियों व संगी-साथियों की भी वास्तविक स्थितियों का निष्पक्ष आकलन करने की समझबूझ होनी चाहिए। हमें तमाम पूर्वग्रहों से मुक्त होकर व्यापक व व्यावहारिक दृष्टिकोण रखने की जरूरत है। जिंदगी अपने विविध रंगों व शक्लो-सूरत में हमसे रूबरू होती है। कभी हमें वो खुशगवार लगती है, तो कभी मनहूस। ऐसे में समझदारी इसी में है कि जिंदगी की चुनौतियों से मुँह चुराने के बजाय हम उनका डटकर मुकाबला करें।

यथार्थ के धरातल पर खड़े होकर हम अपने लक्ष्यों को निर्धारित करें। हमारे निर्णय तथ्यपरक हों तथा हमारी पृष्ठभूमि से विवेकशीलता व बुद्धिमत्ता की झलक दृष्टिगोचर होनी चाहिए। भावनाओं में बहकर अपना बंटाधार कराना कोई बुद्धिमानी का काम नहीं। अपनी उपलब्धियों पर अभिमान करना भारी-भरकम व्यक्तित्व की निशानी नहीं। नाकामयाबी से डाँवाडोल न हों। सुख के बाद दु:ख और दु:ख के बाद सुख प्रकृति की विशेषता है।

तजुर्बों का कोई शॉर्टकर्ट नहीं, वे हमारे लिए सबसे बड़े सबक का काम करते हैं। विपरीत हालातों से हार मानने के बजाय उन्हें अपने हक में करने के उपाय अमल में लाने की जरूरत है। क्षणिक लोभ के चक्कर में दूरगामी लक्ष्यों से समझौता करना उचित नहीं।

व्यक्तित्व के सर्वांगीण विकास के लिए यह भी बेदह जरूरी है कि आप समाज व लोगों की इच्छाओं-अपेक्षाओं की कद्र करें। ऐसा कोई कृत्य न करें, ऐसा कुछ न बोलें जिससे दूसरों की भावनाओं को ठेस लगे। दूसरों के प्रति सहानुभूति व अपनेपन की भावना से ही आप लोगों को जीत सकते हैं। मशहूर शायरा श्रीमती अंजुम रहबर के शब्दों में—

'हाथ यूँ हाथ में नहीं मिलता
मुफ़्त सौगात में नहीं मिलता
प्यार मिलता है प्यार से आखिर
प्यार खैरात में नहीं मिलता।'

सकारात्मक विचारधारा के लोगों को समाज में सामंजस्य स्थापित करने में कोई अड़चन नहीं होती। यदि हम अपने

जीवन से विरोधाभासों को तिरोहित करने में कामयाब हो जाएँ तो यह सामंजस्य और भी बेहतर हो सकता है।

हमारी कथनी व करनी में अंतर भी विरोधाभास का ही एक रूप है। इस पर काबू करने की आवश्यकता है।

व्यक्तित्व विकास के प्रति निरंतर सजग रहकर आप सफलता व उपलब्धियों के क्षितिज पर अपने वर्चस्व के सुनहरे हस्ताक्षर कर सकते हैं। व्यक्तित्व में श्रेष्ठता से आपका, आपके परिवार व संपर्क क्षेत्र का तो भला होगा ही, आप और बेहतर सुंदर व सभ्य समाज निर्मित करने में अपना बेशकीमती योगदान देंगे। श्रेष्ठ और सक्षम मनुष्यों से भरी-पूरी दुनिया अनेक मायनों में 'स्वर्ग' होगी।

बबूल के पौधे लगाने से उनपर कभी भी आम नहीं लग सकते। दूसरों के सुख की हम चिंता करें तो अपने आप ही हमें सुख मिलेगा। इस संसार में हम जो भी दूसरों को देते हैं, वही हमें वापस मिलता है। कई बार कई गुना अधिक मात्रा में।

दूसरों के सुख की हम चिंता करें तो अपने आप ही हमें सुख मिलेगा। इस संसार में हम जो भी दूसरों को देते हैं, वही हमें वापस मिलता है। कई बार कई गुना अधिक मात्रा में।

आत्मप्रशंसा से बचना चाहिए, क्योंकि इसका कोई महत्त्व है। वैसे भी दूसरे भला क्यों हमारी (आत्म) प्रशंसा सुनने को राजी होंगे।

यह एक तथ्य है कि प्रत्येक व्यक्ति को अपना 'नाम' सुनना व पढ़ना अच्छा लगता है। अत: हमें जहाँ तक संभव हो, दूसरे व्यक्तियों को 'नाम' से ही पुकारना/संबोधित करना चाहिए और नाम से ही पत्राचार करना चाहिए। हम अपना संसार स्वयं निर्मित करते हैं। यदि हम दूसरों की मदद करेंगे तो दूसरे भी हमारी मदद करेंगे। अशुभ कार्य को जितना टाल सकें, टालना चाहिए, क्योंकि हो सकता है कि हमारे विचार ही बदल जाएँ या परिस्थितियों में ही परिवर्तन हो जाए, फलस्वरूप हम अशुभ कार्य करने से बिल्कुल ही बच जाएँ।

स्मरण रखिए हमारे द्वारा किए गए अच्छे कार्य हमारा आत्मविश्वास बढ़ते हैं जबकि जहाँ भी हम अपनी कमजोरियाँ साथ लेकर चलते हैं, वहाँ निश्चित ही हमारा आत्मविश्वास डाँवाडोल रहता है।

□

शिष्टाचार

धन और संपत्ति से नहीं, शिष्टाचार से
मनुष्य महान् बनता है।

—आचार्य हशेहम

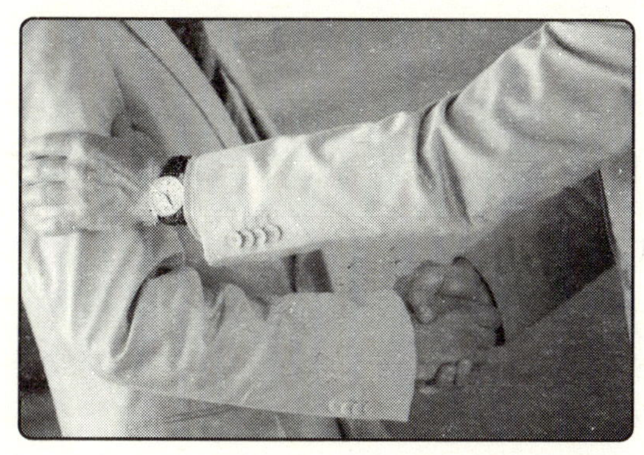

64

मनुष्य का आभूषण : शिष्टाचार

शिष्टता मानव जीवन का अनमोल रत्न है। उसे जिस मनुष्य ने खो दिया, उसका जीना ही व्यर्थ है। वह चाहे जितना धनी अथवा भरे-पूरे घर का हो, उसका कोई मूल्य नहीं रहता।

—कबीर

सभ्य व शिष्ट इनसान आत्म-गौरव की संपदा से लबरेज रहते हैं, जबकि दुर्जन तथा असभ्य लोग जंगली जानवरों से अधिक नहीं समझे जाते। सफलता अर्जित करने के लिए सभ्यता व शिष्टता के गुणों का अनुसरण करना बेहद जरूरी है। वे लोग जो कामयाब हैं और वे लोग जो कामयाब होना चाहते हैं, दोनों के लिए एक अनिवार्य सूत्र है—'अपनी मानवीय विशेषताओं में अभिवृद्धि।' कोई भी स्त्री अथवा पुरुष कितना भी योग्य व पढ़ा-लिखा क्यों न हो यदि उसके पास शिष्टाचार की पूँजी नहीं, तो उससे गरीब व दीन-हीन कोई नहीं!

मशहूर लेखक जे. मौर्य अपने संस्मरणों में लिखते हैं कि ''कभी-कभार, मैं एक गंदी बस्ती में जाता था, तो मुझे एक बुढ़िया दिखाई देती थी, जो अकेले रहती थी। उसकी झोपड़ी बहुत साफ-सुथरी थी। उत्सुकतावश एक दिन उन्होंने बुढ़िया से पूछा कि ऐसी बस्ती में वह इतनी साफ-सुथरी कैसे रहती है? तब उसका जवाब था—'यह शिष्टाचार की बात है।' उस स्त्री की आवाज में सम्मान व विश्वास की खनक थी।

जाहिर है उसने निराशा तथा प्रदूषण के मध्य भी खुद के लिए आत्म-गौरव का मार्ग खोज निकाला था। शारीरिक रूप से तो वह मलिन व प्रदूषित वातावरण में रह रही थी, परंतु मानसिक रूप से वह इन सबसे बहुत ऊपर उठ गई थी। सभ्यता व शिष्टता के अंकुर जिन व्यक्तित्वों में फूटते हैं, उनकी विशेषताओं की सुरभि से समूचा परिवेश सुवासित हुए बिना नहीं रहता।

सभ्यता व शिष्टता के अंकुर जिन व्यक्तित्वों में फूटते हैं, उनकी विशेषताओं की सुरभि से समूचा परिवेश सुवासित हुए बिना नहीं रहता।

शिष्ट व सभ्य समुदाय शासन तथा अनुशासन को मानने की योग्यता रखता है। मानसिक आरोग्यता के लिए दोनों ही तत्व अनिवार्य हैं। इसका अभिप्राय, ताबेदारी नहीं है। अपितु उचित प्रकार से शासन के प्रति एहसास का होना है। कहा भी गया है—

'बा अदब, बा नसीब
बे अदब, बे नसीब'

जॉर्ज बर्नार्ड शॉ ने लिखा है कि जब मैं नौजवान था, तब मैंने देखा कि अगर मैं दस काम करता हूँ तो उनमें से नौ में असफल हो जाता हूँ। मैं असफल होना नहीं चाहता था इसलिए मैंने दस गुना ज्यादा काम करना शुरू कर दिया।

सभ्य व शिष्ट प्रवृत्ति वाले लोगों में दूसरे लोगों की खूबियों को स्वीकार करने की समझ होती है। प्रत्येक व्यक्ति का जीवन, हमारे जीवन जितना ही बहुमूल्य व महत्त्वपूर्ण है।

प्रख्यात विचारक दोस्तोवस्की के शब्दों में कहें तो 'हममें से प्रत्येक व्यक्ति, प्रत्येक दूसरे व्यक्ति के प्रति, प्रत्येक वस्तु के लिए उत्तरदायी है।' हम बड़े होकर सभ्य नागरिक बनें, इसके लिए हमें बचपन से अनुशासित रहने की आवश्यकता है। सामाजिक जीवन के छोटे-मोटे कर्तव्यों में हमारा सबसे महत्त्वपूर्ण कर्तव्य यह है कि जो प्रशंसा का पात्र नहीं, उसकी प्रशंसा न करें परंतु यह और भी महत्त्वपूर्ण है कि जो वास्तव में प्रशंसनीय है, उनके प्रति हम स्पष्ट तौर पर अपने विचार व्यक्त करें।

इसे दूसरे शब्दों में, कुछ इस तरह भी कहा जा सकता है कि 'प्रशंसा करने में शीघ्रता कीजिए और बुराई करने में विलंब।'

इस सूत्र पर आप अमल करके तो देखिए, आपको घर-परिवार तथा सामाजिक जीवन में जो बदलाव आता नजर आएगा, उसके परिणामों में आप चकित रह जाएँगे।

सिडनी स्मिथ कहा करते थे—'ख्याति भी एक पारितोषिक है, जिसकी प्राप्ति के लिए मानव संघर्ष करता है। धन संपत्ति की अपेक्षा ख्याति उससे दोगुने परिश्रम एवं बौद्धिकत्ता को जन्म देती है। यह प्रतिभा का सिक्का है और प्रत्येक मनुष्य का अतिआवश्यक कर्तव्य है कि वह ईमानदारी एवं किफायत से इसको अर्जित करे।'

इटली के प्रख्यात विचारक गारफील्ड से जब बचपन में किसी ने पूछा कि तुम क्या बनना चाहते हो, तो उसका उत्तर था—''सर्वप्रथम मैं मनुष्य बनना चाहता हूँ, यदि मैं इसमें सफल नहीं हुआ तो किसी भी कार्य में सफल नहीं हो पाऊँगा।''

मनुष्यता का गुण

कहा जाता है कि एक बादशाह ने अपने एक शाहजादे को लिखकर पूछा कि संसार में वह कौन सी चीज है, जो बहुत अधिकता से मिलने पर भी यथेष्ट नहीं मिलती। शाहजादे का जवाब था—'मनुष्य!' वह चीज मनुष्य है, क्योंकि मनुष्य संसार में होते हुए भी जैसा मनुष्य चाहिए वैसा नहीं मिलता।

अमेरिकी लेखक इमरसन ने लिखा है कि—'जीवन के हजार प्यालों में केवल एक प्याले का मिश्रण ही ठीक होता है।'

श्रेष्ठ मनुष्य वही है जिसकी आँखें न अधिक गिरी हुई हों और न ही अधिक उभरी हुई हों। उत्तम दृष्टि वाले मनुष्य संसार में आते समय अपने जीवन के साथ ही अपना सौभाग्य भी लेकर आते हैं।

एक बार यूनान के प्रख्यात विचारक जयोजेनियम एथेंस शहर में दोपहर के समय लालटेन हाथ में लेकर एक संपूर्ण ईमानदार मनुष्य की खोज करते घूमते रहे। परंतु उनका परिश्रम निष्फल रहा। एक दिन उन्होंने बाजार में खड़े होकर उच्च स्वर में कहा—'ऐ मनुष्यो!' उनकी पुकार सुनकर लोग वहाँ इकट्ठे हो गए। तब उन्होंने घृणा से कहा—'तुम लोग क्यों इकट्ठे हुए हो? मैंने तो मनुष्यों को बुलाया था, बौनों को नहीं।' समाचार पत्र-पत्रिकाओं, दूरदर्शन तथा विविध माध्यमों के जरिये प्रकाशित-प्रसारित होने वाले विज्ञापनों तथा सूचनाओं में हम रोजाना देखते हैं कि प्रत्येक पेशे अथवा व्यवसाय हेतु मनुष्य की आवश्यकता है। उसमें लिखा रहता है—'Wanted a Man' (एक मनुष्य की जरूरत है)।

यहाँ यह सवाल उठ खड़ा होता है कि वास्तव में किस प्रकार के आदमी की जरूरत है? वह मनुष्य कैसा हो? यदि दो हाथ, दो पाँव, दो कान, दो आँख आदि चिह्नों वाले एक पंच-भूतात्मक स्वरूप की ही आवश्यकता है तब तो,

मनुष्य की किसी भी कार्य के लिए, कहीं भी कोई सीमा नहीं है। दुनिया में जनसंख्या का ग्राफ तो निरंतर ऊपर-ही-ऊपर उठता जा रहा है। एड्स, कैंसर, युद्ध, भूकंप तथा अन्य आपदाओं में लाखों लोगों के श्मशान पहुँचते रहने के बावजूद लोगों की भीड़ है कि कम होने का नाम ही नहीं ले रही।

विलक्षण व्यक्तित्व

वस्तुत: जिस मनुष्य की आवश्यकता है, वह ऐसा होना चाहिए कि उसे 'विलक्षण व्यक्तित्व' की संज्ञा दी जा सके। जो भीड़ में भी अकेला सबसे अलग-थलग दिखाई पड़े। जो अपने मंतव्य को निर्भीकतापूर्वक प्रकट करने का हौसला रखता हो। जो उस बात के लिए भी 'नहीं' कहने में देर नहीं लगाता, जिसके लिए सभी लोग 'हाँ' की रट लगाए हुए हों।

उस मनुष्य की आवश्यकता है जो अपने एक विशेष मंतव्य से प्रेरित होता हुआ भी अपने मनुष्यत्व की अन्य शक्तियों को कमजोर, ठंडी व लँगड़ी नहीं होने देता।

जो व्यक्ति अपनी शक्ति विशेष के विस्तार हेतु अन्य शक्तियों को नष्ट करता है। जो अपने छोटे-छोटे कार्यों को भी अपना महान कर्तव्य समझकर पूर्ण करता है। जो व्यक्ति अपने व्यवसाय को केवल अपने जीवन निर्वाह का जरिया ही न समझता हो, अपितु उसे अपना विकास, परिपक्वता, शिक्षा चरित्र और मनुष्यता मानता हो।

हजारों कंपनियाँ, व्यापारी, जमींदार, व्यवसायी, कारखानों के मालिक बड़े-बड़े कार्यालय तथा बहुराष्ट्रीय कंपनियाँ, विश्वविद्यालय व कॉलेज प्रतिदिन अखबारों में विज्ञापन छपवाते हैं कि अमुक कार्य के लिए उन्हें दक्ष व योग्य मनुष्यों की तलाश है। ये सूचनाएँ जाहिर तौर पर इस बात का प्रमाण हैं कि लाखों-करोड़ों की भीड़ में भी अतिरिक्त गुणों व योग्यता वालों की सब जगह पूछ है। संसार के महल, गाड़ी, बँगले, कारें तथा जहाज, जमीन-जायदाद, सनदें, बेशुमार धन-दौलत तथा कंपनियों का स्वामित्व ये सारे वैभव अपने अंत:करण की शुद्धता की तुलना में कुछ भी नहीं हैं। दूसरे व्यक्तियों को किसी भी प्रयत्न द्वारा हानि नहीं पहुँचाना, दूसरे की धन-संपदा पर नजरें नहीं गड़ाए रखना, अपने चरित्र को निर्मल रखना तथा वैचारिक खजाने को बढ़ाते रहना ऐसी विशेषताएँ हैं, जिनके समावेश से एक मनुष्य संपूर्ण मनुष्यता को प्राप्त होता है।

जो मनुष्य ईमानदार है परंतु अस्वस्थ है। ज्ञानी है पर क्रोध के कारण अशांत है। अच्छा वेतन पाता है, परंतु कर्जदार रहता है। उन्नत पद पर है परंतु खुशामदी है। वह संपूर्ण मनुष्य कहलाने का अधिकारी नहीं है। जब तक श्रेष्ठ मनुष्यों का वर्ग तैयार नहीं होगा, एक मनुष्य की आवश्यकता है का विज्ञापन छपता हुआ दिखता रहेगा।

जो मनुष्य ईमानदार है परंतु अस्वस्थ है। ज्ञानी है पर क्रोध के कारण अशांत है। अच्छा वेतन पाता है, परंतु कर्जदार रहता है। उन्नत पद पर है परंतु खुशामदी है। वह संपूर्ण मनुष्य कहलाने का अधिकारी नहीं है।

साधारण योग्यता अथवा सिफारिश से कोई मनुष्य किसी पद पर रख भी लिया जाए लेकिन कालांतर में उसे रिश्वत लेने के कारण निकाल दिया जाएगा। दूसरी तरह का व्यक्ति आलसी होकर घर बैठेगा, तीसरा आज्ञा उल्लंघन तथा अनुशासनहीनता के कारण तथा चौथा, बीमार रहने व बदमिजाजी के चलते निकाल दिया जाएगा या निराश होकर स्वयं ही घर जा बैठेगा। फिर से यही एक आदमी की आवश्यकता है का विज्ञापन बराबर निकलता रहेगा।

मनुष्य होने के नाते आप संसार के सर्वोत्तम प्राणी हैं। कितनी भी विपरीत, विकट परिस्थितियाँ हों, पूरे आत्म-बल, शरीर-बल एवं बुद्धि- बल के साथ खड़े रहने की प्रचुर शक्ति आपको प्राप्त है। फलत: आप किसी भी वातावरण या परिस्थिति के दास नहीं बन सकते हैं। आपका निर्माण तो परिस्थितियों तथा वातावरण का सृजन करने के लिए हुआ है। ईश्वर ने आपको स्वतंत्र कर्तव्य-शक्ति दी है। ऐसी दशा में आपको निरंतर अपने निर्णय तथा निर्माण की शक्ति से सफलता प्राप्त करते रहना चाहिए। इस सच्चाई से सभी परिचित हैं कि बिना कारण के कोई कार्य नहीं होता है। सबसे

कोई भी व्यक्ति अपने को संपूर्ण रूप से श्रेष्ठ नहीं बना सकता। परंतु प्रत्येक इनसान में कोई-न-कोई विशेषता अवश्य होती है। अतः एक व्यक्ति को अपनी खूबियों को विकसित करते रहना चाहिए।

पहला कारण, हमारी यह मानसिक प्रेरणा या उमंग होती है जो हमें कोई नया तथा अनोखा कार्य करने का उत्साह सदा प्रदान करती है। यह मानसिक उत्साह या उल्लास ही हमारे लिए सफलता की परिस्थितियों का वातावरण बनाता है। लेकिन यदि मानसिक उल्लास के स्थान पर हमारा मन विषादग्रस्त हो, तो असफलता का वातावरण बनते देर नहीं लगती। अत: यह स्पष्ट तथ्य है कि जैसे हमारे विचार होंगे, हमारे कार्यों का परिणाम भी वैसा ही होगा। हमारे कार्यों का परिणाम हमारी विचारधारा से विपरीत किसी भी दशा में हो ही नहीं सकता। हमारा स्वभाव, हमारी आदतें, हमारी प्रवृत्तियाँ सब हमारे विचारों का ही प्रतिबिंब हैं। हमारी गतिविधियों पर इनका गहरा असर होता है।

'फर्स्ट इम्प्रेशन इज द लास्ट इम्प्रेशन' प्रथम प्रभाव विशेष महत्त्व रखता है। अत: जब भी पहली बार किसी से मिलें, पत्र लिखें, कहीं व्याख्यान दें तो बड़ा सोच-समझकर चलें, क्योंकि अकसर 'पहली छाप' ही 'अंतिम छाप' साबित होती है।

कोई भी व्यक्ति अपने को संपूर्ण रूप से श्रेष्ठ नहीं बना सकता। परंतु प्रत्येक इनसान में कोई-न-कोई विशेषता अवश्य होती है। अत: एक व्यक्ति को अपनी खूबियों को विकसित करते रहना चाहिए।

मिनटों की चिंता करो, क्योंकि घंटे तो अपनी चिंता स्वयं कर लेंगे।

हमारी त्रुटियाँ हमारे विनाश की प्राथमिक भूमिकाएँ हैं।

जो आज को सफल बनाता है, उसका पूरा जीवन और अनंत भविष्य सफल होता है। जो आज को असफल बनाता है, उसका पूरा जीवन और अनंत भविष्य असफल होता है। कल आज बनता है। कल के समुदाय का नाम ही अनंत भविष्य है।

□

65

शिष्टता की प्रतीक : मुसकराहट

शिष्टाचार का मूल सिद्धांत है दूसरे को अपने प्रेम और आदर का परिचय देना और किसी को असुविधा और कष्ट न पहुँचाना।

—ओशो

मुसकराहट से खिलते हैं हमारे दिलों के गुँचे। यह ऐसी क्रिया है जो सदैव सकारात्मक प्रतिक्रिया लाती है। मुसकराहट मनुष्य को उपलब्ध एक बेशकीमती नियामत है, इसे दिल खोलकर खर्च कीजिए। मुसकान को अपने व्यक्तित्व का महत्त्वपूर्ण पक्ष बनाने वाले लोग जिंदगी में कहीं ज्यादा सुखी व सफल होते हैं। वे अधिक लोकप्रिय व प्रभावशाली भी होते हैं, ऐसे लोगों के मुकाबले जो बिलावजह अपने खूबसूरत चेहरे पर मनहूसियत का नकाब ओढ़े हैं। खुशमिजाज, जिंदादिल व हँसमुख लोग सभी को प्यारे होते हैं। उनसे हर कोई अपना संपर्क तथा संबंध बनाना या बढ़ाना चाहता है, जबकि बदमिजाज तथा क्रोधी स्वभाव के लोगों से सब दूर भागते हैं—यहाँ तक कि उनके अपने खास व सगे भी!

मर्लिन मुनरो, मोनालिसा तथा मधुबाला, 'म' से शुरू होने वाले इन तीनों खूबसूरत नामों की ख्याति के साथ जुड़ी है, इन तीनों की बेशकीमती मुसकान। उनकी एक-एक मुसकान लोगों की समूची दिनचर्या को प्रभावित करती थी। उनकी एक झलक के दीवाने थे लोग। ये सब जादू था मनमोहक मुसकान का!

मुसकराहट एक ओर जहाँ सौंदर्य वृद्धि में सहायक होती है, वहीं यह हमारे युवापन को भी बरकरार रखने में मददगार साबित होती है, क्योंकि जब हम आक्रोश की मुद्रा में होते हैं तो हमारा शरीर प्रतिकूल हारमोनिक प्रक्रिया से गुजरता है। हमारी मांसपेशियाँ अधिक खिंच जाती हैं। इस ज्यादती के बार-बार दोहराते रहने से हमारी उम्र से ज्यादा बुझा-बुझा हमारा चेहरा होता है और हम कम उम्र में भी कहीं ज्यादा बड़े प्रतीत होते हैं।

शेक्सपियर ने कहा है कि तुम्हें क्या चाहिए? तुम्हें जो भी चाहिए उसे अपनी मुसकराहट से प्राप्त करो न कि तलवार के जोर से।

जब हम मुसकराते हैं तो हमारे चेहरे की एक महत्त्वपूर्ण मांसपेशी 'जाइगोमेटिक मेजर मसल' ही कार्य करती है, जो चिक बोन (गाल की हड्डी) से चेहरे के अन्य कोनों तक जाती है। अत: वे लोग जो अधिक युवा दिखने की इच्छा रखते हैं, उन्हें खूब मुसकराना चाहिए बल्कि मुसकराते रहना चाहिए।

जो काम बड़े-बड़े सिफारिशी खत तथा नोटों के ढेर नहीं करा पाते, वो एक मीठी मुसकान के जादू से पल भर

में हो जाते हैं। यह एक ऐसी मीठी छुरी है, जिसे आदमी स्वेच्छा से खाने को लालायित रहता है। वैसे भी जब हम मुसकराते हैं तो न सिर्फ अपने आस-पास रहने वालों के बीच प्रसन्नता बिखेरते हैं, अपितु हम खुद भी मानसिक सुकून पाते हैं। शोधों द्वारा यह स्पष्ट हो चुका है कि जो व्यक्ति अधिकाधिक मुसकान बिखेरते हैं, वे शारीरिक व मानसिक रूप से अपेक्षाकृत अधिक स्वस्थ व सुखी रहते हैं।

> **चेहरे की मांसपेशियों को मुसकराहट में इस्तेमाल करने से एक ओर, जहाँ रक्तचाप सामान्य होता है, वहीं दूसरी ओर, शरीर को भी आराम मिलता है।**

मनोवैज्ञानिकों की राय है कि परिस्थितिजन्य विषमताओं में यदि हमारे चेहरे पर मुसकराहट रहेगी तो हमें ज्यादा अच्छे तरीके से प्रत्युत्तर मिलता है। चेहरे की मांसपेशियों को मुसकराहट में इस्तेमाल करने से एक ओर, जहाँ रक्तचाप सामान्य होता है, वहीं दूसरी ओर, शरीर को भी आराम मिलता है। जब हम मुसकराते हैं तो हमारा क्रोध स्वत: ही रफूचक्कर हो जाता है और हम चाहकर भी गुस्सा नहीं कर पाते। यही नहीं जब हम मुसकराते हैं तो हमारा शरीर अतिरिक्त ऑक्सीजन सोखता है, जिससे हमारे मस्तिष्क को ठंडक और प्रचुर मात्रा में स्वस्थ रक्त मिलता है। यह एक तरह से हमारे दिमाग के लिए 'एयर कंडीशनिंग' का कार्य करता है।

जब कभी भी हमारा दिमाग काम करते-करते अधिक गर्म हो जाता है तो वह नकारात्मक भावनाएँ पैदा करने लगता है, जिसके निदान का बेहतर उपाय मुसकराहट है।

'स्माइलथेरेपी' के लेखक लीज़ के अनुसार, आप अपनी मुसकराहट और हाव-भाव से ही बिना कुछ कहे बहुत कुछ कह जाते हैं। प्रत्येक व्यक्ति के हाव-भाव का तरीका अलग हो सकता है। परंतु मुसकराहट प्राय: एक जैसी ही होती है। अत: किसी विशेष कारण या मिथ्या गंभीरता ओढ़ने के चक्कर में इस बहुमूल्य दौलत से अपने व्यक्तित्व को अलग न करें।

- मुसकराते हुए व्यक्ति स्वस्थ रहते हैं जबकि मलिनता हमारे लिए रोगों का निमंत्रण है।
- अपने जीवन को मुसकान में परिणत कर देना ही सर्वोपरि नियम है।
- जो कुछ लोग कहते हैं कि तुम यह नहीं कर सकते उसे करके दिखा देना ही सबसे बड़ी मुसकान का रहस्य है।

मुसकान के कई प्रकार हैं। खुशी बिखेरती मुसकान, कटाक्ष भरी मुसकान, फरेबी मुसकान, तिरछी मुसकान, फर्जी मुसकान, महसूस होने वाली मुसकान, मुसकान जो धोखा देती है, मुसकान जो प्रेरित करती है, मुसकान जो डरा देती है और मुसकान जो दूसरों को आनंद प्रदान करती है। इसी तरह और भी न जाने कैसी-कैसी मुसकानें हो सकती हैं।

मनोवैज्ञानिकों का मानना है कि सबसे अच्छी मुसकान वह होती है, जिसे हम महसूस कर सकें। इस तरह की मुसकान हमें सच्ची खुशी प्रदान करती है। यह मुसकान आस-पास के वातावरण को अधिक खुशनुमा और अधिक मनमोहन बनाती है। मुसकराते वक्त सिर्फ हमारे होंठ ही नहीं मुसकराते, हमारी आँखें भी मुसकराती हैं। हमारी आँखें बता देती हैं कि हम दिल से मुसकरा रहे हैं अथवा दूसरे का मन बहलाने के लिए मुसकराने का नाटक कर रहे हैं।

मुसकान में दाँतों का भी विशेष महत्त्व है। साफ-सुथरे और चमकदार दाँत हमारी मुसकान में चार चाँद लगा देते हैं। मुसकराते वक्त दाँतों का प्रदर्शन भी अपने आप में एक कला है। तकनीकी दृष्टिकोण से देखें तो मुसकान को जादुई बनाने में होंठों की भूमिका सर्वोपरि है।

नाजुक लबों की कशिश बिजली की-सी मार करती है। ऐसी ही मुसकराहट को वर्गीकृत करते हुए मशहूर शायर 'मीर' को लिखना पड़ा था—

'मीर इन नीमबाज आँखों में
सारी मस्ती शराब की सी है,
बेखुदी इन लबों की क्या कहिए
एक पँखुड़ी गुलाब की सी है।'

जो युवतियाँ अपनी मुसकराहट को और भी अधिक आकर्षक बनाना चाहती हैं, उन्हें अपने होंठों को कोमल व नाजुक बनाए रखना चाहिए। सोते वक्त थोड़ा सा शुद्ध घी उँगली पर लगाकर नाभि में लगा लेने से होंठ फटते नहीं तथा नाजुक बने रहते हैं।

मॉडलिंग प्रशिक्षण के दौरान मुसकान को अधिक प्रभावी बनाने के लिए युवतियों को होंठों के बेहतर इस्तेमाल के लिए बराबर '4' अक्षर का अभ्यास कराया जाता है। इसकी एक वजह यह है कि इस अक्षर से शुरू होने वाले शब्द बोलने में होंठ खुलने की बजाय और सिकुड़ जाते हैं। सिकुड़े होंठ वाली मुसकान बेहद दिलकश होती है।

'चीज' शब्द का उच्चारण करते वक्त होंठ कुछ ज्यादा ही खुल जाते हैं। अकसर फोटोग्राफर्स फोटों खींचते वक्त पुरुषों से 'चीज' शब्द बुलवाकर ही कैमरा क्लिक करते हैं। ऐसा माना जाता है कि पुरुषों पर खुले होंठों वाली मुसकान अधिक आकर्षक व मनमोहक लगती है। मुसकान वाकई एक ऐसा खजाना है जो तन-मन की खूबसूरती का सबब तो है ही हमारे व्यक्तित्व को प्रभावी व लोकप्रिय बनाने का मूलमंत्र भी है।

ध्यान रखिए, मुसकराहट पर कुछ भी खर्च नहीं आता, लेकिन यह पैदा बहुत कुछ करती है। इसे पाने वाले मालामाल हो जाते हैं। परंतु देने वाले भी दरिद्र नहीं होते। यह एक क्षण में उत्पन्न होती है और इसकी स्मृति कभी-कभी सदा के लिए बनी रहती है।

मुसकराहट पर कुछ भी खर्च नहीं आता, लेकिन यह पैदा बहुत कुछ करती है। इसे पाने वाले मालामाल हो जाते हैं। परंतु देने वाले भी दरिद्र नहीं होते।

- ध्यान रखिए जब आपकी मुसकराहट अपेक्षित है तो आप उसमें कंजूसी न बरतें।
- स्मरण रखिए, एक स्नेहपूर्ण मुसकान घर में सुख, व्यापार में लाभ तथा समाज में स्वास्थ्य लाती है। यह समर्थन के लिए किया हुआ मित्रता का हस्ताक्षर है।
- एक संपूर्ण मुसकराहट थके हुए के लिए विश्राम का प्रतीक, हतोत्साही के लिए आशा का दीप, ठिठुरे हुए के लिए धूप की ताजगी तथा कष्ट के लिए प्रकृति का सर्वोत्तम प्रतिकार है।
- मुसकराहट को खरीदा नहीं जा सकता, माँगा नहीं जा सकता, उधार नहीं लिया जा सकता। चुराया नहीं जा सकता, और जब तक यह दी न जाए तब तक संसार में यह किसी के कुछ काम की भी नहीं।
- ध्यान रखिए, मुसकराते वक्त आपके मसूढ़े कम से कम दिखाई देने चाहिए।
- दर्पण के सामने खड़े होकर अपनी मुसकराहट को निहारिए। मुसकराते समय होंठ दोनों ओर बराबर फैलने चाहिए। यदि आपके चेहरे पर टेढ़ी मुसकान ज्यादा फबती है, तो अलग बात है।
- मुसकराते वक्त आपके भीतर का संतोष बाहर अभिव्यक्त होना चाहिए। ऐसा न लगे कि आप मजबूरीवश, दूसरों का दिल रखने के वास्ते अथवा औपचारिकता निभाने के लिए मुसकरा रहे हैं। जो भी आपको मुसकराते देखे उसे यह अहसास होना चाहिए कि आप इस संसार के सबसे खुशमिजाज इनसान हैं।
- जब आप मुसकराएँ अपनी आँखों की मांसपेशियाँ ढीली रखें। मात्र होंठों से ही नहीं आँखों से भी मुसकराना सीखिए। एक जादुई मुसकान में आँखों के भाव भी विशेष महत्त्व रखते हैं।
- अपने जज्बातों पर काबू पाना हालाँकि कठिन काम है, परंतु फिर भी जब किसी से मिलें तो अपने क्रोध, तनाव व परेशानियों को भुलाकर दिल से मुसकराते हुए मिलिए।
- जब भी किसी अजनबी से मुलाकात हो तो भरपूर मुसकान से उसका स्वागत कीजिए। भले ही आप कभी उससे पहले मिल भी चुके हों। मुसकराहट का जवाब करारी मुसकराहट के सिवा कुछ नहीं।

□

66

शिष्टता की शक्ति : विनम्रता

धर्म, सत्य, सदाचार, बल और लक्ष्मी सब शिष्टता के ही आश्रय पर रहते हैं। शिष्टता ही सबका मूल है।

—वेदव्यास

ईश्वर ने मात्र मनुष्य को बोलने की अनमोल संपदा से नवाजा है। मनुष्य की वाक्शक्ति ही उसे अन्य प्राणियों से ऊपर उठाती है। इस प्राणी जगत् के सभी जीव-जंतु देख अथवा सुन सकते हैं। परंतु वे अपने मनोभावों को समझा नहीं सकते। इसी कारण उन्हें बेजुबान कहा गया है, जबकि मनुष्य वाणी के अमूल्य खजाने से धन्य है। हम स्वयं क्या हैं? इसका पता हमारी वाणी से चलता है। वाणी का अर्थ है—बोल, आवाज, कथन तथा वचन। बोलने का अभिप्राय बातचीत अथवा वार्त्तालाप करने से है। प्रत्येक सफल मनुष्य का बातचीत करने का अपना अलग ढंग तथा विशिष्ट शैली होती है। यह हमारी बातचीत का ही तो कमाल है कि कहीं कोई सभी का दिल जीत लेता है, तो कोई किसी को एक आँख भी नहीं सुहाता।

हम अपने मधुर वचनों के बल पर ही तो गैरों को भी अपना बना लेते हैं, जबकि कटु वचन बोलने वालों के अपने भी गैर हो जाते हैं। हमारे द्वारा कहे गए बोल बहुत बार हमारे ही अपने प्राणों के शत्रु हो जाते हैं; यथा—

'जीबिया बढ़ बावरी कहि गई सरग पताल।
आपुन कहि भीतर भई जूती खात कपाल॥'

महापुरुषों का कहना है कि जुबान से निकली बात तथा कमान से निकला तीर फिर वापस नहीं होते। इसलिए हमें मृदुभाषी व विनम्र होना चाहिए। समाज में वही लोग आदर तथा सत्कार के अधिकारी होते हैं, जिनके होंठों पर मधुर मुसकान तथा मुँह में मीठे बोल होते हैं। मीठे बोल का जादू अपनी अलग बिसात रखता है, यह औरों के सिर चढ़कर बोलता है, दिल जीत लेता है तथा सभी को प्रेम करने की सीख देता है। यह सुनिश्चित है कि हम जब भी मिठास भरी जुबान में बात करते हैं तो शुभ ही बोलते हैं, जबकि कटुवचन सदैव दूसरे के अहित तथा अशुभ के लिए प्रयोग किए जाते हैं।

ईश्वर ने वाक्शक्ति के रूप में मनुष्य को एक अमोघ अस्त्र प्रदान किया है। इसका सदुपयोग हमें अपनी वाणी

को अमृतमयी बनाकर करना चाहिए। हमसे जहाँ तक संभव हो सके, अपने दो मीठे बोलों द्वारा दूसरों को राहत पहुँचाने का ध्येय होना चाहिए। बहुत बार ऐसा होता है कि हमारे कटुवचन जीवन पर्यन्त चेष्टा व परिश्रम करके निर्मित किए गए संबंधों पर पानी फेर देते हैं। कठोर वचन बोलकर कभी भी किसी के मन को चोट नहीं पहुँचानी चाहिए। ऐसा करके हम दूसरों को तो आघात पहुँचाते ही हैं बाद में कटुवचनों के संताप से हमारी आत्मा भी संतप्त होती है। मीठे बोल के महत्त्व को रेखांकित करते हुए आचार्य महाप्रज्ञ कहते हैं कि 'कुछ लोग दूसरों को अपना बनाने का प्रयत्न करते हैं। कभी-कभी ऐसा होता है कि बिना प्रयत्न किए ही दूसरे अपने बन जाते हैं। अपना बनाने का प्रयत्न एक आकांक्षा है। व्यक्ति की चारित्रिक विशेषता तथा व्यवहार से दूसरे सहज ही अपने बन जाते हैं। कटु वाणी तथा कटु व्यवहार का प्रयोग करने वाले प्रयत्न करने पर भी दूसरों को अपना नहीं बना सकते। मृदु वाणी और मृदु व्यवहार का चुंबक लोहे को भी अपनी ओर आकृष्ट कर लेता है।'

मधुर वाणी का महत्त्व

'कागा काको धन हरै, कोयल काकौ देय?
मीठी वाणी बोल के जग अपनौ कर लेय।'

सभी को इस बात का पता है कि कौआ तथा कोयल रंग-रूप तथा आकार-प्रकार में लगभग एक समान होते हैं लेकिन कौए को कोई पसंद नहीं करता, वह घर की मुंडेर पर आकर बैठता भी है तो सभी उसे उड़ाने के लिए दौड़ पड़ते हैं, जबकि कोयल सभी को प्रिय होती है। लोग उसकी मीठी कूक के दीवाने होते हैं। फिल्मों के लिए उसकी आवाज को रिकार्ड करके रखा जाता है ताकि जरूरत पड़ने पर उस आवाज के प्रयोग से अतिरिक्त प्रभाव उत्पन्न किया जा सके। यह अंतर वाणी का अंतर है। मनुष्य जिस तरह की वाणी का व्यवहार करता है, उसकी तरह के परिणाम उसे भोगने पड़ते हैं। जिस प्रकार मधुर वाणी के प्रभाव से धन तथा मित्र आदि बनते चले जाते हैं, उसी प्रकार निर्मित होने वाले परिवेश में तथा हमें प्राप्त होने वाले समादर और सम्मान में वाणी की महत्त्वपूर्ण भूमिका है। वाणी जब अपने नकारात्मक रूप में प्रकट होती है तो जीत हार में बदल जाया करती है। मित्रों की पंक्ति में खड़े लोग शत्रु हो जाते हैं, हमारे समस्त सुखों पर मनहूसियत तथा दुःखों के काले बादल मँडराने लगते हैं।

मधुर वचनों के प्रभाव को आँकते हुए ही तो कबीर ने कहा था—

'ऐसी वाणी बोलिए, मन का आपा खोए,
औरन को शीतल करे, आपहुं शीतल होए।'

हमारे व्यक्तित्व की छाप हमारी वाणी के माध्यम से औरों के मनः मस्तिष्क तथा हृदय पटल पर अंकित हो जाती है। बहुधा प्रभावशाली लोगों की वाणी दूसरों के जीवन का संबल बन जाती है। दूसरे शब्दों में कहा जाए तो एक तरह से समस्त कार्य-व्यवहार के मूल में वाणी का प्रभाव निहित रहता है। वाणी के बिना व्यवहार कठिन है।

सम्यक अर्थों में वाणी हमारे समूचे व्यक्तित्व तथा कृतित्व को तो अभिव्यक्त करती ही है, हमें अपनी अलग मौलिक पहचान भी प्रदान करती है। यही वजह है कि प्रिय तथा हितकारी वचनों को वाणी के तप की संज्ञा दी गई है। वाणी के तपस्वी व्यक्तियों का संपूर्ण व्यक्तित्व ताजा गुलाब की तरह महक उठता है, जिसे हर कोई पाना तथा अपनाना चाहता है। भगवान् श्री कृष्ण ने गीता उपदेश के वक्त अर्जुन को इसी मधुर वाणी को अंगीकार करने का संदेश दिया था—

'अनुद्वेगकरं वाक्यं सत्यं प्रियहितं च यत्।
स्वाध्यायाभ्यसनं चैव वाङ्.मयं तप उच्यते॥'

(श्रीमद्भगवद् गीता 17/15)

कटुवचनों की चोट

कटुवचनों की चोट किसी हथियार से भी अधिक घातक होती है। शस्त्र की चोट अथवा घाव तो थोड़े समय में भरा भी जा सकता है। परंतु वाणी का प्रहार मनुष्य को सदैव सालता रहता है। शब्दों की महत्ता तथा उनकी अभिव्यक्ति के प्रभाव को स्पष्ट करते हुए कबीर कहते हैं।

'शब्द सम्हारे बोलिये, शब्द के हाथ न पाँव।
एक शब्द औषधि करे, एक शब्द करे घाव॥'

सभी लोग जानते हैं कि विध्वंस एवं विनाशकारी महाभारत के युद्ध में कटुवचनों ने प्रलयंकारी भूमिका निभाई थी। राजा धृतराष्ट्र के पुत्र दुर्योधन के लिए पांडवों की पत्नी द्रौपदी द्वारा कहे गए कटुवचन 'अंधे का पुत्र अंधा' ने समूचे परिवार को तहस-नहस करके लाखों लोगों को काल के गाल में पहुँचा दिया था। यही नहीं प्रतिकार के विकृत रूप में दुर्योधन ने भरी सभा में नंगी करके द्रौपदी को अपनी जाँघ पर बैठाने का प्रयास किया था, सो अलग···कभी-कभी सहज भाव से कहे गए कटुवचन भविष्य में भारी अनिष्ट व आपत्तियों को बुला लाते हैं।

कटु वचनों का इस्तेमाल वाणी का दुरुपयोग है। यथा—

'कुदरत को नापसंद है, सख्ती जुबान में
पैदा हुई न इसलिए, हड्डी जुबान में।'

कटुवचन बोलने वाला दूसरों की भावनाओं को तो आहत करता ही है, स्वयं भी शांत होने पर जब विचार करता है तो उसे पश्चात्ताप होता है कि मैंने यह क्या किया, मुझे अमुक बात नहीं कहनी चाहिए थी। व्यक्ति को कभी भी कोई ऐसा कृत्य नहीं करना चाहिए, जिससे उसे बाद में पश्चात्ताप की अग्नि में जलना पड़े। प्रिय वचनों से हमारा अभिप्राय जबरदस्ती किसी की हाँ-में-हाँ मिलाते रहना नहीं है। प्रिय वचनों का अर्थ चाटुकारिता अथवा खुशामद भी नहीं है।

यहाँ यह बात ख्याल में ले लेना जरूरी है कि चाटुकारिता और खुशामद सदैव स्वार्थसिद्धि के लिए की जाती है। अनेक बार वह गलत तथा झूठी भी हो सकती है। अपने मतलब की पूर्ति के लिए किसी की प्रशंसा करना वाणी का तप नहीं कहा जा सकता है। यह वास्तव में वाणी का अपमान है। अत: हमें व्यवहार करते समय इस मूल-भूत अंतर का ज्ञान होना आवश्यक है।

'कीन्हें प्राकृत जन-गुन-गाना,
सिर धुनि गिरा लागि पछिताना॥'

(रामचरितमानस)

वस्तुत: प्रिय वचनों का प्रयोग सत्य भाषण की एक शैली है जबकि चाटुकारिता असत्य भाषण की प्रतिकृति। क्या बोलें, कैसे बोलें?

'सत्य ब्रुयात् प्रियं ब्रुयात् न ब्रुयात् सत्यमप्रियम्।
प्रिय च नानृतं ब्रुयादेष धर्म: सनातन:॥'

(मनुस्मृति-4/138)

सदैव सत्य बोलें, प्रिय बोलें, किंतु ऐसी बात न कहें जो सत्य तो हो पर अप्रिय हो तथा जो प्रिय तो हो परंतु असत्य हो, उसे भी न कहे, यही धर्म संगत बात है।

वाणी के प्रकार

योग्य वाणी हमारे मन:, मस्तिष्क तथा स्वास्थ्य की आधारशिला है, जबकि अयोग्य वाणी हमारी मानसिक तथा शारीरिक व्याधियों की जन्मदात्री है। हमारे प्राचीन धर्म ग्रंथों में शास्त्र सम्मत वचनों के उपयोग को 'सम्यक योग' तथा शास्त्रों के विपरीत बोलने को वाणी का 'असम्यक योग' कहा गया है।

सम्यक योग : वाणी के सम्यक योग के अंतर्गत इस प्रकार के वचनों का प्रयोग आता है जो मधुर हों, अपना तथा दूसरों का हित करने में सहायक हों, परस्पर प्रीति तथा स्नेह का संचय करते हों। सम्यक योग ऐसी वाणी के उपयोग को वर्जित करता है जिससे कटुता बढ़ती है, जिससे संबंध परस्पर जुड़ने के स्थान पर टूट जाते हैं जिससे कलह पैदा होती है तथा जो शत्रुता को पैदा करती है। सम्यक योग इस सूत्र को भी स्थापित करता है कि हमें यथायोग्य परिस्थिति के अनुसार तथा आवश्यकतानुसार ही बोलना चाहिए।

असम्यक योग : वाणी के असम्यक योग के अंतर्गत इस प्रकार के वचनों का प्रयोग आता है, जो लोगों को प्रिय नहीं लगते। कटाक्ष भरी बातें, दूसरों को नीचा दिखाने की कोशिश के लिए किया जाने वाला वार्त्तालाप, असत्य, कटु तथा दु:ख का विस्तार करने वाली बातचीत भी असम्यक योग का ही एक भाग है। इस तरह की वाणी औरों को परस्पर भिड़ाने का, चुगली का, वैमनस्य या बैर का भी कारण बनती है।

बहुत बार ऐसा देखा गया है कि कुछ कहना आवश्यक होने पर भी व्यक्ति चुप लगा जाता है या बेहद संक्षेप में अपना मंतव्य प्रकट करके बोलने की औपचारिकता पूर्ण कर देता है। यह भी उचित नहीं है। यह वाणी का 'अल्पयोग' कहलाता है। अल्पयोग भी अनेक तरह की दिक्कतों को जन्म देता है। इसी का एक विपरीत योग यह भी होता है कि मनुष्य वाचाल हो जाता है।

□

67

व्यक्तित्व के परिचायक हैं : हाव-भाव

समस्त मनुष्यों में शिष्टता एक अदृश्य खजाना है।

—अफलातून

बहुत कम लोग इस सत्य को जान पाते हैं कि हमारे व्यक्तित्व विकास में हमारी शारीरिक क्रियाओं तथा हाव भाव की एक महत्त्वपूर्ण भूमिका होती है। शारीरिक भाषा संचार का विशेष पक्ष है। यह भाषा हमारी स्वाभाविक तथा प्राकृतिक भाषा है, जो बता देती कि वास्तव में हम क्या हैं? हमारा शरीर मौन रहकर भी हमें औरों के सामने अभिव्यक्त करता है तथा औरों की शारीरिक अभिव्यक्तियों को हमें बता करके उनके बारे में हमारी अवधारणा को मजबूती प्रदान करता है।

स्वाभाविक रूप से अभिव्यक्त होने वाली हमारी शारीरिक क्रियाएँ (बॉडी लैंग्वेज) हमारे द्वारा मौखिक रूप से प्रकट होने वाली भाषा से ज्यादा अहमियत रखती है। मौखिक शब्दों को चुनते वक्त हमें पूरी छूट रहती हैं, जबकि शरीर यह चालाकी नहीं कर पाता और सच उगल देता है। पश्चिम के देशों में शारीरिक भाषा पर बड़ा काम हो रहा है।

हमारे अपने देश में अभी यह विद्या नई है। हालाँकि फिल्मों, चित्रों, रंगमंच व अन्य माध्यमों से यह कला थोड़े बहुत घुमाव-फिराव के साथ सामने आती रही है। हम दूसरे व्यक्ति की शारीरिक अभिव्यक्तियों के माध्यम से उसके विचारों को परख सकते हैं। उसकी मानसिकता का अंदाज लगा सकते हैं तथा इससे पहले कि वह स्थिति शब्दों द्वारा हम तक पहुँचे, हम उसके आशय को भली-भाँति भाँप कर अपना निर्णय सुरक्षित कर सकते हैं। शारीरिक भाषा के माध्यम से मात्र दूसरों के ही बारे में अनुमान लगाया जा सकता हो ऐसा नहीं है। बहुत बार यह अपने आपको प्रभावपूर्ण रूप से पेश करने का साधन भी बन जाती है।

शारीरिक भाषा संचार का विशेष पक्ष है। यह भाषा हमारी स्वाभाविक तथा प्राकृतिक भाषा है, जो बता देती कि वास्तव में हम क्या हैं?

'व्यक्तित्व है ही क्या? आपके अपने विचारों, धारणाओं तथा भावनाओं का फल। स्वयं अपने विषय में जैसे आपके संकेत रहते हैं, वे ही आपके व्यक्तित्व का निर्माण करते हैं। संभव है आपको प्रकृति ने एक आकर्षक व्यक्तित्व न प्रदान किया हो, किंतु इसमें संदेह नहीं कि आप संकेत द्वारा अपने व्यक्तित्व को ऊँचा उठा सकते हैं।'

—डॉ. रामचरण महेंद्र

क्या कहता है हमारा शरीर ?

शारीरिक भाषा विज्ञान के क्षेत्र में शोध करने वाले विशेषज्ञों की मान्यता है कि आँखों का, पलकों का जल्दी-जल्दी खुलना, आँखों को कड़ाई से बंद रखना, होंठों को भीतर की ओर खींचना अथवा होंठों को चबाना, ये समस्त लक्षण हमारे तनाव को प्रकट करते हैं। फड़फड़ाते होंठ, भिंचे हुए दाँत, कसकर बंद की गई मुट्ठी तथा शरीर में कंपकंपाहट हमारे क्रोध के बारे में बताते हैं।

किसी का इंतजार करते वक्त मेज, स्टूल, फर्श या अन्य किसी वस्तु पर उँगलियों से पियानो बजाने का उपक्रम हमारी व्यग्रता को अभिव्यक्त करता है। मनुष्यों के मध्य उपस्थित दूरी उनके आचरण को प्रभावित करती है। भीड़-भाड़ वाले स्थानों पर सफर में तथा कहीं टिकट खिड़की की लंबी लाइन में लगे व्यक्ति चिड़चिड़ेपन की भावना से ग्रसित हो जाते हैं। यही वजह है कि जहाँ भीड़ होती है वहाँ हिंसक गतिविधियाँ सहजता से घटित हो जाती है। भारी जनसमुदाय द्वारा किए जानेवाले प्रदर्शनों की उग्रता तथा तोड़-फोड़ जैसी गतिविधियों में दिलचस्पी इसी का उदाहरण है।

'हमारा जीवन सब कलाओं से ऊपर है और मैं यह भी घोषित करता हूँ कि जो व्यक्ति जीवन में पूर्णता लाने का प्रयास करता है वह एक महान कलाकार है।'

—महात्मा गांधी

हाथ मिलाने का ढंग

प्रत्येक मनुष्य के इर्द-गिर्द जो स्थान होता है, तकनीकी रूप से इसे जोन कहा जाता है। हर मनुष्य इस जोन पर अपना स्वाभाविक अधिकार समझता है। जब इस स्थान पर वह अतिक्रमण होते देखता है तो स्वभावत: चिड़चिड़ेपन का शिकार हो जाता है। हाथ मिलाना आज की दुनिया में एक नया रिवाज है। आपने बहुत से व्यक्ति देखे होंगे, जिनके हाथ मिलाने के ढंग भी जुदा-जुदा होते हैं। बहुत से लोग ऊँगुली को टच करके हाथ मिलाते हैं। जबकि कुछ हाथ को बिलकुल ढीला छोड़ देते हैं या इतनी जोर से हाथ दबाते हैं कि सामने वाला कराह उठता है। सामान्यत: ढीला हाथ कमजोर इच्छाशक्ति तथा हल्के आत्मविश्वास को प्रदर्शित करता है। जिस व्यक्ति को हाथ मिलाने की इच्छा नहीं होती फिर भी औपचारिकता पूरी करता है, वो अकसर ऊँगुलियों के किनारे से हाथ मिलाता है। जिंदादिल, आत्मविश्वास के धनी, कामयाब तथा खुशमिजाज इनसान पूरे जोशोखरोश व गर्म जोशी के साथ हाथ मिलाते हैं। जब भी हाथ मिलाएँ कुछ क्षणों तक उन्हें मिलाए रखना चाहिए।

प्रत्येक मनुष्य के इर्द-गिर्द जो स्थान होता है, तकनीकी रुप से इसे जोन कहा जाता है। हर मनुष्य इस जोन पर अपना स्वाभाविक अधिकार समझता है। जब इस स्थान पर वह अतिक्रमण होते देखता है तो स्वभावतः चिड़चिड़ेपन का शिकार हो जाता है।

लोगों की पहचान

वे लोग जिनके आत्मविश्वास में कमी होती है, जब खड़े होते हैं तो दरवाजे, फर्नीचर, दीवार या किसी चीज की मदद लेकर खड़े होते हैं। वार्त्तालाप करते समय हाथों को लगातार जेबों में डाले रखने वाले व्यक्ति नकारात्मक संदेश प्रकट करते हैं।

बहुत से लोग एक पैर पर जोर देकर, कमर या कूबड़ सा निकालकर या पैरों को हिलाते हुए बातचीत करते रहते हैं। यह उचित नहीं। आत्मविश्वास दर्शाने हेतु सीधे खड़ा होना, चलना तथा सीधे बैठना अत्यंत आवश्यक है।

हाथों को क्रास बनाते हुए बाँधकर आगे रखना एक साधारण आदत है लेकिन यह सुरक्षात्मक अभिव्यक्ति है। जब हम इस स्थिति में होते हैं तो सामने वाले को बता रहे होते हैं कि हम नवीन प्रयोगों के लिए न तो तैयार हैं और न

ही हममें अपेक्षित उत्साह ही है।

वार्त्तालाप करते समय हाथों का बार-बार मुँह तक ले जाना यह दरशाता है कि या तो तथ्यों को छिपाया जा रहा है या जो कुछ हम कह रहे हैं वह वास्तविकता से परे है। वार्त्तालाप के दौरान जो व्यक्ति सामने वाले की ओर से नजरें फेर लेता है वो यह दर्शाता है कि सामने वाले की बात या वक्तव्य से उसकी सहमति नहीं है।

आँखों की जुबान

आँखें हमारे शरीर का बेहद महत्त्वपूर्ण अंग हैं। शारीरिक भाषा समझने के लिए आँखों की भाषा को समझना अत्यंत जरूरी हो जाता है। वे व्यक्ति जिन्हें आँखों की भाषा पढ़नी आती है वे बेहद जल्द सामने वाले व्यक्ति की मन:स्थिति के बारे में ताड़ लेते हैं। आँखों की भाषा समझने वाले व्यक्ति सहजता से सम्मुख बैठे व्यक्ति में विद्यमान जिज्ञासा, आश्चर्य, कामना, विश्वास, क्रोध तथा प्यार का एहसास कर लेने में सक्षम हो जाते हैं। फैली हुई, झुकी हुई, सामने वाले की आँखों में आँखें डालकर बात करने की शैली तथा सिकुड़ी हुई आँखें बहुत कुछ बता जाती हैं। शायद इसी सत्य से परिचित होकर किसी गीतकार ने लिखा होगा—'ये आँखें मेरे दिल की जुबान हैं' या 'अँखियों को रहने दे अँखियों के आस-पास।'

शारीरिक भाषा को पूर्णरूप से समझने के लिए शरीर के सभी अंगों पर ध्यान देना आवश्यक होता है। शरीर के किसी एक अंग विशेष द्वारा प्रेरित अभिव्यक्ति कई बार वास्तविकता से हटकर भी हो सकती है। शारीरिक भाषा को जानने से पूर्व स्थान, संस्कृति तथा निवासियों के रहन-सहन की भी जानकारी होना आवश्यक होता है।

क्या कहती हैं हमारी भाव-भंगिमाएँ?

प्राय: मनुष्य में कई दोषपूर्ण आदतें होती हैं, अनेक अवगुण होते हैं, जिनके कारण आदमी अपने लक्ष्य की ओर बढ़ नहीं पाता है क्योंकि इन अवगुणों से जीवनशक्ति क्षीण होती है। ऐसे अवगुणों एवं आदतों और स्वभाव को आप आत्म-संबोधन द्वारा ही दूर करने में सफल हो सकते हैं। अपने आपसे बात करने पर दोष दूर होने लगेंगे और आप अपनी दुर्बलताओं पर विजय प्राप्त कर देंगे।

ऐसे अवगुणों एवं आदतों और स्वभाव को आप आत्म-संबोधन द्वारा ही दूर करने में सफल हो सकते हैं। अपने आपसे बात करने पर दोष दूर होने लगेंगे और आप अपनी दुर्बलताओं पर विजय प्राप्त कर देंगे।

अपने अवगुणों, अपनी बुरी आदतों के संबंध में आपको यह आत्म-संबोधन इस प्रकार करना चाहिए—'यह है वह बुरी आदत, जिससे मेरी शक्ति को नष्ट कर दिया है। इस अवगुण के कारण ही मैं अपने काम में इतना साहसी और उत्साही नहीं रह पाया।

इसी कारण मेरा स्वास्थ्य भी चौपट हुआ और इसी वजह से मैं अपने काम में उतना सफल नहीं रहा, जितना मुझे होना चाहिए था। इस खराब आदत के कारण ही मैं अपने मन को वश में नहीं कर पाता, जैसा होना चाहिए। इसके कारण ही मेरी यह दीन-हीन अवस्था हो गई है। मैं अब निश्चय करता हूँ कि मैं इसका परित्याग कर दूँगा। अब से मैं उसे छोड़ रहा हूँ।'

आपको इसी आदत के संबंध में आत्म-संबोधन में यह भी कहना चाहिए—'इसी गंदी आदत के कारण मेरी जीवन बर्बाद हुआ और मैं दीन-हीन बना। इसी के कारण मैं लोगों की हँसी का पात्र बना और इसी की वजह से मैं दूसरों के मुकाबले पिछड़ता रहा, यद्यपि अन्य लोगों की अपेक्षा मुझ में अधिक योग्यता है, पर यह सब होते हुए भी वे लोग मुझ से बहुत अच्छा काम कर जाते हैं। भविष्य में मैं इस आदत से छुटकारा पा लूँगा। मुझे हर कीमत पर इनसे छुटकारा पाना जरूरी है। इसके शिकंजे से मुक्त होना जरूरी है।'

- मुँह में नाखून कुतरने वाले व्यक्ति सामने वाले से कुछ-न-कुछ छिपाकर बात करते हैं।

- कान, नाक व मुँह में उँगली डालते रहना तथा बातचीत करते समय ऐसे करना अशिष्टता का द्योतक है।
- बहुत से व्यक्ति अनजाने में कमर झुकाकर बैठते हैं तथा बाद में उम्र के साथ-साथ उनकी कमर स्वाभाविक रूप से झुकती चली जाती है। न सिर्फ स्वास्थ्य के दृष्टिकोण से, अपितु शिष्टता तथा सभ्यता की दृष्टि से भी यही उचित है कि हमेशा सीधे बैठें। रीढ़ की हड्डी सीधी रखते हुए बैठने वाला व्यक्ति अधिक ताजा, उत्साही व स्वस्थ प्रतीत होता है।
- बहुत से लोगों को दूसरे लोगों की शारीरिक क्रियाएँ दोहराने, तकिया कलाम को कहते रहने, नकल करने या हकलाने-तुतलाने की आदत होती हैं, लेकिन कई बार ये प्रवृत्तियाँ उनके स्वभाव में भी समाहित हो जाती हैं। हमें कभी भी अपना मूल स्वभाव नहीं खोना चाहिए।
- जब तक कि हमारे संबंध अत्यंत घनिष्ठ तथा अनौपचारिक न हो जाएँ हमें किसी के गले में, कमर में न तो हाथ डालना चाहिए और न ही हाथ पकड़कर खींचना चाहिए।
- भली प्रकार से साफ किए गए दाँत सामने वाले को प्रभावित करते हैं। मुँह से दुर्गंध खत्म करने के लिए 'माउथ फ्रेशनर' का प्रयोग करें।
- हाथ-पैरों के सभी नाखून हमें काटकर रखने चाहिए, गंदे व बेढंगे नाखून हमारे व्यक्तित्व के नकारात्मक पक्ष का परिचय देते हैं।
- नाक को साफ रखना चाहिए लेकिन किसी के सामने नाक में ऊँगुली डालना बेहद खराब आदत है।
- किसी भी बात को मना करने के अनेक तरीके हो सकते हैं और हर तरीके का अपना अलग अर्थ है। अत: पैने व्यक्तित्व वाले व्यक्ति को दूसरों की शारीरिक भाषा (बॉडी लैंग्वेज) भी पढ़ने का अभ्यास करना चाहिए। बहुत सी बातें 'नान-वर्बल' होती हैं।
- कहा गया है कि 'बुरी आदतों को उनकी प्राथमिकता अवस्था में ही कुचल देना चाहिए, क्योंकि जिस बुरी आदत से हम आज बच नहीं पा रहे हैं,' वह कल निश्चित तौर पर और भी प्रभावी होकर उभरेगी और यह सिलसिला दिन-ब-दिन बढ़ता ही चला जाएगा। अंतत: लोग हमें अपमान व हिकारत की दृष्टि से देखेंगे और हम चाहकर भी सफल नहीं हो सकेंगे।

□

68

औरों को भी स्वीकारिए

शिष्टता द्वारा ही चरित्र का निर्माण होता है। शिष्टता हमारी प्रगति के लिए संबल है।

–रवींद्रनाथ टैगोर

प्रशंसा के पुष्पों की सुगंध बेहद मोहक है। वे काम जो हमारे खजाने, सिफारिश तथा प्रभाव से नहीं हो पाते, प्रशंसा के दो शब्दों से सिद्ध हो जाते हैं। इस दुनिया में हर व्यक्ति का कार्य किसी दूसरे पर निर्भर है। प्रत्येक कार्य कोई भी व्यक्ति स्वयं नहीं कर सकता। उसके लिए उसे और लोगों के स्नेह, सहयोग व सहानुभूति की आवश्यकता होती है। साथी-सहयोगियों से काम लेने के लिए उन्हें साथ लेकर चलना बेहद जरूरी है। यदि साथी-सहयोगी कार्य करने में सक्षम नहीं है, तो कार्य की गति धीमी तथा गुणवत्ता के ग्राफ में गिरावट तय है। उत्साह समाप्त होता जाता है, सो अलग!

समाज के घर, कार्यालय या बाहर हम कहीं भी और कभी भी काम कराना चाहें तो वह सहयोगियों के उत्साहवर्धन के बिना अपेक्षित लक्ष्यों को प्राप्त नहीं हो सकता। जो लोग यह सोचते हैं कि आलोचना करके वे सामने वाले को ठीक कर लेंगे, वे गलतफहमी के शिकार हैं, और कुछ नहीं। किसी को त्रुटियाँ या भूल में सुधार करने की तरकीब बताना आलोचना नहीं है। व्यक्ति को प्रेरित व प्रशंसित करके काम लिया जा सकता है।

व्यक्ति के काम की तारीफ करने से वह प्रोत्साहित होता है। उसे लगता है कि मुझे अच्छा कार्य करना चाहिए ताकि सभी लोग मुझे सराहें। यह अच्छे नेतृत्व के लिए लाभदायक तत्त्व है। प्रत्येक अच्छे काम के लिए तारीफ करने तथा गलती को सुधारने के लिए प्रेरित करने से सदैव सकारात्मक परिणाम सामने आते हैं।

व्यक्ति सामाजिक प्राणी है। वह मशीन नहीं है। वह भावनाएँ, प्रतिक्रियाएँ तथा विवेक रखता है, उसे चाबुक से नहीं हाँका जा सकता। प्रेम से समझाया तथा प्रशंसा से प्रेरित किया जा सकता है। लज्जित करके हम कभी किसी से अपनी बात नहीं मनवा सकते।

व्यक्ति के काम की तारीफ करने से वह प्रोत्साहित होता है। उसे लगता है कि मुझे अच्छा कार्य करना चाहिए ताकि सभी लोग मुझे सराहें। यह अच्छे नेतृत्व के लिए लाभदायक तत्त्व है। प्रत्येक अच्छे काम के लिए तारीफ करने तथा गलती को सुधारने के लिए प्रेरित करने से सदैव सकारात्मक परिणाम सामने आते हैं। प्रत्येक मनुष्य में कार्य करने की अथाह ऊर्जा, शक्ति तथा सामर्थ्य होती है। इसकी तुलना

में आमतौर पर परिणाम कम ही नजर आते हैं। सच तो ये है कि व्यक्ति अपनी मानसिक तथा शारीरिक क्षमता से बहुत कम कार्य करता है। तारीफ उसकी इसी सुप्त ऊर्जा को जागृत करने का कार्य करती है। इसके परिणाम अचूक हैं।

समाज में ऐसे बहुत से व्यक्ति हैं, जिन्हें अपनी बहुआयामी प्रतिभा के सही उपयोग का अवसर मिलता ही नहीं। बहुत से ऐसे भी हैं, जिन्हें आधा-अधूरा अवसर मिल भी जाता है तो वे समुचित प्रेरणा व प्रशंसा के अभाव में मंजिल से चंद कदमों के फासले पर ही थककर बैठ जाते हैं। मनोवैज्ञानिकों ने इस बात की पुष्टि की है कि न्यायसंगत अनुमोदन तथा सच्ची प्रशंसा हरेक व्यक्ति की उन्नति, भलाई तथा कुशलता के लिए बेहद जरूरी है। प्रत्येक मनुष्य अपने अच्छे कार्य की एवज में श्रेय की आकांक्षा पालता है। हर व्यक्ति अपने गुणों की मान्यता चाहता है। जब ऐसा नहीं होता तो हम निराश हो जाते हैं।

अपने मालिक की डाँट सुनकर, कारीगर तथा दोस्तों द्वारा बुराई किए जाने पर इनसान की यही मनोदशा होती है। यह अवस्था असहनीय होती है। इससे हमारे व्यवहार तथा व्यक्तित्व में कड़वाहट घुलती है। निराशा के गर्त में धँसे व्यक्ति की सोचने-समझने की शक्ति प्रतिकूल हो जाती है।

आई.ए.आर.आई. के वैज्ञानिक डॉ. विनोद शाह की आत्महत्या के समाचार से सभी स्तब्ध रह गए थे। मरने से पूर्व उन्होंने जो 'सुसाइट नोट' लिखा था, उसका मजमून इस प्रकार था—'मेरी आत्महत्या को आत्म बलिदान समझा जाए। मैं मरना नहीं चाहता था लेकिन इसलिए यह कदम उठाने को मजबूर हुआ हूँ कि भविष्य में वैज्ञानिकों के साथ अच्छा सुलूक हो। लोग उनकी प्रशंसा करें।' जाहिर है डॉ. शाह एक ऐसे वैज्ञानिक थे जो न केवल अपने लिए बल्कि अपने सहयोगियों के लिए भी मान्यता चाहते थे।

विख्यात वैज्ञानिक नील्स बोर ने सोवियत संघ की विज्ञान अकादमी के भौतिक संस्थान का दौरा किया तो दोनों ओर से विज्ञान के विषयों में विचारों का स्वस्थ आदान-प्रदान हुआ। उस समय नील्स बोर दिग्गज भौतिकविद् माने जाते थे और उनके संस्थान में उच्च श्रेणी के मेधावी वैज्ञानिकों की लंबी कतारें थीं।

उनसे यह पूछा गया 'आपके साथ कार्यरत् सभी वैज्ञानिक उच्च श्रेणी के क्यों हैं?' बोर ने मुसकराते हुए जवाब दिया—'इसका एक कारण तो यह है कि मैं उनके छोटे-से-छोटे प्रयास की भी भरपूर प्रशंसा करता हूँ और दूसरे मैंने उनके सामने यह स्वीकारने में कभी शर्मिंदगी अनुभव नहीं की कि मैं मूर्ख हूँ।'

'तुम उठो, बढ़कर गिरा दो, बीच की दीवार को।
देखना आँगन तुम्हारा दोगुना हो जाएगा॥'

प्रशंसा के लाभ

जिन मनुष्यों के प्रयत्नों को मान्यता नहीं मिलती अथवा जिन्हें घर, स्कूल, कार्यालय अथवा समाज में प्रशंसा प्राप्त नहीं होती, वे दबे-दबे से रहते हैं। उनका आत्मविश्वास विकसित नहीं होता। जिंदगी की कड़वी सच्चाइयों से आँखें चार करने का हौसला उनमें पैदा नहीं हो पाता। यदि उन्हीं लोगों की आप प्रशंसा करेंगे तो आप देखेंगे कि उनकी कार्य कुशलता कितनी परिष्कृत हो गई है।

हमारे दोस्त तथा प्रशंसक हमारे प्रति क्या करते हैं, यह जानने के लिए लोग तरह-तरह की विधियाँ इस्तेमाल करते हैं—यहाँ 'बर्टन ब्रेले' की एक कविता प्रस्तुत करने योग्य है—

'यश और धन से भी बेहतर है,
टीका-टिप्पणी सुखद व उज्ज्वल।
हार्दिक और गर्मजोशी भरा एक मित्र का समर्थन,
करता आनंदित जीवन हमारा।
बनाता हमें शक्तिशाली और बहादुर,

आखिर तलक देता हमें दिल और दिलासा।
अर्जित करे यदि वह प्रशंसा तुम्हारी, दे दो उसे,
यदि चाहते उसे तुम, चाहो अभी से।
करो प्रोत्साहित उसे तुम अभी,
ठहरो नहीं अंतिम क्षण तक
जब होगा पड़ा वह कब्र में,
पढ़ेगा कैसे समाधि-लेख तुम्हारा।'

प्रशंसा करने में हमेशा शीघ्रता कीजिए और बुराई करने में विलंब। इससे आपके व्यक्तित्व जीवन, परिवार तथा कार्यस्थल पर जो परिवर्तन होंगे, उन्हें देखकर आप चकित रह जाएँगे।

'सिडनी स्मिथ' कहा करते थे—'ख्याति भी एक पारितोषिक है, जिसकी प्राप्ति के लिए मनुष्य संघर्ष करते हैं। धन-संपत्ति की अपेक्षा ख्याति उससे दोगुने परिश्रम एवं बौद्धिकता को जन्म देती है। यह प्रतिभा का सिक्का है और प्रत्येक मनुष्य का अत्यावश्यक कर्तव्य है कि वह ईमानदारी एवं किफायत से इसको प्रदान करे।'

प्रोत्साहन का प्रभाव

प्रोत्साहन ऐसा संवेग है, जिसके परिणाम बेहद आशाजनक व दीर्घ निकलते हैं। विद्यालय जानेवाले बच्चों को अगर बार-बार ये अहसास कराया जाए कि उनमें क्षमता तथा प्रतिभा की कमी है या उन्हें रोज ताने दिए जाएँ कि 'अरे रहने दो.. तुम भला इस काम को क्या खाक करोगे···?' तो वे खुद को दीन-हीन मान बैठते हैं। परंतु अगर उन्हें बताया जाए कि वे अपना काम कर सकने में सक्षम हैं तथा कोई भी विषय ऐसा नहीं है, जिसमें उन्हें मुश्किल होगी, तो वे आत्मविश्वास से उस विषय को समझने तथा उसकी गहराई तक जाने का यत्न करेंगे।

प्रशंसा, पुरस्कार अथवा किसी और तरह से उन्हें प्रोत्साहित किया जा सकता है। यही माहौल कार्यालय अथवा घर में भी बनाया जा सकता है। इसका एक फायदा यह भी होगा कि संबंधित व्यक्ति स्वयं को साबित करने के लिए अपनी प्रतिभा व क्षमता का पूर्ण प्रयोग करेगा। परिणामस्वरूप कार्य की क्वालिटी तथा क्वांटिटी में निश्चित रूप से इजाफा होगा। डर या दबाव में आकर व्यक्ति काम की औपचारिकता तो पूर्ण कर सकता है लेकिन कभी भी अपना 'सर्वश्रेष्ठ' कार्य नहीं दे सकता, इसके लिए हमें प्रशंसा रूपी रामबाण का सहारा लेना होगा।

प्रोत्साहित करने का एक तरीका यह भी है कि गलतियों को बिना वजह तूल न दें और न ही उन्हें बढ़ा-चढ़ा कर देखा करें। हमारी कोशिश रहनी चाहिए कि गलती को किस तरह से सुधारा जा सकता है। अगर गलती को अनावश्यक तूल दिया जाएगा तो हो सकता है कि व्यक्ति विशेष के मन मे ऐसी कोई गाँठ पड़ जाए कि वह नकारात्मक रास्ता अख्तियार कर ले।

उसका आत्मविश्वास खो सकता है, वह आपको अपना शत्रु मानकर चल सकता है और मौका पड़ने पर आपको चोट भी दे सकता है।

वास्तविकता तो यह है कि गलती किसी से भी हो सकती है। सकारात्मक रवैया अख्तियार करने पर व्यक्ति अपनी गलती से सबक लेता है। हमें अपने साथी, सहयोगी, मित्र अथवा कर्मचारी की इसी क्षमता को उभारना चाहिए। यही नहीं जहाँ तक संभव हो, कभी किसी की अन्य से तुलना न करें। तुलना करते वक्त हमारी अवधारणा रहती है कि हम अमुक व्यक्ति को यह अहसास करा सकें कि वह भी औरों की तरह सुधरने की कोशिश करे। परंतु सामान्य रूप से इसका उलटा ही नतीजा निकलता है।

तुलना से व्यक्ति खीझता तथा क्रोधित होता है। कई बार वह हीन भावना का भी शिकार हो जाता है। प्रत्येक व्यक्ति अपने आप में मौलिक और विशिष्ट होता है। उसके कार्य करने का तरीका, योग्यता तथा क्षमताएँ अपनी निजी होती हैं। अत: प्रत्येक व्यक्ति को उसकी स्वयं की विशिष्टताओं के परिप्रेक्ष्य में देखने से ही हम बने रह सकेंगे हर दिल अजीज। हमें यह ध्यान रखना चाहिए कि दूसरों को नीचा दिखाने या बहसबाजी करने में हम अपनी बात को मनवा तो सकते हैं, लेकिन सामने वाले व्यक्ति को हमेशा के लिए खो देते हैं। एक प्रसिद्ध चित्रकार कारेजियो केवल शोक के आवेग से ही मर गया। उसका एक चित्र डिसडेन चित्रशाला की बहुमूल्य निधि माना जाता था, लेकिन उसे उस चित्र का मूल्य केवल चालीस डकेटस प्राप्त हुआ और इस आघात को न सह पाने के कारण ही उसकी मृत्यु हो गई।

अंग्रेजी का प्रसिद्ध कवि कीट्ज भी अपनी कविता की आलोचना सहन न करने के कारण मर गया। इस प्रकार के अनेक उदाहरण दिए जा सकते हैं जब व्यक्ति शोक के आघात से मर गया। प्रेम में असफल होने पर निराशा से मर जानेवाले लोगों के भी अनेक उदाहरण दिए जा सकते हैं। इस प्रकार अत्यधिक प्रसन्नता अथवा आकस्मिक हर्ष का भी बड़ा तीव्र आघात होता है।

□

69

शिष्ट वार्त्तालाप के प्रभाव

दरिद्रता धीरता से शोभित होती है, स्वच्छता से कुवस्त्र अच्छा लगता है, कुअन्न उष्णता से अच्छा लगता है, कुरूपता शिष्ट वार्त्तालाप से शोभा देती है।

–चाणक्य

विद्यार्थी जीवन से लेकर विशालकाय कंपनियों के उच्चतम पदों तक जो कुछ भी हम देखते हैं, वह सफलता की लंबी दास्तानों को अपने भीतर समेटे हैं। हमारी कामयाबी में दो तत्त्वों की महत्त्वपूर्ण भूमिका होती है–एक तो हमारे भीतर आत्मविश्वास लबालब भरा हुआ हो और दूसरे इस आत्मविश्वास की झलक हमारे वार्त्तालाप तथा विचारों की अभिव्यक्ति के दौरान प्रदर्शित हो। आज तीव्र गति से प्रगति पथ पर आरूढ़ दुनिया में पेशेवर सफलता के लिए यह अत्यंत आवश्यक हो गया है कि हम अपनी बात औरों को प्रभावपूर्ण तथा विश्वसनीय ढंग से समझा सकें। हम जो भी जितना भी जानते तथा मानते हैं उसे प्रभावशाली ढंग से दूसरों को हमें समझाने, बताने की कला आनी ही चाहिए। इस दुनिया में कामयाब लोगों की फेहरिस्त पर आप नजर डालेंगे तो पाएँगे कि अधिकांश व्यक्तियों में प्रभावपूर्ण ढंग से वार्त्तालाप के गुण थे।

हमारी कामयाबी में दो तत्त्वों की महत्त्वपूर्ण भूमिका होती है–एक तो हमारे भीतर आत्मविश्वास लबालब भरा हुआ हो और दूसरे इस आत्मविश्वास की झलक हमारे वार्त्तालाप तथा विचारों की अभिव्यक्ति के दौरान प्रदर्शित हो।

आज दुनिया संचार व सूचना क्रांति के दौर से गुजर रही है। कम्युनिकेशन का क्षेत्र निरंतर व्यापक व विस्तृत होता जा रहा है। नई-नई तकनीकों के समावेश, इलेक्ट्रॉनिक माध्यमों का बढ़ता प्रभुत्व, प्रत्येक क्षेत्र में निजी सेक्टरों की दिनों-दिन होती मजबूती तथा किसी भी उत्पाद अथवा सेवा की बाबत जन-जागृति बढ़ाने की जरूरतों ने संचार की दुनिया में क्रांतिकारी परिवर्तन किए हैं। आज हर क्षेत्र में प्रत्येक चीज की एक सकारात्मक तस्वीर पेश करनी होती है। जीवन के कर्म क्षेत्र में हमें अन्य लोगों से तादात्म्य स्थापित करना होता है। आवश्यकता इस बात की है कि प्रभावी वार्त्तालाप के हुनर को आप अपनी जीवन शैली का अभिन्न अंग बना लें।

वे लोग जो नेतृत्व के महत्त्वपूर्ण दायित्व से जूझ रहे हैं, उनके लिए तो प्रभावशाली बातचीत वरदान सरीखी है। 'आर्ट आफ परफेक्ट कम्युनिकेशन' के बिना उनकी कामयाबी अधूरी है। ध्यान रखिए आप क्या हैं, कैसे हैं इसका वास्तविक मूल्यांकन बातचीत से

एकदम हो जाता है।

'विचार कभी व्यर्थ नहीं जाते। वह तत्काल सफल हों, यह जरूरी नहीं है। कोई विचार शताब्दियों के बाद आकार लेता है और कोई-कोई विचार जल्दी ही साकार बन जाता है। हम आस्था के साथ, दृढ़ निश्चय के साथ अच्छा विचार करें। उसकी सफलता में संदेह नहीं करें।'

—आचार्य श्री महाप्रज्ञ

शब्दों का चयन

शब्दों की दुनिया बड़ी विचित्र है। शब्दों की हमारे जीवन व कार्य- व्यवहार में बहुत ही महत्त्वपूर्ण भूमिका है। शब्दों के बिना हमारा गुजारा संभव ही नहीं। हम किसी भी देश, भाषा व परिवेश के क्यों न हों, प्रतिपल जब भी जो भी हम कहना चाहते हैं वह शब्दों द्वारा ही संभव हो पाता है। हमें बातचीत करने के लिए कम-से-कम दो लोगों की जरूरत होती है, एक तो हम स्वयं और दूसरा वह जिससे बात करना चाहते हैं।

प्रभावी, उद्देश्यपूर्ण तथा सफल बातचीत को वार्त्तालाप की संज्ञा दी गई है। संचार का शाब्दिक अर्थ है 'कम्युनिकेशन'। अंग्रेजी में वार्त्तालाप के लिए भी यही शब्द इस्तेमाल में लाया जाता है। यह लेटिन के 'कम्युनिस' शब्द से बना है, जिसका तात्पर्य बाँटने से है। अर्थात् आपस में विचारों का बँटवारा (आदान-प्रदान) ही वार्त्तालाप है। जब यह आदान-प्रदान सफल नहीं हो पाता तब सुनने वाला कहने वाले की मंशा नहीं समझ पाता और इसकी सबसे बड़ी वजह हमें अपने भावों को सटीक रूप से व्यक्त करने के लिए उचित शब्दों का नहीं मिल पाना है। बहुत से लोग होते हैं कि नीरस व मामूली से विषय को भी अपनी लफ्फजी से इतना सँवार देते हैं कि श्रोता मंत्र-मुग्ध हो उन्हें सुनते ही रह जाते हैं। जबकि ऐसे लोगों की कमी नहीं जो महत्त्वपूर्ण विषय पर भी ऐसी उलट बाँसी करते हैं कि बस...सब गुड़-गोबर हो जाता है।

मेरे शब्द ऊपर उड़ जाते हैं किंतु मेरे विचार पृथ्वी पर ही रह जाते हैं। शब्द बिना विचारों के कभी स्वर्ग नहीं जा सकते।

—शेक्सपियर

होशपूर्वक बोलिए

कार बनाने वाली कंपनी का एक मैनेजर गाड़ी खरीदने शो रूम पहुँच एक खरीदार से जिज्ञासा प्रकट करता है, 'आप क्या सोचते हैं आपकी नई कार कैसी होनी चाहिए?' 'दिखने में अच्छी हो!' कॉलेज में पढ़ रही बिटिया का जवाब था।

'भरोसे मंद हो।' पत्नी बोली।

'मेरा किशोर बेटा।' पिता का जवाब था।

बहुत से मौके आते हैं जब जवाब अपने मायने खो देते हैं। ऐसा इसलिए होता है कि सवाल बेतुके जो होते हैं। बगैर सोचे-समझे किए गए सवाल का जवाब भी वैसा ही होगा।

एक राजमार्ग पर टूट-फूट सुधारी जा रही थी। अत: उधर से गुजर रहे ट्रक ड्राइवर ने अपना रास्ता बदल लिया। आगे सँकरा पुल था। वहाँ ट्रक फँस गया। उधर से गुजर रहे एक आदमी ने पूछा—'क्या तुम फँस गए हो?'

झल्लाते हुए ड्राइवर ने कहा 'जी नहीं, मुझे यह पुल किसी के घर तक पहुँचाना था, लेकिन घर का पता नहीं मिल रहा है।'

एक अन्य उदाहरण भी इसी शृंखला की एक कड़ी है। एक व्यक्ति लाइब्रेरी पहुँचा तथा पढ़ने के वास्ते एक अच्छी किताब माँगने लगा। लाइब्रेरियन ने पूछा 'कोई हल्की-फुल्की किताब चाहिए या भारी?'

'इससे कोई फर्क नहीं पड़ने वाला, मेरी कार बाहर खड़ी है।' आगंतुक का जवाब था।

इस तरह के मजेदार किस्सों पर पूरी-की-पूरी किताबें लिखी जा सकती हैं, जब कहने वाला कुछ कहता है और सुनने वाला कुछ और सुनता है।

एक युवक बस में यात्रा कर रहा था। संभवत: उसे जुकाम था। अत: वह बार-बार छींकता जा रहा था। उसी से सटी एक मॉर्डन महिला बैठी थी। उसे झल्लाहट हुई। गुस्से में तमतमाते हुए उसने सवाल दागा—'क्या तुम्हारे पास रूमाल नहीं है?'

'है, मगर मैं किसी को उधार नहीं देता।' युवक ने कहा।

कहने की कला में पारंगत होना एक दुर्लभ गुण है, जो दूसरों पर हमारे व्यक्तित्व की प्रभावशाली छाप छोड़ता है। हमारे वचन ही हमें दूसरों का मित्र तथा शत्रु बनाने में कारगर भूमिका अदा करते हैं।

कहने की कला

प्रेम के शब्द चाहे कितने ही विलंब से और किसी प्रकार भी व्यक्त किए जाएँ, सदैव सर्वश्रेष्ठ होते हैं।

—जोनावेली

बातचीत की दुनिया में बहुत बार ऐसा होता है कि हम वह कह ही नहीं पाते, जो हम कहना चाहते हैं। कई बार ऐसा भी हो जाता है कि जो कहा होता है, उसको उस ढंग से नहीं समझ पाते जैसा हम चाहते हैं। एक प्राचीन कहावत है कि कुछ भी बोलने से पूर्व मन-ही-मन पाँच तक गिनती गिनें। दूसरे की बात को ठीक से समझने का प्रयत्न करें तथा मन-ही-मन दस तक गिनकर जवाब दें। जब हम सोचे-विचारे बिना मुँह खोलने हैं तो बहुत बार भयंकर स्थिति में फँस जाते हैं। बहुत बार हमारे जवाब इस तरह के होते हैं, जिनका वास्तविक बात से कोई संबंध होता ही नहीं।

कहने की कला में पारंगत होना एक दुर्लभ गुण है, जो दूसरों पर हमारे व्यक्तित्व की प्रभावशाली छाप छोड़ता है। हमारे वचन ही हमें दूसरों का मित्र तथा शत्रु बनाने में कारगर भूमिका अदा करते हैं। कबीर इसी बात को अपने ढंग से कहते हैं—

'ऐसी बानी बोलिए, मन का आपा खोय,
औरन को शीतल करै, आपहुँ शीतल होय।'

एक सार्जेंट का किस्सा है। उसने एक कॉरपोरल से पूछा—'तुम्हारा नाम क्या है?'

'रॉबर्ट जोंस' जवाब मिला।

'जब मुझसे बात किया करो तो 'सर' लगाकर किया करो' सार्जेन्ट ने दहाड़ते हुए कहा।

'चलो फिर से कोशिश करके देखते हैं। तुम्हारा नाम क्या है कॉरपोरल?'

'सर रॉबर्ट जोंस।'

अब क्या कहेंगे आप?

''वार्त्तालाप के दौरान क्रूरतापूर्वक बात नहीं करनी चाहिए। वचन रूपी बाण मुँह से निकलते हैं और उनसे बिंध कर मनुष्य रात-दिन शोक मग्न रहता है। इसलिए जो वचन सामने वाले को उद्वेग पहुँचाते हों, उन्हें कदापि नहीं बोलना चाहिए। बाणों से बिंधा हुआ और फरसे से कटा हुआ वन तो फिर से अंकुरित हो जाता है, किंतु कटुवचन रूपी शस्त्र से किया हुआ भयंकर घाव कभी भी भरता नहीं।''

अब बताइए क्या करेंगे आप, जब ऐसी स्थिति हो? हमारे बहुत से कार्य अपनी गुणवत्ता के दृष्टिकोण से फेल

नहीं होते। वे असफल हो जाते हैं, इसलिए कि हम उन्हें प्रभावशाली ढंग से प्रस्तुत करने की कला जानते ही नहीं।

जॉर्ज बर्नार्ड शॉ ने एक बार छह पृष्ठीय एक पत्र लिखते हुए क्षमा माँगी थी। उन्होंने लिखा था— 'मैं छोटा पत्र लिख रहा था, मेरे पास समय नहीं था।' मोटे तौर पर इस कथन में विरोधाभास लगता है' परंतु सत्यता यही है कि हमें कम शब्दों में अधिक बातें लिखने में कहीं अधिक वक्त लगता है, जबकि अनर्गल बातों से भरपूर छह पन्ने हम कम समय में लिख लेंगे।

यह सिद्धांत मात्र लिखने के संबंध में ही नहीं अपितु बोलने के संबंध में भी लागू होता है।

बहुत से लोग जो अपने-अपने क्षेत्रों में सिरमौर होते हैं लेकिन जब बोलते हैं तो कोई भी प्रभावित नहीं होता। ऐसा इसलिए होता है कि कुछ बोलने या लिखने से पहले लोग सोचते या तैयारी करने की कोई जरूरत नहीं समझते।

हमारे धर्मग्रंथों में शब्दों की महत्ता को निरूपित करते हुए कहा गया है कि शब्द छोटे-छोटे तीरों की भाँति होते हैं, उन्हें न तो नियंत्रित किया जा सकता है और न ही छोड़े जाने के बाद वापस लौटाया जा सकता है। अत: कुछ भी बोलने से पहले कुछ सूत्रों को ध्यान में रखेंगे तो आपका वार्त्तालाप प्रभावी होगा।

हमारे धर्मग्रंथों में शब्दों की महत्ता को निरूपित करते हुए कहा गया है कि शब्द छोटे-छोटे तीरों की भाँति होते हैं, उन्हें न तो नियंत्रित किया जा सकता है और न ही छोड़े जाने के बाद वापस लौटाया जा सकता है।

- आप जो कहना चाहते हैं, एक बार उस पर मन-ही-मन विचार कर लें।
- अपनी बात के महत्त्व को सही परिप्रेक्ष्य में समझने की कोशिश करें।
- ध्यान रहे, जो बात जरूरी हो वही करें, व्यर्थ की बातों में समय गँवाना बेवकूफी है।
- आप अपनी बात को किस तरीके से कहते हैं, इस पर भी ध्यान दें।
- आप जो भी कहना चाहते हैं, संक्षेप में कहें।
- वार्त्तालाप करते समय बोलें कम और सुने ज्यादा।
- प्रभावी व्यक्तित्व की सबसे बड़ी विशेषता यह होती है कि उन्हें बोलने से ज्यादा काम करके दिखा देने में भरोसा रहता है। जो उन्हें औरों से अलग करता है तथा सफलता के समीप पहुँचाने में मददगार साबित होता है।
- यह भी ध्यान रखिए कि आपका वार्त्तालाप सहज व स्वाभाविक हो, जिस बात पर आप सहमत नहीं भी हैं, उस पर भी धैर्य व विनम्रता से अपना एतराज दर्ज कराना चाहिए।
- सामने वाला जिस भाषा में वार्त्तालाप कर रहा है, आपको भी शिष्टाचार वश उसी भाषा में बात करनी चाहिए।

□

70

विचार, वाणी और अभिव्यक्ति

शिष्टाचार दर्पण के समान है, जिसमें मनुष्य अपना प्रतिबिंब दिखता है।

–गेटे

विचार और शिष्टाचार का चोली-दामन का साथ है। विचार अर्थात् मनुष्य के अंतर्द्वंद्व; वह क्या सोचता है, अपने लिए, दूसरों के लिए, स्वयं की सफलता के लिए आदि।

सद्विचार शिष्टाचार के द्योतक

मनुष्य के विचार उसकी सफलता में महत्त्वपूर्ण भूमिका निभाते हैं। अच्छे विचार उसे सफलता की ओर ले जाते हैं, वहीं बुरे विचार असफलता की ओर। सफलता पाने में विचारों का अत्यधिक महत्त्व है। किसी भी कार्य को करने से पहले मनुष्य विचार-विमर्श अवश्य करता है; किंतु सिर्फ वही मनुष्य, जो सफलता प्राप्त करना चाहता है। अन्यथा बिना विचारे जो कार्य किया जाता है वह मुसीबत ही खड़ी करता है। कवि के शब्दों में—

''बिना विचारे जो करे, सो पाछे पछताय।
काम बिगाड़े आपनो, जग में होत हँसाय।।''

मनुष्य के विचार उसकी सफलता में महत्त्वपूर्ण भूमिका निभाते हैं। अच्छे विचार उसे सफलता की ओर ले जाते हैं, वहीं बुरे विचार असफलता की ओर। सफलता पाने में विचारों का अत्यधिक महत्त्व है।

जयशंकर प्रसाद ने 'अजातशत्रु' नामक नाटक में कहा है कि—

''दूसरे के मलिन कर्मों को विचारने से भी मनुष्य पर मलिन छाया पड़ती है।''

अत: यदि कोई मनुष्य दूसरों के गलत कार्यों पर विचार करता है तो उसके मन में भी गलत विचार आ सकते हैं, लेकिन जो व्यक्ति उन गलत विचारों से सीख लेकर उन्हें छोड़ देता है, वही अच्छे आचार-विचार वाला होता है।

बिना विचारे कार्य करने पर पछतावे के अतिरिक्त कुछ हासिल नहीं होता। विचार-विमर्श करके किया जाने वाला कार्य इच्छा पूर्ण करता है।

एक बार की बात है, एक जमींदार को धन की आवश्यकता थी। जमींदारी समाप्त हो चुकी थी, इसलिए गाँव में अब वह केवल अपने खेत का ही मालिक था। वह नगर सेठ के पास पहुँचा और धन की माँग की। सेठ ने कहा कि ''भाई! मैं एक

व्यापारी हूँ। तुम्हारा खेत पहले ही मेरे पास गिरवी रखा है। अब गिरवी रखने के लिए तुम्हारे पास कुछ नहीं है। मैं धन कैसे दूँ।''

जमींदार बोला कि ''सेठजी! मैं दो वर्ष में आपका सारा धन चुकाकर अपनी जमीन वापस ले लूँगा। मैं शहर जा रहा हूँ कमाने। सेठ बोला कि ''कुछ-न-कुछ तो गिरवी रखना ही पड़ेगा।''

जमींदार बोला कि ''मेरे पास मेरा यह कुत्ता है। इसे रख लो। यह वफादारी से तुम्हारे पास रहेगा।''

सेठ ने जमींदार की बात मान ली और उसे इच्छित धन दे दिया। जमींदार अपने कुत्ते को समझाकर गाँव के मकान में ताला लगाकर शहर चला गया।

एक दिन सेठ को किसी कार्यवश गाँव से बाहर जाना पड़ा। कुत्ते को घर की रखवाली के लिए छोड़कर वह चला गया। उसी रात सेठ के घर डकैती पड़ी। कुत्ता असमंजस में कि किसे खबर करे। जब डकैतों ने सेठ का धन समेटा और चल दिए तो कुत्ता भी उनके पीछे-पीछे चल दिया।

डकैतों ने जंगल में गड्ढा खोदकर सारा धन छिपा दिया। कुत्ते ने सब देखा और चुपचाप वापस आ गया।

सेठ लौटा। घर में डकैती पड़ी देखकर वह दु:खी हो गया। उसने सोचा, कुत्ता बड़ा नमकहराम है। फिर वह कुछ करता इससे पहले ही कुत्ता उसकी धोती पकड़ कर खींचने लगा। सेठ समझ गया कि वह कुछ संकेत कर रहा है। वह अपने साथियों के साथ उसके पीछे-पीछे गया।

कुत्ता जंगल में पहुँचा और उस स्थान को खोदने लगा। सेठ ने उस स्थान को खुदवाया तो उसे अपना सारा धन वापस मिल गया। वह कुत्ते की वफादारी से बहुत प्रसन्न हुआ और उसे बहुत प्यार करने लगा।

दो वर्ष बाद जमींदार भी शहर से धन कमाकर वापस आ गया। उसने सोचा, 'कल वापस जाकर सेठ से जमीन और अपने कुत्ते को छुड़वा लूँगा।'

दो वर्ष बाद जमींदार भी शहर से धन कमाकर वापस आ गया। उसने सोचा, 'कल वापस जाकर सेठ से जमीन और अपने कुत्ते को छुड़वा लूँगा।'

इधर, सेठ ने सोचा, 'आज दो वर्ष पूरे हो गए। इस कुत्ते ने बड़ी वफादारी से मेरी सेवा की। अत: जमीदार की जमीन और इस कुत्ते को गिरवी रखने पर जो धन जमींदार को दिया था, वह मैं माफ करता हूँ। यह सब उसने एक कागज पर लिखकर कुत्ते के गले में लटका दिया और कहा कि ''जा भई, अब तू आजाद है। तूने मेरी बहुत सेवा की। अब सीधा अपने मालिक के यहाँ जाना।'' कुत्ता दौड़ा अपने मालिक जमींदार के घर की ओर।

इधर, सेठ का कर्ज चुकाने के लिए जमींदार घर से निकल ही रहा था कि तभी दूर उसका कुत्ता आता दिखाई दिया। उसने सोचा कि ''यह कुत्ता बड़ा नमकहराम है। इसने सेठ के सामने मुझे बेइज्जत करवा दिया और वहाँ से भाग आया।'' उसने अच्छे-बुरे का विचार किए बिना क्रोध में भरकर बंदूक उठाई और बेजुबान जानवर को गोली मार दी। कुत्ता तड़पकर वहीं गिर पड़ा। जमीदार की नजर उसके गले में लटकी चिट्ठी पर पड़ी। चिट्ठी पढ़कर उसके पैरों के नीचे से जमीन खिसक गई।

यहाँ दो बातें सामने आईं। एक तो यह कि जब सेठ का घर लुट गया था तब उसे कुत्ते पर क्रोध तो आया, लेकिन उसके मन में ऐसा विचार नहीं आया कि उसे मार-पीट कर भगा दे। दूसरी ओर जमीदार ने बिना विचार किए, बिना स्थिति का पता किए कुत्ते को गोली मार दी और वफादार साथी से हाथ धो बैठा।

कवि के शब्दों में—

शिष्टाचार,
सभ्य जीवन का आधार,
भला क्या है उसमें?

उसका सही रूप पाते हैं किसमें?
जिसके पास सबसे बड़ा झूठ-फरेब है,
वह ऐसा है जैसा अंदर से सड़ा,
ऊपर से लाल सेब है।
.... क्यों?
इसका भी जवाब लो।
एक व्यक्ति निरभिमानी,
जी हाँ, शिष्टाचार का धनी।
कोई पढ़ सकता पढ़ ले उसका मन,
क्या सचमुच उसमें नहीं अभिमान?
है, मगर फिर भी वह शिष्ट है,
और यह समाज उससे नहीं रुष्ट है,
जो दिल की बात छिपा झूठ में खुद को तुच्छ कहता है,
और यह समाज दिल खोलकर रखनेवालों से रुष्ट रहता है।
एक व्यक्ति नि:स्वार्थी,
शिष्ट और परमार्थी।
क्या है उसमें परमार्थ सही?
क्या सचमुच उसमें स्वार्थ नहीं?
नि:स्वार्थी बनने पर समाज में मिलती इज्जत का भी नहीं?
उस लोक में जाने पर ईश्वर की मोहब्बत का भी नहीं?
बेशक यह भी है खुदगर्जी,
पर समाज के लिए ये है इनसानियत की मरजी।
लेकिन··· फिर भी
यह शिष्ट आचार है,
सभ्य जीवन का आधार है,
बगैर इसके जीवन निराधार है,
एक हद तक सत्य का बलिदान है,
फिर भी मानते आए हैं,
और जबरदस्ती भी मानना पड़ेगा,
शिष्टाचार महान् है।

जयशंकर प्रसाद ने कहा है कि—

''विचार और विवेक कभी न छोड़िए। चाहे किसी के प्राण ले लीजिए, परंतु विचार करके।''

अत: किसी के प्राण भी लेने पड़ जाएँ तो विचार अपने विवेक से कीजिए कि मैं इसके प्राण लूँ तो क्यों? मेरे लिए यह अच्छा है अथवा बुरा? लेकिन यहाँ विचार करके प्राण लेने का तात्पर्य यह नहीं है कि प्राण ही ले लिये जाएँ।

सफलता प्राप्त करने के लिए आवश्यकता है कि मनुष्य के विचार अच्छे हों; उसके विचार भटके नहीं। जब मन इधर-उधर भटकेगा तो विचार भी भटकेंगे और गलत विचार जैसे ईर्ष्या, क्रोध, घृणा आदि मन में जगह बना

लेंगे। क्योंकि गलत विचार किसी भी मनुष्य को बहुत जल्दी अपनी गिरफ्त में ले लेते हैं और यदि जल्दी ही उनसे छुटकारा नहीं पाया जाता तो वे मनुष्य को असफलता की ओर ले जाते हैं। इन सब विचारों से उत्पन्न होती है चिंता, जो मनुष्य को खोखला बनाती जाती है। चिंता चिता समान होती है। इसलिए चिंता को पनपने नहीं देना चाहिए। अन्यथा वह बहुत जल्दी ही चिता का रूप ले लेती है।

जो मनुष्य ऐसे विचारों की गिरफ्त में आने के बाद यदि जल्दी उनसे छुटकारा नहीं पाता है या नहीं पा सकता तो यह समझना चाहिए कि वह उन विचारों का गुलाम हो गया है। आज लोग पान, तंबाकू, गुटका, सिगरेट आदि व्यसनों का धड़ल्ले से उपयोग कर रहे हैं। जब उनसे पूछा जाता है कि ''भाई! यह व्यसन क्यों अपना रखे हैं, छोड़ क्यों नहीं देते?'' तो उनका एक ही जवाब होता है कि क्या करें छूटते नहीं हैं।'' क्या यह सही है? नहीं। बात यह नहीं है। बात केवल इतनी-सी है कि वे इन आदतों, इन व्यसनों के गुलाम बन चुके होते हैं। वे इन्हें स्वयं ही छोड़ना नहीं चाहते अन्यथा यदि वे दृढ़ निश्चय कर लें तो इन्हें सरलता से छोड़ सकते हैं।

इसी प्रकार जब मनुष्य कुविचारों की गिरफ्त में आ जाता है तो वह यही कहता है कि बड़ी चिंता की बात है; क्या करें, क्या न करें? कुविचारों का वह भी गुलाम हो जाता है, लेकिन वह इन कुविचारों से छुटकारा पा सकता है। यह कोई मुश्किल कार्य नहीं है। अच्छी पुस्तकें, मनोरंजन, परिवार आदि में मन लगाकर वह इन विचारों से बच सकता है। किसी भी परिस्थिति में हमें व्यसनों का गुलाम नहीं होना चाहिए। और जैसी परिस्थिति हो उसे उसी प्रकार से निबटाया जाना चाहिए जो उस समस्या या परिस्थिति के लिए आवश्यक हो।

यह समस्या पैदा करने वाला है मन। मन ही है जो अच्छे-बुरे विचारों को अपने अंदर स्थान देता है। मन को वश में करके ऐसे विचारों को जगह बनाने से पहले ही नष्ट किया जा सकता है। केवल अच्छे विचारों को अपनाना चाहिए।

यह आवश्यक नहीं है कि मनुष्य पढ़ा-लिखा होगा तभी उसके मन में अच्छे विचार आएँगे। एक निरक्षर के मन में भी विचारों की हलचल होती रहती है। इसलिए वह भी अच्छे-बुरे विचारों का ज्ञान रखता है। सभी के अपने अलग-अलग विचार होते हैं। बहुत से ऐसे व्यक्ति भी देखे जा सकते हैं जिनके विचार आपस में मेल भी खाते हैं।

मनुष्य के उच्च एवं अच्छे विचार जहाँ उसे समाज के लिए प्रेरणा के तौर पर स्थापित करते हैं, वहीं इसके विपरीत कुविचार मनुष्य को राक्षसी प्रवृत्ति का बना देते हैं। अच्छे विचार सिर्फ स्वयं के लिए ही नहीं, अपितु दूसरों के लिए भी लाभदायक हो सकते हैं; क्योंकि अच्छे विचार अच्छी शिक्षा ही देंगे।

किसी ने कहा है कि—

''आपका प्रत्येक विचार आपके भविष्य का निर्माता है। भले ही वह विचार शुभ हो अथवा अशुभ।''

अत: यदि आपके विचार शुभ होंगे तो वे आपको सफलता की ओर ले जाएँगे और अशुभ विचार आपको असफलता की ओर ले जाएँगे। वस्तुत: आपका भविष्य आपके शुभाशुभ विचारों पर टिका होता है। अब यह मनुष्य को स्वयं निर्णय करना होता है कि वह सफलता प्राप्त करना चाहता है अथवा असफलता।

जयशंकर प्रसाद के 'कंकाल' उपन्यास के अनुसार—

''बिना भित्ति कोई घर नहीं टिकता और बिना नींव के कोई भित्ति नहीं। उसी प्रकार सद्विचार के बिना मनुष्य की स्थिति नहीं और धर्म संस्कारों के बिना सद्विचार नहीं होते।''

जिस प्रकार कोई दीवार नींव के बिना खड़ी नहीं रह सकते, उसी प्रकार मनुष्य समाज में तभी स्थान बना सकता है जब उसके विचार अच्छे होंगे। अन्यथा कुविचारों के साथ मनुष्य की क्या स्थिति हो सकती, इसका अनुमान सहज ही लगाया जा सकता है।

धर्म संस्कारों के बिना भी सद्विचार नहीं आ सकते। जब तक मनुष्य का मन शांत नहीं होगा, तब तक उसके मन में अच्छे विचारों का आना संभव नहीं होगा। मन की शांति किस प्रकार मिले? धर्म संस्कारों से। धार्मिक कार्यों द्वारा मनुष्य आत्मीय शांति प्राप्त कर सकता है। मन शांत होने पर अच्छे विचारों का आगमन होगा जो उसे अच्छे कार्यों की प्रेरणा देकर

सफलता की ओर ले जाएँगे।

जयशंकर प्रसाद की कहानी 'सालवती' के अनुसार—

''विचारों की स्वतंत्रता इसी में है कि वे स्पष्ट रूप से प्रचारित किए जाएँ न कि वे सत्य होते हुए भी दबा दिए जाएँ।''

स्पष्ट एवं अच्छे विचारों को सर्वथा अपनाने का प्रयास करना चाहिए, यह नहीं कि उन्हें न मानते हुए हवा में उड़ाने का प्रयास करना चाहिए।

मनुष्य के स्पष्ट विचारों में वह जादू होता है जो लोगों में नई शक्ति का संचार कर उन्हें सफलता की ओर अग्रसर कर सकता है; जब विचारों को यदि उसी रूप में सही ढंग से लोगों तक पहुँचाया जाए तब, न कि उन विचारों की सत्यता को दबा दिया जाए।

मनुष्य को अपने विचारों की शक्ति को सर्वथा बनाए रखना चाहिए। अच्छे विचार मन में बुराइयों को बसने नहीं देते, बल्कि दूसरों के मन को भी अपने विचारों की शक्ति से स्वच्छ व निर्मल बना देते हैं। विचारों की शक्ति क्या है? उसके विषय में आचार्य विनोबा भावे ने कहा है कि—

''विचारों की स्वतंत्रता इसी में है कि वे स्पष्ट रूप से प्रचारित किए जाएँ न कि वे सत्य होते हुए भी दबा दिए जाएँ।''

''विचार भी एक शक्ति है। हम तो समझते हैं कि विचार-शक्ति की बराबरी करने वाली दुनिया में दूसरी कोई शक्ति नहीं है। विचार से ही मनुष्य प्रेरित हुआ है। जो सद्‌विचार है, वह टिकता है और असद्‌ विचार एक क्षण के लिए तो दर्शन देता है, लेकिन दूसरे ही क्षण उसका विलय हो जाता है। मनुष्य का सारा कार्य उसके विचार के अनुसार चलता है। संसार में जो विचार सही ज्ञात होता है, उसके अनुसार ही समस्त जीवन चलता है। विचार बदलता है, परंतु जीवन चलता है विचार के ही अनुसार। किसी एक विचार का शासन स्थिर नहीं रह सकता, क्योंकि विचार के झगड़े नित्य निरंतर चलते रहते हैं। समाजशास्त्र में इसे संघर्ष और धर्मशास्त्र में विचार मंथन अथवा विचार शोधन कहते हैं। आपकी विचार की श्रद्धा कभी ढीली नहीं होनी चाहिए, वह सर्वथा दृढ़ रहनी चाहिए।''

विचार मनुष्य की वह शक्ति है जो उसे संचालित रखती है, लेकिन केवल सद्‌विचार ही मनुष्य को मनुष्य बनाते हैं और सद्‌विचारों पर ही मनुष्य-जीवन की सफलता-असफलता टिकी होती है।

जीवन में विचारों का आदान-प्रदान भी विशेष महत्त्व रखता है। महान्‌ व्यक्तियों के विचारों से भी प्रेरणा मिलती है। यही कारण है कि समाचार-पत्रों में, पुस्तकों आदि में महान्‌ विचारकों के महान्‌ विचार दिए जाते हैं; जिसके कि हमारे निजी विचार उनसे पोषण प्राप्त कर सके। महान्‌ विचार मनुष्य के लिए उत्प्रेरक होते हैं।

- ''संसार ही महापुरुषों को ढूँढ़ता है, न कि महापुरुष संसार को।''

  —कालिदास
- ''शांति की विजय भी युद्ध की विजय से कम महत्त्वपूर्ण नहीं है।''

  —मिल्टन
- ''मनुष्य को दीपक का स्वभाव अपनाना चाहिए जैसे वह स्वयं जलकर दूसरों को रोशनी देता है।''

  —अज्ञात
- ''डूबने वाले के साथ सहानुभूति का अर्थ यह नहीं है कि उसके साथ डूब जाएँ, बल्कि तैरकर उसे बचाने का प्रयत्न करें।''

  —आचार्य विनोबा भावे

- ''मनुष्य की भौतिक संपत्ति घटती बढ़ती रहती है, लेकिन उसके विवेक की संपत्ति सतत उसके पास रहती है।''

—स्वामी सत्यमित्रानंदगिरि

- ''गरीब वह है जिसके पास ज्ञान की दौलत नहीं है। धनहीन ज्ञानी गरीब कभी नहीं होता।''

—आदिगुरु शंकराचार्य

- ''जो व्यक्ति ऐश्वर्य के मद से मतवाला हो जाता है, वह बिना पतन के नहीं सँभलता।''

—महाभारत

- ''हमें कोई धोखा नहीं देता। हम स्वयं अपने आपको धोखा देते हैं।''

—गेटे

- ''मन को निर्मल रखकर सदाचार का पालन करने वाले पर भगवान स्वयं कृपा करने को आतुर रहते हैं।''

—संत तिरुवल्लुवर

- ''स्वस्थ और दीर्घ जीवन के आकांक्षी व्यक्ति को सदैव आशावान और कर्मठ बने रहना चाहिए।''

—डॉ. रामचरण

- ''धन और संपत्ति नहीं, चरित्र और आचरण से मानव महान् बनता है।''

—मुनि सुदर्शनजी महाराज

- ''सत्य पर दृढ़ रहनेवालों का कहीं भी कुछ अशुभ नहीं होता।''

—स्कंद पुराण

- ''हृदय में लगन धारण कर निरंतर कर्म करने वाले को सफलता अवश्य मिलती है।''

—चार्वाक

- ''वही व्यक्ति जीवन में सफलता प्राप्त कर पाता है जो आशावादी होता है। जब तक किसी व्यक्ति के मन में आशा नहीं होगी, वह कोई काम नहीं कर सकेगा।''

—हेलेन

- ''अभी तक किसी भी मनुष्य को इसलिए सम्मानित नहीं किया गया कि उसने जीवन में क्या प्राप्त किया, अपितु इसलिए सम्मानित किया गया है कि उसने इस दुनिया को क्या दिया।''

—काल्विन कूलिज

- ''प्रसन्नता सर्वोत्तम औषधि है। इसलिए नित्य प्रसन्न रहना चाहिए। साथ ही शांतभाव का अभ्यास भी जरूरी है।''

—आचार्य राजगुरुजी महाराज

- ''लोग सख्त मेहनत से नहीं मरते, आलस्य लोगों की जिंदगी को कम करता है।''

—इंदिरा गांधी

- ''अधूरा काम और अपराजित शत्रु दोनों बिना बुझी आग की चिंगारियों की तरह हैं जो मौका पाकर बढ़ जाएँगे और उस लापरवाह आदमी को दबाएँगे।''

—तिरुवल्लुवर

- ''केवल वही जीवन उन्नति कर रहा है, जिसका हृदय कोमल, रुधिर उष्टा, मस्तिष्क तीक्ष्ण होता जाता है, और जिसके मन को शांति मिलती जाती है।''

—रस्किन बांड

- ''व्यक्ति के जीवन में अवसरों का समुद्र लहराता है। यदि वह इन अवसरों का सही उपयोग करे तो उस व्यक्ति को गरिमा प्राप्त होती है।''

—भीमराव अंबेडकर

- ''अतीत की चिंता मत करो, उसे भूल जाओ। बीती हुई बातों में चिंता से सुधार नहीं हो सकता।''

—जेम्स डगलस

- ''यदि आप किसी को यह इत्मीनान दिलाना चाहते हैं कि वह गलती पर है तो उसे वास्तव में करके दिखाओ। आदमी देखी हुई वस्तुओं पर विश्वास करते हैं, उन्हें देखने दो।''

—थोरो

- ''उत्तम प्रकृति का व्यक्ति क्रोधित होने पर भी भलाई का ही कार्य करता है। जिस प्रकार दूध जो स्वभाव से मीठा होता है, गरम कर देने पर और भी स्वादिष्ट हो जाता है।''

—पंचतंत्र

- ''मेरा पुत्र है, मेरा धन है कि इस प्रकार से मूर्ख व्याकुल होते हैं। जब मनुष्य ही स्वयं का नहीं है तो पुत्र और धन उसके कहाँ तक होंगे।''

—धम्मपद

- ''कर्त्तव्य कार्य जब नहीं किया जाता है तो वह सज्जनों में क्रोध पैदा करता है।''

—वाल्मीकि रामायण

- ''जिस प्रकार एक ही वृक्ष पर अनेक पक्षियों का समागम होता है, उसी तरह अनेक विचारों के ऊहापोह से किसी एक इच्छित कर्म को करना चाहिए।''

—पद्‌मपुराण

- ''संपूर्ण प्रेरणा अंधी है, सिवा उन घड़ियों के जिनमें श्रम का अस्तित्व है।''

—खलील जिब्रान

- ''जिसके पास कुछ नहीं है, उसे किसी बात से भय नहीं है।''

—टॉमस फुलर

- ''संसार में निकृष्ट व्यक्ति कौन हैं? इसका सीधा सा जवाब है जो अपना कर्तव्य जानते हुए भी उसका पालन नहीं करते।''

—हेनरी मार्टेन

- ''चिंतन ही उन्नति है। अ-चिंतन गतिहीनता है, व्यक्ति, संगठन अथवा देश के सभी के लिए। चिंतन ही हमें कर्मशील बनाते हैं।''

—डॉ. ए.पी.जे. कलाम

- ''धरती को बौनों की नहीं, ऊँचे कद के इनसानों की जरूरत है; इतने ऊँचे कि आसमान को छू लें, नए नक्षत्रों में प्रतिभा के बीज बो लें। किंतु इतने ऊँचे भी नहीं कि पाँव तले दूब ही न जमे, कोई काँटा न चुभे, कोई कली न खिले।''

—अटल बिहारी वाजपेयी

वाणी पर नियंत्रण रखें

वाणी अर्थात् मनुष्य के कुछ बोलते ही ज्ञात हो जाता है कि उसके आचार-विचार कैसे हैं? संस्कृति कैसी है? वस्तुतः मनुष्य की वाणी उसके व्यक्तित्व का आईना होती है।

मनुष्य की वाणी मधुर होनी चाहिए जो स्वयं को और दूसरों को कष्ट न पहुँचाए। कहा भी गया है कि गोली का घाव भर जाता है, लेकिन बोली का घाव कभी नहीं भरता। अच्छी भाषा के प्रयोग से बिगड़ते कामों को बनाया जा सकता है। किंतु यदि आपका काम जहाँ पर आसानी से बन रहा हो और आपकी वाणी कड़वाहट भरी हो तो वहाँ पर काम में सैकड़ों रोड़े अटक जाएँगे और संभव है कि वह हो ही नहीं।

जयशंकर प्रसाद ने कहा हैं कि—

''आपकी शीतल वाणी सुनने वाले को, चाहे वह कितना ही कठोर क्यों न हो, भी शीतल कर देती है।''

अतः मनुष्य को ऐसी वाणी का ही प्रयोग करना चाहिए जिससे किसी के हृदय पर आघात न हो।

एक बार की बात है, एक व्यक्ति को किसी कार्यवश एक गाँव में जाना पड़ा। उसके गाँव में पहुँचने से पहले अँधेरा होने लगा। उसने विश्राम के उद्देश्य से एक घर में आश्रय माँगा। घर की मालकिन ने उसे घर के आँगन में रुकने के लिए स्थान दे दिया।

वह मालकिन से बोला कि ''आपका मकान बहुत सुंदर है। परंतु कभी भूकंप आ जाए तो यह टूट-फूटकर गिर जाएगा।''

यह सुनकर मालकिन ने कहा कि ''इसे छोड़िए; आप आराम कीजिए।''

थोड़ी देर बाद वह फिर बोला कि ''आप इतनी मोटी हैं, आपके मरने के बाद आपको चार आदमी तो उठा नहीं पाएँगे।''

यह सुनकर भी मालकिन शांतभाव से बोली कि ''आप थके हुए हैं, आराम करें।''

वह थोड़ी देर चुप रहा। फिर बोला कि ''आपके पति अभी तक नहीं आए। हो सकता है, वे दुर्घटनाग्रस्त हो गए हों।''

अब मालकिन का धैर्य जवाब दे गया। उसने पास रखा लट्ठ उठाकर उस व्यक्ति के सिर पर दे मारा। उसके माथे से खून बहने लगा, लेकिन उसने उसे मार-मारकर वहाँ से भगा दिया।

उसके सिर से बहते खून को देखकर राहगीरों ने पूछा कि ''अरे भई! क्या हो गया?'' वह व्यक्ति बोला कि ''कुछ नहीं, मेरी वाणी का रस बह रहा है।''

सीधी सी बात है, उसकी अनुचित वाणी ने उसके बनते काम को बिगाड़ दिया।

''मनुष्य की वाणी वह अचूक बाण है जिसका प्रभाव सुननेवाले की अंतरात्मा पर होता है।''

अतः अब यह मनुष्य पर निर्भर करता है कि वह शब्दों के बाण किस प्रकार के चलाना चाहता है। यदि वह ऐसे शब्दों का प्रयोग करता है जो सुननेवाले की आत्मा को तृप्त कर दें तो उसकी छवि सुननेवाले के मन पर अलग बनेगी, लेकिन यदि वह विषैले बाण छोड़ता है तो सुनने वाले पर ऐसे घाव होंगे जो जीवन भर किसी भी औषधि से नहीं भर पाएँगे और न ही उन घावों की टीस कम हो पाएगी।

मनुष्य की वाणी में सत्यता होनी चाहिए। सत्यता का प्रभाव मनुष्य को सर्वोपरि बनाता है।

महाभारत का युद्ध हो रहा था। यह उस समय की बात है, जब युद्ध में भीम ने अश्वत्थामा को युद्ध क्षेत्र से बहुत दूर खदेड़ दिया था। तत्पश्चात् वे रणक्षेत्र में वहाँ पहुँचे जहाँ अश्वत्थामा नामक एक हाथी खड़ा था। उन्होंने अपनी गदा के एक ही प्रहार से उस हाथी का काम तमाम कर दिया और गुरु द्रोणाचार्य के समक्ष पहुँचकर कहने लगे, ''अश्वत्थामा मारा गया।''

अश्वत्थामा की मृत्यु का समाचार सुनकर द्रोणाचार्य स्तब्ध रह गए। अपने वीर पुत्र की मृत्यु पर उन्हें घोर आश्चर्य हुआ। उन्होंने इस बात की सत्यता का पता लगाने का निश्चय किया। वे जानते थे कि धर्मराज युधिष्ठिर कभी असत्य नहीं बोलते। अतः उन्होंने अपना रथ उनकी ओर हाँका।

युधिष्ठिर के समक्ष पहुँचकर द्रोणाचार्य ने उनसे अश्वत्थामा की मृत्यु के विषय में पूछा। भगवान् श्रीकृष्ण ने युधिष्ठिर से पहले ही कह दिया था कि ''यदि द्रोणाचार्य इस विषय में पूछें तो उसके मारे जाने की बात कहें।'' परंतु युधिष्ठिर के लिए असत्य बोलना विषपान से भी भयंकर था। अतः द्रोणाचार्य के इस प्रकार पूछने पर वे धर्म-संकट में फँस गए।

द्रोणाचार्य के बार-बार पूछने पर युधिष्ठिर ने कहा कि ''यह सही है गुरुदेव कि अश्वत्थामा मारा गया है, लेकिन

नर नहीं, बल्कि गज।'' श्रीकृष्ण समझ गए थे कि युधिष्ठिर झूठ नहीं बोल पाएँगे, अत: जैसे ही उन्होंने कहा कि अश्वत्थामा मारा गया है... । इसके तुरंत बाद उन्होंने अपना शंख बजा दिया जिससे द्रोणाचार्य पूरी बात नहीं सुन सके।

युधिष्ठिर के इस धर्म-संकट से उनकी सत्यता का प्रभाव जाता रहा। वे सदैव सत्य वचन बोलते थे। इसके प्रभाव से उनका रथ पृथ्वी से कुछ इंच ऊपर उठकर चलता था। अर्थात् उनका रथ पृथ्वी से स्पर्श नहीं करता था। परंतु सत्य-असत्य के अंतर्द्वंद्व के कारण उनका प्रभाव जाता रहा और अन्य साधारण रथों की भाँति उनका रथ भी पृथ्वी पर चलने लगा।

सत्यता का प्रभाव मनुष्य को औरों से अलग करता है। जिस प्रकार धर्मराज युधिष्ठिर का रथ सत्य वाणी के प्रभाव से पृथ्वी से ऊपर उठकर चलता था, अर्थात् सबसे अलग था, उसी प्रकार सत्यवाणी लोगों को औरों से अलग करती है, अर्थात् सफल लोगों की श्रेणी में खड़ा करती है। इसके विपरीत असत्य वाणी लोगों को परस्पर दूर करती है अर्थात् असफलता की श्रेणी में खड़ा करती है। छोटी-छोटी बातों के लिए असत्य वाणी मुँह से निकालना केवल असफलता का चुनाव करने वाले लोगों को ही शोभा देता है।

'तोल मोल के बोल' अर्थात् शब्दों को मुँह से इस प्रकार निकालना चाहिए जो सीधे हृदय पर छाप छोड़ें। स्पष्ट एवं मधुर वाणी सफलता के लिए उत्तम गुण है, जिसके सहारे मनुष्य अपनी बाधाओं को आसानी से जीत सकता है।

विनोबा भावे के अनुसार—

''जब हम हृदय से मीठा बोलना सीखने लगते हैं तब हमारा व्यवहार भी मीठा होने लगता है।''

मनुष्य को स्वयं को इतना मृदुभाषी बनाना चाहिए जिससे उसकी वाणी से सभी मधुरता प्राप्त कर सके। वाणी में मधुरता होगी तो मनुष्य की सफलता के मार्ग की बाधाएँ स्वत: समाप्त होती जाएँगी।

'तोल मोल के बोल' अर्थात् शब्दों को मुँह से इस प्रकार निकालना चाहिए जो सीधे हृदय पर छाप छोड़ें। स्पष्ट एवं मधुर वाणी सफलता के लिए उत्तम गुण है, जिसके सहारे मनुष्य अपनी बाधाओं को आसानी से जीत सकता है।

शिष्टाचार की अभिव्यक्ति

शिष्टाचार की अभिव्यक्ति समाज, देश और परिस्थिति के भेद से अभिव्यक्ति के तरीकों में अंतर हो सकता है, परंतु उनका सर्वमान्य आधार ही दूसरों के प्रति सम्मान, स्वयं का नम्रता व माधुर्यमय व्यवहार झलके-छलके जिससे प्रभावित व्यक्ति आपके व्यवहार की तारीफ किए बिना न रह सकें। शिष्ट व्यवहार न केवल दूसरे व्यक्ति को आकर्षित करता है, बल्कि हमारा जीवन भी शिष्ट होने की वजह से माधुर्यता से भर जाता है। श्रेष्ठ आचरण को ही सरल भाषा में शिष्टाचार कह सकते हैं।

शिष्टाचार से केवल आंतरिक सुगढ़ता नहीं आती, बल्कि नैतिक व सामाजिक जागरूकता का भी बोध होता है। व्यवहार में शिष्टाचार आने से हमारा जीवन विकास की ओर अग्रसर होने लगता है—अवनति से उन्नति, खिन्नता से प्रसन्नता, अपमान से मान की ओर। इसके विपरीत हमें कटुभाषी, असंतोष, निराशाजनकता व खिन्नता जैसे आचरण से असहयोग, उपेक्षा, अपमान जैसी कटुता ही हाथ लगती है। परस्पर स्नेह, सदभावना, शिष्टता, सभ्यता व उदारता से हम प्रगति-उन्नति के पथ पर चलने लगते हैं। विनम्रता व शालीनतापूर्ण किया गया व्यवहार शिष्टाचार के दायरे में ही आता है।

सामान्य सी लगने वाली कुछ बातों को अपनाकर हम जीवन को सभ्य व शिष्ट बना सकते हैं—

- नकारात्मक सोच को त्यागकर अपनी विचारधारा में सकारात्मक विचारों की कांति लाएँ।
- बड़ों का सदैव आदर-सम्मान करें।
- अपने सहभागी व साथियों के प्रति सदैव प्रेम व सहयोगपूर्ण नजरिया रखें जो स्वार्थ से परे हो।
- अपने चिंतन को आध्यात्मिकता से जोड़ें।

मनुष्य जीवन ईश्वर की सर्वश्रेष्ठ व अनमोल कृति है, अत: हमारा जीवन सुखमय-खुशहाली से भरा हो, शांतिमय हो— इसके लिए जरूरी है, हमारा दूसरों के प्रति नजरिया जो हमारे जीवन को प्रभावित ही नहीं करता, बल्कि कभी-कभी हमारे जीवन को अशांत बना देता है। अत: जैसा दूसरों के प्रति हमारा आचरण होगा, उसका प्रतिफल भी वैसा ही होगा। हर क्रिया की प्रतिक्रिया होती है। विज्ञान के इस सिद्धांत को कभी भुलाया नहीं जा सकता। अत: हमारी शिष्टता हमारे जीवन को सादगीपूर्ण बनाती है। शिष्टता, शालीनता, विनम्रता जैसे गुण हमारे व्यक्तित्व में निखार लाते हैं और हमें आत्मविश्वासी बनाते हैं।

एक शिष्टाचार यह भी

यह घटना उस समय की है जब ईश्वरचंद्र विद्यासागर संस्कृत कॉलेज के आचार्य थे। एक बार उन्हें किसी काम से प्रेसीडेंसी कॉलेज के अंग्रेज आचार्य कैरे से मिलने जाना पड़ा। कैरे उस समय जूते पहने मेज पर पाँव फैलाए बैठे थे। खड़े होकर स्वागत करने की तो बात दूर रही, वे ईश्वरचंद्र विद्यासागर को देख कर भी उसी तरह बैठे रहे। ईश्वरचंद्र को यह अच्छा नहीं लगा, पर वे चुपचाप इस अपमान को पी गए।

कुछ दिन बाद किसी काम से कैरे ईश्वरचंद्र विद्यासागर के यहाँ आए। उन्हें देखकर ईश्वरचंद्र ने चप्पलों समेत अपने पाँव उठाकर मेज पर फैला लिए और आराम से कुरसी पर बैठे रहे। उन्होंने कैरे से बैठने को भी नहीं कहा। कैरे ने उनके इस दुर्व्यवहार की शिकायत लिखित रूप से शिक्षा परिषद् के सचिव डॉ. मुआट से की। डा. मुआट ईश्वरचंद्र विद्यासागर को भलीभाँति जानते थे, फिर भी एक दिन वे कैरे को लेकर ईश्वरचंद्र विद्यासागर के यहाँ गए और बातचीत में कैरे की शिकायत का जिक्र किया । इस पर ईश्वरचंद्र विद्यासागर ने कहा, ''हम भारतीय लोग अंग्रेजों से ही यूरोपीय शिष्टाचार सीखते हैं। जब मैं इनसे मिलने गया था तो ये इसी तरह बैठे रहे थे। इससे मैंने समझा कि यूरोपीय शिष्टाचार यही है, इसलिए मैंने इनका अनुसरण किया। इन्हें नाराज करने का मेरा इरादा बिलकुल भी नहीं था।'' उनकी इस बात को सुनकर डॉ. मुआट और कैरे को शार्मिंदा होना पड़ा ।

शिष्टाचार के कुछ प्रमुख सूत्र—

- किसी की आलोचना न करें।
- किसी को हीन न समझें उसको नीचा दिखाने की चेष्टा न करें।
- क्रोध न करें। क्रोध आए तो दस तक गिनें। क्रोध प्रकट करना भी हो तो साधारण व्यंग्य द्वारा कर दें।
- कभी किसी की वस्तु न माँगें। यदि माँगें तो वापस कर दें। यदि खराब हो जाए तो ठीक स्थिति में वापस कर दें।
- बात उतनी ही करें, जिसके बिना गुजारा न हो। झूठ न बोलें। झूठा वादा न करें। इनकार करने की स्थिति में नम्रतापूर्वक इनकार कर दें।
- अवसर के अनुरूप ही बात करें। दूसरे की बात सुनें ज्यादा, अपनी बात कम करें।
- किसी दूसरे की अनुपस्थिति में उसकी बुराई न करें। निंदा व चुगली में शामिल न होएँ।
- आवेश से बचें। कई बार आवेश में बात निकल जाती है तो पछताना पड़ता है।
- शिष्ट, नम्र व्यवहार समाज का प्रवेश द्वार है। आपकी सहजता और वाकपटुता से आपकी साख बढ़ सकती है। आप अपने क्षेत्र में ज्यादा प्रभुत्व कायम रख सकते हैं। वाणी का शिष्टाचार, व्यवहार के शिष्टाचार को जन्म देता है। यदि आपका व्यवहार-सभ्य है तो आप जीवन के हर क्षेत्र में सफल हो सकते हैं।
- ऋग्वेद की एक ऋचा में शिष्टाचार का एक दिव्य सूत्र है जिसका अर्थ है— हे देवगण! मैं बड़ों की प्रशंसा को कभी न काटूँ, सदैव उनका आदर करूँ। इस ऋचा में बड़ों के प्रति श्रद्धा और सम्मान की भावना झलकती है।
- अथर्ववेद की एक ऋचा का भावार्थ है— पुत्र पिता के श्रेष्ठ सत्कर्मों और संकल्पों का अनुसरण करे और माँ की तरह पवित्र व कोमल मन वाला बने। पति अपनी पत्नी के लिए और पत्नी अपने पति के लिए मधुर और शांतिदायक

वाणी का इस्तेमाल करे। सुबह उठने के पश्चात छोटे अपने बड़ों का चरण स्पर्श करें। इसी तरह बड़ों का कर्तव्य है कि वे अपने से छोटों के प्रणाम का स्नेह भरे स्वर में या मौन आशीष दें। बराबर वालों में परस्पर एक-दूसरे का प्रेमपूर्ण अभिवादन होना चाहिए।

- महाकवि कालिदास इस तरह की विनम्रता को महान् अलंकार से अलंकृत करते हैं। उनके अनुसार, शालीन और शिष्ट व्यवहार से व्यक्ति के आंतरिक गुण प्रकट होते हैं।
- रवींद्रनाथ टैगोर ने विनम्रता को आध्यात्मिक शक्ति माना है। उनके अनुसार नम्रता और शिष्टता में सात्विक विचारों का तेज होता है।
- विनम्रता और शिष्टाचार अंत:करण की अभिव्यक्ति है। समाज, देश और परिस्थिति के अनुसार इसकी अभिव्यक्ति के तरीकों में अंतर हो सकता है, परंतु हर जगह उनका आधार यह है कि दूसरों के प्रति सम्मान, विनम्रता और मधुर स्वभाव वाला व्यवहार में साफ नजर आना चाहिए। इससे जहाँ एक ओर व्यक्ति के अंतर्मन की झलक मिलती है, वहीं दूसरी ओर समाज की जागरूकता का भी पता चलता है।
- कहा जा सकता है कि भावप्रधान व्यक्ति कभी भी अशिष्ट और असभ्य नहीं हो सकता है। जिसका हृदय संवेदना से भरा हो वह किसी के प्रति कठोर शब्दों का प्रयोग नहीं कर सकता। ऐसे व्यक्ति की ही वाणी के बारे में कहा गया है—'औरन को शीतल करे, आपहुं शीतल होए'।
- शिष्टाचार का मूल मंत्र है—विनम्रता और दूसरों का सम्मान। एक व्यक्ति का दूसरों के प्रति व्यवहार कैसा होगा, इस पर व्यक्ति की उन्नति-अवनति, प्रसन्नता-उदासी, मान-अपमान बहुत कुछ निर्भर करता है। इसके उलट अगर किसी का व्यवहार अशिष्ट, उद्दंड और अनगढ़ होगा, तो इससे उस व्यक्ति और उसके समाज, दोनों का विकास रुकता है। निराश रहनेवाले, कटुभाषी, असंतुष्ट और खीझ पैदा करने वाले व्यक्ति के साथ दूसरों का व्यवहार भी ऐसा ही रहता है। ऐसे आचरण के बदले उपेक्षा, असहयोग और अपमान ही हाथ लगता है। हर स्थिति में यह घाटे की बात है। क्रोध, आवेश और खराब आचरण सबसे पहले खुद को नुकसान पहुँचाता है। इससे दूसरे जो अपमान महसूस करते हैं, उससे वैर-विरोध भी पैदा होता है।
- हममें से बहुत से लोग ऊँची डिग्री और अच्छे कपड़ों को ही असली शिष्टाचार मानने की भूल कर बैठते हैं। उच्च शिक्षित और कीमती कपड़ें पहनने वाला व्यक्ति भी अपने व्यवहार में अशिष्ट हो सकता है। इसके विपरीत एक अनपढ़ देहाती भी अपने आचरण में बहुत शिष्ट हो सकता है।
- सभ्य और शिष्ट आचरण का ज्ञान पूर्वजों से विरासत में मिलता है। इसका अभ्यास बचपन से ही कराया जाना उचित है। वैसे तो शिष्टाचार की बातें पाठ्य-पुस्तकें में भी दी गई होती हैं, लेकिन जब शिक्षक और अभिभावक इस दायित्व का अभ्यास अपने आचरण से कराते हैं तो ही यह हमारे जीवन में उतरता है।
- बोलचाल में शिष्टाचार का बहुत कम लोग नियम से पालन कर पाते हैं। लोग अभिवादन के सामान्य व्यवहार तक से बचना चाहते हैं और बोलते समय आदर सूचक शब्दों की भी कंजूसी करते हैं। जबकि नमस्ते, नमस्कार या प्रणाम कहने में किसी का कुछ नहीं जाता। महज इतना करने भर से सामने वाले व्यक्ति को लगता है कि उसे सम्मान दिया जा रहा है।
- देखा जाए तो शिष्टाचार हमारे जीवन का ऐसा दर्पण है जिसमें हमारा वास्तविक व्यक्तित्व झलकता है। शिष्टाचार के माध्यम से ही हमारा पहला परिचय समाज को मिलता है। शिष्ट व विनम्र व्यवहार के लिए कुछ सामान्य नियमों का पालन आवश्यक है। हम भाषा और व्यवहार में शिष्टाचार को अपनाएँ। सकारात्मक विचारों को तरजीह दें। जीवनशैली में सादगी और सज्जनता को अपनाएँ। दूसरों की अच्छी बातों का लाभ उठाएँ और अच्छे लोगों की बातों का सम्मान करें।

□□□